LA CHASSE
EN DROIT COMPARÉ

Collection Logiques Juridiques
dirigée par Gérard MARCOU

Le droit n'est pas seulement un savoir, il est d'abord un ensemble de rapports et pratiques que l'on rencontre dans presque toutes les formes de sociétés. C'est pourquoi il a toujours donné lieu à la fois à une littérature de juristes professionnels, produisant le savoir juridique, et à une littérature sur le droit, produite par des philosophes, des sociologues ou des économistes notamment.
Parce que le domaine du droit s'étend sans cesse et rend de plus en plus souvent nécessaire le recours au savoir juridique spécialisé, même dans des matières où il n'avait jadis qu'une importance secondaire, les ouvrages juridiques à caractère professionnel ou pédagogique dominent l'édition, et ils tendent à réduire la recherche en droit à sa seule dimension positive. A l'inverse de cette tendance, la collection « Logiques juridiques » des Éditions L'Harmattan est ouverte à toutes les approches du droit. Tout en publiant aussi des ouvrages à vocation professionnelle ou pédagogique, elle se fixe avant tout pour but de contribuer à la publication et à la diffusion des recherches en droit, ainsi qu'au dialogue scientifique sur le droit. Comme son nom l'indique, elle se veut plurielle.

Dernières parutions

JEANNIN L., MENEGHINI M., PAUTI C., POUPET R., *Le droit d'asile en Europe*, 1999.
MBONGO Pascal, *La gauche au pouvoir et les libertés publiques (1981-1995)*, 1999.
DJUIDJE Brigitte, *Pluralisme législatif camerounais et droit international*, 1999.
CUSTOS Dominique, *La Commission fédérale américaine des communications à l'heure de la régulation des autoroutes de l'information*, 1999.
FORTIN Yvonne (ed.), *La contractualisation dans le secteur public des pays industrialisés depuis 1980*, 1999.

ISBN : 2-7384-8176-0

SOCIÉTÉ FRANÇAISE
POUR LE DROIT DE L'ENVIRONNEMENT

LA CHASSE EN DROIT COMPARÉ

Actes du Colloque organisé
au PALAIS DE L'EUROPE, à Strasbourg, les 9 et 10 novembre 1995

par
la Société Française pour le Droit de l'Environnement

en collaboration avec
le Conseil de l'Europe
et le Centre de Droit de l'Environnement
de l'Université Robert Schuman de Strasbourg

et avec la participation
de l'Office National de la Chasse
du Centre du Droit de l'Environnement de l'IUCN
du Bureau International de Recherche
sur les Oiseaux d'Eau et les Zones Humides
de la Fédération des Associations de Chasseurs de l'Union Européenne
du Conseil International de la Chasse et de la Conservation du Gibier

L'Harmattan
5-7, rue de l'École Polytechnique
75005 Paris - FRANCE

L'Harmattan Inc.
55, rue Saint Jacques
Montréal (Qc) - CANADA H2Y 1K9

SOCIÉTÉ FRANÇAISE
POUR LE DROIT DE L'ENVIRONNEMENT

LA CHASSE
EN DROIT COMPARÉ

Actes du Colloque organisé
au PALAIS DE L'EUROPE, à Strasbourg, les 9 et 10 novembre 1995

par
la Société Française pour le Droit de l'Environnement

en collaboration avec
le Conseil de l'Europe
et le Centre de Droit de l'Environnement
de l'Université Robert Schuman de Strasbourg

et avec la participation
de l'Office National de la Chasse
du Centre du Droit de l'Environnement de l'IUCN
du Bureau International de Recherche
sur les Oiseaux d'Eau et les Zones Humides
de la Fédération des Associations de Chasseurs de l'Union Européenne
du Conseil International de la Chasse et de la Conservation du Gibier

L'Harmattan
5-7, rue de l'École Polytechnique
75005 Paris - FRANCE

L'Harmattan Inc.
55, rue Saint-Jacques
Montréal (Qc) - CANADA H2Y 1K9

I - RAPPORTS INTRODUCTIFS

Fidèle à sa volonté de maintenir vivant l'ensemble du catalogue et de continuer à rendre accessible à tous la richesse de son contenu, Les marques du groupe L'Harmattan proposent les ouvrages, même s'ils sont épuisés dans leur premier tirage, et les impriment à la demande.
Au vu de l'ancienneté de ce titre, un exemplaire original a été numérisé pour être réimprimé, ce qui pourrait altérer légèrement la qualité de certains passages.

Genèse du droit de la chasse dans les pays européens

Jérôme FROMAGEAU*

Acte de défense et de protection à l'origine, la chasse est lentement devenue un acte de subsistance puis de loisirs. Technique d'acquisition, de prédation violente d'animaux vivants, elle constitue "un des premiers maillons d'une chaîne qui introduit l'animal sauvage, vivant ou mort dans la sphère du civilisé, du social, du domestique"[1]. Elle est aussi un révélateur social codifiant pourrait-on dire le rapport entre deux mondes incompréhensibles : le village et le bois.

Dans l'Antiquité, elle est entourée de tout un rituel mystique et Xénophon apparente l'activité cynégétique à une école de vertu, élément central de l'éducation des jeunes, qui, au delà de l'apprentissage de la guerre, apprend "à bien penser, à bien dire et à bien faire". La chasse a donc un fondement moral et politique, symbole de la cité intrinsèquement lié à la guerre, un des

---

* Professeur à la Faculté Jean Monnet - Université de Paris Sud.
L'auteur remercie tout particulièrement Annie Charlez et Fernandino Albanez pour leurs précieux conseils et Malin Goubaud pour les traductions réalisées à partir des textes danois, finlandais et suédois.

[1] Raymond Pujol et Geneviève Carbonne, "L'homme et l'animal" in Histoire des moeurs, Paris, la Pléiade, 1990, p. 1313.

imaginaires qui fondent le citoyen[2]. Mais déjà le droit s'empare de la chasse : d'abord parce que l'exercice de la chasse est tout entier dominé par la définition du licite et de l'interdit, du naturel et du surnaturel[3], mais aussi parce que les ressources cynégétiques ne sont pas inépuisables ... Lorsque la chasse intensive commence à se traduire par la pénurie de gibier, les chasseurs doivent alors apprendre à épargner les plus jeunes animaux et les femelles prenant ainsi ce qui apparaît comme l'ébauche des premières mesures de contrôle des ressources animales[4].

On le constate, la chasse est très anciennement policée, "elle est fondamentalement d'ordre juridique"[5]. En fait l'histoire permet de mieux comprendre comment a évolué ce droit incertain, paradoxal, excessif à bien des égards qui est aujourd'hui, en tout cas pour l'ensemble des pays européens, intégré dans la sphère plus large du droit de la protection de la nature. Il faut pourtant déplorer l'absence d'études comparatives sur l'histoire des différents systèmes de droit de la chasse en Europe. La documentation est éparse. Les ouvrages disponibles sont plutôt anciens, souvent contradictoires, les sources sont imprécises quand elles ne sont pas douteuses. Les développements qui vont suivre n'abordent donc la genèse du droit de la chasse dans les pays européens que de manière succincte, envisagée sous deux aspects fondamentaux : l'appartenance du droit de la chasse, d'une part, les conditions de l'exercice et les limitations de ce droit, d'autre part.

I - L'APPARTENANCE DU DROIT DE LA CHASSE

D'une manière générale, la chasse est encore considérée au début du Moyen-Age sur l'ensemble du territoire européen, comme un droit d'usage, soit parce qu'elle est une activité de subsistance "chasse cuisinière", pour reprendre l'expression de Jehan de Malafosse[6], soit parce qu'il faut se

---

[2] Alain Schnapp, "Image et imaginaire de la chasse en Grèce ancienne" in Imaginaires et réalités de la chasse aujourd'hui. Atelier CRC, Colloque, Châlon sur Saône 1988, p. 33-39.

[3] Alain Schnapp, Le chasseur et la cité, Paris, Albin Michel, 1997, p. 17.

[4] Pour le droit de la chasse à Rome voir : Jacques Aymard, Les chasses romaines, Paris, E de Boccard, 1951.

[5] Cf. Nicole Eizner, Préface aux actes du colloque : Imaginaires et réalités de la chasse aujourd'hui, op. cit.,p. 16.

[6] La chasse aux nuisibles est d'ailleurs organisée sur le domaine royal grâce à l'institution de la louveterie. Jehan de Malafosse, Le droit à la nature, Paris, Montchrétien, 1973, p. 132.

défendre, au sein d'une nature qui n'est pas encore définitivement pacifiée, par l'extermination des bêtes sauvages[7].

L'épanouissement de la féodalité puis l'affermissement des monarchies européennes expliquent, au moins en partie, le changement fondamental qui s'observe à l'époque médiévale. De manière schématique, il est possible de distinguer deux régimes qui se maintiendront jusqu'à la fin du XVIIIème siècle. Le premier consacre la régale cynégétique- le droit de la chasse est un attribut de la souveraineté- le second, moins répandu semble-t-il, maintient la tradition antique d'un droit de chasse inhérent à l'individu.

En effet, un long processus de limitation des libertés cynégétiques commence au début de la féodalité dans un très grand nombre de pays. La chasse se heurte dans l'histoire européenne à une interdiction partielle et progressive.

Les seigneurs vont d'abord chercher à protéger leur gibier favori en créant des réserves uniquement destinées aux chasses seigneuriales[8]. Et, dans les pays où la féodalité s'affirme avec vigueur, la chasse comme droit d'usage roturier n'est plus la règle[9] sauf pour les nuisibles, les oiseaux de passage et les petits oiseaux dont la capture et la destruction demeurent totalement libre. Elle est liée, estime-t-on, à la seigneurie[10] le gibier n'est plus *res nullius* mais accessoire du fief : "qui a fief a droit de chasse"[11].

Elle est, à la rigueur, concédée par le seigneur à ses vassaux et à ses sujets[12] mais il se réserve, en général, la venaison du gros gibier : la chasse à

---

[7] Le cas de la province de Bigorre semble exceptionnel : dès le début du XIIè siècle, la chasse sous toutes ses formes y est interdite aux rustres (cf. Fors de Bigorre, c.XIII, cité par Marc Bloch, La société féodale, Paris, Albin Michel, 1968, p. 422)

[8] Sur les réserves de chasse dont les formes de gestion varient à l'infini voir en particulier: Geoffroy de Gislain : Etangs, garennes et Colombiers dans l'Ancien Droit Français, Thèse de doctorat en droit, 2 volumes, Université de Paris II, 1977; Agniezka Samsonowicz, "Chasses seigneuriales - chasse des sujets en Pologne au Moyen-Age", in Muséum Lowiechtwa i Jezdziectwa w Warszawie - CIC. Symposium international, 1994-, pp. 205-214; et Alfonso Sanchez Gascon, El derecho de casa en Espana, tome I. Madrid : Technos, 1988, pages 25 et suivantes et 179 et suivantes.

[9] Elle est rarement considérée comme un droit naturel comme le prétend Jean Boutillier (La somme rural, titre 36) : "De droit naturel, les bestes sauvages et les oiseaux qui phaonnent en l'air et aussi phaonnent en terre commune sont à celui qui prendre les peut, sans qu'il y ait à distinguer si celui qui s'en est emparé l'a fait sur sa propre terre ou sur terre d'autrui".

[10] Cf. Zeffiro Ciuffoletti, Storia Legislazione Struttura territorio sport Roma : Union Nazionale Associazioni Venatorie Italiane, 1994, p. 3 et Paul Ourliac et Jean-Louis Gazzaniga, Histoire du droit privé français, Paris, Albin Michel, 1985, p. 236.

[11] Loysel, Institutes, n° 264-48.

[12] Cf. Agniezka Samsonowicz, op. cit. , p. 212 et Guy Cabourdin, Terre et hommes en Lorraine (1550-1635), Annales de l'Est, Université de Nancy II, 1997, pp. 674-675.

la "grosse bête", au "gros", ou chasse aux "bêtes noires et rouges" (sangliers, cerfs et chevreuils) ne concédant que la chasse aux "menues bêtes sauvages" prises "à chiens et filets"[13]. Cette dernière intéresse d'ailleurs beaucoup plus les paysans, car la chasse à courre nécessite de gros moyens[14].

Pour le clergé, la prohibition est même totale[15] sauf exceptions comme en Pologne, semble-t-il, pour le petit gibier[16].

C'est à partir des XIVème et XVème siècles que le droit de la chasse s'étoffe et évolue en faveur des nobles[17] et surtout au profit du roi. N'ayant plus le droit de chasser librement sur leurs propres terres, les roturiers ne peuvent plus se défendre contre les dégâts causés par le gibier[18] et c'est

---

[13] La législation cynégétique établit, dès la fin du XIVè siècle, la distinction entre les "grosses bêtes", "bêtes fauves", "bêtes noires", "bêtes rousses" (cerfs, sangliers, chevreuils) et le "simple gibier" : "menue bête" ou "menue sauvagine" (lièvres, lapins, perdrix et autres oiseaux...). Cette distinction est importante au point de vue pénal car la quotité des peines n'est pas la même, voir par exemple pour la Scandinavie : Nils Hermansson et al. Jagarskolan svenska Jagareförbundets Kursbok för Jagarut bildningen, Stockholm, 1992, pp. 15-22, pour la Prusse: Ernest Demay, Recueil des lois sur la chasse en Europe, Paris : Firmin Didot, 1894, p. 121, et pour la Pologne : Jacek Straszewski "Les coutumes de la chasse au temps des Saxons", in Muséum Lowiechtwa, op.cit., p. 209, et pour le Portugal : CML. Baeto Neves, A natureza e a humanidade em perigo, volume III, Secretaria de estado da agricultura, serviço de inspecçào de caça e pesca, 1972 pp. 159-197. La qualification de "bête fauve" apparaît pour la première fois en France dans la déclaration royale du 10 décembre 1581, qualification qui sera maintenue dans la législation cynégétique de l'Ancienne France, puis, par l'intermédiaire de la loi du 30 avril 1790, dans celle du XIXè siècle. (Voir ordonnances du 10 janvier 1396, de mars 1515 et la déclaration royale du 10 décembre 1581 in M. Petit, Traité complet du droit de la chasse, volume 1, Paris Gustave Thorel, 1838, pages 50, 65, 67 et 85).

[14] "Veneurs fameux dont la vie semble un perpétuel hallali, vieux piqueurs en rapports familiers avec leurs maîtres, tous ces équipages, et les gardes-chasse représentent une immobilisation considérable de capitaux, et peu de nobles peuvent se la permettre en réalité : les grandes meutes à 90 chiens sont le fait d'une minorité", Robert Mandrou, Introduction à la France moderne 1500-1640, Paris, Albin Michel, 1974, p. 223.

[15] Le quinzième canon du concile de Latran de 1215 rappelle l'interdiction de la venatio, de la fauconnerie ainsi que la possession de chiens et d'oiseaux à tous les clercs, cf. Philippe Salvadori, La chasse sous l'Ancien Régime, Paris, Fayard, 1996, p. 176.

[16] Cf. Janusz Tazbir, "Critiques des chasseurs et ennemies de la chasse", in Muséum Lowiechtwa i Jezdziectwa w Warszawie op. cit., pp. 205-214.

[17] Les premiers traités de chasse connus apparaissent au XIVè siècle. En effet Le Roman des déduits et des oyseaulx commencé par Garce de la Buigne vers 1259 n'est terminé qu'en 1373. Viennent ensuite le Livre du Roy Modus et de la Reine Ratio de Henri de Ferrières (1354-1374), le Livre de la Chasse de Gaston Fébus comte de Foix en 1387 et le trésor de la Vénerie de Hardoin Fontaine Guarin.

[18] La destruction des récoltes par le gibier perdure sur l'ensemble du royaume de France jusqu'au XVIIIème siècle. D'Argenson rappelle que les cultivateurs n'avaient souvent d'autres ressources pour protéger leurs récoltes que de " les harder par tambours et charivaris " (cité par Marcel Marion - Dictionnaire des institutions de la France aux

pourquoi, les souverains, soucieux malgré tout de protéger l'agriculture, limitent l'exercice du droit de chasse en imposant le respect d'un temps prohibé pendant lequel on ne peut chasser, en précisant les armes et les engins dont l'emploi est défendu, en limitant le nombre des garennes qui ne peuvent être établies, à partir du XVIème siècle, qu'avec une autorisation[19]. Finalement, la suppression définitive du droit de chasse pour les roturiers est acquise dès le début du XVIème siècle.

En limitant ainsi le droit d'appropriation du gibier à l'usage d'un ordre et même si cette prohibition est, dans une large mesure justifiée par des considérations d'ordre public[20], les autorités ont implicitement contribué à la conservation d'un grand nombre d'espèces sauvages : "l'abondante faune de l'époque donne à la campagne des allures de paradis terrestre, tant la vie

---

XVIIème et XVIIIème siècles, Paris, J. Picard, 1923, V°, Chasse, p. 87) et les cahiers de doléances de 1789 ne manquent pas de s'insurger contre le droit de chasse, comme par exemple, celui de la paroisse de Croissy en Brie. Les habitants se plaignent de la prodigieuse quantité de gibier qui ravage la campagne : "Il faut souffrir avec silence que le gibier mange nos légumes et même nos arbres jusque dans nos jardins, et s'il arrive qu'on tende un piège pour arrêter cet animal destructeur, bientôt... on est suivi criminellement et traîné dans les prisons...", cité par Pierre Goubert et Michel Denis, in Les Français ont la parole, Paris, Julliard, 1964, p. 91 et 92.

[19] Voir par exemple, l'ordonnance d'Orléans, de 1560, article 108 : "Défendons aux gentilshommes et à tous autres de chasser, soit à pied ou cheval, avec chiens ou oiseaux, pour les terres ensemencées, depuis que le bled est en tuyau aux vignes depuis le premier jour de mars jusqu'après la dépouille...", ou encore l'article 18 du titre XXX de l'ordonnance des Eaux et Forêts de 1669 : "défendons à tous les gentilshommes et autres ayant droit de chasser à pied ou à cheval, avec chiens ou oiseaux, sur terres ensemencées depuis que le bled sera en tuyau, et dans les vignes depuis le premier jour de mai jusqu'après la dépouille..." (cité par M. Petit, op. cit., pages 82 et 128).

[20] Déjà l'ordonnance du 18 août 1451 "faisant défenses aux non nobles de chasser grosses bêtes et autres gibiers" précisait que "les dicts non nobles, en persévérant en ce, sont souvent ettois emprisonnés et traiz à gran amendes, et demourent oyseulx, délayssent leurs labourages et mestiers, et à la fin deviennent les aucuns, par leurs dictes oisivetés, larrons, murdiers espieurs de chemins et meinnent mauvaise vi". (cité par M. Petit, op. cit., p 59).

Dans le même sens, Edme la Poix de Fréminville au début du XVIIIè siècle, avance quatre motifs pour justifier l'interdiction : "la première est le libertinage, la négligence de tous les Arts et Métiers, et l'inculture des terres et héritages. La seconde est la destruction du gibier. La troisième est que leur passion (celle des roturiers) et l'inconsidération les porterait à gâter les vignes, les bleds et toutes sortes de récoltes; et une quatrième qui n'est pas moins essentielle, est que ce serait leur mettre les armes à la main, ce qui est contrevenir directement aux ordonnances qui défendent le port d'armes". (cf. Dictionnaire ou Traité de la police Générale des Villes, bourgs et paroisses, Paris, 1775, V° Chasse, p. 180). Voir aussi Pothier, Oeuvre, éditions de 1781, tome IV, p. 356.

animale est grouillante"[21]. Cependant, malgré la rigueur des condamnations prononcées par les juridictions, la portée de l'intervention des souverains n'en reste pas moins limitée pour, au moins, trois raisons :

En premier lieu, même dans les pays où le monopole de la chasse s'est affirmé de la manière la plus dure, il existe des zones de résistance dans lesquelles se maintiennent des coutumes plutôt favorables aux roturiers, coutumes qui seront à l'origine de la "chasse banale" très fortement revendiquée par l'ensemble de la paysannerie. En fait, d'une part, le privilège des nobles concerne surtout la vénerie car, dans la pratique, de nombreuses exceptions sont permises en faveur des roturiers, auxquels on concède, localement, le droit de chasser le petit gibier mais surtout les oiseaux de passage[22], et d'autre part, même dans les régions les plus répressives, le braconnage est un fait social qui ne peut être sous-estimé et qui perdure jusqu'à l'abolition du principe. Pour beaucoup de paysans, le braconnage est une nécessité pour obtenir des moyens de vivre, mais c'est aussi une passion, un passe temps favori parfois peu réprimé[23] et d'autant plus fréquent que les braconniers sont préservés par le silence des voisins solidaires[24].

En deuxième lieu, il convient de tenir compte de la masse considérable des règles et des pratiques extralégales qu'il n'est pas facile d'étudier en l'absence de documentation exhaustive. Il existe une véritable hiérarchie dans la considération qu'ont les paysans pour les animaux. Ainsi il peut être "interdit" de tuer ou de maltraiter certaines espèces, soit en raison de l'utilité qui leur est attribuée - c'est tout particulièrement le cas des oiseaux "commensaux" de l'homme à la ville comme à la campagne - soit par crainte des accidents qui pourraient arriver à ceux qui violeraient les défenses qui les protègent[25]. A l'inverse, le meurtre de certains animaux est méritoire. C'est le cas pour les "nuisibles" les "puants", et plus particulièrement des rapaces ou "becs crochus" qui "vivent de rapines". Les paysans et les bergers se méfient de ces "dévoreurs de poules" et "voleurs de moutons et d'enfants"[26] et

---

[21] Robert Mandrou, op. cit., p. 102.

[22] Cf. Jehan de Malafosse, op. cit., p. 132 et du même auteur, "Un obstacle à la protection de la nature : le droit révolutionnaire", in Revue XVIIIème siècle, n°9, Paris, Garnier, 1977, pp. 91-100, plus particulièrement à la page 98.

[23] Comme en Espagne, Cf. Alan Sanchez Gascon, El cazador furtivo una aproximacion legal, Madrid : Editorial international Marketing Approach, 1990, p. 28.

[24] Cf. Agnieszka Samsomowicz, op.cit., p. 212.

[25] Par exemple, "le meurtre d'une bergeronnette fait crever le plus beau mouton du troupeau", ou encore, "il arrive des accidents aux marins lorsqu'on a tué un pétrel ou un goéland". Paul Sébillot, Le folklore de France. La Faune, (réédition), Paris, Imago, 1984, p. 201.

[26] De telles croyances sont naturellement tout à fait excessives puisqu'un rapace comme l'aigle royal est incapable de soulever des proies dépassant 2 Kg.

inventent toutes sortes de pièges, traquenards et appâts empoisonnés, procédés qui, au regard de la législation cynégétique, sont d'ailleurs parfaitement licites.

En troisième lieu, la destruction de certaines espèces comme les loups est encouragée, voire imposée, par l'intermédiaire de la louveterie, définitivement organisée au XVIème siècle. Cette chasse, qui occupe une place particulière dans la vénerie, mobilise l'ensemble des paysans qui peuvent être réquisitionnés par les seigneurs et les louvetiers, les jours de repos, pour les battues publiques[27], mais les paysans boudent la corvée ou tentent de s'y soustraire[28].

Ainsi donc, la faune sauvage n'est protégée que dans la mesure où elle intéresse la chasse et lorsqu'elle l'est efficacement, c'est finalement pour permettre aux nobles de mieux la détruire. Les exemples de protection d'espèces animales sauvages à des fins non cynégétiques sont tout à fait exceptionnels et très localisés[29].

Quant à la tradition antique d'un droit de la chasse inhérent à l'individu, elle s'est malgré tout maintenue dans les pays ayant plus ou moins échappé à l'organisation du système féodal. La chasse n'y est donc pas envisagée comme un privilège réservé à certaines élites ou au souverain. Il en est ainsi aux Pays-Bas où le propriétaire qui clôture ses terres se réserve sans limite le droit de chasse, même le roi ne peut y poursuivre le gibier sans son consentement[30], dans les Cantons suisses[31], dans les régions septentrionales

---

[27] Voir l'article 6 de l'Edit "général sur le fait des chasses, la louveterie..." de juin 1601 qui enjoint "aux seigneurs hauts justiciers et seigneurs de fief de faire assembler tous les trois mois ou même plus souvent leurs paysans et rentiers et de faire battue aux loups et renards, blaireaux, loutres et autres bêtes nuisibles", cité par M. Petit, volume 1, op. cit., p. 97.

[28] Pour rendre ce système performant, il aurait fallu autoriser les paysans, parfaits connaisseurs du terrain, à s'armer. Mais le pouvoir royal était trop méfiant à l'égard d'une population jugée peu sûre. La louveterie ne deviendra efficace qu'à partir du Premier Empire et surtout après les lois de Jules Ferry qui enverront les enfants sur les routes de l'école... et avec la décision de lutter contre la rage. Sur l'histoire de la destruction des loups et autres nuisibles, voir Claude Catherine et Gilles Ragadre, Les loups en France, Paris, Aubier, 1981 et Daniel Bernard, L'homme et le loup, Paris, Berger Levrault, 1981.

[29] A la fin du VIIème siècle, Saint-Cuthbert ordonne la protection de tous les oiseaux sur les îles Frane sur la côte du Northumberland (cf. Max Nicholson, La Révolution de l'environnement, Paris, Gallimard, 1973, p. 189); au XVè siècle, selon les Chroniques Strasbourgeoises de Jacob Trausch, il est interdit de tuer les cigognes en ville, sous peine de 30 schillings d'amende; et en 1670, Louis XIV crée une réserve à l'île aux Cygnes, en aval de la capitale. Ces oiseaux sont protégés non seulement sur l'île, dont l'accès est interdit aux parisiens, mais aussi sur le fleuve.

[30] Cf. Jean Dumas, Essai historique sur la législation cynégétique, Thèse pour le doctorat d'Etat, Université de Lyon, 1902, p. 215.

de la Scandinavie[32], mais aussi en Turquie[33] ou au Maroc[34]. Et même dans les pays où s'est imposée la régale cynégétique certaines provinces aux confins du territoire des Etats ont su, avec plus ou moins d'efficacité, s'opposer à la souveraineté du monarque comme dans les Pyrénées, en Languedoc, en Dauphiné, ce que confirment encore leurs coutumes rédigées, mais aussi la législation royale[35].

Enfin, la situation paraît plus complexe dans les territoires du Saint-Empire Romain Germanique. La théorie régalienne est loin d'être admise partout. La liberté de la chasse se maintient dans certaines provinces comme en Hesse, au Tyrol, en Souabe, dans les Alpes bavaroises. Le plus souvent il suffit, pour y jouir du droit de la chasse de faire partie d'une communauté villageoise ou d'être bourgeois[36].

Tout change à partir de la Révolution Française. Le nouveau droit de la chasse, très marqué par les revendications bourgeoises et paysannes[37], va se constituer dans un climat généralisé d'agression contre la nature. L'article 3 du décret du 4 août 1789, qui marque la naissance de l'actuel droit français de la chasse, fait disparaître le monopole, marquant ainsi l'avènement d'un ordre juridique nouveau en parfaite conformité avec les inspirations de l'individualisme libéral. En effet, il supprime "le droit exclusif de la chasse et

---

[31] Cf. Gerhard Budig, Die europaïschen jagdsysteme und ihre wirtschaffliche. Université de Fribourg, 1964.

[32] Cf. Sverige Jakten, och. E.G., Svenska Jägareförbundet, 1993, pp. 54-64 et Jägarnas centralorganisation, 1962-1987, Tauno Rajanto, 1987, pp. 10-14.

[33] Il n'y a pas en Turquie de règle générale, seules les propriétés du sultan sont protégées en réserves, Cf. Yaban Hayati, Uluslararasi simpozyum. Türkyie ve Balkan Ulkelerinde .., Wildlife Fauna in Turkey and the Balkan Countries, septembre 1987, Istanbul, p. 29.

[34] La chasse n'a jamais été un privilège réservé à certaines élites au Maroc. Le droit de chasse est traditionnellement détenu par la communauté et à ce titre par tout un chacun. Cf. A. Alaoui My Youssef, guide du chasseur au Maroc. Rabat, 1992, p. 5.

[35] Voir, par exemple, l'ordonnance sur le fait de la chasse dans les forêts royales du 29 juin 1396, qui accorde des "permissions de chasse... aux habitants de certaines provinces, à condition de donner au roi quelque partie des animaux qu'ils auraient tués à la chasse", les lettres de 1397 qui donnent "aux habitants de Beauvoir, permission de chasse", le roi se retenant, entre autres choses, les nids des oiseaux nobles (oiseaux de proie sans doute et propres à la chasse), et les lettres patentes de Louis XII, du 9 octobre 1501, pour le Languedoc, dont les roturiers ont "le droit d'user de leurs chasses et pescheries, comme ils ont accoutumé d'ancienneté selon leurs libertés et privilèges, hors toutefois des garennes". cité par M. Petit, op. cit., p. 63.

[36] Cf. Von Maurer, Geschicthte der Frohnhoefe, der Bauernhoefe und der Hof. Verfassung in Deustchland, tome I, pp. 154-155 cité par Jean Dumas, op. cit., p. 219.

[37] Cf. Jean Bart, " La conquête paysanne du droit de la chasse sous la Révolution Française " in Imaginaires et Réalités de la chasse aujourd'hui, op.cit., pp. 65-75 et Geoffroy de Gislain, "Chasse et nuisibles dans les cahiers de doléances " in La Nature en Révolution 1750-1800, Paris, L'Harmattan, 1993, pp. 86-93.

des garennes ouvertes" ainsi que toutes les Capitaineries[38], et il accorde à tout propriétaire "le droit de détruire ou faire détruire, seulement sur ses possessions, toute espèce de gibier, sauf à se conformer aux lois de police qui pourraient être faites relativement à la sécurité publique". Même tué illégalement, le gibier appartient à celui qui s'en empare[39]. Comme le fait remarquer Jehan de Malafosse, "l'individualisme triomphant donne tout son sens aux virtualités redoutables contenues dans la notion de *res nullius* qui sert depuis, avec celle des *res communis*, de catégories juridiques pour les ressources naturelles. Ce qui n'appartient à personne est à tout le monde et n'est protégé par personne, cela d'autant plus qu'il s'agit, à l'époque, de choses apparemment ... inépuisables"[40].

Toutefois, malgré Robespierre qui défend la liberté illimitée de la chasse, Mirabeau fait voter la loi des 28 et 30 avril 1790 qui réserve la chasse aux propriétaires[41]. La possibilité de chasser n'est donc pas pour autant reconnue à tous les individus : ce sont les propriétaires qui vont juridiquement se substituer aux nobles. Le droit de chasse est lié au droit de propriété.

Ce principe sera d'ailleurs renforcé, par la suite, par l'article 544 du Code Civil et l'article 365 du code rural.

L'article 544 du Code Civil définit le droit de propriété comme le "droit de jouir et de disposer des choses de la manière la plus absolue, pourvu qu'on n'en fasse pas un usage prohibé par les lois ou par les règlements". L'article 365 du Code rural énonce que "nul ne peut chasser sur le terrain d'autrui sans son consentement préalable".

Jouissant privativement de son droit de chasse, le propriétaire dispose d'une libre affectation de son bien selon ses choix moraux ou ses intérêts (il en a l'*usus* : le droit de s'en servir, le *fructus* : le droit d'en percevoir les revenus, l'*abusus* : le droit d'en disposer). Tout au plus, est-il astreint à ne pas chasser sur ses terres non closes, tant qu'elles ne sont pas dépouillées de leurs fruits, afin de protéger l'agriculture. C'est bien là la seule disposition intéressant implicitement la protection du gibier encore qu'elle soit uniquement saisonnière et qu'elle ne concerne pas les oiseaux de passage...

---

[38] Exception faite des garennes du roi qui subsisteront jusqu'en 1844.

[39] Sur le droit de la chasse pendant la Révolution et ses effets pervers, on consultera avec grand intérêt : Jehan de Malafosse, Le droit à la nature. Aménagement et protection, op. cit., plus particulièrement aux pages 132 à 134, et du même auteur, "Un obstacle à la protection de la nature : le droit révolutionnaire", op. cit., pp. 97 à 100.

[40] "Un obstacle à la protection de la nature : le droit révolutionnaire", *ibidem*, p. 95.

[41] "Il est défendu à toute personne de chasser sur le terrain d'autrui sans son consentement à peine de 20 livres d'amende envers la commune du lieu et d'une indemnité de 10 livres envers le propriétaire des fonds, sans préjudice de plus grands dommages-intérêts".

Pour l'essentiel, cette conception très libérale est reprise, dès les premières années du XIXème siècle, par de nombreux pays européens[42], plus tardivement par une minorité d'entre eux[43], avec bien sûr des adaptations liées aux traditions locales[44], si bien que trois catégories de pays peuvent être distingués dès le milieu du XIXème siècle :

- Les pays où le droit de la chasse est totalement libre, c'est un droit subjectif de nature politique. Il s'agit des pays du Sud de l'Europe[45] dans lesquels se maintient une très forte tradition pour la chasse banale justifiée par le droit de passage accordé à tout chasseur par autorisation tacite des propriétaires.
- Les pays où le droit de chasse est un attribut du droit de propriété. Ces pays ont été pour la plupart d'entre eux très fortement marqués jusqu'au XIXème siècle par la régale cynégétique[46]. Le droit de chasse ne peut être exercé que par le propriétaire ou la personne à laquelle il l'a cédé. Il peut être parfois exercé par quiconque si le propriétaire ne s'y oppose pas.
- Les pays dans lesquels le droit de chasse appartient en principe au propriétaire qui, cependant, ne peut l'exercer mais doit le céder si son domaine a une superficie inférieure à un minimum fixé par la loi[47].

Au total, pour louable que soit cette révolution législative, puisqu'elle donne à la chasse un caractère particulièrement démocratique, il convient de souligner qu'on n'a pas su prévoir les conséquences de ces dispositions libérales. Elles ont engendré l'anarchie. Le braconnage s'est donc développé de manière inquiétante au début du XIXème siècle, il devient une industrie et pour certains une véritable école du crime incitant précisément les pouvoirs publics à réagir par l'adoption de lois de police qui servent encore de fondement au droit de la chasse.

---

[42] Voir en particulier Alonso Sanchez Cason, op.cit., pp. 25 et 20, Nils Hermansson, op.cit., p.19, Sverige Jakten, op.cit., p. 54, Tauno Rajanto, op. cit., p.13.

[43] Comme au Danemark où le régime de l'absolutisme évolue lentement dans un sens plus libéral avec Christian VII. L'abolition définitive des privilèges liés à la chasse n'est consacrée qu'en 1849 par la loi fondamentale du 5 juin.

[44] Cf. Jean Dumas, op.cit., pp. 200 et suivantes et Ferdinando Albanese, "Le droit de la chasse en Europe", in Chasseurs de l'Est, n°133, 1er trimestre 1980, pp. 17-20.

[45] L'Espagne, l'Italie, la Grèce, le Portugal et la Turquie.

[46] A savoir : la Belgique, le Danemark, la France à l'exception de l'Alsace, l'Irlande, les Pays-Bas, le Royaume-Uni et le Sud et le Centre de la Norvège et de la Suède.

[47] C'est le cas de l'Allemagne, de l'Alsace-Lorraine, de l'Autriche et du Luxembourg. La Suisse se caractérise par un régime mixte puisque les Cantons choisissent eux-mêmes leur régime de chasse.

II - CONDITIONS ET LIMITATION DU DROIT DE LA CHASSE

Dès la fin du Moyen-Age, et quelque soit le régime accordé au droit de la chasse, la législation s'emploie d'abord à prohiber certaines pratiques : telles la destruction des nids d'oiseaux[48], des oeufs de hérons, souchets, grues, butors et outardes, il s'agit par là de protéger la fauconnerie au même titre que la vénerie[49], ou encore la chasse aux oiseaux de passage[50]. Elle fixe aussi les périodes d'ouverture et de fermeture de la chasse, les différents types d'engins et d'armes[51] et établit des peines souvent très lourdes contre toutes les formes de braconnage[52].

La chasse, concédée par le souverain, véritable marqueur de position sociale, reste donc, jusqu'à la fin du XVIIIème siècle, le privilège de la noblesse. L'interdiction du port d'armes pour les roturiers renforce d'ailleurs ce principe[53]. Comme nous l'avons déjà souligné, seule la destruction des bêtes malfaisantes et non comestibles demeure licite pour les roturiers. Ainsi, par exemple, le Parlement anglais exige, dès 1533, que les paroisses organisent, à leurs frais, la destruction systématique d'un grand nombre de nuisibles[54]. C'est en général une sorte d'obligation civique encouragée parfois

---

[48] Voir l'ordonnance de 1519 qui interdit de couper des "arbres portant des aires d'oyseaux de proie, de hérons, cigognes et autres semblables oyseaux". Le simple enlèvement des aires d'oiseaux est d'ailleurs assimilé à la coupe de l'arbre qui la porte. Le délinquant est condamné au quadruple des amendes ordinaires, et au bannissement des forêts "à toujours". Pour surprenante qu'elle soit, cette rigueur est tout à fait significative de la sévérité qui caractérise bien l'ancien droit en matière de chasse. Cf. Michel Devèze, La vie de la forêt française au XVIè siècle, op. cit., pages 79 et 80.

[49] Les oiseaux eux-mêmes sont laissés sans défense, même pendant la saison de reproduction. A l'évidence, les intérêts des fauconniers sont prioritaires. Cf. Max Nicholson, op.cit., p.191.

[50] Voir par exemple, l'article 2 de Edit général sur les faits de chasse etc. de juin 1601 : "défendons... de prendre en nos dites forêts, buissons et garennes, aires d'oiseaux; et d'y tendre et chasser bécasses, ramiers, pluviers, bizets et autres oiseaux de passage".

[51] On souhaite ainsi protéger les cultures mais aussi la reproduction des gibiers.

[52] La peine de mort est éventuellement appliquée en cas de destruction d'animaux royaux comme l'élan en Finlande (Cf. Sverige Jakten, op.cit., p. 58) et très souvent en cas de récidive. Sigismond II Auguste, roi de Pologne, sera le premier souverain en Europe à supprimer la peine de mort pour les braconniers en 1554 alors qu'il faut attendre le milieu du siècle suivant dans de nombreux autres pays pour que s'atténue le droit pénal cynégétique, comme par exemple en France avec l'ordonnance des Eaux et Forêts de 1669 (cf. Janusz Tazbir, op.cit., p. 242).

[53] L'interdiction du port d'arme fait l'objet d'un grand nombre d'ordonnances royales dont l'efficacité est toute relative... cf. Arlette Lebigre, Histoire du Droit Pénal, Paris, Cujas, 1981, p. 9.

[54] Cf. Keith Thomas, Dans le jardin de la nature, Paris, Gallimard, 1985, pp. 353 à 357.

par le versement de primes comme en Suède ou en Finlande ou, le cas échéant, imposée par la force comme en France ou au Portugal[55].

La déréglementation généralisée qui suit, à partir de 1789, les bouleversements provoqués par le législateur révolutionnaire est tout à fait néfaste pour la faune sauvage puisque la nouvelle législation comporte de nombreuses lacunes : la chasse de nuit, à la lanterne et à l'affût particulièrement destructrice pour le gibier est licite, tout comme l'est la capture du gibier avec des filets, collets ou traînasse. Rien non plus n'a été prévu pour prohiber la destruction des couvées, interdire le recel et le colportage du gibier en temps prohibé; tout au plus a-t-on institué le permis de port d'armes de chasse en 1810...[56]

Face à cette situation quelque peu chaotique, les gouvernants vont donc réagir en adoptant, sur la base de l'ancienne législation, des lois de police qui encadreront l'exercice du droit de chasse sans grandes modifications jusqu'à la décennie 1970-1980[57].

Le plus souvent, c'est la crainte du braconnage qui explique l'adoption de ces nouvelles réglementations cynégétiques. Celles-ci s'opèrent alors sous le couvert de l'ordre public susceptible d'être perturbé par les porteurs d'armes à feu. S'il convient de "préserver le gibier d'une destruction complète et prochaine", on souhaite surtout qu'en réprimant plus sévèrement les infractions, on fasse "perdre à une classe nombreuse de la société des habitudes d'oisiveté et de désordres qui conduisent à des délits de tout genre et trop souvent même à des crimes"[58].

Dès lors, on comprend mieux pourquoi les lois de police de la chasse ne protègent le gibier que d'une manière négative; si elles comportent quelques timides dispositions relatives à la protection du gibier, elles officialisent aussi la destruction d'un grand nombre d'espèces sauvages migratrices ou réputées

---

[55] Cf. C.M.L. Baeta Neves, op.cit., pp. 178 à 192.

[56] En France, si l'on excepte les dispositions prises en 1810 et 1812 relatives au permis de port d'armes, aucune nouvelle réglementation ne modifie les dispositions de la loi d'avril 1790 (cf. décret du 10 juillet 1810 concernant "la fourniture des passeports et permis de chasse" et décret du 4 mai 1812 concernant les dispositions pénales contre ceux qui chassent sans permis de port d'armes de chasse, in Répertoire Dalloz, 1847, tome 8, V° Chasse, page 89 notes 1 et 2).

[57] Les deux premières grandes lois de police de la chasse sont adoptées par l'Angleterre en 1831 et par la France en 1844.

[58] Voir par exemple l'exposé des motifs à la chambre des députés du projet de loi sur la police de la chasse, séance du 17 avril 1843 (In Répertoire de Jurisprudence Dalloz, XIXème siècle, V° Chasse, p. 91). Le même argument est repris par le rapporteur Lenoble, dans la séance du 7 juin 1843 : "Le braconnage, presque toujours une école du crime, est une menace incessante contre la sûreté des personnes et le respect dû à la propriété" (*ibidem*, p. 98).

nuisibles à l'agriculture, le propriétaire et le fermier conservent le droit de légitime défense sur les récoltes[59].

Pour l'essentiel, les limites apportées par l'ensemble des législations à l'exercice du droit de chasse afin de protéger le gibier sont au nombre de trois:

1) Les modes de chasse les plus meurtriers sont prohibés, seuls sont licites la chasse à courre, à cor et à cri, la chasse à tir et la chasse aux lapins à l'aide de furet ou de bourse[60].
2) La délimitation des périodes de chasse est fixée par l'administration, y compris celle concernant le gibier d'eau et les oiseaux de passage. La chasse de nuit est interdite mais le propriétaire peut chasser en tout temps dans sa propriété entourée d'une clôture continue faisant obstacle à toute communication à l'extérieur[61].
3) Si la chasse peut avoir pour objet tous les animaux sauvages, sans qu'il y ait à établir la distinction entre ceux qui ont le caractère de gibier proprement dit, c'est-à-dire qui sont propres à l'alimentation, et ceux qui sont impropres à l'alimentation, la plupart des textes permettent à l'administration "de favoriser le repeuplement des campagnes en fait de petits oiseaux"[62] en interdisant, même pendant l'ouverture de la chasse, la destruction de certaines espèces d'oiseaux reconnus essentiellement insectivores, tout en tenant compte "des intérêts particuliers ... et du sentiment des populations"[63]. La législation marque ainsi l'avènement du statut de la faune en distinguant, dans l'intérêt de l'agriculture, les animaux utiles et les nuisibles qu'il convient de détruire par tout moyen[64].

---

[59] Cf. Alonso Sanchez Gascon, op.cit., p.181

[60] Même l'utilisation de la chasse à l'arc est prohibée à cause de son caractère d'arme silencieuse. Cf. Jacques Sire, "La chasse à l'arc", in Le Saint-Hubert, septembre 1987, pp. 576-577.

[61] La vente du gibier hors période de chasse est le plus souvent interdite de même que la mise en vente, le colportage, la destruction ou l'enlèvement sur le terrain d'autrui des oeufs et des couvées de faisans, de perdrix, de cailles, etc.

[62] Cf. Supplément au Répertoire de Législation, Paris, Dalloz, 1880, volume 2, V° Chasse, p. 404.

[63] Comme le précise pour la France la circulaire du 8 juillet 1886, Supplément au Répertoire de Législation, op. cit., *ibidem*.

[64] Cf. E.L.Jones, op.cit., pp.107-125; et Max Nicholson, op.cit., p.193. Des campagnes nationales de sensibilisation pour le respect des espèces bienfaisantes sont alors menacées. Cf. Anne Vourc'h et Valentin Pelosse, "Chasseurs et protecteurs : Les paradoxes d'une contradiction", in Protection de la Nature Histoire et Idéologie, op. cit., pp. 108-123, plus particulièrement p. 110.

A l'inverse, pour ce qui concerne la chasse aux oiseaux de passage et à l'exclusion de la caille[65], le législateur n'a pas souhaité prohiber certains usages qui, comme cela est particulièrement le cas en France, mais aussi en Italie ou en Espagne, "peuvent être considérés presque comme l'exercice d'une industrie" et qui forment, dans de nombreuses localités, "un moyen précieux d'alimentation et de commerce". Après avoir dressé la liste des oiseaux de passage[66], l'administration peut donc autoriser ce type de chasse, en dehors du temps pendant lequel la chasse ordinaire est autorisée, "avec les instruments, et procédés usités dans le pays, même avec ceux dont l'usage est prohibé pour la chasse ordinaire" comme, par exemple, les panneaux, les filets, les lacets, les collets, etc.[67].

Enfin, la législation consacre la notion de nuisible en encourageant la destruction, par tout moyen[68], d'un très grand nombre d'espèces réputées comme telle et dont la liste est fixée par l'administration.

Dès lors, l'espace rural a été méthodiquement nettoyé sans discernement[69]. Si de nombreux textes sont venus étoffer le droit de la chasse, souvent de manière contradictoire en vue de réaliser le repeuplement du gibier devenu rare pour assurer aux chasseurs la pérennité de leur plaisir, l'idée de protéger la faune en tant que telle est récente. Elle n'est perceptible

---

[65] En effet, dès 1844 on avait ressenti la nécessité de limiter la destruction de cet oiseau : "l'usage pratiqué par les habitants du midi de prendre les cailles avec des filets, à l'époque où elles arrivent de nos contrées méridionales, après avoir traversé la mer, les a fait disparaître presque entièrement de la plupart de nos provinces. C'est pour faire droit à une réclamation légitime qu'on a excepté les cailles de la disposition relative aux autres oiseaux de passage". Cf. exposé des motifs du projet de loi relatif à la police de la chasse présenté par M. Le Garde des Sceaux, séance du 4 mars 1844 à la Chambre de Paris, in Répertoire de Législation, op. cit., V° Chasse p. 101.

[66] En France, à partir de 1861 (circulaire du ministre de l'Intérieur du 9 juillet 1861), l'administration recommande ainsi aux Préfets d'adopter la nomenclature dressée par le Muséum.

[67] Cf. Rapport de Franck-Carré à la Chambre des Pairs sur le projet de loi, 16 mai 1843, in Supplément au Répertoire de jurisprudence, op. cit., p. 397.

[68] Les propriétaires et fermiers sont autorisés, sans permis et en tout temps, à enlever et détruire les portées et couvées par tout moyen, piéger, enfumer les terriers, empoisonner et détruire les nids pendant les périodes de reproduction. Les chasseurs qui, en plus de ces prérogatives, ont en outre souvent le droit de pratiquer des battues, dans les terrains où ils sont détenteurs du droit de chasse; en cas de dégâts attestés, la loi prévoit fréquemment que des battues administratives peuvent être ordonnées par le gouvernement ou les autorités locales.

[69] Cf. E.L. Jones, op.cit., pp.107-125.

qu'à partir de la décennie 1960-1970, la plupart des pays ayant finalement intégré le droit de la chasse au droit de l'environnement[70].

Au total, l'évolution du droit cynégétique s'est réalisée sur l'ensemble du territoire européen de façon parallèle. Sous l'impulsion des scientifiques, des associations de protection de la nature, des chasseurs eux-mêmes, l'action des pouvoirs publics s'est orientée vers une gestion globale de la faune. On est ainsi passé de "l'idée de police à celle de planification et d'exploitation rationnelle de la chasse"[71] par la régulation contrôlée des populations (réserves de chasse, institution de plan de chasse du grand gibier et organisation des associations de chasse agréées). Il ne s'agit plus seulement de protéger telle ou telle espèce mais son biotope et les notions surannées de nuisibles, d'animaux malfaisants, de bêtes fauves, dérivés terminologiques négatifs de la qualification de *res nullius*, sont vidées de leur sens[72]. Le droit de la chasse est maintenant intégré dans le cadre plus vaste du droit de la protection de la nature[73].

La notion de protection générale, la gestion de la faune sauvage, l'aménagement et la conservation des territoires voués à la chasse sont maintenant clairement assimilés par les chasseurs européens.

Si la chasse reste très profondément marquée par son histoire, ses usages et ses traditions (parfois bafoués par ceux qui s'en réclament ...) une mutation irréversible s'est réalisée depuis peu et cela pour au moins cinq raisons essentielles :

- la prise de conscience environnementale,
- la nécessaire cohabitation des usagers de la nature (qui devrait se traduire de plus en plus par des conventions d'usage),
- l'action des associations cynégétiques et de protection de la nature,
- l'examen du permis de chasser désormais généralisé en Europe,
- l'émergence du droit communautaire.

---

[70] Pour la France, la vieille loi de police de 1844 reste pourtant en vigueur dans ses options générales, comme le montrent fort bien Annie Charlez et Philippe Waguet, in La chasse en France, Paris, P.U.F., 1991.

[71] Jean Lamarque, Droit de la protection de la nature et de l'environnement, op. cit., p. 507.

[72] Sur l'évolution de la qualification juridique des espèces, voir Cyrille de Klemm, Gilles Martin, Michel Prieur et Jean Untermaier, "Les qualifications juridiques de l'environnement", in L'écologie et la loi, sous la direction d'Alexandre Kiss, C.N.R.S., 1989.

[73] P. Astrié, "Les métamorphoses juridiques de la chasse moderne", in A.J.D.A., novembre 1975, pp. 505-515.

Les sources internationales du droit de la chasse

Cyrille de KLEMM*

INTRODUCTION

La Convention sur la diversité biologique[1] établit, pour la première fois à l'échelle de la planète tout entière, une obligation générale de conservation et d'utilisation durable des espèces sauvages. Le terme "conservation" n'est pas défini, mais les parties ont l'obligation de "...favoriser le maintien de populations viables d'espèces dans le milieu naturel" et de formuler ou de maintenir en vigueur les dispositions législatives ou réglementaires "nécessaires pour protéger les espèces et populations menacées" (art.8.d)). L'"utilisation durable" est "l'utilisation des éléments constitutifs de la diversité biologique d'une manière et à un rythme qui n'entraînent pas leur appauvrissement à long terme, et sauvegardent ainsi leur potentiel pour satisfaire les besoins et les aspirations des générations présentes et futures" (art.2). Les ressources biologiques, c'est-à-dire, entre autres, les animaux sauvages "ayant une utilisation ou une valeur effective ou potentielle pour l'humanité" (art.2), et donc les animaux-gibier, doivent être réglementées et gérées afin d'assurer leur conservation et leur utilisation durable (art.8c). La chasse, qu'elle soit de subsistance, commerciale ou sportive, ne doit donc s'exercer que de façon à

---

* Consultant en Droit de l'environnement.

[1]Signée à Rio de Janeiro le 5 juin 1992 et entrée en vigueur le 29 décembre 1993. Au 29 février 1996, elle avait été ratifiée par 142 Etats et par l'Union européenne.

pouvoir se perpétuer, sans porter atteinte au capital cynégétique. Ce n'est qu'ainsi qu'elle pourra participer au développement durable par la contribution importante qu'elle doit continuer à apporter, année après année, au revenu national de la plupart des pays.

La convention vient couronner un édifice qui s'est graduellement construit, au fil des années, par l'adoption de nombreuses conventions internationales portant sur la conservation d'espèces animales sauvages. L'adoption de traités s'est, en effet, très tôt révélée utile, sinon indispensable, pour protéger la faune. En effet, seuls des engagements internationaux, lorsqu'il s'agit d'espèces dont l'aire de répartition s'étend sur le territoire de plusieurs Etats, ce qui est le cas le plus fréquent, permettent d'établir des règles de protection uniformes qui soient applicables dans l'ensemble de l'espace considéré. Pour les espèces dont la chasse est autorisée, ils peuvent, en outre, établir une règle du jeu commune ayant pour objet le maintien ou le rétablissement des espèces concernées dans un état de conservation favorable et mettre ainsi tous les pays concernés, et leurs chasseurs, sur un pied d'égalité. Lorsqu'il s'agit d'espèces migratrices, la conclusion d'accords internationaux constitue le seul moyen d'établir les mécanismes de coopération indispensables entre les Etats situés sur une même voie de migration pour assurer le maintien des effectifs des espèces concernées dans un état de conservation favorable.

Après une brève analyse des instruments internationaux en vigueur portant sur la réglementation du prélèvement d'animaux sauvages (I), il sera procédé à un examen des conditions que ces textes doivent remplir pour avoir l'efficacité nécessaire (II).

I - LES TEXTES EN VIGUEUR

Certains textes sont applicables à toutes les espèces susceptibles de faire l'objet d'un prélèvement. D'autres sont particuliers aux espèces migratrices.

A) Règles générales applicables aux espèces protégées et aux espèces gibier

Les conventions internationales en vigueur établissent, pour la plupart, des obligations de protéger intégralement certaines espèces, de réglementer le prélèvement d'espèces-gibier et d'interdire le commerce d'animaux prélevés illicitement.

a) Les espèces intégralement protégées

Les premières conventions internationales portant sur la protection de la nature contenaient déjà des listes d'espèces pour lesquelles les parties avaient l'obligation d'interdire tout prélèvement. C'est le cas par exemple de la Convention de Paris du 19 mars 1902 sur la protection des oiseaux utiles à l'agriculture, la première convention qui ait jamais été conclue sur la protection d'espèces animales. La Convention internationale pour la protection des oiseaux, également signée à Paris, le 18 octobre 1950, pose le principe que tous les oiseaux doivent être protégés, au moins pendant leur période de reproduction, et que les espèces menacées d'extinction ou présentant un intérêt scientifique doivent être protégées toute l'année.

La Convention africaine sur la conservation de la nature et des ressources naturelles, signée à Alger le 15 septembre 1968[2], établit une liste d'espèces totalement protégées (classe A) à l'égard desquelles tout prélèvement doit être interdit par les Etats contractants. Des listes d'espèces intégralement protégées figurent également dans des textes beaucoup plus récents, tels que la Convention de Berne, du 19 septembre 1979 relative à la conservation de la vie sauvage et du milieu naturel en Europe et les protocoles portant sur la conservation de la faune marine et côtière à certaines conventions sur les mers régionales conclues sous les auspices du Programme des Nations-unies pour l'environnement. Il s'agit des protocoles de Nairobi[3], pour l'Afrique orientale, de Kingston[4], pour la région caraïbe, et de Barcelone[5], pour la Méditerranée. Enfin, à l'intérieur de l'Union européenne, elle-même partie en tant que telle à plusieurs de ces traités, les directives "oiseaux" et "faune-flore-habitats" ont

[2]Ce traité remplace la Convention de Londres relative à la conservation de la faune et de la flore à l'état naturel, du 8 novembre 1933, qui comprenait déjà une liste d'espèces africaines que les parties s'engageaient à protéger intégralement.

[3] Protocole relatif aux zones protégées ainsi qu'à la faune et la flore sauvages dans la région de l'Afrique orientale, Nairobi, 21 juin 1985.

[4] Protocole relatif aux zones et à la vie sauvage spécialement protégées à la Convention pour la protection et la mise en valeur du milieu marin de la région des Caraïbes, Kingston, 18 janvier 1990.

[5] Protocole relatif aux aires spécialement protégées et à la diversité biologique en Méditerranée, Barcelone, 10 juin 1995. Ce texte remplacera, dès son entrée en vigueur, le Protocole relatif aux aires spécialement protégées de la Méditerranée, signé à Genève le 3 avril 1982, qui ne contient pas de dispositions sur la protection des espèces. Il s'agit du protocole à la Convention de Barcelone, du 16 février 1976, pour la protection de la mer Méditerranée contre la pollution. Cet instrument, qui a été substantiellement amendé en 1995, est maintenant intitulé Convention pour la protection de l'environnement marin et de la région côtière de la Méditerranée.

essentiellement pour objet d'assurer l'application de ceux-ci d'une manière uniforme par les Etats membres de cette organisation[6].

b) La réglementation du prélèvement autorisé

1) Obligations générales

La Convention d'Alger de 1968 fait obligation à ses parties d'adopter une législation adéquate sur la chasse et la capture d'animaux sauvages et notamment de réglementer de manière appropriée l'octroi de permis. Elle comprend une liste d'espèces (classe B) qui ne peuvent être chassées qu'en vertu d'un permis spécial. Les Etats contractants doivent adopter une législation adéquate sur la chasse réglementant de manière appropriée l'octroi de permis et interdisant toute méthode susceptible de causer une destruction massive d'animaux sauvages.

La Convention de Berne requiert de ses parties contractantes la prise de mesures législatives et réglementaires pour interdire le prélèvement des espèces animales inscrites en son annexe II, et réglementer celui des espèces de son annexe III. Cette réglementation doit être telle que toute exploitation de ces espèces soit réalisée de façon à maintenir l'existence de leurs populations hors de danger.

2) Procédés et méthodes de chasse interdits

Certains traités portant sur la faune sauvage contiennent également des listes de méthodes de prélèvement qui doivent être interdites parce qu'elles ne sont pas suffisamment sélectives ou parce qu'elles peuvent entraîner une mortalité massive des espèces concernées.

Ainsi la Convention de Paris de 1902 pour la protection des oiseaux utiles à l'agriculture interdit déjà la pose et l'emploi de pièges, cages, filets, lacets, gluaux, et tous autres moyens ayant pour objet de faciliter la capture ou la destruction en masse des oiseaux. La destruction d'oiseaux-gibier ne doit être autorisée qu'au moyen d'armes à feu.

La Convention de Paris de 1950 pour la protection des oiseaux fait obligation à ses parties contractantes d'interdire progressivement ou de restreindre l'usage des méthodes destinées à la capture ou à la destruction d'oiseaux en masse et, notamment, des collets, glus, pièges, hameçons, filets, appâts empoisonnés, stupéfiants, appelants aveuglés, miroirs, torches et autres lumières artificielles, fusils de chasse à répétition susceptibles de contenir plus de deux cartouches, armes à feu autres que celles susceptibles d'être épaulées et

[6]Le droit européen en matière de faune sauvage et de chasse est traité dans la communication de M. Charles Lagier. Il n'en sera donc pas fait état ici.

véhicules à moteur ainsi que l'institution de récompenses pour la capture et la destruction d'oiseaux.

La Convention d'Alger de 1968 requiert de ses parties qu'elles interdisent l'utilisation de drogues, poisons, armes et appâts empoisonnés, explosifs, et engins à moteur, ainsi que celle du feu, l'utilisation d'armes à feu susceptibles de tirer plus d'une cartouche sous une seule pression de la détente, les opérations nocturnes, et l'utilisation de projectiles contenant des détonants. Elles ont également l'obligation, mais cette fois-ci seulement dans toute la mesure du possible, d'interdire l'utilisation de filets ou d'enceintes, de pièges aveugles, fosses, collets, fusils fixes, trébuchets et guet-apens.

La Convention de Berne oblige ses parties à interdire l'utilisation de tous les moyens non sélectifs de capture et de mise à mort et des moyens susceptibles d'entraîner localement la disparition, ou de troubler gravement la tranquillité des populations d'une espèce inscrite à l'annexe III, c'est-à-dire de celle dont le prélèvement est autorisé mais doit être réglementé. Une liste non limitative des moyens et méthodes de chasse et autres formes d'exploitation interdits figure à l'annexe IV de la convention. Elle comprend, entre autres, les collets, les gluaux, les hameçons (pour les oiseaux), les animaux vivants utilisés comme appelants aveuglés ou mutilés, les enregistreurs, les appareils électriques capables de tuer ou d'assommer, les sources lumineuses artificielles, les miroirs et autres objets aveuglants, les dispositifs de visée comportant un convertisseur d'images ou un amplificateur d'image électronique pour tir de nuit, les explosifs, les filets, les pièges-trappes, les poisons et appâts empoisonnés ou tranquillisants, le gazage et l'enfumage, les armes semi-automatiques ou automatiques dont le chargeur peut contenir plus de deux cartouches, les avions et les véhicules automobiles en déplacement.

3) Périodes d'ouverture et de fermeture

La Convention de Paris de 1902 prévoyait déjà que la destruction d'oiseaux-gibier ne devait être autorisée qu'à des époques déterminées par la loi, ce qui impliquait que les parties avaient en conséquence une obligation d'établir des périodes de fermeture de la chasse pour ces espèces. La Convention de 1950 fait obligation à ses parties de protéger tous les oiseaux pendant leur période de reproduction. La Convention de Berne requiert l'établissement de périodes de fermeture ainsi que, s'il y a lieu, l'interdiction temporaire ou locale de l'exploitation afin de permettre aux populations existantes de retrouver un niveau satisfaisant (art.7).

c) Réglementation du commerce

La Convention de Paris de 1902 invitait déjà ses parties à interdire la vente et le transport des oiseaux-gibier pendant la période de fermeture de la chasse. La vente et l'importation des oiseaux protégés devait être interdite du 1er mars au 15 septembre de chaque année. La Convention de Paris de 1950 interdit d'importer, d'exporter, de transporter, de vendre, d'acheter, de donner ou de détenir pendant la période de protection de l'espèce, tout oiseau, vivant ou mort, ou toute partie d'un oiseau qui aura été tué ou capturé en contravention avec les dispositions de la convention. La Convention d'Alger fait obligation à ses Etats contractants de réglementer le commerce et le transport de spécimens d'espèces animales et de leurs trophées et de contrôler l'application de ces mesures de façon à éviter tout trafic de spécimens et de trophées illégalement capturés, abattus ou obtenus. La Convention de Berne comprend parmi les mesures de réglementation du prélèvement qui doivent être prises par ses parties la réglementation, s'il y a lieu, de la vente, de la détention, du transport ou de l'offre aux fins de vente des animaux-gibier, vivants ou morts.

La question du commerce international d'espèces sauvages est régie presque exclusivement par la Convention de Washington du 3 mars 1973 sur le commerce international des espèces de faune et de flore sauvages menacées d'extinction, maintenant ratifiée par 132 Etats, dont la quasi-totalité des pays importateurs ou exportateurs. Le commerce international de spécimens appartenant aux espèces énumérées à l'annexe I de la convention est interdit. Pour les espèces inscrites à son annexe II, la Convention exige des permis d'exportation et impose aux pays importateurs l'obligation de vérifier l'existence et la validité de ceux-ci. Pour assurer une application uniforme de la convention par ses Etats membres, tout en ne portant pas atteinte au principe de la libre circulation des biens à l'intérieur du marché unique, l'Union européenne a adopté en 1982 un règlement (N° 3626/82 du 3 décembre 1982) établissant des règles communes portant sur l'importation, l'exportation, le commerce, le transport et la détention de spécimens des espèces couvertes par la convention. Ce texte devrait être prochainement remplacé par un nouveau règlement, mis à jour et plus complet.

Satisfaisantes, semble-t-il, pour les espèces sédentaires, qui lorsque cela est nécessaire peuvent faire l'objet d'une réglementation beaucoup plus détaillée au niveau national, ces règles générales sont généralement insuffisantes pour assurer la conservation et l'utilisation durable des espèces migratrices qui, de par leur nature même, nécessitent une gestion internationale.

B) Les règles particulières applicables aux espèces migratrices

En droit, telles que les définit la Convention sur la conservation des espèces migratrices appartenant à la faune sauvage, signée à Bonn le 23 juin 1979, les espèces migratrices sont celles qui franchissent cycliquement et de façon prévisible une ou plusieurs limites de juridiction nationale. Leur aire de répartition s'étend donc à l'ensemble de l'espace dans lequel s'effectue la migration. Soumis successivement à la juridiction d'Etats différents, les animaux migrateurs ont pendant longtemps été considérés par les populations locales et les Etats comme une "aubaine", au sens propre du terme, un véritable don de la nature en apparence inépuisable, dont tout un chacun pouvait disposer à sa guise.

Il a fallu longtemps pour que l'on se rende vraiment compte que ces espèces nécessitaient encore bien plus que les autres la mise en place de mécanismes de coopération internationale qui ne peuvent être établis que par des traités entre les Etats qui se partagent leur cycle migratoire[7]. En effet, sans règles de gestion communes, les mesures qui pourraient être prises individuellement par les Etats concernés n'auraient guère de chance d'être efficaces. Bien plus encore que pour des espèces sédentaires, des traités sont donc indispensables pour la conservation des migrateurs.

Les premières conventions portant sur des espèces migratrices ont concerné des animaux marins, étant donné, d'une part, l'importance commerciale de certains produits de la mer et, d'autre part, parce que la règle de la liberté de la pêche en haute mer commençait à entraîner une surexploitation inquiétante qui ne pouvait être évitée que par la conclusion de traités entre les Etats concernés. Le deuxième groupe de conventions porte sur les oiseaux migrateurs. Enfin, la Convention de Bonn constitue un cadre pour la conservation de toutes les espèces migratrices par le biais des accords particuliers qu'elle encourage ses parties à conclure pour assurer leur conservation.

a) Les traités portant sur des animaux marins

De nombreuses espèces marines sont migratrices au sens juridique du terme car elles franchissent régulièrement les limites tracées entre la haute mer, d'une part, et les espaces marins sous juridiction nationale: mer territoriale et zone économique exclusive, d'autre part. Il existe un assez grand nombre de traités qui ont pour objet la réglementation de l'exploitation des ressources biologiques de la mer pour assurer, en évitant la surexploitation de ces ressources, la

---

[7]Selon la formule qui figure dans le mémorandum d'accord conclu en 1995, sous les auspices de la Convention de Bonn, pour la conservation du courlis à bec grêle *Numenius tenuirostris*.

pérennité des activités économiques que constituent la pêche et la transformation du poisson et d'autres produits de la mer. Il n'en sera ici donné que deux exemples, portant sur des mammifères marins.

1) Les phoques des îles Pribiloff

Les phoques à fourrure des îles Pribiloff[8] *Callorhinus ursinus*, dans la mer de Béring, ont été les premiers animaux marins à faire l'objet d'un traité. La chasse de ces animaux en mer, appelée chasse pélagique, que pratiquaient, sans limites ni contrôle, les pêcheurs de plusieurs pays, notamment les Etats-Unis et le Canada, avait entraîné une diminution sensible des effectifs de l'espèce. Les Etats-Unis, sur le territoire desquels la grande majorité de ces phoques se reproduisait, ont tenté de s'opposer au massacre en interdisant la chasse en mer. Cette décision n'était pas légale puisque la pêche en haute mer était libre, comme elle l'est d'ailleurs encore aujourd'hui, et fut vivement contestée par le Canada. Le différend fut soumis à l'arbitrage. Le tribunal arbitral, tout en condamnant les Etats-Unis, invita cependant les parties à s'entendre pour assurer la pérennité de l'espèce.

Un traité fut ainsi conclu en 1911 entre les quatre pays riverains de la mer de Béring: Canada, Etats-Unis, Japon et Russie, assurant ainsi une gestion coordonnée de l'espèce, qui est une endémique de cet espace marin, dans l'ensemble de son aire de répartition. Le traité interdisait la chasse pélagique. Les parties sur le territoire desquelles les phoques se reproduisaient, c'est-à-dire les Etats-Unis et dans une bien moins grande mesure la Russie, pouvaient librement continuer à les exploiter à terre, sur leurs lieux de reproduction, mais devaient attribuer aux autres parties une certaine proportion des peaux des phoques ainsi abattus. Le prélèvement effectué par les Etats-Unis ayant été raisonnable, les populations de phoques se sont reconstituées rapidement et le traité, renouvelé plusieurs fois[9], a fonctionné pendant longtemps à la satisfaction de tous. Si l'espèce est maintenant de nouveau menacée, ce n'est plus par le prélèvement direct, mais vraisemblablement par d'autres facteurs, notamment les filets abandonnés par les pêcheurs dans lesquels les phoques se prennent, s'étranglent ou se noient. L'espèce est maintenant protégée aux Etats-Unis, et donc sur ses lieux de reproduction principaux, et le traité n'a pas été renouvelé. La chasse pélagique, en droit redevenue licite hors de la zone économique exclusive des Etats-Unis, n'a cependant pas repris.

---

[8]En réalité, des otaries. Le différend qui a été soumis à l'arbitrage est néanmoins connu en droit international sous le nom d'affaire des phoques des îles Pribiloff.

[9]Notamment en 1957, par un nouveau texte établissant, en particulier, l'institution d'une commission quadripartite de gestion de l'espèce.

2) La Convention internationale baleinière

Le premier traité portant sur la protection des cétacés a été la Convention baleinière de 1931. Cet instrument a mal fonctionné parce que, pour assurer une gestion rationnelle des stocks de baleines dans toutes les mers du globe, il fallait pouvoir rapidement modifier la réglementation du prélèvement en fonction des nécessités. Or, il n'existait pas à l'époque de mécanisme permettant d'éviter la lourde et lente procédure de ratification des amendements apportés à la convention.

Après la guerre, et forts de cette expérience, les pays pratiquant la chasse à la baleine ont conclu, en 1946, une nouvelle convention qui instituait un mécanisme juridique nouveau qui revient, *mutatis mutandis,* à transposer en droit international le mécanisme national de la loi et de ses règlements d'application. La convention comprend en effet une annexe contraignante, intitulée "règlement", qui peut être modifiée par simple décision d'une Commission baleinière internationale, composée de représentants des parties, sans qu'il soit nécessaire de procéder à la ratification de ces amendements. Cette commission se voit donc attribuer une véritable compétence réglementaire. Tout amendement au règlement doit être adopté à la majorité des trois quarts, et entre en vigueur automatiquement, au bout d'un délai de trois mois, pour toutes les parties contractantes, y compris celles qui ont émis un vote négatif. Les Etats ne pouvant être liés contre leur volonté, toute partie a cependant le droit, avant l'expiration de ce délai, de présenter une objection et n'est pas dans ce cas tenue par l'amendement.

Le règlement énumère les espèces protégées, les zones fermées à la chasse, le nombre de baleines de chaque espèce qui peuvent être prises, les méthodes de chasse interdites, etc. Ce mécanisme avait pour objet, de réaliser une gestion rationnelle des stocks de baleines où qu'ils se trouvent. Si, en fin de compte, une gestion rationnelle des baleines n'a pas été possible, ce n'est pas que le mécanisme mis en place était en soi inefficace, mais parce que les intérêts à court terme ont constamment prévalu sur les nécessités de conservation. En conséquence, les contingents de baleines dont la chasse était autorisée par la Commission ont toujours été fixés à des niveaux trop élevés, souvent après d'âpres négociations. Une autre cause d'échec a été la fraude, en dépit d'un système d'inspection prévoyant la présence d'inspecteurs à bord des navires-usines. La Commission s'est trouvée alors dans la nécessité de protéger, les unes après les autres, les espèces menacées d'extinction et, en 1986, a adopté un moratoire, toujours en vigueur dix ans plus tard, sur toute exploitation commerciale des baleines quelles que soient les espèces concernées.

Aujourd'hui l'industrie baleinière, autrefois florissante, et dont le maintien était l'objectif premier de la convention[10], a pratiquement disparu.

b) Les traités portant sur les oiseaux migrateurs

En ce qui concerne les espèces migratrices terrestres et notamment les oiseaux, la situation est bien différente. Il ne s'agit plus, en effet, d'établir une réglementation dans des espaces marins où règne un quasi-vide juridique, mais bien de nécessaires limitations à la souveraineté des Etats sur des ressources qu'ils estiment relever de leur compétence exclusive, et donc en fait leur "appartenir", pendant le temps de leur passage. En outre, le fait que la gestion des espèces terrestres a souvent pour objet non plus le maintien d'une activité industrielle et commerciale mais l'activité de loisirs que constitue la chasse dans les pays développés tend à ne pas la faire prendre suffisamment au sérieux par les pouvoirs publics, en dépit de son énorme importance économique qui dépasse de très loin, par exemple, le produit de l'industrie baleinière au temps de sa splendeur.

1) Les premiers traités

La nécessité de conclure des traités pour assurer la préservation des oiseaux migrateurs est apparue très tôt. Les conventions de Paris de 1902 et de 1950, même si elles s'appliquent en principe à tous les oiseaux, sédentaires et migrateurs, avaient essentiellement pour objet d'établir un régime international de protection pour ces derniers. La convention de 1902, curieusement cependant ne dit mot de ces espèces et établit donc un régime uniforme applicable à tous les oiseaux. Celle de 1950, en revanche, insiste particulièrement sur la diminution numérique des espèces migratrices et fait obligation à ses parties de les protéger non seulement pendant leur période de reproduction, mais aussi durant leur trajet de retour vers leur lieu de nidification. La convention de 1902 est toujours en vigueur, sauf pour les Etats qui ont ratifié celle de 1950[11]. Toutes deux, cependant, sont maintenant complètement dépassées. La convention de 1950 n'a d'ailleurs été ratifiée que par dix pays, tous européens.

[10]Le septième paragraphe du préambule de la convention souligne que la "conservation judicieuse de l'espèce baleinière" doit "rendre possible le développement ordonné de l'industrie baleinière".

[11]La convention de 1950 dispose, en effet, qu'elle remplace, entre les pays qui la ratifieront ou y adhéreront, celle de 1902.

2) Les traités bilatéraux

Il a également été conclu, au fil des années, un certain nombre de traités bilatéraux sur la protection d'oiseaux migrateurs, dont le premier date de 1916. Il s'agit d'un traité entre les Etats-Unis et la Grande-Bretagne (au nom du Canada qui n'était pas encore indépendant). Il a été suivi en 1936 d'un traité entre les Etats-Unis et le Mexique et, beaucoup plus tard, d'une série d'accords bilatéraux entre certains Etats d'Asie et du Pacifique: les Etats-Unis et le Japon (1972), l'URSS et le Japon (1973), l'Australie et le Japon (1974), les Etats-Unis et l'URSS (1976), la Chine et le Japon (1981), l'Inde et l'URSS (1984), l'Australie et la Chine (1986). Ces accords comprennent tous des listes d'espèces protégées et d'espèces dont la chasse est autorisée et prévoient généralement l'établissement d'une période de fermeture pendant la période de reproduction de ces dernières.

L'échec relatif des conventions de 1902 et de 1950, l'éparpillement des traités bilatéraux portant sur les oiseaux migrateurs, sans mécanismes permettant de coordonner leur action, l'absence presque totale de traités portant sur d'autres espèces, rendait indispensable la conclusion d'une convention mondiale instituant des règles universelles établissant la base d'une gestion intégrée des populations d'animaux migrateurs.

c) Vers une gestion intégrée et globale des espèces migratrices

1) La Convention de Bonn

L'idée d'une convention mondiale portant sur la conservation et la gestion des espèces migratrices est issue de la Conférence des Nations Unies sur l'environnement qui s'est tenue à Stockholm en 1972[12]. A l'initiative de la République fédérale d'Allemagne, une conférence de plénipotentiaires s'est réunie à Bonn et a adopté une convention sur la conservation des espèces migratrices appartenant à la faune sauvage, le 23 juin 1979. Cette convention constitue un cadre universel pour la conservation et la gestion de toutes les espèces migratrices terrestres, d'eau douce ou marines existant dans le monde. Comme les mesures nécessaires à cette fin sont cependant très différentes selon les espèces: phoques, tortues marines, oiseaux migrateurs, poissons, animaux terrestres, ce cadre ne pouvait être que très général. La convention comprend une annexe I où sont énumérées des espèces migratrices menacées à l'échelle mondiale, qui doivent être strictement protégées par toutes les parties sur le territoire desquelles elles se trouvent[13], et une annexe II où sont inscrites des espèces qui devraient faire l'objet d'accords particuliers entre tous les Etats de

[12] Recommandation 32 du plan d'action adopté par la Conférence.

[13] Y compris, bien entendu, la mer territoriale et la zone économique exclusive de ces parties.

leur aire de répartition afin d'en assurer la conservation et la gestion. Les espèces inscrites à l'annexe I peuvent évidemment également être inscrites à l'annexe II si la conclusion d'accords les concernant peut faciliter leur conservation.

La réussite de la Convention de Bonn dépend donc en très grande partie de la conclusion de ces accords. Les institutions établies par la convention comprennent une conférence des parties, qui se réunit tous les trois ans, un conseil scientifique et un secrétariat. Ce mécanisme a essentiellement pour objet de catalyser et de faciliter la conclusion des accords prévus par la convention.

Après un départ très lent et un manque d'enthousiasme évident de la part de nombreux Etats, la convention semble maintenant avoir atteint sa vitesse de croisière. Quarante-sept Etats et l'Union européenne y étaient parties en 1996. Le nombre d'accords conclus est encore cependant très limité. Ceux-ci portent essentiellement sur les chauves-souris d'Europe, les phoques de la mer des Wadden[14] et les petits cétacés de la mer du Nord et de la Baltique[15]. Ces accords ne concernent donc qu'un petit nombre d'espèces dans certaines régions particulières[16]. Le premier grand accord vient cependant d'être adopté à La Haye le 16 juin 1995 et a été ouvert à la signature le 15 août 1996[17]. Il s'agit de l'Accord sur la conservation des oiseaux d'eau migrateurs d'Afrique-Eurasie.

2) L'Accord de La Haye

Cet accord couvre l'ensemble de l'Europe et de l'Afrique, l'Asie occidentale, le Groenland et l'extrême nord-est canadien, c'est-à-dire l'ensemble de l'aire de répartition des oiseaux d'eau du Paléarctique occidental, et s'applique à tous les oiseaux d'eau migrateurs à l'intérieur de cette région. Son objet est, comme le souligne son article II, le maintien ou le rétablissement des espèces d'oiseaux d'eau migrateurs dans un état de conservation favorable.

---

[14] La mer des Wadden est une étendue marine d'eaux peu profondes située entre le littoral des Pays-Bas, de l'Allemagne et du Danemark et un cordon d'îles plus au large.

[15] Un accord sur les cétacés de la Méditerranée et de la mer Noire est en cours de négociations et pourrait être officiellement adopté fin 1996.

[16] Il existe également deux accords officieux, sans valeur juridique, intitulés "mémorandums d'accord", chacun d'entre eux portant sur la conservation d'une espèce d'oiseaux particulièrement menacée. Ces textes doivent être considérés comme des mesures d'urgence visant à prévenir l'extinction, jugée imminente, des espèces sur lesquelles ils portent, en attendant la conclusion d'un accord contraignant. Le premier concerne la grue blanche de Sibérie *Grus leucogeranus*, le second le courlis à bec grêle *Numenius tenuirostris*. D'autres sont en préparation.

[17] Ce délai inhabituel de plus d'un an entre la date de l'adoption de l'accord et celle à laquelle il a été ouvert à la signature a été causé par des problèmes de traduction dans certaines des langues officielles dans lesquelles il a été rédigé.

Il oblige ses parties à prendre des mesures coordonnées pour réaliser ce résultat. Il comprend un certain nombre d'obligations générales, notamment en matière de conservation des habitats, et établit des institutions: réunion des parties, comité technique et secrétariat chargés d'en assurer le suivi. Sa disposition la plus novatrice consiste, pour la première fois dans un traité ayant pour objet la conservation de la nature, en la création d'un mécanisme d'application semblable à celui de la Convention internationale baleinière[18]. L'accord comprend, en effet, en annexe un Plan d'action, qui en fait partie intégrante, et dont les dispositions sont en conséquence contraignantes. Ce plan peut être amendé au moyen d'une procédure simplifiée ne nécessitant pas de ratification. Tout amendement est, en effet, adopté à la majorité des deux-tiers des parties présentes et votantes et entre en vigueur pour toutes les parties trois mois après son adoption, sauf pour celles qui auront, le cas échéant, fait une réserve sur l'amendement en question.

Le Plan d'action comprend une série de dispositions détaillées: liste d'espèces protégées et d'espèces dont la chasse est réglementée, mesures de limitation du prélèvement, obligation d'élaborer des plans d'action individuels pour certaines espèces (ces plans-là ne seront pas contraignants), prise de mesures d'urgence en cas par exemple de conditions météorologiques très défavorables, plans de rétablissement pour les espèces menacées, contrôle de l'introduction d'espèces exotiques, mesures de conservation des habitats, gestion des activités humaines pouvant avoir des effets défavorables sur l'état de conservation des espèces concernées.

Tel qu'il a été approuvé à La Haye, le Plan d'action contient encore relativement peu d'obligations strictes. En effet, beaucoup de ses dispositions constituent plutôt des recommandations. L'important cependant est le cadre qu'il constitue pour les parties, qui pourront, si tel est leur souhait, y inclure toutes les obligations qu'elles pourront juger utiles.

Ainsi à l'éparpillement des textes et à l'absence de mesures de coordination a succédé, grâce à la Convention de Bonn, un cadre universel instituant un mécanisme encourageant la conclusion d'accords portant sur des espèces migratrices, sous l'impulsion de la conférence des parties à cette convention. Mais il ne suffit pas cependant de produire des textes, il faut évidemment aussi que ceux-ci remplissent les conditions nécessaires pour assurer leur efficacité.

[18] Une procédure simplifiée d'amendement des annexes existe bien dans d'assez nombreux autres instruments internationaux de protection de la nature, mais elle est presque toujours limitée à l'inscription, ou à la radiation, d'espèces dans les listes d'espèces protégées en vertu de ces textes. Dans la Convention de Berne, il est également possible de modifier, au moyen de cette procédure, la liste des méthodes de prélèvement interdites.

II - LES CONDITIONS NÉCESSAIRES À LA CONSERVATION ET À L'UTILISATION DURABLE DES ESPÈCES MIGRATRICES

A) La nature des conditions nécessaires

Pour être durable, la gestion de populations d'animaux sauvages, et tout particulièrement de celles qui sont migratrices, doit être à la fois *unitaire, rationnelle et écologique.*

Une gestion *unitaire* est celle qui couvre l'ensemble de l'aire de répartition de l'espèce ou de la population concernée, indépendamment des frontières nationales ou administratives. Tous les Etats dont le territoire est totalement ou partiellement compris dans son aire de répartition doivent donc participer à la conservation de l'espèce ou de la population concernée. Une gestion unitaire n'est concevable que si les conflits éventuels de compétences sur les espèces migratrices, *ratione loci* et *ratione materiae*, entre entités politiques ou administrations différentes ont été préalablement résolus.

Une gestion *rationnelle* signifie que le niveau de prélèvement ne doit pas porter atteinte à l'état de conservation de l'espèce. Il doit donc s'agir d'une gestion en bon père de famille ne dépassant pas le croît annuel et laissant le capital intact. Elle nécessite donc une réglementation du prélèvement fondée sur l'état de conservation des espèces concernées, ainsi que des moyens pour la faire respecter.

Une gestion *écologique* doit s'attacher à maintenir les conditions de vie d'une espèce à tous les stades de son cycle biologique par la conservation de ses habitats et la limitation ou la suppression des processus d'origine anthropique, autres que le prélèvement, qui peuvent porter atteinte à ces conditions. Une gestion écologique doit pouvoir faire appel à des mesures réglementaires, contractuelles ou incitatives pour protéger les habitats des espèces concernées et minimiser les effets de tous les facteurs qui influent d'une manière défavorable sur les effectifs de celles-ci par accroissement de la mortalité ou la diminution de leur capacité de reproduction.

Gestion rationnelle et gestion écologique sont complémentaires. Une gestion écologique est presque toujours indispensable, quelle que soit l'espèce concernée, tandis qu'une gestion rationnelle ne l'est évidemment que lorsqu'une espèce fait l'objet d'un prélèvement et que celui-ci est susceptible de nuire à l'état de conservation de celle-ci. Les deux formes de gestion nécessitent généralement la prise de mesures réglementaires, contractuelles ou incitatives en vue de supprimer ou limiter l'usage de certaines pratiques ainsi que, au moins dans certains cas, de mesures actives, telles que des actions de repeuplement, de restauration d'habitats dégradés, ou même de reconstitution *ex nihilo* d'habitats détruits.

Enfin, il est également indispensable, pour que les obligations énoncées par les textes soient aussi efficaces que possible, d'établir des institutions chargées de susciter, coordonner et, le cas échéant, mettre en oeuvre elles-mêmes les mesures de conservation et de gestion nécessaires et de surveiller l'application de celles-ci. Il faut aussi, bien entendu, que ces institutions soient suffisamment bien financées pour pouvoir fonctionner.

a) De nouveaux concepts juridiques

Deux concepts juridiques nouveaux sont apparus ces dernières années, d'abord dans la Convention de Bonn, puis dans d'autres instruments juridiques internationaux et devraient permettre de mieux cerner les problèmes de gestion rationnelle et écologique et servir de base aux règles de droit nécessaires. Le premier est celui d'*état de conservation* d'une espèce ou d'une population d'organismes vivants constituant la base d'une obligation de résultat: celle de maintenir l'espèce ou la population concernée dans un état de conservation favorable. Le second est celui de *processus potentiellement dommageable* qui peut fonder des obligations de moyens ayant pour objet d'éliminer ou de réduire substantiellement les menaces pesant sur les espèces en s'attaquant aux causes directes de celles-ci.

1) Etat de conservation

La notion *d'état de conservation*, comme celle d'Etat de l'aire de répartition, apparaît pour la première fois dans la Convention de Bonn. Elle a été reprise par la suite par la directive "faune-flore-habitats" de l'Union européenne. L'état de conservation d'une espèce est défini dans la directive comme "l'effet de l'ensemble des influences qui peuvent affecter à long terme la répartition et l'importance des populations de celle-ci[19]".

Un état de conservation peut être favorable ou défavorable. Il est favorable lorsque les données relatives à la dynamique des populations de l'espèce en question indiquent que celle-ci continue et est susceptible de continuer à long terme à constituer un élément viable des habitats naturels auxquels elle appartient, que son aire de répartition naturelle ne diminue pas et ne risque pas de diminuer dans un avenir prévisible et qu'il existe et continuera probablement à exister un habitat suffisamment étendu pour que ses populations se

[19]La définition de cette expression donnée par la directive "faune-flore-habitats" n'est pas tout à fait la même que celle de la Convention de Bonn qui lui a servi de modèle. Cette dernière considère que c'est l'ensemble des influences qui agissent sur une espèce qui constitue son état de conservation. C'est là confondre les causes et leurs effets. La directive corrige cette erreur.

maintiennent à long terme[20]. *A contrario*, l'état de conservation est réputé défavorable lorsque ces conditions ne sont pas remplies.

Aux termes de la Convention de Bonn, les accords conclus pour son application doivent avoir pour objet de restaurer et de maintenir les espèces concernées dans un état de conservation favorable[21]. Pour atteindre ce résultat, la convention énumère les dispositions qui devraient être reprises dans les accords particuliers ainsi conclus et qui doivent permettre une gestion rationnelle et écologique des espèces concernées[22].

Ainsi, l'objet de l'Accord de La Haye est le maintien ou le rétablissement des populations d'oiseaux d'eau migrateurs dans un état de conservation favorable. Les parties à cet instrument ont, en conséquence, l'obligation de prendre les mesures coordonnées nécessaires à cette fin. Il s'agit donc bien là d'une obligation de résultat. Celle-ci est complétée par un certain nombre d'obligations de moyens, car pour que ce résultat puisse être atteint, il est évident qu'il sera nécessaire de contrôler et de renverser les différentes "influences" qui agissent défavorablement sur l'état de conservation des espèces concernées. C'est ici qu'intervient la notion de *processus*.

2) Processus influant défavorablement sur l'état de conservation

Ce concept apparaît dans la Convention sur la diversité biologique, mais sous un nom différent. Il s'agit des "*processus* et catégories d'activités qui ont ou risquent d'avoir une influence défavorable sensible sur la conservation et l'utilisation durable de la diversité biologique". Les parties à la Convention de Rio ont l'obligation d'identifier et de surveiller ces processus et catégories d'activité, puis de les réglementer ou de les gérer[23]. Ces processus sont donc les différents facteurs d'origine anthropique qui peuvent influer défavorablement sur l'état de conservation d'une espèce ou d'un habitat naturel. En font évidemment partie le prélèvement excessif et les facteurs qui sont responsables de la destruction ou de la dégradation des milieux naturels, mais il en existe bien d'autres qui doivent tous être identifiés et gérés si l'on veut maintenir les espèces dans un état de conservation favorable. Certains sont de nature très générale et concernent de nombreuses espèces, par exemple la destruction d'écosystèmes entiers. D'autres, au contraire, sont spécifiques à une espèce particulière ou à un petit nombre d'espèces, comme la destruction de la plante hôte d'un insecte en voie de disparition. En fait, au lieu de gestion des espèces et des espaces, c'est bien de gestion des processus susceptibles de leur porter

---

[20]C'est là encore la définition donnée par la directive "faune- flore-habitats". La définition de la Convention de Bonn est légèrement différente.

[21]Article V.1

[22]Toutes ces mesures sont énoncées à l'article V.5 de la convention.

[23]Articles 7(c) et 8(l) de la Convention sur la diversité biologique.

atteinte qu'il devrait plutôt s'agir à l'avenir. C'est ce que prévoient déjà certaines lois australiennes[24].

Certains processus sont connus depuis longtemps et font déjà l'objet d'une certaine réglementation, internationale et nationale. Il en est ainsi, par exemple, de l'introduction d'espèces exotiques dans le milieu naturel. La Convention de Paris de 1950 sur la protection des oiseaux énumère un certain nombre de causes de mortalité accidentelle des oiseaux qui constituent bel et bien des processus destructeurs de l'avifaune. Il s'agit notamment des phares[25], des câbles électriques[26], des insecticides et de la pollution par les hydrocarbures, à l'égard desquels elle fait obligation à ses parties d'adopter les moyens propres à prévenir leurs effets destructeurs sur les oiseaux. Mais ces obligations trop générales sont cependant rarement suivies d'effets pratiques, faute de suivi et de véritables plans de gestion des processus en cause. Les menaces causées par certains autres processus ne sont apparues que plus récemment. Il en est ainsi, par exemple, du saturnisme des oiseaux d'eau causé par l'accumulation des plombs de chasse dans les zones humides.

Ainsi, le prélèvement ne constitue qu'un processus parmi d'autres, tous susceptibles d'influer défavorablement sur l'état de conservation d'une espèce. Une réglementation de celui-ci reste cependant indispensable à une gestion rationnelle de toute espèce d'importance cynégétique.

b) Gestion unitaire

Relativement facile à réaliser en mer, en raison de l'intérêt que portent généralement à l'exploitation rationnelle d'une espèce tous les Etats qui participent à une pêcherie, une gestion unitaire est beaucoup plus difficile à mettre en oeuvre lorsqu'il s'agit d'espèces terrestres. Ainsi, la convention baleinière de 1946 s'applique à toutes les eaux où se pratique la chasse à la baleine, quel que soit leur statut juridique, et la quasi-totalité des Etats baleiniers du monde y ont adhéré. De même, l'accord sur les phoques des îles

---

[24]Loi fédérale sur la protection des espèces menacées (Endangered Species Protection Act) de 1992; loi de l'Etat de Victoria sur la garantie de conservation de la faune et de la flore (Fauna and Flora Guarantee Act) de 1988; loi de l'Etat du Queensland sur la conservation de la nature (Nature Conservation Act) de 1992. Les deux premières de ces lois instituent des plans de gestion pour certains processus dont la liste est fixée par règlement. La dernière prévoit la possibilité d'adopter des mesures réglementaires interdisant ou limitant les activités à l'origine de tout processus menaçant une espèce en danger.

[25]Aveuglés par la lumière, les oiseaux en vol heurtaient de plein fouet, la nuit, le fût des phares pendant leur migration. Il a suffi de les éclairer pour supprimer cette cause de mortalité.

[26]Sur lesquels certains oiseaux de grande taille s'électrocutent facilement.

Pribiloff couvrait l'ensemble de l'aire de répartition de cette espèce et les quatre Etats riverains de la mer de Béring y étaient parties.

En revanche, avant la conclusion de la Convention de Bonn, le principe même d'une gestion unitaire n'apparaissait dans aucun texte et n'était réalisée en pratique nulle part.

Les accords conclus en Amérique du nord ont cependant rendu possible la réalisation d'une première étape dans la gestion unitaire des populations d'oiseaux migrateurs de ce continent. En effet, les pays concernés sont tous des Etats fédéraux et la compétence en matière de chasse et de protection des oiseaux, au moins aux Etats-Unis et au Canada, était constitutionnellement dévolue aux états fédérés américains et aux provinces canadiennes, qui étaient donc libres de réglementer ou non la chasse comme bon leur semblait. La conclusion de ces traités a eu pour conséquence un transfert de compétences aux administrations fédérales américaine et canadienne puisque, en vertu de la constitution des deux pays en question, l'application des traités internationaux relève de la fédération.

En conséquence, au Canada comme aux Etats-Unis, la protection et la gestion des populations d'oiseaux migrateurs sont maintenant directement réglementées par les administrations fédérales compétentes, qui modulent le prélèvement selon les nécessités, espèce par espèce, pour chacune des grandes voies de migration. Restait à réaliser la deuxième étape de la gestion unitaire, c'est-à-dire l'institution d'un mécanisme de gestion commun aux trois pays concernés. C'est ce qui a été fait au moyen d'un accord officieux conclu en 1988 entre les administrations canadienne et américaine responsables pour la faune sauvage auquel s'est joint le service mexicain compétent en 1988. Un plan de gestion commun des canards et des oies, qui semble satisfaire tous les intéressés, a pu ainsi être adopté. Limités à l'Amérique du nord, les deux traités ne permettent cependant pas de gérer les migrateurs qui hivernent au sud de la frontière méridionale du Mexique.

Les autres traités bilatéraux, de par leur nature même, ne peuvent constituer la base d'une gestion unitaire des espèces d'oiseaux dont ils font l'objet, puisque chacun d'entre eux ne s'applique qu'à deux pays souvent très éloignés l'un de l'autre et que l'aire de répartition des espèces concernées est presque toujours beaucoup plus vaste. Quant à la fédéralisation des compétences en matière de conservation des oiseaux, l'Australie, seul pays qui avait la possibilité d'en bénéficier utilement, n'a pas cru pouvoir s'en servir, probablement à cause de l'opposition de ses états fédérés. Il n'y a donc toujours pas en Australie de législation fédérale portant sur les oiseaux migrateurs.

Il a fallu attendre la Convention de Bonn pour que soit établi le principe selon lequel tout accord conclu pour son application devrait couvrir l'ensemble de l'aire de répartition des espèces dont il ferait l'objet[27] et être ouvert à tous les Etats de l'aire de répartition de ces espèces, même lorsqu'ils ne sont pas parties à la convention elle-même[28]. L'Accord de La Haye répond pleinement à ces conditions et constitue, en conséquence, le premier instrument international visant à la réalisation d'une gestion unitaire de populations d'oiseaux d'eau migrateurs.

Le concept d'*Etat de l'aire de répartition* qui apparaît pour la première fois dans la Convention de Bonn paraît, à cet égard, particulièrement fécond. Tout Etat, ou organisation d'intégration économique régionale, qui exerce sa juridiction sur une partie quelconque de l'aire de répartition d'une espèce migratrice, est considéré comme un Etat de l'aire de répartition de cette espèce. Ainsi, cette qualification ne dépend pas de la volonté d'un Etat ou de son adhésion à la convention, mais d'une simple constatation de fait: la présence de l'espèce concernée sur son territoire ou dans d'autres espaces relevant de sa compétence, notamment sa zone économique exclusive. Lorsque l'on découvre la présence d'une espèce sur un territoire où elle était jusqu'alors inconnue, l'Etat dont relève ce territoire devient donc automatiquement Etat de l'aire de répartition de l'espèce en question. Cela peut paraître une évidence pour un scientifique, mais, en droit, cette qualification va entraîner des droits et des devoirs. Il en est ainsi du droit d'adhérer à tout accord ayant trait à l'espèce concernée qui aurait été conclu aux termes de la convention, puisque les accords prévus par cette dernière sont fermés à tous les Etats qui ne sont pas des Etats de l'aire de répartition des espèces sur lesquelles ils portent. La gestion d'une espèce migratrice est donc du ressort exclusif des Etats de son aire de répartition[29]. En ce qui concerne la Convention de Washington sur le commerce

---

[27]Article V.2

[28]Comme presque toutes les règles portant sur la conclusion d'accords, cette obligation est rédigée au conditionnel; elle n'est donc pas absolue et les négociateurs d'un accord peuvent y déroger. Elle constitue cependant une incitation très forte à une gestion unitaire. L'Accord sur les oiseaux d'eau d'Afrique-Eurasie est pleinement conforme à cette disposition.

[29]Cette règle est à comparer avec celle qui a été instituée en son temps par la convention baleinière qui, elle, est ouverte à l'adhésion de tous les Etats, les baleines étant implicitement considérées comme un patrimoine commun de l'humanité. Il en est résulté qu'une majorité de pays non baleiniers ou qui avaient cessé de chasser ces cétacés ont imposé leur volonté aux quelques Etats qui étaient encore désireux de poursuivre cette activité. La conservation des baleines y a certes gagné, mais il est vraisemblable que les négociateurs de la Convention de Bonn ont voulu éviter ce risque. Il a bien fallu cependant qu'ils fassent une exception pour les baleines pour ne pas contredire la convention baleinière. La Convention de Bonn prévoit, en conséquence, que les accords portant sur des cétacés doivent être ouverts à l'adhésion de tous les Etats, qu'ils soient ou non Etats de l'aire de répartition des espèces concernées. Pour circonvenir cette règle, il suffisait cependant de décider qu'un accord ayant trait à ces espèces n'était pas officiellement un accord de la Convention de Bonn. C'est ce qui a été fait pour les petits cétacés de la Baltique et de la mer du Nord et ce qui sera très vraisemblablement

des espèces menacées d'extinction, la Conférence des Parties a décidé que les Etats de l'aire de répartition d'une espèce que l'on se propose d'ajouter aux annexes I ou II de ce traité doivent obligatoirement être consultés avant la présentation de la proposition officielle d'inscription. En revanche, l'Etat de l'aire de répartition a de son côté des obligations telles que, comme le prévoit la Convention sur la diversité biologique, celle de conserver les espèces menacées présentes sur son territoire et de gérer les ressources biologiques de façon à assurer leur conservation et leur utilisation durable.

c) Gestion rationnelle

1) Les traités antérieurs à la Convention de Bonn

Le principe de la gestion rationnelle qui est à la base même des traités portant sur l'exploitation de ressources biologiques marines n'est que très partiellement mis en oeuvre dans les instruments portant sur les oiseaux migrateurs qui ont précédé l'Accord de La Haye. Ceux-ci se bornent, en effet, à prévoir des périodes de fermeture pour les espèces-gibier, et précisent quelquefois la durée minimum de ces périodes et leurs dates.

Ainsi, la Convention de Paris de 1950 dispose que les migrateurs doivent être protégés pendant leur retour vers leur lieu de nidification, notamment en mars, avril, mai, juin et juillet. Dans le traité nord-américain de 1916, entre les Etats Unis et le Canada, la chasse n'est autorisée que pendant trois mois et demi au maximum entre le 10 mars et le 1er septembre de chaque année. Dans celui de 1936 entre les Etats-Unis et le Mexique la période d'ouverture est limitée à quatre mois. Les traités suivants ne fixent cependant plus de durée maximum pour la saison de chasse. Celui de 1972, entre les Etats-Unis et le Japon, par exemple, dispose simplement que les parties contractantes sont libres de fixer les dates et la durée des saisons de chasse comme elles l'entendent, à condition d'éviter la période de nidification des oiseaux, et que les populations de ceux-ci soient maintenues à un niveau optimum. La convention entre le Japon et l'URSS de 1973, pour sa part, prévoit que chacune des deux parties peut fixer la saison de chasse dans son pays en tenant compte "du besoin d'assurer la reproduction normale des oiseaux migrateurs au cours de tout leur cycle annuel". Les autres traités bilatéraux contiennent des dispositions très semblables.

également fait pour les cétacés de la Méditerranée. Dans les deux cas, les Etats autres que ceux de l'aire de répartition des espèces en question ne pourront donc pas adhérer à l'accord. Notons, cependant, que la Convention de Bonn range parmi les Etats de l'aire de répartition d'une espèce tous ceux qui se livrent à l'exploitation de celle-ci au delà des limites de juridiction nationale.

Aucun de ces traités n'établit de mécanisme permettant de moduler les dates d'ouverture et de fermeture en fonction des nécessités de conservation de chaque espèce tout au long de sa voie de migration. Ces conventions ont, cependant, permis aux parties de s'entendre, dans la plupart des cas, sur les espèces qu'il convenait de protéger intégralement et sur celles dont la chasse pouvait être autorisée, ainsi que, mais plus rarement, sur des méthodes de chasse interdites. Une modulation du prélèvement selon les nécessités de chaque espèce ou population, comme le font par exemple les Etats-Unis au niveau national, était donc impossible.

La Convention de Bonn donne maintenant au principe de gestion rationnelle une base solide puisqu'elle invite les négociateurs des futurs accords à inclure dans ces derniers des dispositions prévoyant "des mesures, s'appuyant sur des principes écologiques bien fondés, visant à exercer un contrôle et une gestion des prélèvements" et "la mise en place de procédures pour coordonner les actions en vue de la suppression des prélèvements illicites".

Le système nord-américain avec ses limites d'abattage par espèce et par voie de migration est évidemment difficilement transposable tel quel dans les autres régions du monde. Il faudra donc construire progressivement des mécanismes permettant la gestion rationnelle des populations d'oiseaux d'eau concernés. L'outil permettant de le faire existe maintenant pour la région Afrique-Eurasie: c'est le nouvel accord de La Haye.

Or, une gestion internationale rationnelle des populations d'oiseaux d'eau migrateurs nécessite de toute évidence un mécanisme de coopération internationale en matière de recherche dans lequel chacune des organisations concernées aura son rôle à jouer. Il faut, en effet, être en mesure de dénombrer les effectifs de chaque population, et leurs fluctuations annuelles, afin de pouvoir déterminer le nombre d'oiseaux qui peut être prélevé pendant chaque saison de chasse. Il faut pour cela des spécialistes, en nombre suffisant, pour procéder aux comptages nécessaires sur les lieux de nidification et dans les aires d'hivernage, baguer les oiseaux, récupérer les bagues, centraliser les résultats et les interpréter.

2) L'Accord de La Haye

Il est donc essentiel de mieux institutionnaliser et de mieux financer ces travaux, de façon à pouvoir connaître à tout moment l'état de conservation de chacune des espèces couvertes par l'accord ainsi que les tendances des effectifs de leurs populations et moduler éventuellement le niveau de prélèvement en conséquence. L'Accord de La Haye fait obligation à ses parties de s'assurer que toute utilisation d'oiseaux d'eau migrateurs est fondée sur une évaluation faite à partir des meilleures connaissances disponibles sur l'écologie des oiseaux, ainsi que sur le principe de l'utilisation durable de ces espèces (art.III.2.b).

Le Plan d'action annexé à l'accord, et qui rappelons-le a force contraignante, dispose que les parties doivent s'efforcer d'effectuer régulièrement des suivis des populations des espèces auxquelles il s'applique, de déterminer les itinéraires de migration de ces populations, de participer à des programmes coordonnés de baguage et de s'efforcer de réaliser des études sur l'impact de la chasse et du commerce sur ces populations et sur l'importance de ces formes d'utilisation pour l'économie locale et nationale. Le plan fait obligation aux parties de réglementer le prélèvement d'oiseaux appartenant aux populations dont la chasse est autorisée afin de maintenir ou de contribuer à la restauration de celles-ci en un état de conservation favorable et de s'assurer, sur la base des meilleures connaissances disponibles sur la dynamique des populations, que tout prélèvement ou toute autre utilisation de ces oiseaux est durable. A la différence de la Convention de Paris de 1950, par exemple, le plan ne comprend pas de liste de méthodes de chasse interdites et dispose simplement que les parties doivent réglementer les méthodes de prélèvement. Il ne fixe pas non plus de période de fermeture de la chasse, ce qui serait d'ailleurs virtuellement impossible étant donné la grande diversité des espèces couvertes et de leurs dates de migration. Il se contente de faire obligation aux parties d'interdire le prélèvement durant les différentes phases de la reproduction et d'élevage des jeunes et pendant le retour des oiseaux vers leurs lieux de reproduction, "dans la mesure où ledit prélèvement a un effet défavorable sur l'état de conservation de la population concernée". Le plan oblige également les parties à établir des limites de prélèvement, lorsque cela s'avère approprié, et à instituer des contrôles adéquats afin de s'assurer que ces limites sont respectées. Enfin, les parties doivent interdire la détention, l'utilisation et le commerce des oiseaux des populations concernées lorsqu'ils ont été prélevés en contravention à ces dispositions.

Le Plan d'action, tel qu'il a été adopté à La Haye, laisse donc essentiellement à chacune des parties le soin de décider elle-même des mesures qui lui paraissent les plus adéquates pour s'acquitter de ses obligations. Rien n'empêche cependant la réunion des parties de faire des recommandations à toutes celles-ci, ou à certaines d'entre elles seulement, pour qu'elles renforcent leur réglementation en matière de prélèvement. Il n'est pas non plus exclu, si elles le jugent souhaitable, que les parties adoptent, par amendement au Plan d'action, des règles communes pouvant aller, comme dans les conventions de pêche, jusqu'à une répartition internationale du prélèvement.

d) Gestion écologique

1) Les premiers traités

La gestion écologique, et particulièrement la protection des habitats des espèces concernées, est rudimentaire dans la plupart des instruments portant sur des espèces migratrices qui sont antérieurs à l'Accord de La Haye, ou relève du domaine du voeu pieux. Ainsi, la convention baleinière est muette sur la gestion écologique et ne prévoit, par exemple, aucune mesure de protection des habitats importants pour les espèces concernées, tels que les zones de reproduction de la baleine grise - espèce intégralement protégée - dans les eaux de la Basse Californie mexicaine.

La Convention de Paris de 1950 oblige ses parties à encourager et favoriser, par tous les moyens possibles, la création de réserves aquatiques ou terrestres, de dimensions et de situations appropriées où les oiseaux puissent nicher et élever leurs couvées en sécurité et où les oiseaux migrateurs puissent également se reposer et trouver leur nourriture en toute tranquillité.

La plupart des traités bilatéraux sont quasiment muets sur la nécessité d'une gestion écologique des espèces qui en font l'objet, si ce n'est par le biais de dispositions très générales portant sur la création de réserves naturelles.

La convention entre les Etats-Unis et l'URSS de 1976 constitue à cet égard une exception. Les deux parties ont, en effet, l'obligation d'identifier sur leur territoire les zones de reproduction, d'hivernage, d'alimentation et de mue qui ont une importance particulière pour la conservation des oiseaux migrateurs et désigner, parmi celles-ci, celles qui nécessitent des mesures de protection spéciale en raison de leur diversité écologique ou de leur valeur scientifique. Elles doivent alors prendre les mesures nécessaires pour protéger ces écosystèmes contre la pollution et les autres atteintes à l'environnement. En outre, les autorités compétentes des deux parties peuvent d'un commun accord désigner des zones d'importance particulières pour la conservation d'oiseaux migrateurs situées à l'extérieur des limites de leur juridiction nationale et, dans toute la mesure du possible, prendre les mesures nécessaires pour faire en sorte que leurs ressortissants se conforment aux principes de la convention à l'égard de ces zones. Il ne semble pas que ces dispositions aient été suivies d'effets. La raison en est peut-être l'entrée en vigueur de la Convention de Ramsar sur la conservation des zones humides d'importance internationale.

2) La Convention de Ramsar

En 1962, l'Union internationale pour la conservation de la nature (UICN), le Bureau international de recherche sur la sauvagine (BIRS)[30] et le Conseil international pour la préservation des oiseaux (CIPO)[31] ont décidé de dresser une liste des zones humides importantes pour les oiseaux d'eau migrateurs du Paléarctique occidental. Ce projet, intitulé projet MAR[32], a débouché sur l'idée d'une convention portant sur la conservation des zones humides d'importance internationale, particulièrement comme habitats des oiseaux d'eau. Ce traité a été signé à Ramsar, une petite ville iranienne des bords de la mer Caspienne, le 2 février 1971. Il comprend une obligation générale d'utilisation rationnelle des zones humides et une obligation plus spécifique pour chaque partie d'inscrire au moins une zone humide de son territoire sur une "Liste des zones humides d'importance internationale". Les caractéristiques écologiques des zones ainsi inscrites doivent être maintenues. Le suivi de l'application de la convention est assuré par une conférence des parties, qui se réunit tous les trois ans, et un secrétariat.

La Convention avait, en juin 1996, 93 parties contractantes. 800 sites, couvrant près de 54 millions d'hectares, avaient à cette date été inscrits sur la liste[33]. Des critères ont été établis pour aider les parties à choisir les sites à inscrire. Initialement limités essentiellement aux oiseaux d'eau, ces critères ont été étendus graduellement à d'autres groupes d'espèces. Ces critères ne sont cependant pas obligatoires et les parties sont donc libres d'inclure dans la liste les sites de leur choix sans que la Conférence des parties puisse s'y opposer, même lorsqu'il s'agit d'espaces de faible intérêt écologique. Il n'est pas possible non plus d'obliger les Etats à inscrire des sites d'importance majeure s'ils ne le souhaitent pas. De nombreuses zones humides d'importance majeure pour les oiseaux d'eau migrateurs figurent cependant maintenant sur la liste.

3) La Convention de Bonn

La Convention de Bonn, pour sa part, énumère une série de mesures à caractère écologique qui devraient être prises dans le cadre des accords qui seront conclus aux termes de ses dispositions.

La convention dispose que tout accord devrait prévoir la conservation et éventuellement la restauration des habitats nécessaires au maintien des espèces concernées dans un état de conservation favorable, ainsi que la protection de

---

[30] Appelé ensuite Bureau International de Recherche sur les Oiseaux d'Eaux (BIROE) et maintenant Wetlands International.

[31] Appelé maintenant BirdLife International.

[32] MAR sont les trois premières lettres du mot "marais" et du mot correspondant dans plusieurs autres langues européennes.

[33] Au 31 mai 1996; liste officielle publiée par le secrétariat de la convention.

ces habitats contre les divers facteurs qui pourraient leur porter atteinte. Les habitats ainsi maintenus devraient être répartis d'une manière adéquate le long des itinéraires de migration. Les activités gênant ou empêchant la migration devraient dans la mesure du possible être éliminées. Les déversements dans l'habitat des espèces concernées de substances nuisibles à ces espèces devraient être prévenus, réduits ou contrôlés. L'introduction d'espèces exotiques nuisibles devrait être strictement contrôlée et des mesures d'élimination devraient être appliquées à l'égard de celles qui ont déjà été introduites.

4) L'Accord de La Haye

L'Accord de La Haye reprend l'essentiel de ces dispositions permettant ainsi d'instituer une véritable gestion écologique des populations d'oiseaux d'eau migrateurs dans tout l'espace couvert par l'accord. Ainsi, l'article III de l'accord fait obligation aux parties d'identifier les sites et les habitats des oiseaux d'eau migrateurs situés sur leur territoire et de favoriser la protection, la gestion, et la restauration de ces sites; de coordonner leurs efforts pour faire en sorte qu'un réseau d'habitats adéquats soit maintenu ou rétabli sur l'ensemble de l'aire de répartition de chaque espèce, en particulier lorsque des zones humides s'étendent sur le territoire de plus d'une partie; d'étudier les problèmes qui se posent du fait d'activités humaines et de s'efforcer de prendre des mesures correctrices; et d'interdire l'introduction délibérée dans l'environnement d'espèces d'oiseaux d'eau non indigènes; de prendre toutes les mesures appropriées pour prévenir la libération accidentelle de telles espèces; de prendre toute mesure utile pour empêcher que les espèces qui ont déjà été introduites deviennent une menace potentielle pour les espèces indigènes.

Le Plan d'action annexé à l'accord dispose, en outre, que les parties, si elles le jugent nécessaires, doivent interdire l'introduction de toute espèce animale ou végétale non indigène susceptible de nuire aux oiseaux d'eau migrateurs auxquels il s'applique ; prendre des mesures pour réduire et, autant que possible, éliminer l'utilisation d'appâts empoisonnés ; s'efforcer de supprimer l'usage des plombs de chasse dans les zones humides pour l'an 2000 en vue d'éliminer la cause du saturnisme des oiseaux d'eau ; évaluer l'impact des projets susceptibles de créer des conflits entre les oiseaux d'eau dans les aires protégées et les intérêts humains et encourager l'application de normes environnementales élevées dans la planification et la construction d'équipements en vue de réduire à un niveau minimal l'impact de ceux-ci sur les oiseaux d'eau.

e) Institutions de gestion internationale

Aucune gestion internationale d'une espèce migratrice n'est évidemment possible sans une institution chargée de la réaliser. Aussi, les traités conclus pour réglementer l'exploitation de ressources marines prévoient-ils presque toujours la création d'une commission habilitée à prendre les décisions de gestion nécessaires et un financement par les parties des activités de cette institution. C'est le cas, par exemple de la Convention internationale baleinière et de nombreuses conventions de pêche.

En ce qui concerne les autres espèces migratrices, la chose est encore relativement rare. Ni la Convention de Paris de 1902, ni celle de 1950, ni les différents accords bilatéraux conclus en Amérique du nord, en Asie ou dans le Pacifique ne créent d'institutions ou de mécanismes pour assurer leur suivi.

En Amérique du nord, des accords officieux ont cependant été conclus récemment, sur la base des traités bilatéraux de 1916 et de 1936, entre les administrations chargées de la faune sauvage des trois pays concernés. Un comité tripartite a pu ainsi être institué et une excellente coopération s'établir entre les trois pays concernés. Des moyens de financement importants ont pu être dégagés relativement facilement grâce aux contributions obligatoires des chasseurs et aux achats de «timbres-canards». La législation fédérale américaine prévoit, en outre, l'affectation d'une certaine dotation budgétaire et de certaines recettes fiscales à l'acquisition d'habitats ou la mise en oeuvre de projets de conservation, non seulement aux Etats-Unis, mais aussi, dans la limite de 50 % du coût des projets, au Canada et au Mexique.

C'est la Convention de Bonn qui, la première, a considéré que, sans institution de gestion, un accord portant sur une espèce migratrice ne serait guère efficace. Aussi, ce traité prévoit-il expressément que tout accord conclu pour son application devrait "établir, si nécessaire, les mécanismes appropriés pour aider à la mise en oeuvre des objectifs de l'accord, en surveiller l'efficacité, et préparer des rapports pour la Conférence des Parties" (art.5.4.d).

Les accords signés jusqu'à présent et notamment celui sur les oiseaux d'eau migrateurs d'Afrique-Eurasie, instituent tous, en conséquence, une "réunion des parties", se réunissant périodiquement, et un secrétariat, financés essentiellement par des contributions des parties. L'Accord sur les oiseaux d'eau établit également un comité technique où sont représentés, outre les différentes régions de la zone couverte par l'accord, l'UICN, Wetlands International et le Conseil international de la chasse et de la conservation du gibier. Ce comité est chargé de fournir des avis scientifiques et des informations à la réunion des parties, et aux parties elles-mêmes, et de faire des recommandations à la réunion des parties concernant le Plan d'action, l'application de l'accord et toute recherche ultérieure à entreprendre (art. VII.3.a et b). La réunion des parties doit, quant à elle, passer en revue les progrès accomplis et toute difficulté rencontrée dans l'application de l'accord. Elle peut adopter des mesures spécifiques pour améliorer son efficacité et surtout amender le Plan d'action en fonction des nécessités et donc prendre des décisions de gestion des populations d'oiseaux d'eau contraignantes pour les parties. Une gestion effective de ces populations au niveau international est ainsi devenue maintenant possible.

Le financement des institutions (réunions des parties, secrétariat) nécessaires au suivi de l'accord, est assuré par un système de contributions obligatoires, comme dans tous les instruments internationaux du même type. La réunion des parties peut cependant, en outre, créer un fonds de conservation alimenté par des contributions volontaires des parties ou de toute autre source dont l'objet sera le financement de la surveillance continue, de la recherche, de la formation et de projets de conservation, de protection et de gestion des oiseaux d'eau migrateurs. Aucune source de financement n'est donc, *a priori*, écartée et il pourrait ainsi, si les parties le désirent, être fait appel à un système de financement semblable à celui qui existe en Amérique du nord avec les «timbres-canards» (*duck stamps*[34]).

Ainsi, l'Accord de La Haye répond pleinement aux conditions de gestion unitaire, rationnelle et écologique et établit les institutions nécessaires à sa mise en oeuvre. Son bon fonctionnement dépendra cependant dans une très grande mesure de la coopération qui devra s'instituer avec les ONG internationales de protection de la nature, telles que Wetlands International, et celles qui s'occupent de chasse et plus particulièrement le Conseil international de la chasse, et notamment son Groupe de travail sur les oiseaux migrateurs du Paléarctique occidental, et la Fédération des associations de chasseurs européens. Ces organisations oeuvrent déjà depuis longtemps dans ce domaine, notamment en procédant à des dénombrements hivernaux d'oiseaux d'eau et en stimulant la recherche, mais avec des moyens très limités.

CONCLUSION

Les dispositions concernant la chasse qui figurent dans les conventions régionales de conservation de la nature, telles que celles d'Alger et de Berne, c'est-à-dire essentiellement l'interdiction ou la limitation du prélèvement de certaines espèces, l'énumération des méthodes et procédés de chasse interdits et la réglementation du commerce, constituent un ensemble de règles communes que les parties à ces instruments se sont engagées à respecter. Il ne paraît pas nécessaire d'aller plus loin pour les espèces sédentaires. Il en va évidemment

[34]Les chasseurs de gibier d'eau américains et canadiens doivent acquérir des timbres spéciaux et les apposer sur leur permis de chasse. Le produit de cette taxe est essentiellement destiné à l'acquisition et à la gestion d'habitats d'oiseaux aquatiques.

tout autrement pour les espèces migratrices qui se déplacent sur le territoire de plusieurs pays et, plus particulièrement, les oiseaux d'eau. S'agissant d'une ressource commune, la conservation et l'exploitation de ces espèces ne peut être que l'affaire de tous les Etats de leur aire de répartition. Ceux-ci doivent donc se mettre d'accord sur les mesures nécessaires pour les maintenir ou les rétablir dans un état de conservation favorable.

La Convention de Bonn établit, pour la première fois, un cadre permettant la mise en oeuvre des principes de gestion unitaire, rationnelle et écologique, ainsi que la mise en place des institutions et mécanismes internationaux nécessaires pour assurer la conservation et l'utilisation durable des espèces migratrices. Les accords conclus jusqu'à présent pour son application, notamment celui de La Haye, démontrent que la transposition de ces principes en droit positif et l'établissement de ces mécanismes commencent à se réaliser.

Il ne faut pas cependant se cacher la complexité de la situation. En Afrique-Eurasie, plus de 80 Etats devront participer au processus de conservation et de gestion institué par l'Accord de La Haye. Le nombre d'espèces dont la chasse est autorisée par ce texte est également assez élevé. Des événements très lointains sur lesquels la plupart des Etats parties à l'accord n'ont aucun contrôle peuvent influer sur l'état de conservation des espèces concernées et nécessiter la prise de mesures particulières, quelquefois très rapidement. La réussite des nichées dans la toundra arctique qui peut être influencée directement par des conditions climatiques défavorables, de même que des conditions anormales dans les lieux d'hivernage, par exemple une grave sécheresse, peuvent entraîner une réduction sensible de la reproduction l'année suivante et nécessiter, en conséquence, une modulation du prélèvement en fonction du nombre de jeunes qui auront pris leur envol.

Des travaux préparatoires ont commencé en vue de l'élaboration d'un accord semblable à celui de La Haye pour la région Asie-Pacifique. Ils sont encore peu avancés car les pays de la région semblent pour le moment peu intéressés. Si cet accord se matérialise, il faudra s'efforcer de trouver des solutions aux problèmes qui pourront se poser dans une partie de l'Asie où il y aura une zone de chevauchement avec l'accord Afrique-Eurasie. Peut-être faudrait-il imaginer un mécanisme permettant d'instituer un accord entre les deux accords!

Sur le continent américain, les chances de conclure un accord semblable paraissent pour le moment encore plus faibles, puisque les Etats-Unis, le Canada et le Mexique disposent de leur propre système qui semble fonctionner à leur satisfaction. Aucun de ces trois pays n'est partie à la Convention de Bonn et n'a l'intention pour le moment d'y adhérer, n'en voyant pas l'utilité.

Le succès des mécanismes mis en place en Amérique du Nord a été facilité par le petit nombre de pays en cause. Il existe, en outre, une forte demande de la part des chasseurs d'oiseaux d'eau au Canada et aux Etats-Unis pour une protection des zones humides qui constituent les habitats des oies et des canards.

Comme la très grande majorité des oies et des canards[35] nichant en Amérique du nord ne dépasse pas le Mexique lors de leur migration hivernale, le dispositif mis en place en Amérique du nord est certainement suffisant en ce qui concerne ces espèces. Il n'en va évidemment pas du tout de même pour les oiseaux qui migrent à l'intérieur de l'Amérique du sud et qui ne sont à présent couverts par aucun accord[36]. En outre, les limicoles américains et d'autres oiseaux d'eau migrent pour la plupart à des distances considérables de leur lieu de nidification et certaines espèces hivernent même dans l'extrême sud du continent. Or le dispositif mis en place en Amérique du nord ignore complètement ces espèces puisque celles-ci ne sont pas chassées, au moins au Canada et aux Etats-Unis.

Un mécanisme permettant d'assurer la sauvegarde des habitats des oiseaux d'eau tout au long de leur voie de migration et de limiter le prélèvement qui en est fait en Amérique du sud paraît donc indispensable. Paradoxalement, cependant, le fait qu'elles ne soient pas chassées dans la partie nord du continent les prive du soutien des chasseurs nord-américains qui ne font donc pas pression pour leur conservation, ainsi que de moyens de financement analogues à ceux qui sont disponibles pour les habitats des oies et des canards. Les pays du continent américain auraient donc, semble-t-il, tout à gagner à conclure eux aussi un accord du même type que celui qui a été adopté à La Haye. Ainsi, avec trois accords seulement: Afrique-Eurasie, Asie-Pacifique, Amériques, l'ensemble des oiseaux d'eau du monde pourrait être couvert.

Le contrôle du prélèvement ne constitue, cependant, qu'un des aspects - qui n'est souvent pas le plus important - de la conservation et de la gestion des espèces sauvages, gibier ou non. Il faut donc également identifier, surveiller, gérer et, si nécessaire, réglementer tous les processus qui peuvent influer défavorablement sur l'état de conservation des oiseaux d'eau. Ces aspects ont été jusqu'à présent largement ignorés de la plupart des conventions portant sur la conservation de la nature.

Pour revenir à l'Accord de La Haye, il faudra lui fournir les moyens nécessaires pour réaliser son objet, à savoir un financement international suffisant pour assurer la conservation des habitats et la prise des mesures de gestion écologique nécessaires. Ainsi, sans le maintien des étapes indispensables le long des voies de migration, de nombreux oiseaux d'eau

---

[35] La sarcelle à ailes bleues *Anas discors* a cependant une aire de répartition hivernale qui s'étend en Amérique du sud jusqu'au Pérou et en Guyane.

[36] La Convention de Washington de 1940 contient bien une disposition très générale sur la conservation des oiseaux migrateurs, mais en l'absence de mécanisme de suivi, elle est restée totalement inopérante.

disparaîtront probablement. Il est donc de l'intérêt de tous les Etats de leur aire de répartition et de tous ceux qui chassent ces oiseaux, ou qui tirent profit de leur chasse, de participer au financement des mesures de conservation qui s'imposent. L'accord devra aussi trouver sa place dans la série des instruments internationaux qui portent sur des sujets semblables ou voisins et des mécanismes de coopération entre ces différents instruments devront être mis en place, notamment avec les Conventions de Ramsar et de Washington, le nouveau protocole de Barcelone sur les aires spécialement protégées et la diversité biologique en Méditerranée et la Convention de Berne ainsi qu'avec l'Union Européenne pour la mise en oeuvre des directives "oiseaux" et "faune-flore-habitats" et, bien entendu, avec la Convention sur la diversité biologique.

Il ne reste qu'à espérer que l'Accord de La Haye sera ratifié rapidement et que la volonté politique et les moyens nécessaires à son application effective ne feront pas défaut. Ainsi, les obligations de conservation et d'utilisation durable établies par la Convention sur la diversité biologique pourront, pour les oiseaux d'eau migrateurs, être mises en oeuvre d'une manière concrète par l'accord. Il devrait être ainsi possible d'assurer non seulement le rétablissement ou le maintien de ces espèces dans un état de conservation favorable, mais aussi de garantir la pérennité d'activités tertiaires, telles que la chasse de loisirs et l'écotourisme[37], dont le poids économique et la contribution qu'elles peuvent apporter à un développement durable, justifient, au moins autant que pour la pêche commerciale, une coopération internationale aussi étroite que possible.

---

[37]Le quatrième paragraphe du préambule de l'Accord souligne les avantages économiques, sociaux, culturels et récréatifs découlant des prélèvements de certains oiseaux d'eau migrateurs ainsi que les valeurs environnementale, écologique, génétique, scientifique, esthétique, récréative, culturelle, éducative, sociale et économique des oiseaux d'eau migrateurs en général.

II - RAPPORTS GENERAUX

Acteurs et sources du droit de la chasse

Raphaël ROMI*

La chasse constitue avant tout un usage de la nature. S'interroger sur les acteurs et les sources du droit de la chasse revient en fait à poser un certain nombre de choix sociaux et politiques. Certains sont induits par la structuration internationale : les directives européennes et conventions internationales rendent difficiles le maintien d'un certain nombre de pratiques de chasses et interdisent la chasse sur un certain nombre de territoires. D'autres, au contraire, résultent d'arbitrages juridiques moins contraints. L'on peut, pour ce qui concerne la présente réflexion limitée aux acteurs et sources du droit de la chasse, procéder à partir de deux constatations principales.

En premier lieu, la diversité des sources du droit de la chasse est une constante (sans que, bien sûr, l'on puisse savoir si elle sert à résoudre les conflits nés de la pratique de la chasse, ou si elle en constitue une cause).

En second lieu, la pluralité des acteurs est la seconde marque d'une relative unité des pratiques de chasse dans les pays d'Europe (sans que l'on puisse savoir si elle recouvre une identité de rapports de force entre les différents groupes sociaux impliqués).

---

* Professeur de droit à l'Université de Nantes.

I - LA DIVERSITE DES SOURCES

A) Les normes régulatrices publiques

Il existe des normes publiques régulatrices dans tous les Etats considérés mais leur légitimité - importante dès lors qu'il s'agit de les faire accepter et appliquer - ne peut être considérée indépendamment du problème de la caractérisation juridique des espèces, d'une part, de la place des chasseurs dans le pays considéré, d'autre part.

a) La nature fonctionnelle des sources : la diversité des branches du droit

Considérer séparément les mesures de protection des espèces juridiques et les régimes juridiques organisant la gestion des espèces - c'est-à-dire entre autres la chasse - est illogique. Ni le droit international ni le droit européen ne le font. Mais de fait, le cloisonnement semble bien encore présent dans les droits internes.

Ainsi, en France, en raison d'une très forte[1] tradition de chasse: les dispositions ayant trait à l'organisation de la chasse ne figurent pas dans des textes de droit de l'environnement, mais dans des textes autonomes, pour l'heure incorporés non dans un code de l'environnement, mais dans le code rural. Même si, au sein du code rural, les dispositions en question figurent dans un livre consacré à la protection de la nature, comme d'ailleurs nombre d'articles rédigés à l'occasion de débats portant clairement sur l'environnement, le corps de ces dispositions tranche par le souci qui transparaît de traiter des espèces à travers les pratiques de chasse, ce qui conduit à quelques aberrations logiques (comme, par exemple, l'absence de caractérisation du loup, ou la dualité de caractérisation du blaireau[2]). C'est aussi la logique portugaise, partiellement: le droit de la chasse est, de manière dérivée, avant tout affaire de propriété, et donc du ressort, peut-on-dire, du Code Civil.

Ce cloisonnement disparaît - rarement - au profit d'une conception plus centrée sur la protection des ressources naturelles dans des Etats plus modernes : ainsi la législation suisse (loi du 20 juin 1986) semble placer nettement l'organisation juridique de la chasse dans l'orbite d'un droit de l'environnement, c'est-à-dire d'un droit centré sur la protection

---

[1] A laquelle correspond une très forte et très originale tradition d'intervention étatique, qu'Annie Charlez, dans son rapport concernant la France, désigne par le vocable "colbertisme"

[2] Animal non chassable et espèce non classée comme nuisible, mais suceptible de battues en raison de sa nocivité!

communautaire d'un patrimoine et non sur la satisfaction prioritaire des exigences d'une partie de la communauté des usagers de la nature. Il en est de même[3] dans les pays qui placent l'éventuelle institution technique nationale de régulation sous la tutelle non pas du ministère de l'agriculture (comme c'est le cas par exemple au Portugal) mais du ministre de l'environnement (c'est par exemple le cas en Pologne[4]).

Il n'est pas certain, bien entendu, que l'existence d'un droit de la chasse strictement séparé du droit de la protection de la nature soit - en terme de protection des espèces - inefficace: ce cloisonnement existe par exemple en Allemagne, comme en Autriche, alors même que la chasse, dans ces deux pays, fait l'objet de critiques moins virulentes de la part des écologistes[5]; l'important est que soit assurée une complémentarité - voire une hiérarchisation de fait - entre les deux. Cette complémentarité est entre autres fonction de la clarté des choix qui sont effectués en matière de compétence, et plus particulièrement en matière de partage entre Etat et collectivités locales.

b) La nature organique des sources: quelle place pour l'Etat, quelle place pour les collectivités locales ?

Le choix d'une répartition des compétences entre l'Etat et les collectivités locales est général, mais l'intensité de la compétence reconnue aux collectivités politiques non-étatiques varie beaucoup d'un pays à l'autre: au Royaume-Uni, la fonction de l'Etat est d'assurer le respect du Wildlife and Countryside Act de 1981, qui demeure malgré quelques adaptations la source essentielle du droit de la gestion des espèces. Les collectivités locales ne jouent qu'un rôle anecdotique. En France, la prégnance de l'Etat est marquante (ainsi, le préfet exerce la tutelle sur les ACCA[6]), et les collectivités locales sont - sauf en Alsace Lorraine - réduites à une fonction

---

[3] Mais il ne s'agit pas là d'une règle absolue: l'autorité de tutelle de l'établissement public spécialisé en Suisse est le ministre de l'Intérieur.

[4] Contribution J. Tomaszewski, J. Lesniak, J. Bojarski.

[5] Encore que ces deux Etats aient eu maille à partir avec la CJCE pour ce qui concerne la protection des espèces.

[6] Article 53 du décret du 6 octobre 1966: "en cas de violation de ses statuts ou de son règlement de chasse, de déficit grave et continu, d'atteinte aux propriétés, aux récoltes, aux libertés publiques et d'une manière générale, de violation de la loi du 10 juillet 1964 et des textes pris pour son application par une association communale, le préfet peut, par arrêté motivé, décider des mesures provisoires telles que suspension de l'exercice de la chasse sur tout ou partie du territoire, dissolution et remplacement du conseil d'administration par un comité de gestion nommé par arrêté pour un délai maximum d'un an pendant lequel de nouvelles élections devront avoir lieu."

seconde; c'est aussi le cas dans des pays fort différents les uns des autres : Portugal, Pologne, mais aussi Maroc[7]. Dans ce dernier pays, par exemple, l'administration des eaux et forêts et de la conservation des sols assure la régulation de la chasse, quoique le permis de chasser soit délivré par le gouverneur de la Province.

Dans les états fédéraux, il est fréquent que la liberté d'organisation administrative soit reconnue aux Etats fédérés, l'Etat fédéral n'assurant que des activités substitutives et l'énonciation des normes générales (ainsi de la Suisse[8], de l'Allemagne, et, mais avec des particularités, de l'Autriche[9]): toutes proportions gardées, la régulation y est plus décentralisée.

C'est aussi le cas, mais dans une logique légèrement différente en Espagne: la loi nationale du 4 avril 1970 est relayée depuis la constitution de 1978 par des régulations locales émanant des autorités des Communautés autonomes, qui disposent en vertu de l'article 148-111 de la constitution d'une compétence exclusive en matière de chasse. Se sont successivement dotées de législations qui sont autant de régulations publiques de plein effet les Asturies (loi du 6 juin 1989), l'Extrémadure (loi du 21 décembre 1990), l'Aragon (loi du 10 décembre 1992), la Navarre (loi du 5 mars 1993), la communauté de la Castille-La Mancha (15 juillet 1993) et la Communauté de Murcia (24 avril 1994).

Par ailleurs, il n'y a pas de cas où la régulation publique - qu'elle soit principalement étatique ou pas - opère des régulations collectives - qu'il vaudrait mieux désigner par la vocable "communautaire" - au sens de fabriqué par le groupe ou les groupes sociaux directement concernés eux-mêmes, si l'emploi de ce vocable ne conduisait pas à une confusion probable.

B) L'auto-organisation : la place des régulations collectives

a) L'inventaire des sources "secondaires"

La première catégorie de sources secondaires relève clairement du droit de propriété; l'*usus* entraîne et permet le droit de chasser. Il faut entendre par

---

[7] Contribution M. A. Mekouar: le dahir de 1923 affirme la compétence de l'Etat, principalement exercée par l'Administration des eaux et forêts et de la conservation des sols - dépendant du ministère de l'Agriculture.

[8] Il revient à l'Etat fédéral de définir les périodes de chasse et les périodes de protection. Les cantons peuvent prolonger les périodes de protection et réduire la liste des espèces chassables.

[9] Contribution W. E. Burhenne. Il faut souligner cependant que, alors qu'existe en Allemagne une loi-cadre fédérale, le droit de la chasse est exclusivement réservé aux länders en Autriche; il y a donc, entre Etats fédéraux aussi, des différences notables.

là soit que la propriété de la terre permet de réserver l'usage du droit de la chasse au propriétaire, dans le respect des régulations publiques, soit que l'*usus* fasse l'objet de limitations inhabituelles, qui ne le suppriment pas, mais en déforment les contours. Dans la première catégorie, figure le Royaume Uni : le droit de chasse est lié à la disposition de la terre. Dans la deuxième catégorie figure la France, plus particulièrement pour les départements soumis à la loi Verdeille, mais aussi, dans un style un peu différent, le Portugal[10] (caractérisés comme *res nullius*, les animaux en état de liberté naturelle y sont susceptibles d'occupation", c'est-à-dire d'appropriation, en vertu de l'article 1319 du Code civil, et selon l'organisation à laquelle procède la loi du 27 août 1986 sur la chasse).

Les régulations publiques peuvent instituer des procédures, qui sont autant de limitations sociales de l'*usus* : les plans de chasse, les cahiers des charges, d'autres mesures techniques encore.

Pour ce qui concerne par exemple l'institution de plans de chasse en France[11], "pour les espèces de gibier pour lesquelles il n'est pas rendu obligatoire en vertu de la loi n° 78-1240 du 2 décembre 1978, un plan de chasse peut être institué et mis en oeuvre dans les conditions fixées par décret en Conseil d'Etat". Chaque chasseur est sensé, pour le territoire qui le concerne, demander et avoir obtenu un plan de chasse individuel. Une deuxième critique peut être faite : l'existence d'un plan de chasse peut permettre - au moins pour certaines espèces - une chasse en dehors des périodes d'ouverture générale de la chasse sur autorisation individuelle délivrée par le préfet (à l'affût ou à l'approche) en vertu du décret n° 85-571 du 14 mars 1986 qui a déconcentré la compétence de déterminer les périodes de chasse. L'innovation constituée par la mise en place des plans de chasse consiste principalement à reconnaître un certain nombre de principes adaptés à une bonne gestion cynégétique, liée à un territoire, au moins autant qu'au droit de chasser; le droit de chasse n'est plus seulement limité dans le temps et quant aux espèces chassables, mais aussi quant au nombre d'unités prélevées. Dans chaque département, le nombre maximum d'animaux à abattre (avec, facultativement, répartition par sexe et âge) est (ou peut être) proposé par le directeur départemental de l'agriculture et de la forêt et le président de la fédération de chasseurs au préfet, qui l'adresse au ministre compétent, qui prend un arrêté, le cas échéant après correction des nombres ou répartitions à lui soumis. De toute façon, la répression et le contrôle en la matière sont principalement exercés par un corps dépendant étroitement des fédérations de chasseurs. C'est bien là le principal obstacle à une acceptation

---

[10] Contribution José Souto-Moura.

[11] On notera l'importance des plans de chasse dans les pays de tradition juridique germanique: Autriche et Allemagne.

inconditionnelle de la généralisation des plans de chasse: dans le contexte actuel, compte tenu de l'organisation de la chasse en France, ce qui pourrait être une saine mesure devient un danger. Cette technique ne rencontre pas autant de succès que les auteurs de doctrine français le croient ou le disent : il n'existe pas par exemple de législation nationale instituant l'obligation de plans de chasse au Royaume-Uni. Mais ils n'en demeurent pas moins les plus répandus, soit qu'ils soient généralisés (Pologne) soit qu'ils soient réservés à certaines espèces (Allemagne, France).

Pour ce qui concerne les cahiers des charges, il est significatif que, en Alsace-Moselle[12], les communes se comportent dans l'octroi des locations comme des propriétaires des droits de chasse - ce qu'ellss sont de fait juridiquement - et se servent du pouvoir de fixer les conditions de bail pour réguler, comme le pourrait faire un propriétaire terrien privé, l'usage de ces baux par les chasseurs. Dans ce système, si l'acteur - la commune - est public - la source, elle, est d'essence de droit privé. Cela ne modifie pas la substance du système d'ailleurs, sinon sur le plan symbolique et sur le plan de la compétence juridictionnelle[13]: le représentant obligé de la communauté des propriétaires est la commune, qui joue donc un rôle de mandataire de droit privé.

D'autres mesures techniques peuvent exister, qui sont également d'essence privée : au Royaume-Uni, les principales associations de chasse regroupées dans le British Association for Shooting and Conservation et par le British Filed Sports ont conjointement adopté des codes de bonne conduite (*Codes of good shooting practice and good game rearing practice*).

Enfin, il peut arriver que les sources du droit de la chasse n'aient aucun rapport avec les sources du droit de propriété[14]: en Suisse, le droit de chasse ne découlant pas du droit de propriété, il ne fait pas partie des prérogatives du propriétaire et découle d'une autorisation publique : l'Etat cantonal est le titulaire exclusif du droit de chasse[15]; il s'agit d'un monopole fiscal, qui, comme le rappelle dans son rapport Anne Petit-Pierre, peut être soit exercé par le canton, soit transféré moyennant finances à des particuliers. Dès lors, la régulation publique est juridiquement fondée, sa légitimité forte.

---

[12] Contribution de Matthias Muller-Kapp.

[13] Les contentieux en matière d'adjudication sont de la compétence des juridictions judiciaires: cf contribution M. Muller-Kapp précitée et TC 20 janvier 1986, Arquier, rec. C.E. p. 297.

[14] A moins que les espèces faunistisques ne soient tout simplement considérées comme des *res publica* (Pologne): toutes proportions gardées, le résultat juridique est assez proche.

[15] C'est également le cas au Maroc (dahir de 1923, art. 1er: "le droit de chasse appartient à l'Etat"), avec quelques réserves.

b) La caractérisation des sources secondaires

La relative complexité des régulations de la chasse vient bien sûr de cette multiplicité; mais elle vient aussi de ce que la caractérisation des sources secondaires du droit de la chasse n'est pas chose aisée.

Les plans de chasse peuvent, par exemple être diversement caractérisés: en quelque sorte, il peut s'agir de mesures de police traditionnelles. D'une autre manière, il peut s'agir aussi d'un outil d'administration négociée de la nature. Cette ambivalence génère entre autres inconvénients des difficultés quant au gardiennage : la volonté d'assumer le caractère négocié de cette régulation seconde de la chasse peut conduire à permettre une dépendance des corps de surveillance par rapport aux chasseurs. Outre le fait qu'il peut paraître éthiquement et juridiquement inadéquat de mélanger ainsi les genres, on ne peut négliger, sur le plan de la perception sociale de la régulation, que ce risque peut rendre difficile la reconnaissance par les usagers de la nature non-chasseurs de la qualité de la surveillance.

Les cahiers des charges sont aussi des "Janus" juridiques: ils peuvent constituer des mesures normales d'organisation contractuelle de la jouissance d'un démembrement du droit de propriété. C'est le cas au Royaume-Uni, où les propriétaires et fermiers peuvent louer ou délaisser leur droit de chasse, et organiser cette jouissance déléguée de manière contractuelle. Mais ils peuvent aussi se réserver le droit de chasse sur des terres qu'ils louent, et constituer sur leurs terres des réserves volontaires. Ils peuvent aussi constituer des outils - de nature réglementaire en tout ou en partie - liés aux pratiques contractuelles publiques: c'est évident dans les pays où - Maroc[16] par exemple - l'adjudication des lots de chasse est clairement un processus juridique de droit public.

Quant aux diverses mesures techniques, elles peuvent être d'essence corporatiste - c'est-à-dire de droit privé - comme elles peuvent tenir de la régulation publique. Les résultats ne sont pas loin d'être similaires.

II - LA PLURALITE DES ACTEURS

La pluralité des sources conduit à une pluralité des acteurs. Celle-ci est bien sûr le fruit de facteurs historiques et sociaux, mais elle est aussi fonction de choix de politique et juridique.

---

[16] C'est l'Administration des eaux et forêts et de la conservation des sols qui procède aux locations des lots de chasse et les assortit d'un cahier de charges.

A) Une prise en charge publique diversifiée

a) Le choix de la décentralisation technique

La rationalité, en matière de gestion des espèces, peut pousser à confier à une instance publique (établissement public) ou semi-publique (organisme de forme corporative) la gestion quotidienne des activités de chasse[17]. En Espagne par exemple, l'ICONA, placé sous la tutelle du ministre de l'Agriculture, assure la gestion des activités de chasse, - pour autant que le problème considéré soit du ressort de l'Etat : il s'agit principalement de la gestion de réserves nationales et de parcs d'Etat.

Mais les deux choix peuvent coexister. Ainsi, en France, une seule structure fédérale de chasse existe par département (FDC) ; elle obéit à des statuts types imposés par arrêtés; l'on est obligé d'adhérer pour chasser : la structure réserve aux seuls chasseurs qu'elle regroupe la totalité de la gestion du produit financier de la taxe parafiscale liée au prélèvement autorisé de gibiers par les chasseurs dans le département. Les statuts qui se sont succédés font des FDC des structures juridiques *sui generis* : elles ne sont plus des associations de la loi de 1901, mais elles ne gèrent pas à proprement parler des services publics ou un service public. Héritières des "sociétés départementales de chasse" créées en juin 1941, elles sont en fait caractérisées par cet héritage de type corporatiste. Elles ont pour objet de "représenter les intérêts des chasseurs, d'aider tous ses adhérents et de coordonner leurs efforts en vue d'améliorer la chasse dans l'intérêt général, de contribuer à la protection et à l'aménagement des milieux naturels servant à l'habitat de la faune sauvage, de participer à la conservation de la faune sauvage, en particulier des espèces chassables en équilibre avec son milieu et au suivi de ces populations, de favoriser une meilleure gestion des populations de gibier et des espèces faunistiques qui y sont liées, en particulier par des plans de gestion cynégétique, d'assurer la protection du gibier par la constitution, l'aménagement et l'entretien de réserves de chasse, et de participer à toute action d'intérêt général concernant cette protection, de promouvoir une meilleure organisation technique de la chasse par l'amélioration des territoires de chasse et l'implantation du gibier de repeuplement y compris par une aide financière, de développer la formation et l'information des chasseurs", à quoi l'article 4 du même texte ajoute que la "fédération concourt à des missions de service public... elle participe à la

[17] Ce peut être rendu inutile: sans que l'on puisse exactement parler de décentralisation technique à son propos, l'Administration des eaux et forêts et de la conservation des sols marocaine connaît une forte structuration qu'il convient de souligner; l'Etat central y gagne une légitimité forte en matière de régulation de la chasse.

répression du braconnage". C'est dans cette logique que la gestion de la police de la chasse, par l'intermédiaire du contrôle des gardes-chasse, est confiée de fait aux présidents des FDC[18]. L'Office national de la Chasse et de la Faune sauvage, pour sa part, assure des activités de formation, d'information, de recherche, de garderie, de gestion des réserves publiques, d'élevage, ainsi que l'examen du permis de chasser et des fonctions d'indemnisation.

Enfin, la décentralisation technique peut servir à l'Etat central pour mieux individualiser son action régulatrice générale : ainsi en Suisse, l'Office fédéral de la protection de l'environnement, des forêts et des paysages est chargé de l'application de la loi et exerce les compétences attribuées à l'autorité fédérale. Ce n'est que par exception que l'Etat - en l'occurrence le département de l'Intérieur, qui exerce la tutelle sur l'Office - reprend en mains les compétences fédérales. Au contraire, donc, de la France, qui a délégué pour une bonne part la régulation quotidienne à des acteurs privés, la régulation publique, quand ce choix est fait, demeure pleinement publique. Elle a en cela le mérite d'une extrême précision.

b) Le choix de la décentralisation politique

Il n'y a pas toujours de décentralisation politique claire, c'est-à-dire de reconnaissance de compétences expresses à des collectivités secondes en matière de chasse. Mais il faut noter que cela n'interdit nullement que les collectivités publiques organisent sur leurs propriétés, comme tout autre propriétaire, l'usage du droit de chasse: ainsi, au Royaume-Uni, tant l'Etat que les collectivités locales et les établissements publics (ou organismes équivalents, comme le *National Trust*) organisent ou limitent et interdisent le droit de chasse sur leurs domaines.

Dans les Etats fédéraux, les Etats fédérés se voient au contraire reconnaître une large latitude de régulation[19] - et non plus de gestion de leurs seules propriétés. Ainsi en Suisse, ce sont les cantons qui fixent le régime de la chasse, comme le territoire de chasse, et sont responsables de la surveillance. Encore faut-il nuancer : tout ce qui concerne la détermination des espèces protégées, et les activités concernant ces espèces et la protection des habitats qui leur sont nécessaires sont de la compétence fédérale. Il n'y a guère que l'Autriche et la Belgique qui dérogent sensiblement à cette "réserve fédérale".

---

[18]Ce que conteste le syndicat des gardes-chasse : voir R. Romi, Chronique de droit de la chasse, RJE 2-1990 , *in fine*.

[19] Quand ce n'est pas de manière exclusive: Autriche.

Enfin, dans les Etats les plus décentralisés, si une obligation de résultat demeure fixée par un outil étatique - une ou plusieurs lois, les collectivités locales ont acquis une capacité de choix du mode institutionnel de mise en oeuvre du ou des textes nationaux : ainsi, en Norvège, depuis la réforme de l'administration locale de 1992-1993 (jusqu'à cette réforme, il devait y avoir obligatoirement élection d'un *Municipal Wildlife Board*[20]).

B) Une prise en charge sociale orientée

Il existe à l'évidence, pour ce qui concerne la contribution des acteurs sociaux à la régulation de la chasse, deux choix fondamentaux : l'un consiste à consacrer la centralité des chasseurs eux-mêmes, l'autre à relativiser leur poids par une implication volontaire des représentants des autres usagers de la nature.

a) Le choix de la centralité des chasseurs

Le système français privilégie, on l'a dit, la gestion de la faune sauvage par les seuls chasseurs. Le propriétaire non-chasseur de plus de 20 hectares, s'il peut adhérer à la FDC, ne peut y exercer de fonction par la participation au C.A. ("ne peut être candidat au C.A ... toute personne non-détentrice d'un permis de chasser"[21]) ni d'ailleurs voter à l'assemblée générale (les participants - personnes physiques ou morales - "disposant d'autant de voix qu'elles ont de chasseurs ayant acquitté la cotisation fédérale qui chassent sur leur territoire"[22]). Le président [23] en est nommé pour trois ans par le ministre chargé de la chasse parmi les membres du C.A. et sa candidature doit être présentée par ce conseil. On a pu dire que cette puissance des FDC était contrebalancée par la création des Conseils départementaux de la Chasse et de la Faune Sauvage (CDCFS)[24]. Ce serait vrai si la composition de ces

---

[20] Contribution Inge Lorange Backer, "Hunting in Norwegian Law".

[21] Article 7 de l'arrêté du 23 janvier 1981 modifié le 2 mars 1981, non modifé sur ce point en 1985.

[22] Article 12 du même texte .

[23] Article 8 du même texte .

[24] Décret du 18 mars 1986, qui est principalement consacré à l'organisation de la déconcentration des pouvoirs de l'Etat en matière de chasse. Les CDCFS sont consultés par le préfet pour toutes les mesures propres à "préserver la faune sauvage, développer le capital cynégétique dans le respect des équilibres biologiques, améliorer les conditions d'exercice de la chasse".

conseils ne reflétait autant la domination des chasseurs[25]. Dans la trentaine de départements soumis à la loi Verdeille, la structure de base est l'ACCA (association communale de chasse agréée) ou l'AICA (l'association intercommunale de chasse agréée). Il ne peut y avoir alors qu'une seule ACCA agréée par territoire. Le Conseil d'administration en est composé au moins aux deux tiers de chasseurs (possédant le permis de chasser). Les propriétaires non chasseurs qui ont fait, volontairement ou contraints et forcés[26], l'apport de leurs terres sont de droit membres de l'association. Les ACCA peuvent déléguer à des AICA leurs pouvoirs ou une partie et s'en retirer à tout moment sans renier leur existence propre. Les AICA sont soumises (création et fonctionnement) aux mêmes règles que les ACCA. L'organisation dans les départements non soumis à la loi Verdeille est à peine moins corporatiste, mais un peu plus respectueuse des sentiments des non chasseurs, parce que, par la force des choses, respectueuse du droit de propriété - jusqu'à un certain point s'entend. Rien n'interdit aux chasseurs de se grouper en associations classiques; les chasseurs ne chassent alors que sur leurs terres. L'autre formule utilisable est celle des "sociétés civiles de chasse"; ces structures peuvent faire des bénéfices et en opérer une redistribution entre leurs membres. Elles fonctionnent sur les propriétés leur appartenant ou louées à elles.

On remarquera que l'adhésion aux associations de chasseurs peut ne pas être obligatoire : c'est très rare (c'est le cas en Allemagne - au contraire,

[25]16 membres, dont: 8 représentants des chasseurs désignés par le président de la FDC, 4 représentants des intérêts agricoles et forestiers, 2 scientifiques, 2 représentants des associations de protection de la nature.

[26]D'une manière générale, ne peuvent faire opposition à l'incorporation de leurs terres au territoire de chasse que les propriétaires de terrains de plus de 20 hectares d'un seul tenant ou de terrains parfaitement enclos (100 hectares en zone montagne au dessus de la ligne forestière, 3 hectares pour les marais non asséchés, un hectare pour les étangs isolés). Malgré deux décisions rendues par le Tribunal d'instance de Périgueux et le Tribunal de Grande instance de Valence en décembre 1989 et début 1990, il semble que les "petits propriétaires" ne puissent pas faire obstacle à leur adhésion forcée en raison de la contradiction entre ce sytème et certains articles de la Convention européenne des Droits de l'Homme et de ses protocoles: ni le Conseil d'Etat, ni plus récemment la Cour de Cassation (Chambre Criminelle 16 mars 1994, Chassagnoux, Droit des Sociétés, Edition Techniques, juin 1994 p. 5, note T. Bonneau) n'ont considéré comme inadmissibles ou disproportionnées les atteintes à la liberté d'association ou à la liberté de conscience induites par le système de la loi Verdeille qu'ils contestaient. Il faut remarquer, en regard de notre propos, l'ambivalence de cette situation; si d'un côté, indiscutablement, les non-chasseurs perdent de fait leur droit de manifester leur opposition radicale à la chasse, ils gagnent potentiellement un droit de regard sur le fonctionnement des associations - ce qui ne signifie pas dans le contexte actuel qu'ils puissent pour cela influer réellement sur leur gestion.

d'ailleurs, de l'Autriche). De ce point de vue aussi, la centralité des chasseurs doit être soulignée, en ce qu'elle contribue sans nul doute à une uniformisation de la conception et de la perception de la chasse - dans le même temps qu'elle en assure une manière de contrôle institutionnel et social de nature corporatiste plus ou moins accusé.

b) Le choix de la mixité des acteurs associatifs

C'est surtout la composition des organes consultatifs en matière de régulation de la faune qui traduit la centralité des chasseurs. En France, il est par exemple significatif que les demandes de plan de chasse sont en particulier examinées par une "commission départementale du plan de chasse et de l'indemnisation des dégâts" présidée par le préfet, dans laquelle - c'est à noter - ne figurent que des représentants des chasseurs et des intérêts agricoles et sylvicoles : aucun siège n'est réservé aux associations de protection de la nature. Au Maroc, c'est aussi le cas, mais de manière plus générale encore, puisqu'aucune association de protection de la nature n'est représentée au sein du Conseil supérieur de la chasse.

A l'opposé, dans les systèmes où la régulation publique est fortement affirmée, comme en Suisse, les associations de chasseurs n'ont aucune activité dans la mise en oeuvre du droit ; leurs activités dans l'énonciation du droit se résument à leur capacité de lobbying. En Espagne, malgré la relative puissance des associations de chasseurs (la principale association, la fédération espagnole de chasse regroupe 450000 adhérents), il en est de même ; les chasseurs sont consultés au même titre que les autres associations d'usagers de la nature, en particulier dans les conseils de la chasse, mais ils n'ont pas d'autres activités, par exemple d'administration *stricto sensu.*

Enfin, sous couvert de mixité, des systèmes peuvent aboutir à pérenniser la domination des chasseurs sur la détermination des conditions de la chasse, comme à y mettre fin : en dehors de la France (avec les conseils départementaux de la faune sauvage, dont on a vu à quel point les chasseurs les dominent), on signalera le Portugal : les "conseils cynégétiques et de conservation de la faune", qui fonctionnent au niveau communal, régional et national, comprennent deux cinquièmes de membres représentant les agriculteurs, un les intérêts des chasseurs, un les municipalités, et un les associations de protection de l'environnement.

On le voit, l'examen de la situation des sources et des acteurs du droit de la chasse, pour si peu stimulant intellectuellement qu'il soit, a le mérite de montrer qu'il n'y a pas de pensée unique en la matière; les choix existent, qui ont été faits souvent en fonction des paramètres culturels et économiques, mais aussi des rapports de force existants. Ils peuvent donc être "défaits" en partie ou en totalité. Il n'est pas question d'avoir des tabous en la matière, sauf à faire preuve de mépris envers des systèmes juridiques aussi ancrés les uns que les autres dans les différentes cultures ... ce qui ne saurait être admis comme constituant une attitude scientifique.

Gibier et espèces cynégétiques

Heinhard STEIGER[*]

Avant de me plonger dans les réponses du droit comparé expliquées dans les rapports nationaux, je me suis renseigné auprès d'un expert et j'ai consulté un récit littéraire qui chante la gloire d'un chasseur, Joseph qui, bien que débutant, a tué deux bartavelles à un doublé, un coup de roi. C'était le lendemain de son triomphe. Je cite : "La liste finie, il la lut à haute voix. Cependant ma mère avait sorti les bartavelles du garde-manger et les posa sur la table :

- Que veux-tu faire ?, demanda-t-il d'un air inquiet.
- Je vais les plumer, et les vider, et nous les rôtirons ce soir.
- Malheureuse ! Ce n'est pas de la volaille, c'est du *gibier* ! Et quel gibier ! Nous ne les mangerons que demain, car aujourd'hui ce serait un crime[1]".

Ce dialogue nous apprend deux choses sur les espèces cynégétiques, l'une métaphysique, l'autre juridique :

1) Le gibier est, semble-t-il, quelque chose de beaucoup plus précieux que la volaille.
2) Ces deux oiseaux sont la propriété de Joseph. Lui et sa famille ont le droit de les manger.

Aujourd'hui Joseph aurait hésité à montrer sa gloire au grand public de Bellons : la bartavelle de Provence *-alectoris graece saxatilis-* est

---

[*] Professeur à l'Université de Giessen (Allemagne).

[1] Marcel Pagnol, Souvenirs d'enfance : La Gloire de mon Père, 1957.

spécialement protégée en vertu de la première annexe de la directive sur les oiseaux sauvages et de la directive sur les habitats. D'ailleurs les pièges, utilisés par Marcel et Lili avec beaucoup de succès, sont également interdits.

Les réponses aux questions du chapitre III du questionnaire ne sont pas toujours aussi claires et précises que le récit littéraire de Marcel Pagnol.

J'ai essayé de trouver encore d'autres sources de renseignements mais sans grand succès. Mon rapport sera très court. Je suivrai les questions du questionnaire.

I - QUEL EST LE STATUT JURIDIQUE DES ESPECES SAUVAGES?

A) Au regard du droit des biens

Nous connaissons la réponse de Marcel Pagnol. Mais il n'était pas le rapporteur français, et il n'était pas juriste. Dans tous les rapports, sauf un, les espèces sauvages sont qualifiées de *res nullius*. Seul le rapport italien parle de *res omnium*. En droit tchèque, l'évolution va vers la notion *res communis*. Une exception fondamentale à ces notions basées sur le droit romain, qui considèrent l'animal comme une *res*, une chose, se trouve depuis 1990 dans le droit allemand : les animaux en général, sauvages aussi bien que domestiques, ne sont plus regardés comme une *res*, une chose. Ils ne sont pas des personnes non plus. Leur statut juridique n'est pas défini. Les règles concernant les choses sont appliquées analogiquement (§ 90a BGB). Par conséquent, les animaux sont toujours soumis au régime juridique de la propriété. Les animaux sauvages vivant en liberté restent ainsi sans propriétaire (*herrenlos*), mais peuvent être appropriés. Leur statut est donc analogue à celui de la *res nullius*.

Puisque seules les espèces sauvages sont soumises à la chasse, il faut les distinguer des espèces non-sauvages. Deux critères sont décisifs : il s'agit d'animaux biologiquement non-domestiques, qui vivent en liberté ou à l'état sauvage. Ainsi en droit français comme en droit allemand, les espèces non-domestiques dans les enclos comprenant une habitation entourée d'une clôture imperméable, généralement des mammifères, sont *res propria* du propriétaire des enclos fermés. Elles ne sont plus des bêtes sauvages au sens juridique du terme. Biologiquement ces animaux le demeurent, mais juridiquement ils ne le sont plus, puisqu'ils ont perdu leur liberté; ils ont été capturés. Souvent ces bêtes n'ont jamais connu la liberté car elles sont nées en captivité. Mais, au moins en droit allemand, ces animaux non-domestiques deviennent sauvages juridiquement s'ils (re-)gagnent leur liberté, même s'ils sont nés en captivité. Je pense que dans tous les pays les bêtes vivant dans des enclos sont *res propria* et non-chassables. C'est ainsi que le droit allemand de la chasse ne parle pas, comme le droit allemand civil, des espèces sauvages, mais - traduction littérale - des espèces vivant à l'état sauvage ou en liberté. Il n'y a que ces espèces qui puissent être des espèces chassables.

Si la base est la même dans (presque) tous les pays - *res nullius* - pour l'espèce vivante, des différences existent en ce qui concerne l'appropriation des bêtes mortes, tuées pendant la chasse par les chasseurs ou dans d'autres circonstances, par exemple par un accident de la route. Un groupe de pays confère le droit d'appropriation au propriétaire du terrain, un autre au titulaire du droit de chasse sur le terrain, un troisième au chasseur qui a tué l'animal; le quatrième groupe fait une différence entre les espèces chassables et les autres espèces sauvages non-chassables. Les premières sont attribuées au titulaire du droit de chasse sur le territoire concerné, les autres peuvent être appropriées par tout le monde (Allemagne, Autriche). Cela nous mène à la question des espèces sauvages qui sont des espèces chassables.

B) Au regard de la chasse - listes des espèces chassables

Il y a deux problèmes à résoudre :

Primo : définir, d'une part, les espèces sauvages et chassables et, d'autre part, les espèces sauvages et non-chassables.

Secundo : fixer le degré de protection des espèces sauvages.

On peut combiner les deux problèmes et trouver une solution commune, ou on peut les prendre et les résoudre séparément.

En France, en Suisse et au Portugal, toutes les espèces sauvages sont ou chassables ou protégées. Mais il y a des règles de protection différentes selon les espèces. La Norvège adopte un système différent. Toutes les espèces sauvages sont protégées, mais il y a des exceptions constituées par des espèces qui peuvent être chassées sous réserve d'obtenir une autorisation. D'autres pays, comme l'Allemagne ou l'Espagne, font une distinction entre les espèces gibier, c'est-à-dire principalement chassables, et les autres espèces sauvages non-chassables. Mais ces dernières ne sont pas assimilables aux espèces protégées. Dans le droit de trois pays, on rencontre une troisième notion : les espèces nuisibles (Portugal, Norvège, Maroc). Cette notion n'est pas identique dans les trois pays. Dans d'autres pays, comme l'Allemagne, la notion "d'espèces nuisibles" n'existe pas, mais une espèce peut devenir nuisible dans une certaine région si son nombre augmente trop.

La notion de "protection" n'est pas bien définie. On doit distinguer trois échelons de protection : la protection générale de la faune sauvage contre des activités humaines nuisibles aux animaux, à leurs habitats, à leurs oeufs, etc...; la protection spécifique des espèces en voie de disparition qui se trouvent sur des listes en droit national, européen et international; la protection des espèces chassables pour des causes de gestion pendant certaines périodes de l'année, surtout lors des périodes de gestation, de mise bas et dans les quelques mois qui suivent. Les rapports ne distinguent pas toujours bien entre ces trois formes de protection. Elles sont réglées par le droit de la chasse et aussi, et souvent principalement, par le droit de la protection de la nature national, européen et international.

Toutes les espèces chassables bénéficient de la protection générale, dans la mesure où seuls les détenteurs du droit de chasse ont le droit de les tuer, de les prendre, etc. Il est défendu à toute autre personne de prendre ou de tuer des animaux sauvages de toutes sortes, de détruire leurs habitats, de prendre leurs oeufs, etc. Ainsi en droit allemand, le droit de la protection de la nature contient une interdiction générale de tuer un animal sauvage sans raison et sans autorisation. Le détenteur du droit de chasse possède une telle autorisation, qui est soit générale, soit spécifique. En outre, les espèces chassables sont en règle générale protégées pendant certaines périodes de l'année fixées par la loi, le règlement ou par des ordonnances pour des motifs de gestion. Dans les pays qui suivent la distinction "espèce sauvage chassable - espèce sauvage protégée", les dernières ne doivent pas être chassées du tout. En Allemagne, la situation est plus compliquée puisque la question de protections générale et spécifique est réglée distinctement de la question de la faculté de chasser une espèce. Ainsi en droit allemand, des espèces chassables en vertu du droit de la chasse peuvent être en même temps des espèces protégées en vertu du droit de la protection de la nature, tel est le cas pour le loup, le lynx, les loutres. Le lien entre les deux régimes est établi par le droit de la chasse qui interdit la chasse pendant toute l'année pour ces espèces chassables, mais protégées, ou ne la permet que pour une très courte période et pour un nombre limité d'animaux.

En plus, les espèces chassables bénéficient d'une protection spécifique dans des zones protégées, comme les parcs nationaux notamment. Les règlements applicables à ces zones protégées contiennent souvent des règles spécifiques pour la chasse des espèces qui y vivent.

La notion d'espèces nuisibles se réfère à des problèmes économiques, écologiques ou de santé publique. Ce sont des espèces sauvages, chassables ou non, protégées ou non, qui causent des dommages, des dégâts, des dangers pour d'autres biens privés ou publics. Des espèces nuisibles, même protégées, peuvent être tuées avec une autorisation spéciale si les nuisances deviennent trop grandes.

Au Portugal et au Maroc, les espèces nuisibles sont tuées par les agents d'une autorité publique ou par le propriétaire du terrain où elles se trouvent. En Norvège, il faut une autorisation du Ministère de l'Environnement, qui n'est donnée que dans des situations spécifiques de dommage. Elle ne doit être accordée que si d'autres mesures de prévention ne sont pas possibles. Les espèces nuisibles varient selon les pays. Au Maroc, nous trouvons dans cette catégorie, entre autres :

- les belettes, les chacals, les loutres, les mangoustes, les putois, les renards, les calandres, les corneilles, les étourneaux, les moineaux, les pies, les pigeons, les tourterelles.

Dans d'autres pays d'Europe, quelques-unes de ces espèces sont protégées pendant toute l'année.

En Norvège, les autorités compétentes peuvent même autoriser la destruction d'espèces protégées, comme l'ours, le loup ou le lynx, si ces animaux causent des dommages à d'autres espèces, à la végétation, par exemple l'écorçage des rennes. Ces possibilités ont suscité une discussion parce que ces espèces sont rares et menacées d'extinction.

En Allemagne, le ministre fédéral ou le ministre compétent d'un Land peuvent autoriser des exceptions à ces interdictions protectrices concernant les espèces chassables, mais protégées, pour des raisons écologiques, ou à cause des dommages graves qu'elles provoquent, par exemple si dans une région donnée la population d'une espèce devient trop importante.

La relation entre la chasse et la protection des espèces chassables est aussi déterminée par des problèmes de balance écologique. D'une part, il faut assurer l'existence d'un nombre suffisant d'animaux pour garantir l'existence continuelle de l'espèce, et d'autre part, il faut éviter qu'une certaine région soit surpeuplée par l'une ou l'autre espèce avec des résultats négatifs pour l'écologie de la région ainsi que pour l'espèce en question.

En dehors du concept des espèces nuisibles mentionné plus haut, il existe dans certains pays, comme l'Allemagne, des plans annuels de chasse pour certaines espèces, telles que les chevreuils, qui fixent le nombre de bêtes qui doivent ou qui peuvent être chassées. Ces listes sont établies par des autorités de l'Etat ou au moins autorisées par elles.

La chasse et la protection doivent trouver un équilibre. On peut dire qu'en général la protection est un but et un critère essentiel dans tous les pays pour le règlement de la chasse. Elle est réalisée par des interdictions et des prescriptions pour la chasse. Cela ne crée pas un statut juridique des espèces puisque ces normes s'adressent aux chasseurs, mais les espèces en profitent.

II - QUELS SONT LES REGIMES DE CERTAINES OPERATIONS ?

Le questionnaire divise la question générale en quatre questions partielles. Les réponses nationales ne s'y tiennent pas toujours, entre autres, peut-être, parce que la différence entre la première et la troisième question n'est pas très claire.

a) Remarques générales

Si j'ai bien compris les rapports nationaux, il n'existe dans aucun pays un régime complet applicable au lâcher d'espèces sauvages. Les lâchers sont permis dans tous les pays, aussi bien pour la chasse que pour la réintroduction des espèces disparues, mais certaines restrictions existent. Ainsi dans la plupart des cas, il est interdit de lâcher des espèces qui ne sont pas originaires ou indigènes (Suisse, Allemagne, Norvège, Grande-Bretagne). Je suppose, que c'est le cas dans tous les pays, par exemple aussi en France. Plusieurs pays interdisent en outre de lâcher des espèces nuisibles (France, Suisse, ...). Il me semble que la notion «d'espèce nuisible» n'est pas la même que celle utilisée pour caractériser une catégorie des espèces chassables. Mais les rapports ne donnent pas de définition. Les unes comme les autres peuvent être introduites avec autorisation d'une autorité compétente.

b) Eléments spécifiques

La distinction faite par le questionnaire entre le repeuplement et la chasse se trouve à la base de certains droits nationaux (Suisse, Portugal, Italie, ...) mais d'autres ne font pas cette différence (par exemple Allemagne). Elle ne peut être faite dans tous les cas. La semaine dernière de jeunes saumons, venant de la France, ont été introduits dans deux rivières près de Giessen. Le saumon y avait disparu depuis plusieurs années. Il s'agit donc d'une réintroduction d'une espèce disparue dans la région. Mais cette réintroduction a été entreprise pour la pêche aussi bien que pour l'enrichissement de la nature.

Le lâcher des espèces pour la chasse pose le problème de l'origine des animaux qui sont introduits. S'il s'agit d'oiseaux, les oeufs sont souvent prélevés dans la nature et couvés artificiellement. Les jeunes sont ensuite introduits, souvent dans une autre région que celle de leur origine. Pour les mammifères, les animaux sont souvent élevés dans des enclos spécifiques (France, Grande-Bretagne). Mais pour eux aussi des prélèvements dans la nature sont souvent nécessaires, lesquels nécessitent, dans la plupart des pays, une autorisation préalable obligatoire.

La réintroduction, comme l'introduction, n'est pas soumise à une autorisation, mais elle est contrôlée. Elle peut être interdite si la réintroduction menace l'équilibre écologique, si les biotopes ne sont pas suffisants pour soutenir la vie des espèces (Brandebourg/Allemagne, Suisse). La réintroduction des espèces menacées ou déjà disparues est généralement libre, si elles sont originaires du pays. Mais souvent l'Etat ou les entités sous-étatiques, comme les régions, les Länder ou même les communes, développent des plans, donnent de l'argent, surveillent et contrôlent la réintroduction elles-mêmes ainsi que le développement qui suit. Cependant, comme je l'ai déjà indiqué plus haut, il n'existe pas de règlements spécifiques et développés.

Beaucoup de droits nationaux prévoient une surveillance sanitaire (France, Espagne, Portugal, République Tchèque, ...) et fréquemment les espèces doivent être marquées (Portugal).

III - GESTION

La protection, l'introduction et la réintroduction, le règlement des périodes de chasse et le nombre d'animaux qui peuvent ou doivent être chassés pendant une période sont autant d'éléments de la gestion des espèces. Les principes, comme les objectifs de la gestion, peuvent se trouver en conflit entre eux, les uns avec les autres, mais aussi avec des objectifs extérieurs, écologiques et surtout économiques.

La responsabilité de la gestion des espèces chassables est généralement attribuée au détenteur du droit de chasse (France, Portugal, Allemagne, Suisse), et non pas au propriétaire du territoire de chasse s'il n'est pas lui-même détenteur de ce droit. Mais les responsables sont liés, pour la gestion, par les lois, les règlements, les plans de chasse et de réintroduction, etc. établis ou au moins autorisés par les autorités compétentes. Souvent des associations de chasseurs sont responsables de la gestion des espèces chassables (Allemagne).

IV - CONCLUSIONS

Dans les grandes lignes et dans les principes, les droits nationaux sont très proches les uns des autres en ce qui concerne les espèces. Mais dans les détails, des différences importantes existent puisque la chasse et son droit sont lourdement marqués par la tradition, les habitudes, les milieux sociaux, les questions économiques, et les structures culturelles et sociales des différents pays. Les espèces chassables sont sélectionnées selon ces spécificités nationales. Il me semble qu'il n'existe pas d'espèces chassables par nature. Il s'agit toujours d'une définition juridique, bien que les espèces chassées ne soient que des espèces sauvages et vivant en liberté. C'est la seule condition naturelle, mais elle n'est qu'un indice. Puisque les espèces chassables sont définies traditionnellement ou par habitudes sociales, il manquait dans quelques pays, ou il manque encore, des listes bien définies. Ce n'est qu'en raison de la protection de certaines espèces que des listes d'espèces protégées et en même temps des listes d'espèces chassables ont été établies. Néanmoins il me semble nécessaire que les Etats harmonisent les régimes applicables aux espèces cynégétiques et aux espèces protégées. Ce n'est pas toujours le cas, et cela peut conduire à des confusions. Il faut aussi régler le problème des espèces dites nuisibles en relation avec la protection des espèces. Ce concept est souvent contraire à la protection des espèces en danger d'extinction alors que leur protection doit avoir la priorité.

Il me semble, en outre, que l'introduction d'espèces pour quelque raison que ce soit, doit être mieux réglée dans les pays concernés.

Les territoires de chasse et les habitats

Jan BOUCKAERT*

"There is a clear tendency in American conservation to relegate to government all necessary jobs that private landowners fail to perform. Government ownership, operation, subsidy, or regulation is now widely prevalent in forestry, range management, soil and watershed management, park and wilderness conservation, fisheries management, and migratory bird management, with more to come. Most of this growth in governmental conservation is proper and logical, some of it is inevitable. That I imply no disappproval of it is implicit in the fact that I have spent most of my life working for it. Nevertheless the question arises : What is the ultimate magnitude of the enterprise ? Will the tax base carry its eventual ramifications ? At what point will governmental conservation, like the mastodon, become handicapped by its own dimensions ? The answer, if there is any, seems to be in a land ethic, or some other force which assigns more obligation to the private landowner".

(Aldo LEOPOLD, *A Sand County Almanac And Sketches Here and There*, Oxford University Press, Inc., 1949, Special Commemorative edition, 1987, p. 213).

* Avocat au Barreau de Bruxelles, Belgique.

INTRODUCTION

Ce rapport de synthèse est dressé sur la base des rapports nationaux rédigés aux fins du colloque.

Il a été tenu compte principalement des rapports nationaux concernant la législation allemande, espagnole, française, italienne, marocaine, norvégienne, tchèque, portugaise, anglaise et suisse. Lorsque cela paraissait indiqué, il a été tenu compte de la législation d'autres pays.

Il a été demandé aux rapporteurs nationaux d'aborder le thème du colloque sur la base d'un questionnaire pré-établi précis. Ainsi, la question des territoires de chasse et des habitats a été subdivisée en deux chapitres, la première ayant trait à la définition du droit de chasse même, la deuxième au régime juridique des territoires de chasse. Sous chaque chapitre, diverses questions précises étaient formulées. Il nous a semblé indiqué de suivre fidèlement cette classification dans l'analyse des rapports nationaux[1].

I- DEFINITION DU DROIT DE CHASSE

Il y a tout d'abord lieu de préciser que la réglementation internationale concernant la conservation de la nature[2] n'impose pas aux parties contractantes ou aux Etats membres de l'Union Européenne de faire un choix déterminé entre les divers régimes de chasse existants. Ainsi, les parties contractantes les Etats membres de l'Union Européenne restent entièrement libres de maintenir ou d'introduire un régime de chasse étatique ou basé sur la propriété privée. Le droit international laisse intact le régime de propriété établi au plan national. Il se borne seulement à imposer des limites à l'exercice du droit de chasse aux fins de conservation de la nature, mais non au droit de chasse lui-même, peu importe sa forme juridique précise.

De manière générale, il ressort des rapports nationaux que l'on peut distinguer entre les pays où le droit de chasse fait partie du droit de propriété[3] et ceux où le droit de chasse est entièrement dissocié du droit de propriété.

Parmi les premiers pays, il y a lieu de distinguer ensuite entre les pays où ce droit de chasse entraîne en principe le droit de chasser, c'est-à-dire le droit d'exercer la chasse, sous réserve bien sûr du respect des lois de police qui réglementent l'usage des biens et ceux où le droit de chasse, en tant que

---

[1] Voir la partie II du Questionnaire, reproduit infra p.349.

[2] Voir notamment la directive n° 79/409/CEE du Conseil du 2 avril 1979 concernant la conservation des oiseaux sauvages (J.O., L. 103, p. 1) (ci-après "directive 79/409/CEE").

[3] Tel que, généralement, protégé par les dispositions du code civil (voir notamment, en droit belge, les articles 544 et 714 du code civil belge).

corollaire du droit de propriété, n'entraîne pas nécessairement le droit de chasser.

Le Royaume-Uni, surtout, et, dans une moindre mesure, la Belgique et la Norvège, peuvent être rangés parmi les pays où la détention du droit de chasse, en tant que corollaire du droit de propriété, entraîne en principe le droit d'exercer la chasse.

La France (y compris l'Alsace-Moselle), l'Allemagne et l'Espagne doivent plutôt être rangés parmi les pays où le droit de chasse, même s'il est ancré dans le droit de propriété, n'entraîne pas pour autant automatiquement le droit de chasser.

Dans les pays où le droit de chasse est entièrement dissocié du droit de propriété, le droit de chasse est en principe octroyé à l'Etat (qui en principe peut ensuite le concéder à des personnes privées). C'est le cas de l'Italie, de la Suisse, du Maroc et, quoique de manière un peu différente, des pays de l'Europe de l'Est et du Portugal.

A) Pays où le droit de chasse fait partie du droit de propriété, entraînant de ce fait le droit de chasser (Royaume-Uni, Belgique, Norvège)

Le droit anglais ne distingue pas entre le droit de chasse et le droit de chasser. En effet, le lien entre le droit de propriété et le droit de chasse est en principe absolu. Le droit de chasse appartient au propriétaire et celui-ci peut exercer ce droit sur n'importe quel terrain, pour autant que ce dernier soit suffisamment étendu *for practical purposes*. Peu importe que le propriétaire du terrain soit une personne physique ou morale, ou encore une autorité publique : il dispose du droit de chasse et peut, à ce titre, se le réserver, l'exercer ou, en revanche, le céder à un tiers[3].

S'il est vrai que le lien entre le droit de propriété et le droit de chasse est très strict, il n'en reste pas moins que celui-ci est tempéré par les mécanismes suivants :

- le preneur d'un bail à ferme dispose automatiquement du droit de chasse sur les terrains agricoles affermés, sauf si le propriétaire se le réserve expressément[5]. Tel n'est pas le cas dans la plupart des autres pays[6]. Ainsi, en droit belge, le bail à ferme n'octroie pas au preneur rural le droit de chasser sur les terrains affermés, le droit de chasse n'étant pas l'accessoire du bien affermé[7].

---

[3] Shine C., rapport national anglais, p. 2-3.

[5] Idem, p. 3.

[6] Voir cependant infra n° 10, en ce qui concerne le régime français.

[7] Closon H., Le bail à ferme. Commentaire de la loi du 4 novembre 1969, cinquième édition de l'ouvrage de Gourdet, F., et Closon, H., 1970, p. 171, n° 81; Stevens M., et Traest G.,

Une loi spécifique (le *Ground Game Act de 1880*) prévoit que tout occupant, dont le preneur du bail à ferme, est autorisé à prélever et à tuer le gibier à poil (par lequel il faut entendre le lièvre et le lapin de garenne), afin de protéger ses cultures, nonobstant tout accord contraire. Ce droit peut être exercé concurremment avec le droit de chasse général. Le corollaire de ce droit de chasse du gibier à poil consiste en l'absence de toute possibilité pour l'occupant d'exiger du propriétaire ou du titulaire du droit de chasse (au gibier à plume, à vrai dire) des dédommagements pour les dégâts occasionnés par ce gibier[8] [9].

En Belgique, le droit de chasse fait également partie du droit de propriété, ce dernier étant qualifié de droit réel immobilier[10] [11]. Le propriétaire peut soit exercer ce droit lui-même, soit le céder à un tiers par bail.

Le fait que le droit de chasse fasse partie du droit de propriété, n'implique pas pour autant une liberté totale d'exercer ce droit. A la différence de ce qui est le cas au Royaume-Uni, des exigences en matière de superficie minimale sont prévues[12]. Ces exigences ne remettent cependant pas en cause le droit de chasse du propriétaire. Dès lors que celui-ci est à même de se constituer un territoire de

---

Pacht, Algemene Praktische Rechtsverzameling, Story-Scientia, Gent-Leuven, 1978, p. 265, n°284; d'Udekem d'Acoz H., et Snick I., De Pachtovereenkomst, deuxième édition, Larcier, Bxl., 1990, p. 336, n° 546.

[8] Shine C., rapport national anglais, p. 3.

[9] Il ne faut sans doute pas voir dans cette exception une exception de principe. En effet, le *Ground Game Act* a été adopté aux fins de résoudre, de manière pragmatique, le problème délicat des dommages aux cultures occasionnés par une surabondance de gibier à poil (lapin de garenne surtout) à la fin du 19ème siècle. En contrepartie de l'octroi du droit de chasse à l'occupant, le *Ground Game Act* dégage le propriétaire, détenteur du droit de chasse, de toute responsabilité pour les dommages occasionnés par le gibier à poil. Il n'est pas exclu que cette règle, par ailleurs unique et n'ayant pas de contrepartie dans les législations des autres pays faisant l'objet du présent rapport, ait vu le jour en raison du dédain traditionnel ou, à tout le moins, du manque d'intérêt du *british sportsman* du 19ème siècle pour le gibier à poil.

[10] Principe confirmé par les articles 544 et 715 du code civil belge. Selon l'article 544 du code civil belge, la propriété est le droit de jouir et de disposer des choses de la manière la plus absolue, pourvu qu'on n'en fasse pas un usage prohibé par les lois ou par les règlements. L'article 715, énuméré sous le livre III du Code Civil intitulé "Des différentes manières dont on acquiert la propriété", dispose que la faculté de chasser ou de pêcher est réglée par des lois particulières.

[11] Aux Pays-Bas, la Haute Juridiction a considéré que le droit de chasse, c'est-à-dire le droit de s'approprier du gibier, ne peut être considéré comme faisant partie du droit de propriété (arrêt de la Haute Juridiction des Pays-Bas, 8 décembre 1922, N.J., 1923, 149, sur conclusions de l'Avocat-Général Besier). Il s'agirait d'un "droit absolu distinct", octroyant la jouissance, non sur les terres, mais sur le gibier qui s'y trouve, jouissance qualifiée de "chasse" (conclusions de l'Avocat-Général Besier).

[12] Ainsi, en région flamande, une superficie minimale de 40 ha est imposée. En région wallonne, la superficie minimale est de 25 ha pour le petit gibier et de 50 ha pour le grand gibier.

chasse suffisamment grand, par exemple en regroupant ses terrains avec d'autres terrains avoisinants, il peut exercer son droit de chasse. Par ailleurs, le propriétaire ne peut pas non plus être contraint de céder son droit de chasse à autrui : il reste libre d'en disposer comme il l'entend[13].

La qualité du propriétaire, privée ou étatique, importe guère : celui-ci dispose du droit de chasse sur son territoire. Généralement, les organismes publics propriétaires de terrains de chasse procèdent à la location ou l'adjudication publique de leurs terrains, notamment en raison des recettes financières considérables générées. Certaines autorités publiques ont toutefois tendance à ne plus louer ou mettre en adjudication leurs terrains de chasse, notamment en raison de l'opposition anti-chasse. C'est surtout le cas des autorités publiques propriétaires de forêts domaniales situées aux alentours immédiats des grandes villes[14] ou de sites naturels protégés sur la base de la réglementation concernant la conservation de la nature[15].

Le régime prévu en Norvège est analogue. Le propriétaire (tant privé qu'étatique) dispose du droit de chasse sur son terrain, moyennant le respect, à nouveau, de certaines exigences en matière de superficie minimale. Un régime particulier est cependant prévu pour les *state common lands*, détenus par l'Etat. La surface des *state common lands* est considérable. Couvrant presqu'un tiers de la Norvège, ceux-ci sont principalement localisés dans la partie nord du pays. Les populations locales bénéficient de certains "droits d'usage" traditionnels sur ces terrains, et ce depuis très longtemps. Les *state common lands* sont sujets à un régime particulier qui tient compte de leurs conditions naturelles et sociologiques particulières (loi du 6 juin 1975 concernant les *Mountain State Common Lands)* [16].

---

[13] Comparez avec les régimes français et allemand, où le propriétaire ne disposant pas d'un territoire suffisamment grand pourra être contraint à céder son droit de chasse à la commune ou à l'association communale (voir infra, aux numéros 12, 19 et 21-23).

[14] Il n'existe, à ce jour, aucune jurisprudence sur la légalité de cette pratique. A première vue, il semble que rien ne s'y oppose. En effet, le détenteur du droit de propriété dispose du droit de jouir et de disposer de cette propriété de la manière la plus absolue, pourvu qu'il n'en fasse pas un usage prohibé par les lois ou par les règlements (article 544 du code civil belge). Dans la mesure où les autorités publiques ne sont pas tenues, en vertu des dispositions légales, de procéder à l'adjudication de leurs terrains de chasse, il leur est loisible de ne pas y procéder.

[15] La reconnaissance d'un site comme réserve naturelle entraînant, en principe, l'interdiction de la chasse, de la pêche, etc.

[16] I. L. Backer, rapport national norvégien, pp. 4-6.

B) Pays où le droit de chasse est lié au droit de propriété (privé), sans que le droit de propriété octroie au propriétaire le droit de chasser (France, y compris l'Alsace-Moselle, Allemagne et Espagne)

Dans ces pays, le droit de chasse reste issu du droit de propriété. Ce principe ne prête guère à discussion.

Le fait pour le propriétaire d'être titulaire du droit de chasse sur ses terrains, ne lui confère cependant pas pour autant automatiquement le droit d'exercer la chasse.

Nous verrons ci-après que les pays examinés ont soumis l'exercice de la chasse à des conditions différentes. Ces règles ont cependant toutes en commun de favoriser une gestion saine de la faune cynégétique (et partant l'exercice de la chasse dans des conditions appropriées).

En France, le droit de chasse fait, tout comme en Belgique, partie du droit de propriété. Ce droit est qualifié de droit réel immobilier, appartenant au propriétaire du territoire quel qu'il soit (Etat, collectivité locale, personne privée, personne morale etc...). Nul n'a la faculté de chasser sur la propriété d'autrui sans le consentement du propriétaire ou de ses ayants droit (article L. 222-1 du code rural).

Le propriétaire peut en principe disposer de son droit de chasse, notamment en louant son terrain à autrui (celui-ci dispose alors d'un droit personnel). Il peut également décider de ne pas chasser lui-même ou de ne pas louer son terrain.

Le preneur rural se voit conférer par le statut du fermage le droit de chasser sur le fonds loué. Celui-ci bénéficie du droit de chasser sur les terres louées sans que le propriétaire puisse s'y opposer[17]. Le droit de chasser sur le fonds loué est un droit attaché au bail, mais réservé uniquement au titulaire du bail. Il s'agit donc d'un droit strictement personnel. Les membres de la famille du preneur qui ne figurent pas sur le bail ne peuvent donc le revendiquer. De même, le preneur n'est pas en droit de céder ou d'affermer son droit à des tiers.

Le droit de chasser du preneur rural est d'ordre public. Il s'ensuit que le bail à ferme ne peut contenir une clause portant que le preneur n'aura pas le droit de chasser. En revanche, il semblerait que le preneur puisse renoncer à exercer son droit.

Notons que le droit de chasser du preneur rural a systématiquement été maintenu depuis la première loi ayant mis en place le statut du fermage en 1946[18].

---

[17] Le droit de chasse octroyé au preneur rural est en concurrence cependant avec le droit de chasse du bailleur, qui subsiste. Le propriétaire-bailleur peut donc non seulement chasser lui-même, mais aussi louer la chasse à qui bon lui semble.

[18] Charlez A., rapport national français, p. 12.

Ce statut particulier du fermier se rapproche de celui prévu en droit anglais[19]. Il reste cependant des différences notables. Ainsi, à la différence du régime français, le régime britannique ne semble pas être d'ordre public. En effet, le propriétaire peut se réserver expressément le droit de chasse sur les terrains affermés. Même s'il est vrai que dans les deux cas, le droit du preneur rural s'étend à tout gibier (en France cependant à l'exception du gibier d'élevage), en pratique ce droit se limite au Royaume-Uni au gibier à poil, de par l'effet du *Ground Game Act*.

A la différence du régime prévu en Belgique et en Norvège, le droit cynégétique français n'impose pas de surface minimale pour l'exercice de la chasse. Eu égard au morcellement de la propriété foncière et à l'accroissement considérable de la pression de chasse dans les années consécutives à la deuxième guerre mondiale, il va sans dire que l'absence d'une surface minimale a conduit à des situations peu propices à une gestion saine du gibier sur le terrain.

C'est notamment la raison pour laquelle le législateur français, en ayant adopté la loi du 10 juillet 1964, dite la "Loi Verdeille", a voulu regrouper les droits de chasse pour les propriétés d'une surface inférieure à 20 ha d'un seul tenant [20].

La loi Verdeille, qui s'applique à 29 départements français[21], prévoit le regroupement des droits de chasse pour les propriétés d'une surface inférieure à 20 hectares d'un tenant. Ce minimum est cependant abaissé pour certaines formes de chasse (article L.222-13 du code rural)[22]. La loi prévoit une dévolution automatique du droit de chasse à l'association communale de chasse agréée ("ACCA").

Les titulaires du permis de chasser domiciliés dans la commune, les propriétaires ou détenteurs de droits de chasse ayant fait apport de leurs droits de chasse ainsi que leurs conjoints, ascendants et descendants, et, enfin, les

---

[19] Voir supra.

[20] Selon l'article L. 222-2 du code rural, les associations communales ou intercommunales de chasse agréées ont plus particulièrement pour but de favoriser sur leur territoire le développement du gibier et la destruction des animaux nuisibles, la répression du braconnage, l'éducation cynégétique de leurs membres dans le respect des propriétés et des récoltes, et en général, d'assurer une meilleure organisation technique de la chasse pour permettre aux chasseurs un meilleur exercice de ce sport.

[21] La création de ces associations est seulement obligatoire dans les départements figurant sur la liste arrêtée par le ministre chargé de la chasse.

[22] Ainsi en est-il de la chasse au gibier d'eau (trois hectares pour les marais non asséchés; un hectare pour les étangs isolés) ou de la chasse aux colombidés (un hectare sur les terrains où existaient, au 1er septembre 1963, des postes fixes destinés à cette chasse). En revanche, le minimun est porté à cent hectares pour les terrains situés en montagne au-dessus de la limite de la végétation forestière.

preneurs d'un bien rural lorsque le propriétaire a fait apport de son droit de chasse, peuvent chasser sur l'ensemble du territoire ainsi créé (articles L.222-19 et L.222-20 du code rural).

Quant aux propriétaires non chasseurs, ils adhèrent de droit et gratuitement à l'ACCA, sans être tenus à l'éventuelle couverture du déficit de l'association (article L.222-19, dernier alinéa). Par ce biais, les propriétaires non chasseurs sont en mesure d'influencer la gestion du territoire regroupé. Il semble qu'ils pourraient également demander que leurs terrains soient mis en réserve, y entraînant l'interdiction en tout temps de la chasse (article L.222-25, avant dernier alinéa)[23].

L'application de la loi Verdeille a donné lieu à des controverses doctrinales[24] et jurisprudentielles[25] nombreuses. La validité de la loi Verdeille a en effet été mise en doute par certains propriétaires évincés et/ou certaines associations de protection des animaux et/ou de la nature. Il a notamment été

---

[23] Charlez A., rapport national français, p. 14. Le rapport ne précise cependant pas les modalités dans lesquelles les propriétaires non chasseurs pourraient introduire une telle demande. La création de réserves de chasse communales est gérée par les articles L.222-21 et L.222-25 du code rural. Selon la première disposition, les ACCA sont tenues de constituer une ou plusieurs réserves de chasse communales ou intercommunales. La superficie minimale des réserves sera d'un dixième de la superficie totale du territoire de l'association. Selon la dernière disposition, l'emplacement des réserves est déterminé d'accord avec l'ACCA et les détenteurs du droit de chasse. A défaut d'accord, il est procédé par rotation tous les quatre ans. Ces dispositions ne consacrent donc guère le "droit de non-chasse", sollicité par certaines associations de protection des animaux et/ou de la nature (quant aux controverses suscitées par l'application de la loi Verdeille, voir immédiatement ci-après, aux n° 13-18). Le décret n° 91-971 du 23 septembre 1991 (JORF, 24 septembre 1991), modifiant le livre II du Code rural et relatif aux réserves de chasse et de faune sauvage, constituerait cependant, du moins partiellement, un palliatif au droit de non-chasse (sur ce point : voir Romi R., "Le droit de la chasse de 1991 à 1993", R.J.E., 1994, pp. 51-52).

[24] Pour une critique sévère, principalement au regard de la Convention européenne des droits de l'homme, de la loi Verdeille, voir notamment Romi R., "1989 : le droit de la chasse entre l'Europe et le nationalisme", R.J.E. 1990, pp. 387-391; Romi R., "Humour et chasse. La saga des A.C.C.A. : trois nouveaux épisodes judiciaires.", R.J.E., 1991, pp. 508-514. D'autres auteurs ne partagent cependant pas cette critique et émettent des doutes sur la prétendue incompatibilité de la loi Verdeille avec la Convention européenne des droits de l'homme (FLAUSS, "La loi Verdeille et la Convention européenne des droits de l'homme", LPA, 27 novembre 1991).

[25] Voir notamment, parmi tant d'autres, les jugements et arrêts suivants : T.G.I. Périgueux, 13 décembre 1988, Chassagnou e.a. c. A.C.C.A. de Tourtoirac, R.J.E., 1989, p. 189; C.A. Bordeaux, 18 avril 1991, A.C.C.A. de Tourtoirac e.a. c. / Chassagnoux e.a., R.J.E., 1991, p. 501; C.A. Grenoble, 15 avril 1991, A.C.C.A. de Peyrus c. Vignon Amélina, R.J.E., 1991, p. 503; T.G.I. Guéret, 18 juin 1991, M. Beauvais e.a. c. A.C.C.A. de la Cellette e.a., R.J.E., 1991, p. 505; Cass., 15 juillet 1993, Vignon, R.J.E., 1994, p. 57; C.E., 3 février 1995 (réf. 1147), Dame Godard, Gaz. Pal. 1995, p. 2, pan. adm. 124; C.E., 10 mai 1995, Montion et autres, Rev. Dr. Rur., 1995, p. 458; Cass., 17 juillet 1996, Hay (n° 1400 D).

soutenu que l'attribution automatique du droit de chasse sur les terrains atteignant une superficie inférieure à 20 hectares aux associations communales de chasse agréées était contraire à la Convention européenne des droits de l'homme, notamment à l'article premier du premier protocole additionnel, seul ou en combinaison avec l'article 14 de la Convention européenne des droits de l'homme.

On sait que l'article premier du premier protocole additionnel prévoit que "toute personne physique ou morale a droit au respect de ses biens. Nul ne peut être privé de sa propriété que pour cause d'utilité publique et dans les conditions prévues par la loi et les principes généraux du droit international. Les dispositions précédentes ne portent pas atteinte au droit que possèdent les Etats de mettre en vigueur des lois qu'ils jugent nécessaires pour réglementer l'usage des biens conformément à l'intérêt général". L'article 14 de la Convention européenne des droits de l'homme, quant à lui, interdit toute discrimination dans la jouissance des droits et libertés reconnus dans la Convention.

L'argument tiré de la violation du premier article du premier protocole additionnel repose essentiellement sur le fait que l'"apport forcé" du droit de chasse à une association prévu par la loi Verdeille constituerait une atteinte au droit de propriété, (spécialement l'*usus* et le *fructus*) dans le but essentiel de permettre à une étroite minorité de s'adonner au "sport" de la chasse. En d'autres termes, le meilleur exercice de la chasse, but avoué de la loi Verdeille, ne servirait que les intérêts privés des chasseurs, et non un but d'utilité publique ou d'intérêt général comme l'exigerait pourtant l'article premier du premier protocole additionnel. La violation alléguée de l'article 14 de la Convention des droits de l'homme, repose sur le fait que, en vertu de la loi Verdeille, seuls les importants propriétaires fonciers possédant plus de 20 hectares de terres pourraient contester l'apport forcé des droits de chasse, alors que les petits propriétaires ne disposeraient pas de cette possibilité. Enfin, la loi Verdeille, en ce qu'elle prévoit que le propriétaire non chasseur est "membre de droit" de l'ACCA constituée, méconnaîtrait le principe de la liberté d'association, tel qu'inscrit à l'article 11 de la Convention européenne des droits de l'homme[26].

Tant la Cour de Cassation que le Conseil d'Etat français ont jugé que la loi Verdeille n'enfreignait pas l'article premier du premier protocole additionnel, pas plus que les articles 11 et 14 de la Convention européenne des droits de l'homme[27].

---

[26] L'examen de cette discrimination alléguée, il est vrai, déborde, à première vue, du sujet du présent rapport. On verra cependant que la Cour de Cassation a examiné les diverses violations invoquées conjointement.

[27] Voir la jurisprudence citée à la note 24.

C'est ainsi que la Cour de Cassation, dans son arrêt du 17 juillet 1996[28], tout en ayant considéré que "les dispositions de l'article 1er du premier protocole additionnel à la Convention européenne de sauvegarde des droits de l'homme et des libertés fondamentales reconnaissant aux Etats le droit de mettre en vigueur les lois qu'ils jugent nécessaires pour réglementer l'usage des biens conformément à l'intérêt général et la cour d'appel ayant retenu à bon droit, par motifs propres et adoptés, d'une part, que les dispositions de la loi du 10 juillet 1964 étaient relatives à la protection de la faune et de l'environnement contre la chasse sauvage et à l'organisation d'un meilleur exercice du sport lui-même, d'autre part, que le regroupement des petites propriétés et des territoires de chasse suffisants permettait l'exercice de ce sport par les plus démunis et, enfin, que l'admission de droit du propriétaire ayant apporté son terrain à l'ACCA qui était une contrepartie de cet apport, ne mettait à sa charge aucune obligation de faire acte d'adhésion à cette association", a considéré que le moyen, dirigé contre la loi Verdeille et pris de la violation de la Convention de sauvegarde des droits de l'homme et des libertés fondamentales, n'était pas fondé.

Dans le même sens, le Conseil d'Etat a considéré que la loi Verdeille ne viole pas l'article premier du protocole additionnel au motif que "la circonstance que des terres appartenant au requérant aient été incluses dans le périmètre d'une association communale de chasse agréée et que les titulaires du droit de chasse peuvent venir y pratiquer cette activité n'a pas privé le requérant de sa propriété, mais a seulement apporté des limitations au droit d'usage de celle-ci conformément aux règles édictées par la loi, lesquelles ne sont pas disproportionnées par rapport à l'objectif d'intérêt général poursuivi". Quant à la violation alléguée de l'article 14 de la Convention de sauvegarde des droits de l'homme et des libertés fondamentales, le Conseil d'Etat jugea "que la définition par la loi du 10 juillet 1964 de règles différentes selon que les propriétés concernées par ladite loi sont d'une superficie inférieure ou supérieure à 20 hectares correspond à une différence de situation eu égard aux objectifs poursuivis par cette loi et en particulier à la gestion du patrimoine cynégétique; que ces règles n'instituent aucune des discriminations de la nature de celles qui sont visées (...) par l'article 14 de la Convention européenne de sauvegarde des droits de l'homme et des libertés fondamentales"[29].

Que faut-il penser de cette jurisprudence ? S'il est vrai que, à première vue, le principe même de la dévolution automatique du droit de chasse à l'association communale paraît d'une portée lourde, voire exorbitant[30], il n'en

---

[28] Affaire Hay, n° 1400 D.

[29] C.E. fr., 10 mai 1995, Montion et autres, Rev. Dr. Rur., 1995, p. 458.

[30] "On ne peut admettre que des chasseurs viennent chez vous quand vous y êtes hostile" (déclaration de M. Brice Lalonde, ancien ministre de l'environnement français, citée par le

reste pas moins que la Convention européenne de sauvegarde des droits de l'homme et des libertés fondamentales ne saurait probablement pas être invoquée utilement à son encontre.

En effet, comme le constatent à juste titre tant la Cour de Cassation que le Conseil d'Etat français, la loi Verdeille, en ce qu'elle prévoit une dévolution automatique du droit de chasse à l'association communale, ne prive pas le propriétaire de sa propriété, mais apporte seulement des limitations au droit d'usage. La loi Verdeille doit donc être examinée au regard du troisième alinéa de l'article premier du protocole additionnel. Selon cette disposition, les Etats possèdent le droit de mettre en vigueur des lois qu'ils jugent nécessaires pour réglementer l'usage des biens conformément à l'intérêt général. En vertu de la jurisprudence constante de la Cour européenne, les conditions suivantes doivent être réunies pour qu'il soit satisfait aux exigences du troisième alinéa de l'article premier du protocole additionnel :

i) la réglementation de l'usage des biens doit avoir une base légal,
ii) cette réglementation doit poursuivre un but d'"intérêt général",
iii) la réglementation ne peut avoir des effets disproportionnés par rapport à l'objectif poursuivi.

En l'espèce, la première condition ne pose, à l'évidence, guère de problèmes.

Quant à la deuxième condition, on ne saurait probablement pas nier que la loi Verdeille poursuit un but d'intérêt général, à savoir, d'une part, la protection de la faune et de l'environnement contre les excès de la chasse sauvage et l'organisation d'un meilleur exercice de la chasse elle-même[31] et, d'autre part, le regroupement des petites propriétés et des territoires de chasse suffisants

professeur Romi, "1989 : le droit de la chasse entre l'Europe et le nationalisme", R.J.E., 1990, p. 388).

[31] Certaines juridictions ont, apparemment, considéré que le meilleur exercice de la chasse elle-même ne saurait être assimilé à un but d'intérêt général, mais ne servirait que "la satisfaction égoïste d'une activité de loisir et l'organisation de cette activité" (T.G.I. Périgueux, 13 décembre 1988, Chassagnou e.a. c. A.C.C.A. de Tourtoirac, R.J.E., 1989, p. 189, en cela suivi par le tribunal de grande instance de Valence, jugements approuvés par Romi R., "1989 : le droit de la chasse entre l'Europe et le nationalisme", R.J.E., 1990, p. 390). A notre avis, cette prise de position est erronée. En effet, la loi Verdeille n'a pas pour but d'autoriser l'exercice de la chasse en tant que telle. Elle a uniquement pour objet de veiller à ce que l'exercice de la chasse se fasse dans des conditions meilleures et ce d'une manière qui tient compte des différents intérêts en cause. Tel est le but affirmé par l'article L. 222-2 du code rural. La chasse même n'est pas plus d'intérêt public que le fait de conduire une voiture. En revanche, les conditions dans lesquelles la chasse peut s'exercer sont d'intérêt général, tout comme les conditions dans lesquelles la circulation routière peut avoir lieu, au vu des différents intérêts en cause. Peu importe, à cet égard, que d'aucuns soient chasseurs ou non, automobilistes ou non. Ce qui importe, c'est que l'activité, qui par elle-même n'est pas nécessairement d'intérêt public, soit exercée d'une manière qui soit compatible avec l'intérêt général.

permettant l'exercice de la chasse par les plus démunis (aspect social de la loi Verdeille)[32], comme l'ont admis la Cour de Cassation et le Conseil d'Etat. Par ailleurs, la Cour européenne des droits de l'homme se trouve assez réticente pour sanctionner l'appréciation de l'intérêt général faite par le législateur national[33].

Reste la troisième condition, sans doute la plus difficile à apprécier : ce qui doit être considéré comme étant raisonnable pour les uns, ne l'est pas pour les autres. Ici aussi, la Cour européenne des droits de l'homme ne sanctionne que les lois nationales qui ont des effets manifestement disproportionnés par rapport aux objectifs poursuivis. En l'espèce, on regrettera que la Cour de Cassation française ne se soit pas prononcée explicitement sur cette condition[34]. Le Conseil d'Etat français, quant à lui, a considéré que les limitations apportées au droit d'usage de la propriété conformément aux règles édictées par la loi Verdeille, n'étaient pas "disproportionnées par rapport à l'objectif d'intérêt général poursuivi", sans plus[35]. Sans doute faut-il chercher le caractère non disproportionné des limitations apportées au droit d'usage de la propriété dans le fait que la loi Verdeille prévoit que l'apport donne lieu à indemnité, à charge de l'association, si le propriétaire subit une perte de recettes provenant de la privation des revenus antérieurs (article L.222-15 du code rural), que le propriétaire non chasseur est de droit et gratuitement membre de l'association, sans être tenu à l'éventuelle couverture du déficit de l'association (article L.222-

---

[32] La question de savoir si les objectifs poursuivis par la loi Verdeille ont été atteints sur le terrain, tout comme celle du bien-fondé des orientations prises dans la loi Verdeille, est toute autre. Cette question n'est cependant pas juridique, mais politique. Il suffira ici de rappeler que la mise en vigueur de la loi Verdeille sur le terrain est, apparemment, fort contestée, non seulement dans les milieux "anti-chasse", mais également dans les milieux cynégétiques même. En témoigne le fait que, dans de nombreux cas, des propriétaires chasseurs s'opposent vigoureusement à l'apport de leurs terrains à l'ACCA. Il s'en est suivi un contentieux considérable (voir, pour ne citer qu'un exemple : Trib. Adm. Clermont-Ferrand, Moret et comité de défense des A.C.C.A., 14 mai 1987, R.J.E., 1987, p. 485).

[33] Pour quelques cas d'application, voir notamment Cour eur. D.H., 23 avril 1996, Phocas c. France, Liga 1996 (reflet), liv. 3-4, 15 (en matière de politique d'urbanisme); Cour eur. D.H., 21 novembre 1995, Velosa Barreto c. Portugal, C.E.D.H. Série A, Volume 334, 1996, p. 1, spécialement considérant 35 (en matière de politique sociale).

[34] Sauf à admettre que la Cour de Cassation, tout en ayant considéré que l'admission de droit du propriétaire ayant apporté son terrain à l'ACCA est une contrepartie de cet apport, s'est exprimée sur le caractère proportionnel de la limitation d'usage de la propriété. Le libellé de l'arrêt de la Cour de Cassation du 17 juillet 1996 ne permet cependant pas de cerner le développement précis du moyen pris de la violation de l'article 1er du premier protocole additionnel.

[35] Sans doute le Conseil d'Etat a rejeté le moyen en annulation développé sur ce point. Le libellé de l'arrêt du Conseil d'Etat, tel que publié, ne permet pas non plus de cerner la portée véritable du moyen invoqué. En tout état de cause, on regrettera que l'arrêt du Conseil d'Etat soit si peu motivé sur ce point.

19 du code rural), que l'ACCA est tenue d'insérer, dans ses statuts, certaines dispositions ayant pour but de gérer l'exercice de la chasse dans le respect des objectifs prévus à l'article L.222-1 du code rural, - et donc dans le respect des propriétés - (voir l'article R.*222-63 du code rural, partie réglementaire).

C'est à juste titre, selon nous, que la Cour de Cassation, quoique de manière implicite[36], et le Conseil d'Etat ont rejeté le moyen pris de la violation du principe d'égalité (article 14 de la Convention européenne de la sauvegarde des droits de l'homme et des libertés fondamentales). Il est en effet de jurisprudence constante que le caractère discriminatoire d'une mesure doit être examiné au regard de l'objectif poursuivi par celle-ci. Or le critère de la superficie inférieure ou supérieure à 20 hectares, retenu par la loi Verdeille, ne repose nullement sur la fortune des propriétaires concernés, mais bien sur la nécessité de promouvoir une gestion cynégétique appropriée (voir notamment l'article L.222-2 du code rural). Il s'agit là d'un critère objectif, nous semble-t-il. Le législateur français a en effet estimé qu'une gestion saine du gibier ne pouvait se concevoir en dessous de la limite de 20 hectares[37].

Enfin, il nous semble que la Cour de Cassation a, à juste titre, conclu à l'absence d'une violation de l'article 11 de la Convention européenne de sauvegarde des droits de l'homme et des libertés fondamentales, au motif que l'admission de droit du propriétaire ayant apporté son terrain à l'ACCA, qui est une contrepartie de cet apport, ne met à sa charge aucune obligation de faire acte d'adhésion à cette association[38]. En effet, il nous semble que le moyen tiré de la violation de l'article 11 précité repose sur une lecture erronée de l'article L.222-19 du code rural. Cette disposition prévoit que "le propriétaire non chasseur est de droit et gratuitement membre de l'association". Elle n'implique pas pour autant que ce dernier est obligatoirement membre, contre son gré, de l'association communale concernée. Cette disposition garantit seulement au propriétaire non chasseur son admission à l'association communale, s'il souhaite en devenir membre afin de protéger ses intérêts.

A ce jour, la Cour européenne des droits de l'homme ne s'est pas encore prononcée sur la question. Il semblerait toutefois qu'une plainte ait été déposée devant la Commission européenne des droits de l'homme au sujet de la validité de la loi Verdeille et que celle-ci l'aurait déclarée recevable. Il est donc fort

---

[36] On regrettera ici, à nouveau, que la Cour de Cassation ne se soit pas prononcée en des termes plus explicites.

[37] Cette limite peut même paraître, de nos jours, insuffisante pour atteindre l'objectif d'une gestion saine du gibier. On comparera ce seuil avec les seuils retenus dans les législations cynégétiques des autres pays examinés, en dessous duquel le détenteur du droit de chasse ne peut exercer la chasse (voir infra, au n° 31).

[38] Le Conseil d'Etat a également rejeté cet argument, quoique sur la base de motifs distincts puisés des particularités du droit administratif français, sur lesquels nous ne nous étendrons pas.

probable que la Cour européenne des droits de l'homme tranchera la question épineuse dans un avenir relativement proche.

En vertu de la loi du 7 février 1881, toujours en vigueur mais incorporée dans le titre II du Code rural depuis 1989, l'exercice du droit de chasse en Alsace-Moselle appartient à chaque propriétaire sur ses terres.

Le droit de chasse sur les terres et sur les espaces couverts d'eau est cependant administré par la commune, au nom et pour le compte des propriétaires. Ainsi, la commune agit comme mandataire des propriétaires fonciers sur le ban communal, personnes privées très majoritairement. La commune ne détient donc pas le droit de chasse sur les terres faisant partie du ban communal, elle l'administre seulement [39].

A l'exception de certains terrains, dont font notamment partie les terrains militaires, les emprises de la Société nationale des chemins de fer français, les forêts domaniales, les forêts indivises entre l'Etat et les autres propriétaires, les terrains du ban communal sont regroupés en lots d'une contenance d'au moins deux cents hectares. La commune reloue ensuite ces lots pour une durée de neuf ans par adjudication publique[40], selon les conditions prévues dans les cahiers des charges, arrêtés par règlement. Ces cahiers des charges fixent notamment les règles de gestion techniques de la chasse.

Le regroupement des terrains est tempéré par une exception prévue pour les chasses dites "réservées". Il s'agit de propriétés d'une contenance d'au moins 25 hectares pour les terres et 5 ha pour les lacs et étangs.

Cette réserve du droit de chasse n'est cependant pas automatique. En effet, le propriétaire doit s'en réserver expressément le droit, par déclaration écrite au maire de la commune, dans le délai impératif de 10 jours à compter de la décision de l'assemblée des propriétaires d'abandonner, ou non, le loyer de la chasse à la commune.

Le produit de la location de la chasse est versé à la commune. La répartition du produit de la location de la chasse entre les différents propriétaires a ensuite lieu proportionnellement à la contenance cadastrale des fonds compris dans le lot affermé [41]. Toutefois, le produit de la location de la chasse est abandonné à la commune lorsqu'il en a été expressément décidé ainsi par l'assemblée des propriétaires, c'est-à-dire les deux tiers au moins des propriétaires représentant les deux tiers au moins des fonds situés sur le ban communal. La décision

---

[39] Sur les terres qui leur appartiennent, les communes disposent bien sûr librement du droit de chasse. Il leur est loisible de le céder, notamment par adjudication publique, ou non.

[40] Le locataire en place depuis trois ans au moins bénéficie au terme du bail d'un droit de priorité de relocation.

[41] Il est à noter que les sommes qui n'ont pas été retirées dans un délai de deux ans à partir de la publication de l'état indiquant le montant de la part attribuée à chaque propriétaire sont acquises à la commune.

d'abandonner ou non le loyer de la chasse est publiée. Elle est valable pour toute la durée du bail. Si l'assemblée des propriétaires décide ainsi d'abandonner le loyer de la chasse à la commune, pratique apparemment largement suivie[42], le propriétaire "réservataire" est tenu, comme un locataire ordinaire, de verser à la commune un loyer, proportionnel à la surface réservée.

De ce qui précède, il suit que le fait de disposer du droit de chasse, lié à la propriété de terres et d'espaces couverts d'eau, n'entraîne nullement le droit de chasser, l'exercice de l'activité étant ainsi indubitablement dissocié de sa jouissance théorique.

Si, apparemment, la loi Verdeille de 1964 est en partie inspirée de la loi du 7 février 1881[43], toujours est-il qu'il existe des différences entre celles-ci. En effet, si, sous la loi du 7 février 1881, le propriétaire maintient en principe son droit de chasse, mais ce droit devient tout à fait théorique, exception faite du droit de chasse dont bénéficie le propriétaire "réservataire". En effet, dans la mesure où l'administration du droit de chasse est conférée à la commune et que celle-ci le reloue, généralement par adjudication publique, à des tiers[44], le propriétaire évincé ne peut pas s'opposer à ce que ses terres soient chassées. En outre, dans la mesure où l'assemblée des propriétaires abandonne le produit de la location de la chasse à la commune, pratique courante, le propriétaire mis en minorité voit une partie de ses recettes foncières attribuées à la commune, sans qu'il puisse s'y opposer. Sous la loi Verdeille, en revanche, le propriétaire d'un terrain d'une surface inférieure à 20 hectares d'un tenant, même si son droit de chasse est automatiquement dévolu à l'ACCA constituée, est de droit et gratuitement membre de l'ACCA et peut, par ce biais, chasser lui-même sur tout le territoire de l'ACCA ou, en tout état de cause, s'il ne désire pas chasser, influencer la gestion du territoire regroupé. Il semblerait même qu'il pourrait demander que son terrain soit mis en réserve[45]. Vu sous cet angle, la loi

---

[42] Muller-Kapp M., rapport sur le droit de la chasse en Alsace-Moselle, p. 7. L'auteur note cependant que cette pratique est moins couramment suivie en Moselle : 56 % des loyers y seraient partagés entre les propriétaires. Selon l'auteur, la superficie moyenne de la propriété foncière plus élevée en Moselle serait à la base du partage des loyers entre les propriétaires.

[43] Muller-Kapp M., op. cit., p. 1.

[44] La commune n'étant que mandataire de droit privé des propriétaires, elle ne peut même pas refuser de louer le droit de chasse sur le ban communal, à moins que la commune ait pour instruction, de la part de l'intégralité des propriétaires fonciers sur la commune, et non d'une majorité de ceux-ci, de ne pas louer la chasse communale (Muller-Kapp M., op. cit., p. 6, avec référénce à l'arrêt de la Cour d'Appel de Colmar, 2° Civ., 25 novembre 1994, Commune de Michelbach c. Schoeffel et al.).

[45] Charlez A., Le droit de la chasse en France, rapport national, p. 7 (le rapport ne contient cependant pas de précisions sur les modalités prévues pour l'introduction d'une demande visant la mise en réserve d'un terrain).

Verdeille semble restreindre moins sévèrement le droit de propriété que la loi du 7 février 1881[46].

Selon le droit allemand, le droit de chasse appartient au propriétaire du terrain. La *Jagdgesetz* allemande stipule même expressément que le droit de chasse est "inextricablement lié au droit de propriété de la terre"[47]. Ce droit n'est cependant pas conçu comme étant un droit réel distinct du droit de propriété de la terre[48].

Le propriétaire ne peut cependant exercer son droit de chasse que si son terrain atteint une certaine superficie minimale (à savoir 75 ha[49]). Il s'agit là de chasses dites "réservées" (*Eigenjagdbezirke*). En revanche, si la superficie du terrain est insuffisante pour que le propriétaire puisse en faire usage lui-même, le droit de chasse est transféré à l'"association des titulaires de droits de chasse de la commune" (les *Jagdgenossenschaften*) pour former les "chasses

---

[46] Il est dès lors quelque peu surprenant, voire paradoxal, que la validité de la loi Verdeille et non celle de la loi du 7 février 1881 soit contestée au regard de la Convention européenne des droits de l'homme. Peut-être n'est-ce donc pas tellement la loi Verdeille, de par ses dispositions restreignant le droit de propriété, qui a suscité de si nombreuses critiques, - si tel était bien le cas, on voit mal pour quels motifs la loi du 7 février 1881 ne donnerait pas lieu à des critiques similaires -, mais bien sa mise en vigueur sur le terrain. En effet, en Alsace-Moselle, la chasse dite gestionnaire (*Jagd durch Hege*) est, apparemment, ancrée depuis bien longtemps dans les mentalités cynégétiques, à la différence de ce qui est le cas, probablement, dans les départements où la loi Verdeille est appliquée. En effet, dans les départements où la loi Verdeille s'est vue appliquer, c'est surtout la chasse dite "cueillette" (en réalité la "chasse banale") qui a été pratiquée depuis des décennies. C'est, notons-le, une des raisons principales qui a amené le législateur français à faire appliquer la loi Verdeille dans ces départements. Par ailleurs, le mécanisme instauré par la loi du 7 février 1881 a, il faut bien l'admettre, abouti à restreindre, de manière certaine, le nombre des chasseurs, ne fût-ce que par la limitation des lots de chasse disponibles tant par la voie de leur adjudication publique que par leur superficie minimale imposée de 200 ha. La loi Verdeille, en revanche, n'a pas restreint le nombre des chasseurs. Bien au contraire, conformément à l'objectif poursuivi par la loi Verdeille, l'ACCA créée sur le territoire de la commune est entièrement ouverte à tout candidat-chasseur de la commune dès lors que celui-ci satisfait aux conditions d'admission. Il va de soi que les sources de conflits potentielles entre chasseurs et non-chasseurs sont plus importantes lorsque le nombre de chasseurs est plus élevé. C'est donc probablement également la vocation sociale de la loi Verdeille, vocation qui ne se retrouve pas dans la loi du 7 févier 1881 - sauf à considérer que la limitation de l'accès des chasseurs provenant d'autres départements de la France ou d'autres pays, imposée par souci de garantir aux chasseurs "autochtones" d'Alsace-Moselle un accès suffisant aux territoires de chasse, aurait cette vocation - qui est à la source des conflits entre partisans et opposants de la loi Verdeille.

[47] Voir § 3 de la Jagdgesetz du 29 novembre 1952 : "Es ist untrennbar mit dem Eigentum am Grund und Boden verbunden".

[48] § 3 de la Jagdgesetz.

[49] Les états fédérés (les *Länder*) peuvent néanmoins augmenter la superficie minimale pour la chasse en haute montagne.

communales" (les *Gemeinschaftliche Jagdbezirke*). Ces terrains de chasse sont gérés par les *Jagdgenossenschaften*, dont les propriétaires sont membres de droit. Ce sont les *Jagdgenossenschaften* qui décident ensuite d'amodier ou non le droit de chasser sur les terrains de leurs membres.

De ce qui précède, il suit que si le propriétaire du terrain dispose en principe du droit de chasse, il n'est pas maître de ce droit s'il ne dispose pas d'un terrain suffisamment grand. Même l'appartenance de droit aux *Jagdgenossenschaften* ne lui confère pas automatiquement le droit d'exercer la chasse, puisqu'il devra se conformer aux décisions prises par les *Jagdgenossenschaften* en matière d'amodiation du droit de chasse.

Notons la différence avec le régime juridique applicable en Alsace-Moselle, en vertu duquel le droit de chasse est administré par la commune pour le compte et au nom de la communauté des propriétaires. Selon le droit allemand, l'"association des titulaires de droits de chasse de la commune" (c'est-à-dire les *Jagdgenossenschaften* dont les propriétaires sont membres de droit) gère elle-même la chasse.

En Espagne, le régime juridique est plus ou moins similaire à celui en vigueur en France, dans ce sens qu'il a un caractère "mixte". Le droit de chasse est en effet également lié au droit de propriété.

Toutefois, le propriétaire, pour qu'il puisse bénéficier de ce droit, doit être agréé par l'administration. A cette fin, il doit satisfaire plusieurs conditions. Ainsi, son terrain de chasse doit avoir une surface minimale. Le propriétaire doit procéder au marquage de son territoire de chasse. L'exploitation de son territoire est sujette à une imposition fiscale. Si cet agrément était à l'origine automatiquement conféré au propriétaire satisfaisant les conditions d'agrément, la loi nationale n° 4/89 concernant les espaces naturels, la flore et la faune sauvages a octroyé à l'administration un pouvoir d'appréciation discrétionnaire en matière d'agrément. Selon cette loi, l'agrément n'est donc plus automatique[50].

Lorsque le propriétaire ne satisfait pas aux conditions d'agrément, la chasse peut être exercée librement par quiconque (la chasse dite "banale"). Les communautés autonomes ont cependant tendance à rendre plus sévères les conditions dans lesquelles la chasse "banale" peut être exercée, notamment en raison des désavantages qu'elle aurait sur le terrain (chasse "sauvage" au lieu de chasse "banale").

De ce qui précède, il suit que le lien entre le droit de chasse et le droit de propriété est plus tenace au Royaume-Uni que dans les autres pays examinés,

---

[50] Il semblerait que cette loi fasse l'objet d'un recours auprès de la Cour Constitutionnelle espagnole au motif qu'elle violerait les règles constitutionnelles de répartition des compétences. En effet, la compétence en matière de chasse et de pêche a été transférée du niveau national aux communautés autonomes. A ce jour, l'issue de cette procédure n'est pas connue (Bernad-Danzberger J., rapport national espagnol, p. 4).

relevant pour la plupart du Continent européen. Ce clivage tient sans doute à des raisons historiques du droit, qui n'ont que peu à voir avec le régime de chasse même.

En effet, au Royaume-Uni, le droit d'aînesse existe toujours, en vertu de la *common law*. En revanche, dans la plupart des pays européens continentaux, suite à l'introduction du code Napoléon, le droit de succession traduit fidèlement le principe d'égalité entre les successeurs.

L'introduction du principe d'égalité en matière de droit de succession dans les pays continentaux a sans aucun doute conduit à un morcellement de la propriété foncière beaucoup plus prononcé qu'au Royaume-Uni[51]. Le droit de chasse étant en principe lié au droit de propriété et l'exercice de la chasse n'étant envisageable que sur des surfaces suffisamment étendues, il n'est dès lors guère surprenant que les différents pays continentaux, à la différence du Royaume-Uni, aient instauré des mécanismes de correction du morcellement des territoires de chasse, notamment en dissociant le droit de chasse du droit de chasser ou en imposant une superficie minimale aux fins de l'exercice de la chasse.

Dans ces conditions, on ne saurait donc pas qualifier le régime juridique continental comme plus approprié, voire plus "avancé" que celui applicable au Royaume-Uni, car étant mieux à même de promouvoir une gestion saine de la faune cynégétique. Les conditions sous-jacentes aux régimes juridiques de la chasse sont en effet trop différentes pour permettre une comparaison adéquate entre ces régimes juridiques.

C) Pays où le droit de chasse n'est pas lié au droit de propriété (Italie, Suisse, Maroc, Europe de l'Est et Portugal)

En Italie, il n'y a aucun lien entre le droit de propriété et le droit de chasse. La dissociation du droit de chasse du droit de propriété date déjà de l'époque de Mussolini[52]. Elle n'a pas été supprimée lors de l'adoption de la loi n° 157 du 11 février 1992 portant réglementation de la protection de la faune sauvage et de la chasse. En effet, en vertu de l'article premier de la loi précitée, la faune sauvage est considérée comme *res communes*, c'est-à-dire un "patrimoine indisponible

---

[51] Dans certains pays, le législateur a, par ailleurs, voulu atténuer les effets négatifs du régime successoral sur la continuité de l'exploitation agricole (voir, en droit belge, la loi du 29 août 1988 relative au régime successoral des exploitations agricoles en vue d'en promouvoir la continuité (M.B., 24.09.88; err. 15.11.88).

[52] Comparer avec la situation en France, où l'abolition des droits de chasse féodaux date de la Révolution française, ce qui explique, bien sûr, le caractère sensible de toute discussion (politique) sur les avantages et désavantages de la chasse dite banale.

de l'Etat". On ne saurait donc affirmer plus clairement l'idée suivant laquelle le droit de chasse n'est pas affaire privée mais appartient entièrement à l'Etat.

Le droit de chasser est octroyé à quiconque en fait la demande et répond aux conditions prévues par l'article 12 de la loi du 11 février 1992 portant réglementation de la protection de la faune sauvage et de la chasse (notamment avoir passé l'examen de chasse avec succès, disposer d'un permis de chasse, etc.).

La chasse est exercée dans des territoires spécialement désignés à cet effet par les autorités responsables. Dans la mesure du possible, ces territoires sont délimités sur base de critères naturels. La délimitation des territoires de chasse n'a donc rien à voir avec la structure foncière. Tout chasseur dispose du droit d'accès dans la zone de chasse constituée dans la région de sa résidence.

La loi de 1992 confie aux *ambiti territoriali di caccia*, en abrégé les "ATC", dans lesquelles les associations des chasseurs, les associations agricoles et de protection de l'environnement représentatives sont représentées, la tâche de gérer le gibier et ses habitats dans les territoires de chasse désignés. A cette fin, l'ATC est redevable d'une taxe de concession alimentant un fonds destiné au financement de la gestion du gibier et de ses habitats.

Le propriétaire ou l'exploitant d'une propriété qui entend interdire la chasse sur sa propriété, doit introduire une demande motivée à cet effet aux autorités administratives compétentes. La demande sera accueillie pour autant qu'elle n'entrave pas la réalisation du plan de gestion de la faune et du gibier, instauré obligatoirement. Lorsque la propriété est soustraite à la gestion planifiée de la chasse, il est interdit à quiconque, y compris au propriétaire ou à l'exploitant, d'y exercer la chasse tant que les raisons de l'interdiction persistent. En d'autres termes, soit la propriété rurale est chassée, dans le cadre de l'ATC, soit elle ne l'est pas, même par son propriétaire ou son exploitant.

Enfin, il faut encore signaler que, sur demande des "intéressés" (donc apparemment pas nécessairement des propriétaires concernés), la création d'"exploitations pour la faune et la chasse", peut être autorisée et réglementée. Ces exploitations ne peuvent poursuivre un but lucratif et sont sujettes à une taxe de concession spécifique. Elles ont essentiellement une finalité de protection et de gestion de la faune. Les concessions octroyées doivent s'accompagner de programmes de conservation et de rétablissement de l'environnement afin de garantir la réalisation de l'objectif de protection et de gestion de la faune. Dans le cadre de ces exploitations, la chasse est autorisée moyennant le respect de conditions spécifiques. La création d'"exploitations d'agri-tourisme et de chasse à titre d'exploitation agricole" peut également être autorisée moyennant le paiement d'une taxe de concession particulière. La création des "exploitations d'agri-tourisme et de chasse à titre d'exploitation agricole" a été favorisée afin de permettre aux agriculteurs des zones agricoles désavantagées de bénéficier de ressources alternatives, suite à la réforme de la politique agricole commune. Dans le cadre de ces exploitations, il est permis de relâcher du gibier d'élevage aux fins de sa chasse.

En Suisse, au Maroc et dans la plupart des pays de l'Europe de l'Est, le droit de chasse appartient à l'Etat. Il s'agit donc d'un monopole d'Etat. En Suisse et au Maroc, ce droit peut être concédé à des tiers par amodiation, moyennant le paiement d'une taxe.

En Suisse, c'est l'état cantonal qui est le titulaire exclusif du droit de chasse. Rien n'oblige l'état cantonal d'amodier son droit de chasse. Ainsi, le canton de Genève exerce lui-même son droit de chasse (limité en pratique, il est vrai, à la régulation du grand gibier excédentaire).

En droit marocain, le principe de l'appartenance du droit de chasse à l'Etat est cependant tempéré. En effet, le propriétaire possédant au moins 50 hectares d'un seul tenant semble disposer du droit de chasse sur ses terrains. Celui-ci semble également disposer du droit de louer son droit de chasse à des tiers sous réserve de satisfaire certaines conditions. Ces conditions ne seraient, en pratique, que rarement remplies[53].

En Pologne, le droit de chasse est attribué de droit à des associations locales de chasseurs. Celles-ci doivent obligatoirement avoir la personnalité juridique et faire partie de l'association nationale des chasseurs polonais.

Le régime juridique actuel applicable en République Tchèque est moins clair. Si le régime juridique, dans l'ère communiste, était incontestablement étatique, il semblerait que, à la suite d'une modification législative intervenue depuis lors, tel ne serait plus entièrement le cas. En effet, en République Tchèque, le droit de chasse serait maintenant lié à la constitution d'un "territoire de chasse" approuvé et autorisé par les autorités régionales. Les propriétaires pourraient former de tels "territoires de chasse", moyennant l'accord des autorités régionales et sous réserve d'atteindre la surface minimale exigée par la réglementation cynégétique (portée à 500 ha). Si la taille du terrain de chasse est inférieure à celle exigée par la réglementation, le propriétaire est tenu de s'unir avec les propriétaires voisins et de créer une société à laquelle les autorités régionales peuvent ensuite octroyer le droit de constituer un "territoire de chasse"[54].

Il semblerait donc que, en République Tchèque, le régime juridique de la chasse soit resté plus ou moins étatique, dans la mesure où le droit de chasse n'est pas strictement lié au droit de propriété, mais bien à la formation d'un "territoire de chasse" agréé par les autorités régionales.

---

[53] Mekouar A., rapport national du Maroc, p. 5.

[54] Hromas J., rapport national de la République Tchèque, p. 4-5.

Différents régimes cynégétiques sont prévus[55]. Il y a tout d'abord les "zones à régime cynégétique général", où il n'y a d'autres limitations que celles qui sont imposées en général.

Au Portugal, le droit de chasse appartient également à l'Etat, et non au propriétaire du terrain de chasse. L'Etat concède le droit de chasse selon des règles établies moyennant l'approbation d'un plan de chasse, à des associations de chasseurs ou à des entrepreneurs touristiques. L'accord du propriétaire du terrain concerné est cependant requis pour la concession du droit de chasse à des entrepreneurs touristiques.

En dehors de ces "zones à régime cynégétique général", il y a les "zones à régime cynégétique spécial". Il s'agit plus particulièrement des zones suivantes, toutes sujettes à l'établissement d'un plan de chasse :

- les zones de chasse "nationales". Dans ces zones, l'accès est libre aux ressortissants portugais et étrangers, moyennant le paiement d'une taxe. Il s'agit en principe de terrains faisant partie du "domaine public".
- les zones de chasse "sociales". L'accès y est libre pour les ressortissants portugais, moyennant un tirage au sort; ces terrains appartiennent, en règle générale, aux autorités publiques ou coopératives.
- les zones de chasse "associative". L'accès y est restreint aux associés. Bien que ces terrains soient en règle générale privés, il se peut qu'ils appartiennent aux autorités publiques ou coopératives.
- les zones de chasse "touristique". Dans ces zones, l'exploitation de la chasse se fait sur une base commerciale, dans le cadre du tourisme cynégétique. L'accès à ces zones appartient à tout ressortissant portugais ou étranger, moyennant le paiement d'une taxe. Ces terrains sont généralement privés.

Il semble que le régime portugais est assez particulier par rapport aux autres régimes examinés. En effet, si le propriétaire ne peut s'opposer à ce que son terrain soit chassé, son accord est cependant en principe requis pour que son terrain puisse être affecté à la chasse "touristique". Apparemment, le régime portugais vise principalement à garantir l'accès de ses ressortissants aux territoires de chasse. Dans cette mesure, le régime portugais a indéniablement une vocation sociale.

D) Conclusions de la première partie

De ce qui précède, il suit que, dans la plupart des pays occidentaux appartenant à l'Union européenne (à l'exception de l'Italie et, dans une moindre mesure cependant, le Portugal), le droit de chasse fait partie du droit de propriété, même si les modalités de son exercice diffèrent quelque peu. Les

[55] Voir plus particulièrement Souto-Moura J., rapport national du Portugal, pp. 5 et suivants.

régimes applicables en Italie et au Portugal constituent les seules véritables exceptions. Tant les régimes italien et portugais semblent être le fruit de leur histoire politique.

Dans les autres pays examinés, le droit de chasse appartient à l'Etat. Cet étatisme est également le fruit d'un processus historique. En effet, l'appartenance du droit de chasse à l'Etat au Maroc s'explique par le caractère très traditionnel du système politico-juridique en place, alors que, incontestablement, le régime juridique de la chasse dans les pays de l'Europe de l'Est est le fruit de l'ère communiste.

Il est difficile d'apprécier les mérites des deux systèmes, pourtant si différents d'un point de vue juridique, lorsqu'on tient compte de l'objectif ultime de toute réglementation cynégétique, à savoir la conservation et la gestion du patrimoine cynégétique. C'est ainsi que le régime juridique de la chasse au Royaume-Uni peut paraître extrêmement libéral, peu respectueux de la nécessité de la gestion du gibier et de ses habitats. Cela n'a cependant pas rendu plus difficile la conservation du gibier et de ses habitats, au contraire. Seulement, cette conservation s'explique par d'autres facteurs. Ainsi, au Royaume-Uni, le droit d'aînesse a sans doute eu pour effet - mais bien sûr non pour but avoué - d'éviter une pression cynégétique excessive. Il a vraisemblablement également eu pour effet de créer une certaine éthique de *stewardship* auprès des propriétaires fonciers. Il n'est probablement pas exagéré de considérer que les conditions propices à l'émergence d'une *land ethic*, telle que décrite par Aldo Leopold sont réunies au Royaume-Uni, et ce depuis bien des décennies[56].

En revanche, lorsqu'on considère les pays de l'Est, où le régime juridique de la chasse est essentiellement d'ordre étatique, - et l'est toujours - on ne saurait non plus nier que ce système a porté ses fruits, jusqu'à nos jours, pour la conservation du gibier et des habitats. En effet, ce système juridique semble avoir engendré une gestion saine et rigoureuse de la faune et de ses habitats. Dans la pratique, les deux systèmes juridiques différents traduisent en fait une même idée, c'est-à-dire l'idée de confier le droit de chasse et donc la gestion du gibier et de ses habitats à des entités juridiques stables qui ont un lien particulier avec le territoire de chasse en question. Ainsi, les associations locales polonaises sont, en quelque sorte, titulaires d'un droit d'usage du gibier et de ses habitats, droit qui s'apparente fort bien au droit de chasse "traditionnel" du propriétaire foncier dans les pays occidentaux.

---

[56] Cette réflexion, bien sûr, fait abstraction des considérations d'ordre social que l'on pourrait objecter, peut-être à juste titre, au régime de grande propriété, tel qu'il existe toujours au Royaume-Uni (et, dans une moindre mesure, en Espagne). D'un point de vue de conservation de la nature, il faut cependant admettre que ce régime comporte indéniablement de nombreux avantages.

Enfin, il est frappant de noter que dans les pays méridionaux, voire les régions méridionales[57], le concept du droit de chasse a manifestement une vocation sociale. Il n'en est pas ainsi, ou du moins beaucoup moins, dans les pays nordiques. En effet, tant les régimes juridiques en place en Italie et au Portugal, que ceux partiellement instaurés en France et en Espagne, témoignent du souci du législateur d'insérer suffisamment de garanties pour que la chasse ne soit pas qu'affaire de quelques privilégiés et puisse donc être exercée par tout ressortissant intéressé. Avec le temps, ces pays ont cependant instauré des correctifs afin de limiter les méfaits d'une chasse trop librement exercée sur la conservation des ressources naturelles. Le cas de l'Italie est frappant à cet égard, tant la loi du 11 février 1992 fait preuve du souci du législateur italien d'intégrer la chasse démocratique dans la conservation de la faune et des milieux naturels[58].

II - REGIME JURIDIQUE DES TERRITOIRES DE CHASSE

A) La taille du territoire de chasse

Le territoire de chasse doit-il avoir une taille minimale pour permettre l'exercice du droit de chasser ? Dans la plupart des pays, surtout dans ceux où le droit de chasse repose sur le droit de propriété, une superficie minimale est requise. Les raisons ayant poussé les divers législateurs à imposer une taille minimale reposent sur la difficulté de gérer des territoires de chasse avec une surface limitée ou morcelés.

La superficie minimale imposée varie en fonction des espèces de gibier chassées. Ainsi, elle est généralement plus grande pour la chasse au grand gibier que pour la chasse au petit gibier. Elle est plus restreinte pour la chasse au gibier d'eau. Ces différences s'expliquent par la biologie des espèces chassées et par leur mode de chasse. Ainsi, la gestion des cervidés requiert une superficie plus étendue du territoire que celle du gibier d'eau.

Dans les pays où le droit de chasse fait partie du droit de propriété, mais où ce droit de chasse ne confère pas nécessairement au propriétaire le droit d'exercer la chasse (France, Allemagne), la réglementation prévoit souvent une limite à partir de laquelle le propriétaire peut se réserver le droit de chasser. Dans ces pays, la taille minimale imposée a donc pour but de prévoir un critère

[57] Voir notamment la France, où la loi Verdeille s'est vue appliquer surtout dans la partie sud du pays.

[58] Bien sûr, la question reste de savoir si les objectifs de la loi italienne du 11 février 1992 sont ou seront atteints sur le terrain. Il faut admettre que de nombreuses dispositions de cette loi sont programmatiques, et l'application dépend entièrement de l'initiative des autorités publiques et des gestionnaires cynégétiques.

quantitatif à partir duquel le propriétaire garde le droit de chasser chez lui dans des conditions favorables à la gestion du gibier.

Une différence existe entre les pays où le droit de chasse repose sur le droit de propriété et les autres pays. En effet, c'est surtout dans les premiers pays qu'existent des règles juridiques, au sens strict du terme, imposant une surface minimale. Tel ne semble souvent pas être le cas dans les pays où le droit de chasse appartient à l'Etat. La pratique administrative en matière d'adjudication des lots de terrains de chasse dans ces pays fait en effet qu'une superficie minimale est imposée qui tient compte des impératifs du gibier et de sa chasse. Tel est, par ailleurs, également le cas lorsque l'Etat, dans les pays où le droit de chasse repose sur le droit de propriété, procède à l'adjudication publique de ses territoires de chasse.

Quelques exemples démontrent l'importance des surfaces minimales exigées.

a) Pays où le droit de chasse fait partie du droit de propriété

- Belgique : en Région flamande, 40 ha pour le petit et grand gibier, 3 ha de plans d'eau pour le gibier d'eau; en Région wallonne, 50 ha pour le grand gibier, 25 ha pour le petit gibier, 1 ha de plans d'eau pour le gibier d'eau;
- Alsace-Moselle : 200 ha pour les lots regroupés; 25 ha pour les chasses dites réservées, tant pour le petit que pour le grand gibier; 5 ha de plans d'eau pour le gibier d'eau;
- Allemagne : 75 ha pour les *Eigenjagdbezirke*; 200 ha pour les *Gemeinschaftliche Jagdbezirke*;
- France : aucune surface minimale n'est exigée, sauf dans le cadre de la loi Verdeille, où seuls les propriétaires de terrains de chasse d'une contenance de 20 hectares peuvent se réserver le droit de chasse;
- Royaume-Uni : aucune surface minimale n'est exigée. Il est seulement prévu que le propriétaire dispose du droit de chasser lorsque son terrain est suffisamment grand *for practical purposes.*

b) Pays où le droit de chasse appartient à l'Etat

- En Italie, ce qui surprend, aucune surface minimale n'est exigée[59];
- En droit cynégétique suisse, une surface minimale n'est pas requise. En cas d'affermage du droit de chasse, les cantons peuvent cependant imposer une

---

[59] Cette lacune est cependant tempérée par le fait que les régions sont tenues, en vertu de la loi italienne du 11 février 1992, de répartir le territoire "agro-sylvo-pastoral" destiné à la "chasse programmée", dans des territoires de chasse de dimensions, de préférence, homogènes et délimités par des frontières naturelles.

surface minimale, qu'ils choisissent librement. Il ne s'agirait cependant pas de la majorité des cantons[60].

- Au Maroc, la réglementation cynégétique ne prévoit aucune surface minimale. L'adjudication des terrains de chasse se fait cependant en lots de 1000 à 5000 ha; la surface des territoires de chasse et des réserves de chasse serait, par ailleurs, généralement étendue[61].
- En Pologne, une surface minimale de 3.000 ha est exigée par la loi. Lorsque des circonstances particulières, liées à la nature du territoire de chasse, le permettent, une surface inférieure peut être admise.
- La loi cynégétique tchèque n° 512 de 1992 prévoit une surface minimale de 500 ha.

B) Gestion des territoires de chasse

Dans tous les pays examinés, il appartient au titulaire du droit de chasse, peu importe sa qualité juridique (propriétaire du territoire de chasse, locataire, concessionnaire...), de gérer le territoire. Dans les pays où le droit de chasse n'est pas lié au droit de propriété, la gestion de la chasse se fait généralement sous le contrôle plus ou moins direct des autorités administratives compétentes. Ainsi en est-il particulièrement des régimes de chasse du Maroc et de la Pologne.

C) Droits et obligations qui s'attachent aux territoires de chasse

Une fois de plus, il y a lieu de distinguer entre les pays où le droit de chasse repose sur le droit de propriété et les pays où le droit de chasse appartient à l'Etat.

a) Pays où le droit de chasse fait partie du droit de propriété

De manière générale, la gestion des territoires est laissée à l'appréciation des détenteurs du droit de chasse, sous réserve, bien sûr, du respect des lois de police applicables[62]. Généralement, elle n'est pas imposée obligatoirement par la réglementation cynégétique.

Cette liberté d'agir octroyée au titulaire du droit de chasse s'explique sans doute par le fait que celui-ci, surtout lorsqu'il n'est pas le propriétaire du

---

[60] Petitpierre-Sauvain A., rapport national de la Suisse, p. 6.

[61] Mekouar A., rapport national du Maroc, p. 5.

[62] Notamment, en matière d'urbanisme, de protection d'environnement ou d'espace rural (par exemple, exigence de permis de bâtir pour la modification du relief du sol, le défrichement des zones boisées ou encore le reboisement des terres agricoles, etc.).

territoire de chasse, ne se trouve pas toujours dans la possibilité de gérer son territoire de chasse comme il l'entendrait, notamment en raison des conditions d'exploitation forestière ou agricole, déterminant, dans une large mesure, la survie de la faune sauvage, plus particulièrement du gibier. Il en est d'autant plus ainsi que dans la plupart des pays examinés, il existe des réglementations protégeant, de manière impérative, les intérêts agricoles, voire promouvant une exploitation agricole intensive[63].

---

[63] Ainsi, en Belgique, la loi du 4 novembre 1969 sur les baux ruraux (M.B., 25.11.69), telle qu'insérée dans le code civil belge (livre III, tome VIII, chapitre II, Section III) garantit, de manière explicite, au preneur la liberté de son exploitation agricole. En effet, en vertu de l'article 24, alinéa premier, de la loi du 4 novembre 1969, sont réputées inexistantes toutes clauses conventionnelles restreignant la liberté du preneur quant au mode de culture des terres louées ou quant à la disposition des produits de la ferme. C'est donc le preneur, et non le bailleur, qui décide de la manière dont il entend exploiter les terres louées. Le bailleur ne dispose donc, en principe, d'aucune possibilité juridique de s'opposer à la destruction des mares, haies, situées sur son bien, dès lors qu'elles font partie des biens ruraux affermés. Ce principe a, il est vrai, été tempéré par l'insertion d'un troisième alinéa dans l'article 24 de la loi du 4 novembre 1969 par l'article 14 de la loi du 7 novembre 1988 (M.B., 06.12.88). "Les clauses maintenant les haies, chemins, buissons et arbres" sont dorénavant valables. Cette clause a été introduite afin de sauvegarder les biotopes existants contre la mécanisation croissante de l'agriculture (travaux parlementaires de la loi du 7 novembre 1988, Chambre des Représentants belge, 1981-82, 171/40, p. 88). La possibilité pour le bailleur de recourir à cette possibilité n'est cependant que théorique. En effet, une telle clause ne peut être insérée dans le bail que moyennant l'accord du preneur. Celui-ci, surtout lorsqu'il entend exploiter efficacement le bien affermé, refusera naturellement de donner son accord. Dans les rares cas où le preneur donnerait son accord, l'insertion de la clause semble en revanche avoir peu d'utilité pratique. Par ailleurs, le preneur bénéficie, en cas de renouvellement - presque automatique, en droit belge - du bail existant de droit des mêmes conditions d'affermage convenues préalablement. Il s'ensuit que, en cas de renouvellement du bail, le bailleur ne dispose même pas de la possibilité juridique d'imposer la clause "maintenant les haies, chemins, buissons et arbres".
Il faut également penser à la réglementation si répandue dans les pays continentaux de l'Europe promouvant le remembrement des terres agricoles. Très souvent, la réalisation d'un remembrement est imposée impérativement. Ainsi, en Belgique, en vertu de la loi du 22 juillet 1970 relative au remembrement légal de biens ruraux (M.B., 04.09.1970; err. 24.09.70; 11.12.70; 13.05.71), le ministre de l'agriculture peut, après consultation du ministre ayant l'aménagement du territoire dans sa compétence, décider qu'il sera procédé au remembrement des biens qu'il délimite. Cette décision est prise soit d'office, soit à la demande d'au moins vingt exploitants ou propriétaires intéressés. La possibilité pour le propriétaire et, *a fortiori*, pour les tiers (comme les associations de conservation de la nature ou les associations de chasseurs) de s'y opposer est limitée, voire inexistante. Le remembrement va généralement de pair avec une destruction sans égale des zones humides, haies, bocages, ... dans les zones agricoles. Même si une tendance nette s'esquisse, du moins dans certains pays (notamment en Belgique et aux Pays-Bas), de considérer de plus en plus le remembrement comme un instrument de gestion intégrée de l'espace rural, et donc d'y intégrer la conservation des milieux naturels, très souvent le solde net reste négatif pour la

La gestion des territoires par les chasseurs est donc souvent le fruit d'un processus contractuel : moyennant l'accord de l'agriculteur, du forestier, du propriétaire, le chasseur détenteur du droit de chasse pourra maintenir en place les haies, les bocages, les entretenir ou en planter, aménager et/ou rétablir les zones humides, ... En pratique, il semblerait, par ailleurs, que les chasseurs procèdent assez souvent à l'achat de sites naturels (bocages, prairies humides, étangs, ...) aux fins de la gestion du gibier. Souvent cette action a pour effet de conserver d'autres espèces animales et végétales, non chassées. Malheureusement, cette action peut également avoir des effets négatifs, surtout lorsque des terres "marginales" sont labourées pour y semer des cultures de gibier.

Quoi qu'il en soit, il faut également admettre que la chasse, tout comme la pêche, apporte à de nombreux sites naturels une valeur économique certaine qui, dans l'économie rurale, n'est pas négligeable. C'est précisément la valeur économique de ces sites qui a contribué à leur sauvegarde. En effet, souvent, la seule alternative à l'usage cynégétique de nombreux sites naturels consiste en leur usage agricole ou sylvicole intensif. Cet apport - sans doute sous-estimé - de la chasse à la sauvegarde des sites naturels n'apparaît guère dans les textes juridiques. Seules des études économiques permettraient de quantifier et d'évaluer l'importance de la chasse pour la conservation des habitats et, plus largement, de notre patrimoine culturel.

Le caractère principalement contractuel de la gestion du gibier et de ses habitats n'a cependant pas empêché certains pays d'introduire une obligation légale de gestion du gibier.

Ainsi, selon la *Bundesjagdgesetz* du 29 novembre 1952, le droit de chasser est défini comme étant le droit exclusif d'exercer la chasse, de gérer le gibier et de s'approprier celui-ci, sur un territoire spécifié. L'obligation de gestion (*Hegepflicht*) est attachée au droit de chasser[64]. Il nous semble que cette obligation de gestion doit être considérée comme étant une obligation de moyens, et non une obligation de résultat. Aucune jurisprudence sur la portée de cette obligation ne nous est cependant connue, à ce jour. Rien ne semble empêcher que le défaut de gestion du gibier ou une gestion manifestement insuffisante entraîne la responsabilité civile du titulaire du droit de chasse[65].

---

nature. D'un trait de plume (bureaucratique), on détruit des paysages que l'homme a modelés, à travers les siècles.

[64] "Das Jagdrecht is die ausschliessliche Befugnis, auf einem bestimmten Gebiet wildlebende Tiere, die dem Jagdrecht unterliegen, (Wild) zu hegen, auf sie die jagd auszuüben und sie sich anzueignen. Mit dem Jagdrecht ist die Pflicht zur Hege verbunden."

[65] On peut notamment songer à l'hypothèse d'une régulation insuffisante des populations de cervidés, empêchant la régénération des feuillus. Dans ce cas, le titulaire du droit de chasse pourra être tenu responsable par l'exploitant forestier et il pourrait également être tenu responsable sur base du régime commun de la responsabilité civile. En effet, la régulation

Il faut également noter que, en Belgique, l'article 2 du décret flamand du 24 juillet 1991 sur la chasse[66], a pour but "l'utilisation rationnelle du gibier et de ses habitats". Selon les travaux préparatoires de ce décret, cette disposition vise à mettre en oeuvre la stratégie de conservation de l'Union Mondiale pour la Conservation de la Nature. Il signifierait, d'une part, que l'exercice de la chasse ne peut nuire aux populations de gibier et, d'autre part, que la chasse doit être utilisée comme outil de gestion et de sauvegarde du gibier et de ses habitats[67]. L'article 2 du décret flamand du 24 juillet 1991 sur la chasse s'adresse principalement aux autorités publiques tenues de faire appliquer le décret, et non directement aux chasseurs. Jusqu'à présent, la mise en oeuvre de l'article 2 de ce texte est restée lettre morte. Le régime d'agrément des unités de gestion de gibier (*wildbeheereenheden*) devrait cependant constituer le premier pas dans l'exécution de ce principe.

De nombreux pays prévoient l'instauration, obligatoire ou facultative, d'un plan de chasse.

Initialement facultatif, il est devenu dans plusieurs pays obligatoire, surtout pour le grand gibier. La législation de plusieurs Etats prévoit également la possibilité d'imposer un plan de chasse pour le petit gibier. C'est notamment le cas de la France et de la Belgique.

Le contenu du plan de chasse varie en fonction des espèces de gibier concernées et de la nature de leur gestion. Ainsi, le plan de chasse pour le grand gibier se limitera, dans la plupart des cas, à un recensement des effectifs, ainsi qu'à l'octroi d'un quota de tir, basé sur la densité et la structure du cheptel recensé. La chasse au grand gibier ne peut alors avoir lieu que moyennant le respect du plan de chasse.

La réglementation cynégétique très libérale du Royaume-Uni ne prévoit aucune obligation d'adopter un plan de chasse, que ce soit pour le grand gibier ou le petit gibier.

---

insuffisante des populations de cervidés est sans doute constitutive de faute (négligence). En dehors du cas de dégâts du gibier, il peut y avoir d'autres cas où le défaut de gestion du gibier pourrait entraîner la responsabilité du titulaire du droit de chasse. Ainsi, le titulaire du droit de chasse qui exercerait une pression de chasse excessive, nuisant ainsi aux populations de gibier des territoires de chasse voisins, pourrait, nous semble-t-il, être tenu responsable pour avoir méconnu son obligation de gestion. Il nous semble que le titulaire du droit de chasse ne pourrait cependant pas être tenu responsable (civilement) sur base de la *Hegepflicht* de la raréfaction, voire de la disparition locale d'une espèce de gibier, du moins lorsque la manière dont le titulaire de chasse a exercé la chasse et géré son territoire ne peut être considérée comme étant à l'origine de la raréfaction ou de la disparition de l'espèce.

[66] M.B., 07.09.1991.

[67] Aerts F., Het Jachtdecreet, La Charte, Bruges, 1992, p. 3.

c) Pays où le droit de chasse appartient à l'Etat

De manière générale, dans les pays où le droit de chasse appartient à l'Etat, la gestion du gibier et, dans une moindre mesure, de leurs habitats est souvent obligatoirement imposée. C'est notamment le cas de la plupart des pays de l'Est, notamment de la Pologne, où la réglementation cynégétique en vigueur, si elle n'impose pas directement au détenteur du droit de chasse de gérer le gibier et son territoire, reflète, à travers ses dispositions, la nécessité de gérer la faune sauvage.

Par ailleurs, très souvent, la gestion du gibier est imposée par les cahiers des charges, en cas d'amodiation du droit de chasse.

Dans la plupart de ces pays, le plan de chasse est obligatoirement imposé. C'est ainsi qu'en Pologne, toute exploitation des espèces chassables est soumise au plan de chasse, celui-ci devant être dressé sur une base annuelle. Par ailleurs, les autorités administratives sont tenues d'élaborer, en collaboration avec l'association polonaise des chasseurs, un plan de gestion à long terme.

Dans ce contexte, il faut également noter le régime juridique italien, en vertu duquel toute exploitation cynégétique repose obligatoirement, aux termes de la loi n° 157 du 11 février 1992, sur une "gestion programmée de la chasse". Cette gestion programmée doit être réalisée sur une base régionale et provinciale.

Le Maroc forme, enfin, une exception notable. En effet, la réglementation cynégétique ne contient, apparemment, aucune obligation d'établir des plans de chasse. Dans la pratique, cependant, cette lacune juridique est comblée par le fait que, dans le cadre de l'amodiation des territoires de chasse, l'établissement et l'approbation d'un plan de chasse sont de plus en plus inscrits dans le cahier des charges en tant qu'instrument de gestion du gibier[68].

III - LA CHASSE SUR LE DOMAINE DE L'ETAT

A) Règles particulières

a) Pays où le droit de chasse fait partie du droit de propriété

Dans la plupart des pays (sauf au Royaume-Uni, où la chasse sur le domaine de l'Etat n'est pas soumise à des règles particulières, l'autorité publique étant propriétaire des terrains en question, celle-ci est libre d'imposer des restrictions à la chasse voire d'interdire son exercice, dans les limites de ses

[68] Mekouar A. déplore, par ailleurs, la lacune juridique qu'il conviendrait de combler., rapport national du Maroc, p.6.

pouvoirs attribués), des règles spécifiques sont prévues. Ces règles visent généralement, d'une part, à octroyer équitablement le droit de chasse aux amateurs de chasse et, d'autre part, à garantir une gestion saine du gibier qui tient compte des autres intérêts en jeu (par exemple, de nature forestière). Les règles de police, notamment en matière d'ouverture et de fermeture de la saison de chasse, sont généralement les mêmes. Il arrive cependant que les cahiers des charges imposent des restrictions supplémentaires.

1) Chasse sur le domaine public

Certains pays octroient le droit de chasse sur le domaine public à toute personne désireuse de chasser, sous réserve de satisfaire certaines conditions. C'est surtout le cas des pays vastes ayant une faible densité de chasseurs. Ainsi en est-il de la Norvège, où le droit de chasse sur les *common lands* ("terrains communs, destinés à l'usage de tous") appartient en principe à toute personne de nationalité norvégienne, satisfaisant certaines conditions et moyennant le respect des régles établies pour l'exercice de la chasse. En quelque sorte, l'accès à ces terrains est donc "libre". Lorsque les terrains appartiennent à des organismes publics, ceux-ci disposent du droit de chasse. Enfin, des règles spécifiques sont prévues pour l'exercice de la chasse par les peuples autochtones dans le Nord du pays.

Dans certains pays, la chasse sur le domaine public (surtout maritime et fluvial) était initialement exercée librement. Ainsi en était-il plus particulièrement de la France jusqu'en 1968. Ces Etats ont cependant été amenés à restreindre les conditions d'accès à la chasse sur le domaine public et à y réglementer son exercice en raison de la croissance de la pression cynégétique et de la récréation touristique. C'est ainsi que, en France, le droit de chasse sur le domaine public maritime est généralement amodié à des associations de chasse ayant des statuts particuliers agréés par l'Etat. Certaines parties du domaine public sont obligatoirement mises en réserves. L'attribution du domaine public maritime français peut cependant également se faire par adjudication publique aux enchères. Un régime analogue est prévu en France pour le domaine public fluvial (eaux intérieures). Un cahier des charges particulier veillant à une gestion saine du gibier est toujours imposé, prévoyant notamment une limitation des journées de chasse, des *bags-limit*.

Au Royaume-Uni, la chasse sur le domaine public est amodiée à des associations de chasse au gibier d'eau (*wildfowling clubs*).

Enfin, dans certains pays, dont notamment la Belgique, toute chasse sur le domaine public maritime et fluvial (du moins sur les fleuves principaux) est interdite. En Belgique, cette interdiction trouve sa justification, en ce qui concerne la chasse maritime, dans l'expansion de la récréation touristique sur la côte et, en ce qui concerne la chasse fluviale, dans la volonté de mettre en réserve les fleuves qui se situent dans les axes migratoires principaux.

2) Chasse sur le domaine privé

De manière générale, l'amodiation du droit de chasse sur le domaine privé de l'Etat se fait par adjudication. Les cahiers des charges établissent les règles d'exercice de la chasse et de la gestion du gibier. Souvent, ces cahiers des charges imposent des restrictions supplémentaires aux règles de police usuelles, notamment lorsqu'il s'agit de forêts domaniales (limitation des journées de chasse, interdiction de chasse durant les week-end, etc.).

Dans tous les pays examinés, l'amodiation du droit de chasse se fait pour une longue durée (9 ans), afin de promouvoir une gestion saine et à long terme du gibier, et de "fidéliser", en quelque sorte, le chasseur au territoire amodié. Dans certains pays, notamment en Belgique, un droit de préemption est octroyé au locataire sortant et à l'unité de gestion cynégétique agréée. En Espagne, l'exercice de la chasse sur le domaine de l'Etat n'est autorisé que moyennant la soumission et l'approbation d'un plan de chasse.

b) Pays où le droit de chasse appartient à l'Etat

Dans les pays où il existe une forte pression cynégétique (par exemple, en Italie), on constate que les autorités publiques procèdent très souvent à la constitution de réserves de chasse sur leur domaine public où toute chasse est proscrite.

Dans les autres pays (notamment au Maroc et en Pologne), l'administration concernée gère directement la chasse dans les territoires de chasse situés sur le domaine public.

B) Gestion du territoire de chasse

Cette question a déjà été examinée (voir supra). Il suffira de rappeler ici que, dans la plupart des pays, il appartient au titulaire du droit de chasse de gérer le territoire. Dans le cas où l'Etat n'amodie pas le droit de chasse, c'est l'administration compétente elle-même qui gère le territoire. C'est le cas du Maroc, de la Pologne (en collaboration avec l'association des chasseurs polonais) et, dans un certaine mesure, du Portugal.

C) Restrictions à l'exercice de la chasse attachées au territoire ?

Les règles de police sont en principe identiques. Toutefois, il arrive que certaines conditions supplémentaires soient introduites dans les cahiers des charges. Ces conditions peuvent avoir trait au nombre de journées de chasse par semaine, au nombre de pièces par fusil par jour (*bags limit*), etc.

IV - LA CHASSE DANS LES ESPACES NATURELS

Il faut d'abord relever que, dans tous les pays examinés, il existe des espaces naturels où la chasse est interdite sur une base réglementaire, et ce aussi bien dans les pays où le droit de chasse fait partie du droit de propriété que dans les autres pays.

Au Royaume-Uni, cependant, il est à noter que l'interdiction de la chasse semble surtout dépendre de l'initiative privée. Ainsi, la chasse est souvent interdite dans les réserves naturelles créées par les assocations de protection de la nature. Dans les *Special Protection Areas* ("zones de protection spéciale") ou dans les *Sites of Scientific Interest* (les "SSI"), des restrictions administratives à l'exercice de la chasse peuvent être apportées, dans la mesure où ces restrictions sont nécessaires pour atteindre le but pour lequel les zones précitées ont été désignées.

a) Les réserves naturelles

Dans les pays où des territoires de chasse de grande surface existent et où la pression de la chasse est limitée (souvent des pays où le droit de la chasse fait partie du droit de propriété), les réserves sont généralement désignées pour des motifs qui sont étrangers à la protection du gibier. Ainsi en est-il de la Norvège, de l'Allemagne, de l'Espagne et de la Suisse. Souvent, la chasse y est autorisée, moyennant le respect de certaines conditions qui sont propres à la gestion de la réserve en question.

En revanche, dans les pays où la pression de la chasse est élevée (souvent des pays où le droit de la chasse ne fait pas partie du droit de propriété), le régime des réserves est plus restrictif. Ces réserves sont généralement créées en vue de protéger le gibier contre un prélèvement excessif. Ainsi en est-il plus particulièrement de l'Italie et du Portugal. Très souvent, toute chasse est proscrite dans ces réserves.

Le rôle des réserves peut changer avec le temps. Ainsi, en Suisse, les premières réserves ont été créées en vue de protégér le grand gibier de montagne contre un prélèvement excessif. Le gibier de montagne se portant bien à la suite d'une gestion rigoureuse et saine menée depuis des décennies, les réserves actuelles ne sont plus destinées uniquement à protéger ce gibier. La chasse y est, par ailleurs, à nouveau autorisée afin de contrôler les populations de grand gibier. Une même évolution a marqué le régime applicable dans les réserves de montagne en France.

Dans certains pays, la loi oblige les associations des chasseurs privées à créer des réserves. Ainsi, en France, la loi Verdeille oblige les "ACCA" à mettre en réserve 10 % du territoire chassé. Cette obligation repose uniquement sur des motifs cynégétiques.

Au Maroc, un système de mise en réserve temporaire des territoires chassés a été introduit. Ce système repose sur l'alternance des territoires susceptibles d'être chassés.

b) La chasse dans les espaces protégés

On a vu que le rôle des réserves dans la gestion des ressources cynégétiques diffère selon qu'il existe une pression de chasse forte ou non. Le régime de chasse dans les espaces protégés varie en fonction de cette donnée préalable.

Ainsi, le régime de chasse à l'intérieur des espaces protégés est plus strict dans les pays méridionaux (notamment l'Italie, le Portugal et la France, mais également le Maroc) que dans les pays nordiques (Royaume-Uni, Allemagne, Norvège). Par ailleurs, c'est surtout dans les premiers pays que des réserves de chasse ont été créées. Ces réserves visent spécialement la protection du gibier.

De manière générale, la chasse est interdite dans les parcs nationaux. C'est notamment le cas de l'Espagne, de la France, du Portugal, de la Suisse, du Maroc et de la Pologne. Une chasse restreinte peut cependant être autorisée à l'intérieur des parcs nationaux. Ainsi, la chasse y est autorisée afin de permettre la régulation du grand gibier, sa surpopulation pouvant nuire à la végétation naturelle, voire à la régénération de la fôret mixte.

Enfin, notons qu'il existe, dans certains pays, une tendance nette à prohiber toute forme de chasse dans les espaces naturels, qu'ils soient protégés ou non, non parce que la chasse constituerait une menace pour certaines espèces, mais parce que l'on considère que la chasse ne se concilierait plus avec une certaine conception de protection de la nature. Selon cette conception, les espaces naturels devraient évoluer spontanément, sans aucune intervention humaine. De plus, l'action cynégétique ne se concilierait plus avec le respect de l'homme moderne pour la nature. Cette conception s'inscrit dans le droit fil de la *deep ecology*. Elle est particulièrement répandue dans les pays ou régions les plus industrialisés, notamment aux Pays-Bas et, dans une moindre mesure, en Belgique (Région flamande). C'est ainsi que, aux Pays-Bas, la chasse du gibier migrateur est strictement réglementée, voire totalement prohibée, dans toute zone naturelle. Un projet de loi est, par ailleurs, sur la table restreignant, de manière décisive et par principe, le droit de chasse dans tout le territoire du pays, principalement au motif de la "valeur intrinsèque" du gibier[69]. Il nous semble que cette conception se heurte au principe de l'utilisation prudente et raisonnée des ressources naturelles consacré dans les textes internationaux concernant la conservation des espèces et de leurs habitats actuellement en vigueur[70].

---

[69] Proposition de loi portant sur la protection des espèces animales et végétales sauvages ("Voorstel van wet houdende regels ter bescherming van in het wild levende plante- en diersoorten, Kamerstukken II 1992/93, 23 147, nrs. 1-2, res. Kamerstukken II 1995/96, 23 147, nr. 8).

[70] Notamment les articles 2 et 7 de la directive n° 79/409/CEE du Conseil, du 2 avril 1979 concernant la conservation des oiseaux sauvages 79/409/CEE (J.O., L.103, p. 1; ci-après "directive 79/409/CEE"), les articles 2 et 7 de la convention de Berne du 19 septembre 1979 relative à la conservation de la vie sauvage et du milieu naturel de l'Europe, ratifiée par décision du Conseil des Ministres de l'Union Européenne du 3 décembre 1981(J.O., 10.2.1982, N° L 38, p. 1), la convention de Bonn du 23 juin 1979 sur la conservation des espèces migratrices appartenant à la faune sauvage, ratifiée par décision du Conseil des Ministres de l'Union Européenne du 24 juin 1982 (J.O., 19.07.1982, N° L 210, p. 10), voir surtout son deuxième considérant), l'accord sur la conservation des oiseaux d'eau migrateurs d'Afrique-Eurasie, conclu en exécution de la dite convention de Bonn et, enfin la convention de Ramsar du 2 février 1971.

En effet, pour ne prendre que l'exemple de la directive 79/409/CEE, son article 7, qui tout en prévoyant que, en raison de leur niveau de population, de leur distribution géographique et de leur taux de reproductivité dans l'ensemble de la Communauté, les espèces énumérées à l'annexe II peuvent être l'objet d'actes de chasse dans le cadre de la législation nationale, précise que les Etats membres s'assurent que la pratique de la chasse respecte les principes d'une utilisation raisonnée et d'une régulation équilibrée du point de vue écologique des espèces d'oiseaux concernées. Cette pratique doit être compatible, en ce qui concerne la population de ces espèces, notamment des espèces migratrices, avec les dispositions découlant de l'article 2, et semble reconnaître ainsi, de manière explicite, la valeur récréative de la chasse. Cette reconnaissance de la valeur récréative de la chasse, pour autant, bien sûr, qu'elle soit exercée dans les limites tracées par l'article 7, est encore confirmée par le onzième considérant : "considérant qu'en raison de leur niveau de population, de leur distribution géographique et de leur taux de reproduction dans l'ensemble de la Communauté certaines espèces peuvent être l'objet d'actes de chasse, ce qui constitue une exploitation admissible, pour autant que certaines limites soient établies et respectées, ces actes de chasse devant être compatibles avec le maintien de la population de ces espèces à un niveau satisfaisant" (onzième considérant).

Il est vrai que l'article 14 de la directive 79/409/CEE permet aux Etats membres de prendre des mesures de protection plus strictes que celles prévues par la directive. Toujours est-il que ces mesures doivent se justifier par les intérêts pris en compte par la directive. Or l'article 2 de la directive 79/409/CEE ne prévoit-il pas que les Etats membres sont tenus de prendre toutes les mesures nécessaires pour maintenir ou adapter la population de toutes les espèces d'oiseaux visées à l'article 1er à un niveau qui corresponde notamment aux exigences écologiques, scientifiques et culturelles, compte tenu des exigences économiques et récréationnelles ? Il semble donc que des mesures de protection plus strictes, motivées uniquement sur base des considérations d'ordre éthique dont celle de la "valeur intrinsèque"

c) La protection des habitats dans les réserves de chasse

Il ressort des rapports nationaux que, de manière générale, le régime juridique protégeant les habitats dans les réserves de chasse ou, plus largement, les espaces naturels protégés, est relativement flou. Il est désormais moins difficile de réglementer l'exercice de la chasse afin de protéger le gibier que de prévoir une réglementation de nature à protéger, de manière efficace, ses milieux naturels ou ses habitats[71].

Certains pays ont cependant prévu des règles spécifiques afin de protéger les habitats. Ainsi en est-il du Royaume-Uni qui semble être un des rares pays où un cadre juridique exhaustif destiné à protéger les habitats, notamment à l'intérieur des zones de conservation spéciale, a été adopté. En effet, la *Countryside and Wildlife Protection Act* de 1981 règle, de manière exhaustive, les modalités de désignation des zones naturelles à protéger ainsi que les conséquences juridiques qui en découlent pour les propriétaires privés concernés. Le seul critère déterminant la désignation d'un site comme *Site of Special Scientific Interest* par l'autorité compétente, à savoir le *Nature Conservancy Council*, consiste en l'intérêt primordial du site d'un point de vue de la flore, de la faune ou de ses caractéristiques géologiques ou physiographiques. Dès que, d'après l'avis du *Nature Conservancy Council*, le site en question a cet intérêt primordial, le *Nature Conservancy Council* est tenu de mettre en oeuvre la procédure de désignation. Cette désignation implique pour les propriétaires et/ou les autres occupants concernés, dès notification, des restrictions à l'exercice d'activités susceptibles de nuire à la qualité du site[72]. La gestion des *Special Protection Areas* et des *Sites of Special Scientific interest* est en outre promue par la conclusion de conventions de gestion (*management agreements*) avec les propriétaires.

En Suisse, tant l'exploitation agricole que sylvicole est réglementée en vue de maintenir les espaces protégés dans leur état initial.

Au Maroc, les parcs nationaux doivent également être maintenus dans leur état initial. A cette fin, toute opération susceptible de transformer ou de dégrader le milieu naturel est strictement interdite.

---

de la faune, se heurtent au principe de l'utilisation prudente et raisonnée des ressources naturelles consacré par la directive 79/409/CEE (et les autres instruments juridiques internationaux relevés antérieurement).

[71] Il faut cependant admettre que l'information contenue dans les rapports nationaux concernant les mécanismes juridiques précis de protection des habitats est succincte. Il se peut donc que le régime juridique de protection des habitats soit plus précis que le laissent penser les rapports nationaux.

[72] Van Hoorick G., "Het behoud van natuurgebieden in het licht van de vogelrichtlijn, zoals gewijzigd door de Habitatrichtlijn, en de rechtspraak van het Hof van Justitie", T.M.R., 1997/3, p. 184-185.

La réglementation d'autres pays reste, apparemment, peu développée, lorsqu'il s'agit de la protection et de la gestion des espaces protégés. Ainsi en est-il du Portugal et de l'Espagne. En Italie, une "protection absolue" est prévue pour les parcs nationaux. Rien, ou presque, ne permet cependant de cerner véritablement la portée pratique de cette "protection absolue"[73].

En Belgique, les réserves de chasse sont inexistantes. Des règles détaillées existent cependant concernant l'agrément et la gestion des réserves naturelles. En revanche, le régime juridique des zones de conservation spéciale désignées en vertu de la directive 79/409/CEE est particulièrement peu développé[74], nonobstant le fait que de nombreuses zones ont été désignées, notamment par le gouvernement flamand. Celui-ci s'est cependant abstenu de prévoir un cadre réglementaire complet destiné à protéger les habitats à l'intérieur de ces zones, ce qui est non seulement regrettable mais en outre en contradiction flagrante avec l'article 4 de la directive 79/409/CEE[75].

CONCLUSIONS

Il nous semble que la plupart des législations, sinon toutes les législations cynégétiques examinées, visent à inciter les chasseurs à gérer leurs territoires de

[73] La portée pratique de cette interdiction ne peut en tout cas pas être déduite du rapport national.

[74] La situation ne semble, par ailleurs, pas être fondamentalement meilleure dans les autres Etats membres de l'Union Européenne, à l'exception de quelques Etats membres (dont notamment le Royaume-Uni).

[75] Les seules mesures concrètes visant à protéger les habitats à l'intérieur des zones de protection spéciale ont trait à l'instauration d'un régime d'autorisation préalable de modification de végétation protégée et d'une obligation de procéder à une étude d'impact préalable à toute mise en oeuvre de projets susceptibles de dégrader des habitats protégés. Rien ne semble cependant empêcher la réalisation de ces projets, du moins sur le plan interne. La question est différente, on le sait, au regard de la directive 79/409/CEE, telle qu'interprétée par la Cour de justice : voir notamment C.J.C.E., 28 février 1991, aff. C-57/89 (Commission c. Allemagne (Leybucht), Rec., 1991, p. I-883; C.J.C.E., 2 août 1993, aff. C 355/90 (Commission c. Espagne, Marismas de Santona, Rec., 1993, p. I-4221; C.J.C.E, 11 juillet 1996, affaire C-44/95 (Regina v. Secretary of State for the Environment, ex parte : Royal Society for the Protection of the Birds), Rec., 1996, I-3805). Certes, la chasse dite de nuit au gibier d'eau est interdite dans les zones de protection spéciale. De même, certaines espèces de gibier d'eau ne peuvent être chassées à l'intérieur de ces zones. Cependant, ces mesures ne peuvent pas être considérées comme étant des mesures d'exécution du régime juridique institué par l'article 4 de la directive 79/409/CEE. Il semblerait même que celles-ci aboutissent à une accélération de la dégradation des zones humides, en raison du désintéressement à la chasse au gibier d'eau qu'elles engendrent dans les milieux cynégétiques concernés.

chasse. En témoignent surtout les dispositions imposant une superficie minimale du territoire de chasse ou l'adoption du plan de chasse, encourageant l'amodiation du bail de chasse à long terme et encourageant, voire obligeant, les chasseurs à former des unités de gestion regroupées.

Une telle évolution nous paraît bienvenue. En effet, l'encouragement à former des unités de gestion regroupées, peu importe leur forme concrète, que l'on retrouve dans la plupart des réglementations examinées est probablement de nature à inciter les chasseurs à voir plus loin que le bout de leur nez (ou de leur fusil), et à jouer un rôle plus actif dans la sauvegarde des habitats. On voit mal le chasseur local porter plainte devant la Commission de l'Union européenne, pour violation de l'article 4 de la directive 79/409/CEE, alors qu'il paraît tout-à-fait concevable qu'une association de gestion cynégétique le fasse[76].

Les dispositions législatives analysées ont toutes en commun qu'elles se limitent à créer un cadre incitant les chasseurs à assumer leur rôle dans la gestion du gibier et de ses habitats. En d'autres termes, elles laissent pratiquement toutes le choix aux chasseurs d'assumer ce rôle ou non. Le fait que les réglementations cynégétiques examinées, à l'exception de la réglementation allemande, n'imposent pas d'obligation de soin (*Hegepflicht*) au chasseur paraît lacunaire. Il faut cependant admettre que le droit a ses limites, comme le remarquait déjà, à juste titre, Aldo Leopold[77]. Une telle obligation de soin ne pourrait en effet être conçue que comme une obligation de moyens, et non comme une obligation de résultat. Il serait en effet erroné de vouloir imposer des obligations de gestion qui, pour des motifs étrangers à la volonté des chasseurs, ne pourraient pas être assumées par ceux-ci. Par ailleurs, l'utilité pratique de l'insertion d'une obligation de soin dans la réglementation cynégétique paraît limitée en l'absence de possibilité réelle de sanctionner juridiquement le non-respect de cette obligation[78].

Quoiqu'il en soit, cette liberté emporte pour le chasseur, bien sûr, une lourde responsabilité. Car faut-il encore souligner que la survie de la chasse, dans notre société industrielle, dépendra essentiellement de son apport à la sauvegarde des

---

[76] Il semblerait, par ailleurs, qu'une des premières plaintes ayant été déposées à la Commission des Communautés européennes pour violation de l'article 4 de la directive 79/409/CEE fut celle de l'association française des chasseurs du Pas-de-Calais. Elle concernait le tracé d'une autoroute dans la vallée de la Somme. Suite à cette plainte les autorités compétentes françaises furent amenées à revoir le tracé afin d'épargner d'importantes zones humides. Malheureusement, les associations de chasseurs restent trop souvent muettes lorsqu'il s'agit de combattre, notamment sur le plan juridique, les atteintes à notre patrimoine naturel.

[77] Voyez l'extrait du Sand County Almanac And Sketches Here and There, à la page 213, cité au début de notre contribution.

[78] La seule sanction pensable serait, en effet, de nature civile, ou tout au plus administrative.

milieux naturels ? En effet, à défaut de jouer un rôle tangible dans la lutte pour la sauvegarde de nos milieux naturels, la chasse perdra sa légitimité et sera vouée à devenir une activité marginale, voire peut-être à disparaître à long terme.

Ce cadre incitatif suffit-il pour que la chasse, en tant qu'activité récréative, puisse contribuer de manière décisive à la conservation des milieux naturels et dès lors participer à la gestion durable du gibier et de ses habitats ? Le fait que, dans de nombreux pays, la légitimité de la chasse est de plus en plus mise en doute par les milieux de conservation de la nature fait croire que non[79]. Il est vrai que, de manière générale, les activités cynégétiques contribuent à la conservation des milieux naturels. La Commission de l'Union Européenne l'a, par ailleurs, reconnu dans sa Communication du 29 mai 1995 à l'attention du Conseil des Ministres et du Parlement Européen au sujet de l'Utilisation rationnelle et la Conservation des Zones Humides : "La chasse au gibier d'eau dans les marais européens représente une activité de loisir populaire et une importante source potentielle de revenus pour les propriétaires de ces étendues. A juste titre, les associations cynégétiques sont en train de devenir des moteurs importants de la conservation des sites marécageux. Le principe de l'éco-exploitation des ressources en cause peut grandement contribuer à la préservation des zones humides à condition qu'il englobe l'utilisation de projectiles non toxiques, la limitation des tirs, la création d'un réseau convenable de refuges à gibier et l'adaptation des saisons de chasse aux nécessités écologiques des espèces concernées"[80]. Toutes les formes de chasse ne contribuent cependant pas dans la même mesure à la gestion des espèces et de leurs habitats. Ne faudrait-il pas dès lors chercher à introduire des mécanismes juridiques permettant d'associer davantage le monde cynégétique à la sauvegarde et la gestion des habitats du gibier, voire de l'associer au financement de la gestion de notre patrimoine naturel ?

Ainsi, ne pourrait-on pas songer à mettre en ocuvre le principe de l'"utilisation prudente et rationnelle des ressources naturelles", tel qu'inscrit, de manière générale, dans l'article 130 R du traité CE et traduit dans les textes internationaux en matière de conservation de la nature[81], en imposant aux

[79] Bien que souvent, il est vrai, l'opposition à la chasse trouve davantage sa source dans la réprobation morale de cette activité récréative que dans l'analyse de ses effets sur les espèces et leur conservation. Il faut également admettre que l'apport de la chasse au maintien des habitats, si elle existe incontestablement, est peu visible, de par son caractère essentiellement privé. Il va sans dire que les effets directs de la chasse (le tir et la perturbation des espèces lorsque la chasse est exercée) sont bien plus frappants.

[80] Communication de la Commission de l'Union Européenne du 29 mai 1995 à l'attention du Conseil des Ministres et du Parlement Européen au sujet de l'Utilisation rationnelle et la Conservation des Zones Humides, com (95) 189 final.

[81] Voir notamment les textes cités à la note 68.

chasseurs une "taxe de conservation"[82] alimentant un fonds destiné à la conservation des espèces et des habitats ? Cette taxe pourrait être perçue sur toute vente d'arme de chasse et de munition de chasse. C'est ce qu'on appelle l'application du principe de l'"utilisateur payeur"[83]. Ce principe ne doit pas être confondu avec le principe, mieux connu, du "pollueur payeur". En effet, l'introduction d'une telle "taxe de conservation" ne se justifierait pas par le caractère polluant de la chasse, mais bien par l'utilisation récréative du gibier et de ses habitats qu'elle emporte. En d'autres termes, la taxe se concevrait comme la contrepartie du droit du chasseur de prélever du gibier dans la nature. Elle viserait donc à "objectiver" la responsabilité du chasseur à l'égard de la nature, responsabilité qui découle de son choix initial de prélever du gibier dans la nature[84].

Une telle taxe de conservation existe depuis bien longtemps aux Etats-Unis. C'est ainsi que, déjà en 1937, suite aux sécheresses prolongées décimant les populations d'oiseaux migrateurs du continent américain, le *Federal Aid in Wildlife Restoration Act* fut adopté, dénommé plus communément le *Pittman-Robertson Act*[85]. Cette loi prévoit une taxe d'environ 11 pour cent sur toute vente d'arme de chasse et de munition de chasse. Cette taxe a, par la suite, été étendue à la vente d'équipement de loisir (*outdoor equipment*). Elle alimente un fond destiné à la gestion de la faune sauvage et de ses habitats naturels. Les recettes de la taxe sont distribuées, selon une certaine clé de répartition, entre les états fédérés.

Il est intéressant de noter que la loi *Pittman-Robertson* fut introduite suite aux pressions exercées par l'industrie armurière et les associations de chasseurs américains. L'industrie armurière avait vite compris que faute de gibier et d'habitats naturels, elle ne vendrait plus d'armes et de munition. L'intérêt

---

[82] Nationale ou communautaire.

[83] Principe mieux connu dans les pays anglo-saxons ("user pay principle"). Sur cette notion : voir Howard P. Brokaw, *Wildlife and America*, Council on Environmental Quality, 1978, p. 287 -288; p. 456-457.

[84] Le même principe pourrait, par ailleurs, être appliqué à l'affectation des recettes d'amodiation des terrains de chasse relevant du domaine public ou privé de l'Etat ou des recettes fiscales grevant les licences de chasse. Ici aussi, l'exemple américain fait cas de figure. En effet, en vertu de la "Migratory Bird Hunting Stamp Act", mieux connue sous le nom de la "Duck Stamp Act", du 16 mars 1934, les recettes des timbres de chasse au gibier d'eau sont affectées à la gestion des zones humides.

[85] "Federal Aid in Wildlife restoration Act" du 2 septembre 1937 (16 U.S.C. 669-669i; 50 Stat. 917), modifiée par la suite à plusieurs reprises. Pour un aperçu de la genèse et la mise en vigueur de cette loi : voir notamment Kallman H. et autres, Restoring America's Wildlife 1937-1987. The First 50 Years of the Federal Aid in Wildlife Restoration (Pittman-Robertson) Act, United States department of the interior Fish and Wildlife Service, 1987; Howard P. Brokaw, Wildlife and America, Council on Environmental Quality, 1978, p. 287-288; p.455-469.

économique et financier de l'industrie armurière a donc conduit le législateur fédéral américain à adopter le *Pittman-Robertson Act* qui, à ce jour, est toujours considéré aux Etats-Unis comme étant une des législations principales dans le domaine de la conservation de la nature[86].

Le *Pittman-Robertson* Act fut suivi en 1950 par une loi imposant une taxe similaire sur la vente de tout matériel de pêche sportive. C'est le *Dingell-Johnson Act*[87]. Le produit de cette taxe est entièrement affecté à la conservation et à la gestion des eaux de pêcheries.

Depuis leur entrée en vigueur, les deux lois précitées ont abouti à collecter plusieurs milliards de dollars. Ces montants ont été investis entièrement dans des projets de conservation de la nature. En 1987, on estimait que le programme *Pittman-Robertson* avait abouti à l'achat d'environ 2 millions d'hectares de biotopes menacés, et à la gestion annuelle d'environ 25 millions d'hectares dans un but de conservation de la nature. Dans la seule année 1994, 356,7 millions de dollars ont ainsi été collectés. Il serait sans doute intéressant de comparer ce montant avec le budget annuel consacré par l'Union européenne, voire ses Etats membres, à la conservation de la nature.

On objectera peut-être que l'exemple américain ne peut être transposé entièrement en Europe. Il est vrai que la situation aux Etats-Unis est différente de la nôtre. Comme on l'a vu, dans la majorité des pays européens, le droit de chasse est lié au droit de propriété, alors que tel n'est pas le cas aux Etats-Unis[88]. La difficulté de gérer de manière privée les territoires naturels aux Etats-Unis a donc nécessairement conduit le législateur américain à chercher des alternatives, dont notamment l'imposition d'une taxe de conservation. Rien ne semble cependant empêcher l'introduction d'une taxe de conservation adaptée au régime cynégétique européen, même si elle se heurterait sans doute à des difficultés juridiques considérables d'ordre fiscal, sur lesquelles nous ne nous étendrons pas. L'introduction d'une telle taxe nécessiterait cependant que les milieux concernés (associations de conservation de la nature, associations de chasseurs) se mettent d'accord sur le principe de base, à savoir que la chasse, en

---

[86] Ce qui amena le feu secrétaire d'état américain M. Bruce Babbitt à déclarer que "America's 40 million anglers and hunters have been the backbone of conservation in this country for nearly 60 years". "Their monetary contributions have made possible the proper management of wildlife and its habitat and opened the way for millions of Americans to enjoy the great outdoors" (déclaration de presse du département de l'intérieur des Etats-Unis, Fish and Wildlife Service, du premier mars 1994).

[87] "Federal Aid in Sport Fish Restoration Act" du 9 août 1950 (16. U.S.C. 777-777k, 64 Stat. 430), modifié par la suite à plusieurs reprises.

[88] Ce qui est, à première vue, étonnant, lorsqu'on considère le rôle fondamental du droit de propriété dans le système constitutionnel américain. Le principe du *free access to the land* est même garanti constitutionnellement et s'explique par le passé historique des Etats-Unis, notamment par l'esprit de liberté du *settler* américain.

tant qu'activité récréative, peut être considérée comme une activité légitime, pour autant qu'elle soit exercée dans des conditions bien définies, notamment dans le respect des textes internationaux en vigueur (dont notamment la directive 79/409/CEE[89]). Il est à craindre que cette condition préalable ne soit guère réalisable, vu la polarisation actuelle entre les camps pro et anti chasse.

Dans ce contexte, il est à espérer que le présent colloque, qui a rassemblé un grand nombre de personnalités dans le domaine de la protection de nature et de la chasse, aboutira à une concertation entre celles-ci et, plus généralement, entre tous ceux qui sont réellement concernés par la sauvegarde de notre patrimoine naturel. Car faut-il souligner encore que le véritable perdant de l'absence d'une telle concertation, voire du dialogue de sourds entre les milieux cynégétiques et les milieux de conservation de la nature, c'est bien notre patrimoine naturel commun ?

---

[89] Telle qu'interprétée par la Cour de justice : voir notamment C.J.C.E., 19 janvier 1994, affaire C-435-/92, Association pour la protection des animaux sauvages et préfet de Maine-et-Loire, préfet de la Loire-Atlantique, Rec., 1994, p. I-67.

Les modes de chasse

Annie CHARLEZ*

Tout d'abord, je tiens à préciser que le thème qui m'a été confié ne concernait pas l'ensemble de la 4ème partie du questionnaire, car la question que nous allons voir ne concerne que les modes de chasse, ce qui exclut le problème de la destruction des espèces dites nuisibles, qui ne constitue pas un acte de chasse, et les périodes de chasse.

Par ailleurs, il me paraît nécessaire d'insister sur la très grande diversité des modalités de chasse qui existe d'un pays étudié à l'autre, y compris au sein de l'Union européenne, les modes de chasse me paraissant découler très largement des phénomènes culturels.

Enfin, il paraît utile de souligner qu'il n'existe pas de convention internationale ni de directive européenne dont l'objet exclusif soit la chasse. En fait, la chasse n'apparaît que pour partie dans les conventions ou directives qui traitent de la faune sauvage ou de la conservation de la nature. Il s'agit donc d'une intervention indirecte des textes internationaux sur les pratiques de chasse.

En revanche, aucun texte international n'est intervenu à ce jour réglementant les autorisations ou permis que doivent posséder les chasseurs pour pratiquer leur activité de loisir.

Par ailleurs, ce qui caractérise l'exercice de la chasse dans les différents pays qui ont remis un rapport, c'est tout d'abord une constante, un mode de

* Chef du service juridique à l'Office National de la Chasse.

chasse fait l'unanimité : la chasse à tir avec arme à feu est pratiquée partout, du Maroc à la Norvège et du Royaume-Uni à la Tchèquie et la Pologne. En dehors de ce mode de chasse classique, la plus grande diversité règne dans les pays avec, peut être un record de complexité pour le Royaume-Uni et la France, et la plus grande simplicité pour la Norvège et l'Italie.

Je vous propose tout d'abord de faire un bilan des documents nécessaires pour pratiquer la chasse puis nous verrons quelles sont les modalités applicables à l'exercice de la chasse.

I - LES DOCUMENTS NECESSAIRES POUR CHASSER

Des documents administratifs spécifiques sont exigés dans tous les pays étudiés; la distinction s'opère entre ceux qui soumettent le chasseur à un examen préalable et ceux qui n'exigent pas cet examen.

Parmi ces derniers pays, figurent le Royaume-Uni, le Maroc et la Pologne. Pour le Royaume-Uni, l'exercice de la chasse à tir nécessite une autorisation de port d'arme ainsi que l'application de règles de sécurité très strictes pour la détention des armes au domicile du chasseur. En outre, des autorisations spécifiques sont exigées, dénommées *game licence* ou *game keeper licence*. Elles ne sont pas nécessaires pour la chasse à tir du lièvre ou du lapin chez soi ou en enclos, la vénerie du lièvre, celle des cervidés et de la chasse à courre du renard. Il est envisagé de supprimer ces licences sauf celle nécessaire pour la chasse au vol du fait de la détention des rapaces. Les licences entraînent le paiement de taxes spécifiques au profit de l'Etat.

Ces licences sont valables 1 an au maximum, quant au certificat concernant les armes, il est délivré pour 3 ans par les services de police. Le Maroc, quant à lui, délivre un permis de chasse assorti d'un permis de port d'arme contre le paiement de taxes d'Etat. En Pologne, un permis de port d'arme est nécessaire, assorti d'une adhésion obligatoire à l'association des chasseurs polonais qui perçoit une cotisation annuelle.

Pour l'Espagne actuellement, si une licence de chasse est demandée au chasseur, en revanche seules 3 provinces (Pays Basque, Navarre et Asturies) ne la délivrent pour les nouveaux chasseurs qu'après un examen.

Quant aux licences par elles-mêmes, elles varient suivant l'espèce chassée, y compris la chasse "rustique". Ces licences sont délivrées contre le paiement d'une taxe, bien évidemment, dont le montant n'est pas utilisé au profit de la chasse.

Tous les autres pays délivrent un permis de chasser après un examen qui comprend systématiquement une épreuve théorique concernant le droit de la chasse, la reconnaissance et la biologie de toutes les espèces sauvages, protégées ou chassables; la plupart des pays y ajoutent une formation pratique préalable ou postérieure à l'examen théorique qui ne donne pas systématiquement lieu à un épreuve spécifique.

Par ailleurs, ces permis de chasser peuvent être viagers (délivrés pour la vie du chasseur); c'est le cas de la France ou de la Norvège par exemple, ou avoir une durée déterminée, 10 ans pour le Portugal, 6 ans pour l'Italie par exemple. La Norvège a mis en place pour les jeunes de 15 ans, la possibilité d'une chasse accompagnée (identique à la conduite accompagnée des véhicules). Quant à l'Italie, elle prévoit des notions de premiers secours dans les épreuves pratiques obligatoires. Des taxes spécifiques au profit des Etats sont systématiquement payées par les chasseurs, leur destination réelle n'est en revanche pas précisée dans les rapports. Quant à l'accueil des chasseurs non résidents, là encore les solutions adoptées sont très variables soit que le tourisme cynégétique joue un rôle économique important ou non, soit que l'accès au territoire de chasse soit facile ou pas, soit que les documents requis des chasseurs étrangers soient délivrés largement ou non. Cette diversité de situation joue, que les pays concernés adhérent ou non à l'Union européenne. On peut s'interroger sur la possibilité de délivrer à terme un document unique européen analogue à la carte européenne d'arme à feu et qui pourrait résulter d'une équivalence admise entre les différents documents délivrés par les pays membres de l'Union. Une autre solution pourrait être mise en place d'un permis de chasser européen qui n'éliminerait pas les permis nationaux, mais qui pourrait se superposer à ceux-ci pour les chasseurs qui se déplacent au sein de l'Union.

Enfin pour ce qui concerne l'âge auquel le document peut être délivré, qu'il s'agisse d'un permis de chasse ou de chasser, il varie entre 15 et 18 ans.

Voyons maintenant comment se pratique la chasse dans les différents pays interrogés.

II - LES MODES DE CHASSE

Il convient avant toute chose de donner une définition de ce qu'est un mode de chasse.

On peut considérer qu'un mode de chasse se définit comme la manière utilisée pour parvenir à capturer l'animal de chasse. Nous ne limiterons pas l'étude réalisée aux seuls modes de chasse *stricto sensu*, nous l'élargirons également aux moyens et engins utilisés pour parvenir à la capture de l'animal de chasse.

Par ailleurs, nous l'avons dit, des textes internationaux sont intervenus qui limitent, voire interdisent, non pas les modes de chasse, mais l'utilisation de certains moyens ou engins tant pour la chasse que pour la destruction des nuisibles. Ces textes internationaux sont tout d'abord la convention de Berne du 19 septembre 1979 dont l'annexe IV fixe les moyens et méthodes de chasse et autres formes d'exploitation interdits. Ces moyens sont différents selon qu'il s'agit de mammifères ou d'oiseaux. C'est également l'annexe IV de la directive CEE 79/409 du 2 avril 1979 qui détermine les moyens que les Etats membres de l'Union européenne s'interdisent d'utiliser pour la chasse, la capture ou la mise à mort des oiseaux. Toutefois, l'article 9 de la directive permet aux Etats membres de déroger à cette annexe et à l'article 8 de la directive, s'il n'existe pas d'autre solution satisfaisante et pour permettre dans des conditions contrôlées et de manière sélective, la capture, la détention ou toute autre exploitation judicieuse de certains oiseaux en petite quantité. La directive habitat faune flore CEE 92/43 du 21 mai 1992 reprend ces mêmes dispositions de son article 16 e) pour ce qui concerne les moyens énumérés à l'annexe VI de cette directive. Nous reviendrons sur ces procédés qui sont considérés *a priori* non sélectifs ou trop destructeurs.

Nous avons dit, en introduction, à quel point les modes de chasse sont divers dans les pays considérés et reflètent leur culture, les pays ayant les modes de chasse les plus variés semblant être, au vu des réponses fournies, le Royaume-Uni et la France. Une originalité, la Suisse, qui définit les modes de chasse interdits au niveau fédéral.

Tous les pays pratiquent, nous l'avons dit, la chasse à tir avec armes à feu qu'il s'agisse de fusils ou de carabines. Toutefois, les modalités d'exercice de la chasse à tir sont diverses. Ainsi la chasse en battue (les chasseurs sont postés et une ligne de rabatteurs dirige le gibier vers les chasseurs) est pratiquée au Portugal, au Maroc et en France mais pas en République Tchèque. La chasse devant soi avec chien d'arrêt est, semble-t-il, autorisée partout, sauf en Pologne, pour le lièvre, la chasse à tir aux chiens courants est interdite en Norvège et en République Tchèque par exemple, les pays tels que l'Allemagne pratiquent volontiers la chasse à l'approche du grand gibier, c'est également le cas du Portugal et de la France pour sa partie nord-est. En outre, le Portugal, l'Allemagne et l'Italie pratiquent la chasse à l'affût à poste fixe. Une particularité pour l'Italie, la loi sur la chasse oblige le chasseur à choisir au début de chaque saison de chasse s'il pratiquera la chasse à poste fixe ou la chasse dite devant soi. Le choix opéré est irréversible pour toute la saison de chasse à venir.

La chasse à l'arc, qui est un des modes de chasse à tir, est autorisée en France, au Portugal, en Italie, mais interdite au Royaume-Uni et en Suisse, le Portugal autorise également l'arbalète qui paraît interdite dans les autres pays étudiés (à coup sûr en France, en Italie, au Royaume Uni, par exemple). Pour ce qui concerne la France, la chasse à tir nécessite l'obtention d'un certificat de capacité délivré après une formation spécifique, en sus du permis de chasser.

Autre mode de chasse pratiqué de façon courante, la chasse au vol à l'aide de rapaces. Ce mode de chasse particulier pose de surcroît le problème de la détention d'un oiseau d'une espèce protégée, qu'il s'agisse du faucon, de l'épervier ou de l'autour des palombes. Ces autorisations de détention sont, par exemple, délivrées en France de façon très restrictive, mais ces difficultés seront développées par ailleurs. Autre problème soulevé par ce mode de chasse, le prélèvement en nature de jeunes rapaces qui seront ensuite dressés, "affaités", les différents rapports n'indiquent pas les solutions apportées par les pays sur ce point. Les pays qui interdisent la chasse au vol semblent être la Norvège (le rapport ne cite que la chasse à tir avec armes à feu) et peut être également la Suisse du fait de la liberté laissée à chaque canton pour prononcer les interdictions de son choix en matière de chasse. Cette chasse est pratiquée dans tous les autres pays, le Portugal la permet soit à pied soit à cheval.

La chasse à courre, quant à elle, ne se limite pas à la seule chasse à cheval, avec des chiens, du grand gibier. En effet, la vénerie comporte également la chasse à courre à pied ou petite vénerie et la chasse sous terre avec des chiens. La chasse à courre se pratique dans tous les cas avec des chiens qui, normalement, sont constitués en meute et sont de race identique. Ces chiens sont dits créancés dans la voie d'un animal, c'est-à-dire qu'ils sont spécialisés dans la chasse d'une espèce, qu'il s'agisse du cerf ou du lièvre, par exemple.

La grande vénerie à cheval concerne généralement les grands animaux mais également le renard au Royaume-Uni, ce mode de chasse s'expliquant par l'absence de grand gibier en nombre aussi important qu'en Europe continentale. Au Maroc, la chasse à courre se pratique avec des meutes de sloughis pour le chacal. La vénerie se pratique avec des meutes de chiens courants, par opposition au chien d'arrêt qui, lui, est utilisé pour la chasse à tir, la vénerie dite sous terre consiste quant à elle dans la quête d'un animal (renard ou blaireau) à l'aide de chiens dits de déterrage (fox terrier par exemple), qui poursuivent l'animal dans son terrier où il est capturé par le chasseur. Les règles de capture des animaux par la vénerie sont très réglementées, soit par des codes de déontologie (Royaume-Uni) soit par une réglementation spécifique qui s'ajoute aux règles traditionnelles : c'est le cas de la France, où l'animal capturé est servi (tué) à l'arme blanche ou à l'aide d'une arme à feu. Au Portugal, l'usage de la lance est autorisé. En France, quelques équipages qui pratiquent la vénerie du sanglier servent l'animal à l'aide d'un épieu, la vénerie classique est pratiquée au Royaume-Uni, en France, au Maroc, au Portugal, en Suisse. Elle doit être interdite de manière définitive en Belgique vers l'an 2000.

Quant à la petite vénerie, elle s'exerce également avec une meute de chiens mais à pied et elle concerne généralement le lièvre, le veneur suivant à la course ses chiens lancés à la poursuite de l'animal de chasse. La chasse à courre est interdite en Italie, Pologne, Allemagne et Norvège, elle se limite à la chasse sous terre en République Tchèque et la vénerie à pied en Espagne.

Aussi bien la chasse au vol que la vénerie puis la chasse à tir peuvent être qualifiées de modes de chasse traditionnels, leur pratique remontant aux périodes très anciennes. La vénerie et la chasse au vol ne concernent qu'un petit nombre de pratiquants tout comme la chasse à l'arc en raison de leur très grande technicité. Elles opèrent un prélèvement très modeste par rapport au temps qui leur est consacré. Pour autant, elles ont été toutes les deux contestées, la vénerie en raison de la "cruauté" qui s'attacherait à sa pratique, la chasse au vol en raison des prélèvements qui seraient opérés en milieu naturel sur les jeunes rapaces par les chasseurs au vol. Une partie du problème est résolue dans ce dernier cas par l'apport de spécimens nés et élevés en captivité. Le même problème de cruauté "prétendue" se pose pour la chasse à l'arc ce qui, en France, a retardé sa réglementation et la nécessité de l'intervention du juge qui l'a considérée comme légale en tant que mode de chasse à tir.

Nous avons vu quels étaient les modes de chasse utilisés dans les différents pays étudiés, il convient maintenant de voir quels sont les moyens autorisés pour aider à la capture ou capturer les animaux chassés.

Les moyens qui aident à la capture de l'animal sont en général des moyens qui attirent le gibier vers le chasseur dont beaucoup sont interdits au niveau international ou européen, tel que bandes enregistrées, sources lumineuses artificielles, miroir. Les pays étudiés prohibent leur utilisation par des textes propres. En revanche, les appelants vivants ou les appeaux sont utilisés : les appelants sont des animaux (oiseaux) capturés vivants et qui sont utilisés principalement pour la chasse des oiseaux et pour appeler leurs congénères au Portugal, en Espagne pour la perdrix, en France pour la chasse du gibier migrateur. L'appeau, quant à lui, est un instrument qui imite le cri de l'animal chassé, femelle ou mâle, les appeaux sont utilisés en Allemagne pour la chasse du grand gibier.

D'autres moyens permettent par eux-mêmes la capture de l'animal de chasse et on les retrouve dans la discussion déjà largement engagée sur les chasses dites traditionnelles et qui sont en fait, comme Jérôme Fromageau nous l'a déjà montré hier, des méthodes de chasse utilisées par les paysans dans certains pays en raison de l'interdiction qui leur était faite d'accéder aux modes de chasse considérés comme réservés à la noblesse pour schématiser. La chasse était en effet, à l'époque, considérée en temps de paix comme un bon moyen d'entraînement à la guerre, les paysans pratiquant une chasse dite ménagère.

Avant de développer plus avant ce point, il m'apparaît important d'éliminer une ambiguïté largement médiatique selon laquelle la chasse de la tourterelle en mai en France serait une chasse traditionnelle. Il n'en est rien.

En effet, la chasse de la tourterelle se pratique avec une arme à feu : c'est donc une chasse à tir mais, c'est une chasse à tir en période de fermeture de la chasse et donc en temps prohibé *stricto sensu*. En revanche, d'aucuns pourraient revendiquer une période traditionnelle de chasse et non pas une "chasse traditionnelle". En outre, rappelons qu'il ne faut pas confondre la tourterelle des bois (*turturella turtur*) avec la palombe (*palumba palumbus*) qui est un pigeon ramier et dont la chasse se pratique dans le sud ouest au mois d'octobre et donc en période légale de chasse mais dans certains cas non à tir mais avec des moyens de chasse traditionnels ou "paysans".

Ces moyens de chasse traditionnels sont les filets ou pentes, les cages pièges, les gluaux, les collets. Ces moyens ne sont pas l'apanage de la France mais sont également utilisés, pour les filets, par exemple, par la République Tchèque et l'Espagne. Le Portugal, quant à lui, autorise également le bâton. Ces moyens de chasse, à l'exception du collet, capturent les animaux vivants. En France, leur utilisation est strictement encadrée quant aux lieux, au nombre d'utilisations autorisées, au titulaire de l'autorisation et dans une certaine mesure, eu égard aux connaissances scientifiques imparfaites des effectifs des populations concernées, au prélèvement opéré qui est limité par installation et pour l'ensemble du territoire français puis par département autorisé.

Ces moyens sont au regard des conventions ou directives CEE applicables, normalement prohibés. Toutefois, les directives oiseaux et habitats permettent aux Etats membres de déroger à l'application de ces mesures dans certaines conditions. Nous ne reviendrons pas sur ce débat, mais observons simplement que, parmi ces pratiques traditionnelles de chasse, certaines nécessitent une telle technicité pour un prélèvement minime qu'elles ne sont quasiment plus pratiquées et qu'elles sont à terme en voie d'extinction.

Précisons également que le mode classique de chasse, celui qui est le plus répandu, la chasse à tir, est d'accès beaucoup plus facile et occupe la plus large place dans le prélèvement opéré et dans le nombre de pratiquants.

Par ailleurs, un certain nombre de pays utilisent vraisemblablement des moyens analogues non pas pour la chasse mais pour la destruction des animaux dits nuisibles, par exemple le Royaume-Uni. En effet, la destruction des nuisibles se fait à la diligence d'un responsable avec des moyens appropriés sans que ceux-ci soient énumérés. Ainsi au Royaume-Uni, les moyens prohibés par la directive oiseaux sont prohibés pour la capture de certaines espèces figurant à l'annexe 6 du *Wildlife Countryside Act*, ces moyens, selon la doctrine en vigueur, peuvent en revanche être utilisés pour les animaux ne figurant pas dans cette annexe.

En fait, et ce sera ma conclusion, il me paraît que ce qui importe réellement dans la gestion cynégétique, si elle veut être en accord avec les connaissances scientifiques dont nous disposons, tient moins aux modes de capture des animaux, qui sont des phénomènes purement culturels, que dans la limitation stricte tant en qualité qu'en quantité des prélèvements qui peuvent, à des périodes déterminées, être opérés et dans la préservation des conditions d'accueil, sur le territoire de ces espèces par une politique active de préservation, voire de restauration, des habitats. Dès lors que ces deux préalables sont réunis, y compris par le biais d'une gestion internationale des oiseaux migrateurs, le débat sur les modes de chasse ou les méthodes de capture me paraît moins juridique que philosophique.

La fauconnerie

Christian de COUNE*
et
Claude BUSSY**

La fauconnerie présente au regard du droit et des autres techniques de chasse une double particularité : celle d'être sans doute le mode de chasse le plus tôt codifié et réglementé (I), au moins en Europe, et d'être aujourd'hui celui qui est le plus étroitement intégré dans le droit de l'environnement, pour le meilleur et pour le pire.

L'étude comparative entreprise dans près de vingt pays différents par l'I.A.F[1] , et dont on trouvera ci-après la synthèse, n'est pas seulement l'occasion de brosser un tableau du traitement réservé à la chasse au vol dans le droit international ou national (II).

C'est aussi l'occasion de faire valoir moins le point de vue - largement exprimé dans ce type de colloque - du juriste et de "producteur de normes", que celui du destinataire de ces mêmes normes qu'est le chasseur au vol (III), à l'intersection d'approches parfois antagonistes de la nature et de l'exploitation rationnelle de ses ressources.

---

* Président de l'Association Internationale de la Fauconnerie.
** Vice-Président de l'A.N.F.A.
[1] International Association for Falconry and Conservation of Birds of Prey

I - A LA RECHERCHE DU DROIT PASSE

A) Les prémices du droit cynégétique

La fauconnerie est, malgré des origines sujettes à controverse, vieille d'au moins 3000 ans. Les Germains l'auraient importée en Europe au IVème siècle. Bien avant la vénerie ou le piégeage, et bien que dépourvu de modèle antique, ce mode de chasse est très tôt décrit et codifié. Le roi burgonde, Gondebaud, édicte dès 501 une loi relative à la fauconnerie.

Les conciles de 506, 517 et 518 interdisent au clergé de pratiquer la fauconnerie. La leçon ne porte pas (ou la passion l'emporte sur le droit) puisque les capitulaires de Charlemagne rééditent cette prohibition en l'an 800.

Dès le haut Moyen-Age, la fauconnerie fait l'objet de nombreux codes visant à réglementer strictement la détention ou la capture des rapaces et leur utilisation pour la chasse au vol : déjà se mêlent le souci de réglementer un mode de chasse et d'assurer la protection des oiseaux, derrière la volonté d'en monopoliser l'usage[2]. On peut donc considérer que la protection des rapaces est le fait des fauconniers.

"L'unité de droit" est une autre caractéristique de cette période. Ceux qui l'élaborent sont les mêmes qui pratiquent la fauconnerie et la décrivent, dans une littérature dont l'abondance surprend les médiévistes.

Ces chasseurs font du "déduit d'oiseau", loin de toute finalité lucrative ou alimentaire, un art de vivre et une éthique.

B) La protection retrouvée - La fauconnerie perdue ?

La fauconnerie va connaître son apogée au XVIIème siècle. Mais les profonds bouleversements de la fin du XVIIIème siècle et le perfectionnement des armes à feu entraîneront très rapidement la quasi disparition de la fauconnerie dans toute l'Europe.

"Plus de fauconnier, plus de protecteur" : d'oiseau protégé et entretenu le rapace passe au statut, parfois peu enviable, de "bec crochu" et de "nuisible"[3].

Ce n'est qu'au début de la seconde moitié du XXème siècle que des mesures de protection des rapaces commencent à réapparaître dans les lois. A l'initiative des fauconniers, d'ailleurs, inquiets de l'évolution de certaines espèces.

---

[2] En fait, et en dépit des idées reçues, c'est seulement sous Charles VI que la fauconnerie échappera, en France, au roturier.

[3] Ainsi la convention du 19 Mars 1902 pour la protection des oiseaux utiles à l'agriculture classe-t-elle encore l'essentiel des falconiformes dans la liste des oiseaux nuisibles.

Ironie de l'Histoire : ces mêmes dispositions légales que les fauconniers appelaient tellement de leurs voeux constituent aujourd'hui une menace des plus sérieuses pour la survie de la fauconnerie.

II - DU COTE DES LEGISLATIONS INTERNATIONALES ET NATIONALES

A) Un droit international attentif à "l'exception culturelle"

Avant de brosser un bref tableau du traitement réservé à la chasse au vol dans les législations de différents pays qui nous entourent voyons le sort que le législateur international lui a réservé. Sort qui relève d'un régime dérogatoire accordé en quelque sorte à titre "d'exception culturelle" - et dont bien peu de modes de chasse ont bénéficié par ailleurs.

La convention internationale de Paris[4] pour la protection des Oiseaux du 18 Octobre 1950 protège tous les oiseaux pendant la période de reproduction et pendant la migration de retour et protège toute l'année les espèces menacées d'extinction ou présentant un intérêt scientifique. "Des exceptions aux dispositions de la présente convention peuvent être accordées par les autorités compétentes dans l'intérêt de la science, de l'éducation, ainsi que dans l'intérêt du repeuplement et de la reproduction des oiseaux gibier et de la fauconnerie...".

Il est intéressant de constater que la plus ancienne initiative internationale en matière de protection des oiseaux ait très explicitement voulu sauvegarder la fauconnerie.

Plus récente et mieux connue, la directive 79/409 sur la conservation des oiseaux sauvages du 2 avril 1979 s'est prononcée tout aussi explicitement en faveur de la fauconnerie en la citant dans ses dispositions relatives à la chasse: "les Etats membres s'assurent que la pratique de la chasse, y compris le cas échéant la fauconnerie, (...) respecte les principes d'une utilisation raisonnée" (art.7). Par ailleurs, la directive permet de déroger pour permettre "la capture, la détention ou toute autre exploitation judicieuse de certains oiseaux en petites quantités" (art.9).

Cette latitude n'existait pas dans le texte de la proposition de directive, les fauconniers s'en sont émus et, sous la houlette de leur association internationale, ont attiré l'attention des autorités sur cette lacune. Le Comité Economique et Social a alors recommandé que des dispositions soient prises pour assurer la survie de ce "sport ancien et légitime".

[4] Cette convention a été ratifiée par la Belgique, les Pays-Bas, l'Espagne, la Suisse, la Suède et la Turquie et y ont adhéré, l'Islande et le Luxembourg.

La convention de Berne relative à la conservation de la vie sauvage et du milieu naturel de l'Europe comporte des dispositions dérogatoires (art. 9) quasiment identiques à celles de la directive 79/409, mais ne cite pas nommément la fauconnerie. Cependant le Comité Permanent de cette convention a reconnu très explicitement que la fauconnerie pouvait constituer un motif de dérogation.

On peut donc dire qu'au plan international la voie était tracée. Il restait donc aux Etats membres ou aux parties contractantes à traduire dans leur droit national ce que le législateur international leur avait permis.

B) Parcours initiatiques comparés

La diversité culturelle et naturelle de notre vieux continent ne pouvait pas manquer de nous offrir une grande diversité de lois régissant la fauconnerie.

Le sort de la fauconnerie dans les pays européens est globalement favorable (puisque ce mode de chasse y est exceptionnellement interdit). Encore faut-il relativiser cette situation en la comparant à celle du nouveau monde.

En fait, les menaces qui pèsent aujourd'hui en Europe sur la chasse au vol tiennent moins à une contestation ouverte de ce mode de chasse qu'à l'imbrication entre droit de chasse et de l'environnement, génératrice de complexités réglementaires parfois insurmontables.

La question de savoir quels sont les pays d'Europe où la fauconnerie est interdite est souvent posée. En réalité il n'y en a qu'un : le Danemark, où la loi sur la chasse interdit explicitement l'emploi de rapaces pour la chasse; mais par contre la détention de rapaces y est autorisée : on peut faire tout ce que l'on veut avec des rapaces sauf prendre du gibier...

Un autre pays a tenté d'interdire la fauconnerie, c'est l'Espagne. Un décret d'application de la loi sur la conservation de la nature a inclus parmi les moyens de capture et de mise à mort massifs et non sélectifs... la fauconnerie (et le furet). La fauconnerie a bien failli mourir d'une balle perdue : tuer la fauconnerie en visant les moyens de mise à mort massifs, c'est ce qu'on appelle faire une victime non-cible...! La Cour Suprême vient de déclarer que ce décret est sans effets juridiques et ne peut donc s'appliquer. Il restera alors aux dix-sept régions autonomes à réglementer la chasse au vol.

Certains pays, comme par exemple le Grand Duché de Luxembourg et la Suède, énumèrent limitativement les modes et procédés de chasse licites. La fauconnerie ne s'y trouve pas. Il ne s'agit pas à proprement parler d'une interdiction mais le résultat est le même.

On peut donc dire qu'à quelques exceptions près la fauconnerie peut se pratiquer licitement sur la quasi totalité du territoire européen[5]. Il est à remarquer qu'aucun des pays passés en revue ne possède une législation spécifique en matière de fauconnerie. Celle-ci est traitée dans la loi sur la chasse ou dans la loi sur la conservation de la nature et le plus souvent dans les deux.

Seule la Région Wallonne (Belgique) faisait exception et s'était donnée une législation, d'ailleurs excellente, couvrant tous les aspects de la fauconnerie, allant de l'acquisition des oiseaux à l'agrément d'associations de fauconnerie en passant par l'organisation de l'examen de fauconnerie, le baguage des oiseaux ou la reproduction en captivité. Tout y était. Cette législation vient d'être abrogée pour incorporer la fauconnerie dans la loi sur la conservation de la nature.

On peut comparer le traitement réservé à la chasse au vol dans les différents pays à travers les quatre éléments constitutifs de la fauconnerie que sont :

a) la détention de rapaces,
b) la pratique de la chasse au vol,
c) l'approvisionnement en rapaces,
d) les moyens de contrôle.

a) La détention des rapaces

1) Qui peut détenir quoi et combien ?

En règle générale c'est, on l'a souligné, un régime d'exception pour les seuls fauconniers ou leurs associations qui prévaut.

En région Wallonne, seuls les fauconniers peuvent détenir des rapaces protégés; en Tchèquie, seuls les fauconniers peuvent détenir des rapaces dressés; en Hongrie, en pratique, seuls les membres de l'association des fauconniers sont autorisés à détenir des rapaces.

En Afrique du Sud, c'est l'association des fauconniers qui décide qui est à même de détenir un rapace; au Zimbabwe seuls les fauconniers de degré A et B peuvent détenir des rapaces d'espèces spécialement protégées; en Allemagne, outre les zoos et les institutions scientifiques, il faut avoir réussi l'examen de fauconnerie pour pouvoir détenir des rapaces.

En Grande Bretagne et au Portugal, quiconque acquiert licitement un rapace peut le détenir.

On voit que la détention de rapaces est généralement réservée aux fauconniers.

---

[5] A titre de comparaison, aux Etats-Unis, la fauconnerie est permise dans 46 des 50 Etats.

2) Quels sont les rapaces qui peuvent être détenus ?

Les législations se montrent moins restrictives sur les espèces d'oiseaux que l'on peut détenir que sur leurs détenteurs. Toutefois, l'Allemagne ne permet de chasser qu'avec trois espèces parmi les rapaces indigènes; la Hollande ne permet de chasser qu'avec deux espèces et la Région Wallonne a désigné sept espèces de rapaces protégés que les fauconniers peuvent détenir. En Afrique du Sud, on ne peut pas utiliser d'aigles pour la fauconnerie, et la Hongrie a exclu la détention du Faucon Sacre. Le caractère très restrictif de la loi hollandaise remonte aux années trente : lors de la rédaction de la loi sur la chasse, le législateur a demandé à un représentant des quelques fauconniers quels étaient les oiseaux qu'ils utilisaient. Il lui fut répondu le Faucon Pèlerin et l'Autour. Et c'est ainsi que ces deux oiseaux on été désignés comme seuls licites pour la chasse.

A l'heure actuelle, la reproduction en captivité et les moyens modernes de transport mettent à la disposition du fauconnier un large éventail d'espèces de rapaces qui conviennent parfaitement à la fauconnerie mais le législateur néerlandais refuse obstinément d'adapter la loi sur ce point.

En règle générale, la sélection se fait sur les personnes susceptibles de détenir des oiseaux plutôt que sur le type ou le nombre d'oiseaux qui peuvent être détenus.

3) Combien d'oiseaux peuvent être détenus ?

Sauf exception, les lois s'en remettent apparemment au bon sens des fauconniers et au fait que les associations de fauconnerie recommandent généralement à leurs membres de ne pas détenir plus de rapaces que ce dont ils peuvent s'occuper convenablement.

Parfois, l'origine de l'oiseau est un facteur discriminant. Par exemple, en Allemagne le fauconnier ne peut détenir que 2 vautours, 2 faucons pèlerins ou 2 aigles royaux, même si ceux-ci sont issus de la reproduction en captivité; par contre, il n'y a pas de limite pour les espèces non-indigènes.

Le fauconnier tunisien ne peut détenir qu'un seul oiseau et celui du Zimbabwe se voit imposer quelques restrictions quantitatives; mais il y a lieu de préciser qu'en ce qui concerne ces deux pays, il s'agit d'oiseaux qui ont été prélevés dans le milieu sauvage.

4) Que faire si l'on veut détenir un rapace en vue de la fauconnerie ?

Les formalités varient considérablement d'un pays à l'autre.

En Suisse, le parcours semble plus compliqué qu'ailleurs : les demandes d'autorisation doivent être introduites à quatre niveaux de pouvoir différents mais cette complication peut n'être qu'apparente étant donnée la diligence des différentes instances.

La France a longtemps réservé aux seuls fauconniers un parcours administratif à deux niveaux : ministériel pour les désairages et départemental pour les autorisations de détention, utilisation et transport des rapaces. L'aboutissement des démarches varie de trois à vingt-quatre mois, après une série impressionnante d'avis et de consultations !

La Grande Bretagne, quant à elle, est un modèle de simplicité : si un oiseau a été acquis licitement, il peut être détenu sans autre formalité que de signaler son acquisition au Ministère de l'Environnement et encore cette formalité n'est-elle pas requise pour toutes les espèces. On ne doit pas déclarer la détention de crécerelles (qui ne sont pas à proprement parler des oiseaux de fauconnerie) ni d'éperviers. Les autorités partent du principe que ces oiseaux sont tellement communs qu'il n'y a pas de raison de surcharger les services officiels.

Au Portugal et en Région Wallonne, il suffit que l'oiseaux soit en règle avec la CITES (convention de Washington) pour que l'on puisse le détenir, mais souvenons-nous qu'en Région Wallonne seuls les fauconniers peuvent détenir des rapaces.

b) La pratique de la fauconnerie

Là encore, la diversité est de rigueur même si les conditions de la chasse au vol intéressent moins le législateur et l'administration que l'origine du rapace ou ses conditions de détention.

1) Qui peut chasser à l'oiseau ?

Celui qui est d'abord détenteur d'un permis de chasse(r).

L'Allemagne, l'Autriche, la Hongrie, la Tchèquie ont prévu un permis spécifique pour la fauconnerie, permis qui s'ajoute au permis de chasse(r) "normal".

En région Wallonne, il faut un permis de chasse, le même que pour la chasse à tir, il en va de même pour l'Italie.

Le législateur portugais prépare un permis spécifique pour la fauconnerie.

En Suisse, il faut une autorisation spéciale pour détenir des rapaces en vue de la chasse au vol, cette autorisation tient lieu de permis de fauconnerie.

La Hollande a un permis spécifique pour la fauconnerie.

2) Faut-il passer un examen ?

Il faut même en passer deux en Allemagne, en Tchèquie et en Hongrie : l'examen pour la chasse à tir et l'examen de fauconnerie.

Il y a un examen de fauconnerie spécifique dans le canton de Zurich et au Zimbabwe.

Le Portugal est occupé à élaborer un examen de fauconnerie et même des cours officiels.

La législation de la Région Wallonne, aujourd'hui abrogée, prévoyait un examen spécifique pour les fauconniers.

Aux Etats-Unis, il existe différents grades de fauconniers requérant chaque fois un examen. Le Zimbabwe s'est inspiré de ce système. Selon leur grade, les fauconniers peuvent détenir certaines espèces de rapaces ou en capturer.

La Hollande élabore depuis des années un examen de fauconnerie. A part la Région Wallonne qui l'a supprimé, l'examen de fauconnerie semble faire de plus en plus d'adeptes.

Sauf exceptions, le fauconnier ne doit pas être affilié à une association de fauconnerie. Il doit être membre d'une association en Tchèquie, en Hongrie, en Tunisie et au Zimbabwe, il devait l'être en Région Wallonne mais la législation ayant été abrogée, cette obligation a aussi disparu.

3) La saison de chasse

Dans certains pays, les fauconniers bénéficient d'une saison de chasse plus longue que celle réservée à la chasse à tir; il en va ainsi des Etats-Unis, de la Tchèquie, de la Tunisie, de la Région Wallonne.

La Grande Bretagne a une saison de chasse au vol pour certaines espèces de gibier que les chasseurs à tir ne peuvent pas chasser comme, par exemple, l'alouette ou le merle.

En Afrique du Sud, si l'oiseau prend un gibier dont la chasse n'est pas ouverte, le fauconnier peut nourrir son oiseau dessus, sur place, mais il ne peut pas emporter la dépouille.

En Extrémadure, le fauconnier peut chasser toute l'année mais il ne peut pas prendre plus de gibier que ne l'auraient fait ses congénères sauvages; on part du principe que si l'oiseau était resté sauvage, il aurait aussi chassé toute l'année.

Par contre, en Suisse, le fauconnier ne peut chasser que la Pie et la Corneille.

La Région Wallonne a une restriction assez originale qui, d'ailleurs ne dérange absolument pas le fauconnier : on ne peut pas vendre le gibier tué par un oiseau de fauconnerie.

c) D'où viennent les oiseaux des fauconniers ?

Ils sont, soit importés, soit reproduits en captivité ou prélevés dans le milieu sauvage.

1) L'importation est réglée par la convention de Washington et le cas échéant, par le règlement CEE 3626/82.

Les rapaces importés peuvent être des oiseaux d'origine sauvage ou issus de la reproduction en captivité. L'importation d'oiseaux qui ont été capturés dans la nature peut s'avérer extrêmement compliquée quand il s'agit d'une introduction dans la Communauté Européenne. En effet, le règlement 3626/82 a classé tous les rapaces du monde entier dans son annexe A : c'est-à-dire qu'ils sont traités comme s'ils étaient des animaux menacés d'extinction, alors qu'il s'agit le plus souvent d'espèces florissantes comme, par exemple, l'Autour.

En principe, les oiseaux munis du document CITES adéquat peuvent circuler librement dans toute la Communauté, mais les Etats membres peuvent appliquer des mesures plus strictes. En pratique cette liberté de mouvements est assez bien respectée.

Le Règlement CEE 3626/82 va être remplacé, probablement dans le courant de l'année prochaine, par un règlement "relatif à la protection des spécimens d'espèces de faune et de flore sauvages par le contrôle de leur commerce". Les formalités d'introduction dans la communauté seront encore plus compliquées qu'avant et tous les déplacements dans la Communauté seront soumis à autorisation préalable. La libre circulation des fauconniers sera gravement entravée. Sans préjuger du résultat (ce règlement n'en est encore qu'au stade de proposition), il semble bien qu'il ne faille plus s'attendre à ce que le texte puisse encore être modifié. Hélas !

2) La reproduction en captivité de rapaces est une technique qui a été "inventée" et développée essentiellement par les fauconniers. Elle a été largement utilisée pour la reconstitution des populations de faucons pèlerins décimés par l'intoxication aux pesticides. Elle est devenue la principale source d'approvisionnement en rapaces pour la fauconnerie, surtout en ce qui concerne les faucons.

Comme nous l'avions vu précédemment, la Région Wallonne ne permet de détenir que des rapaces reproduits en captivité. Il semble bien que ce soit la seule législation qui aille si loin car le recours à cette technique n'a pas toujours de justification quand on connaît à la fois les besoins des fauconniers et l'état de conservation favorable de nombreux rapaces.

3) Troisième source d'approvisionnement, le prélèvement de rapaces dans la nature. C'est la plus ancienne mais c'est aussi aujourd'hui la plus limitée par des considérations plus idéologiques que scientifiques.

L'Irlande octroie aux fauconniers un certain quota annuel de faucons pèlerins. Si la demande dépasse le quota, les bénéficiaires sont tirés au sort...

La Communauté autonome de Catalogne a prévu un système assez original : si un fauconnier veut "désairer" un faucon pèlerin, il doit démontrer que la région où il compte opérer ce prélèvement possède une population nicheuse d'au moins 10 couples par 300 km2. Cette densité de population varie selon l'espèce que l'on veut désairer : pour l'autour, il faut 5 couples pour 50 km2.

La loi permet, dans un certain nombre de pays, le prélèvement dans la nature de rapaces pour la fauconnerie mais ils refusent de délivrer l'autorisation adéquate. C'est, par exemple, le cas des Pays-Bas où, soit dit en passant, la population nicheuse d'Autours est passée en quinze ans de 400 couples à 2 500. Les autorités refusent néanmoins de délivrer des permis de désairages, alors qu'il serait légal de le faire. Ceci prouve, si nécessaire, que la politique en matière d'exploitation de la faune sauvage ne suit pas toujours les réalités biologiques sur le terrain. Il en va de même de l'Italie qui pourrait donner des autorisations de prélèvement mais ne veut pas le faire.

La Grande-Bretagne et le Portugal donnent des autorisations dans des cas exceptionnels; c'est ainsi que le Portugal a permis le prélèvement de quelques faucons pèlerins comme géniteurs pour la reproduction en captivité.

La loi tunisienne précise que l'on peut prélever deux faucons pèlerins par aire. Mais si l'aire ne contient que deux jeunes, il faut en laisser un; si elle n'en comporte qu'un il faut le laisser là.

D'une façon générale, ce sont l'autour et l'épervier qui peuvent être capturés. Il en va ainsi de l'Allemagne où les fauconniers peuvent capturer un autour par an, soit par désairage soit par piégeage.

La France, la Hongrie, la Tchèquie, la Slovaquie, l'Autriche, la Pologne couvrent également leurs besoins en autours par le prélèvement de sujets sauvages. L'Irlande ne permet pas le désairage d'autours : l'autour n'existe pas en Irlande; par contre, on peut désairer des éperviers. A ce propos, il convient de citer le cas de la Tunisie, de la Géorgie et de la Turquie où la chasse à l'aide d'éperviers est quasiment un sport national : les éperviers sont capturés au cours de leur migration et sont relâchés quand la saison de la chasse est terminée. Il s'agit là plutôt d'oiseaux empruntés à la nature que réellement prélevés.

La loi tunisienne réglemente d'une façon précise la façon dont la capture peut s'opérer.

En Afrique du Sud et au Zimbabwe, la grande majorité des oiseaux utilisés par les fauconniers proviennent de la nature.

Aux Etats-Unis, les fauconniers peuvent prélever pratiquement tout ce dont ils ont besoin à l'exception du faucon pèlerin et d'espèces rares. Il leur suffit de signaler aux autorités qu'ils ont capturé tel ou tel oiseau. A ce sujet, il est intéressant de noter que le Ministère de l'Intérieur des Etats-Unis vient de proposer de retirer le faucon pèlerin de la liste des oiseaux menacés. Les fauconniers pourront alors à nouveau capturer ce superbe oiseau. Le raisonnement de ce ministère est que le Faucon pèlerin reconstitue bien ses effectifs et que c'est notamment grâce aux efforts des fauconniers qui sont à l'origine de la réintroduction de spécimens reproduits en captivité. La volonté est donc manifeste d'adapter les législations à l'évolution des réalités biologiques et de remercier les fauconniers pour ce qu'ils ont fait en faveur des rapaces.

Il est à noter, qu'en Europe, le faucon pèlerin s'est rétabli d'une façon encore plus spectaculaire qu'aux Etats-Unis. Il ne nous reste plus qu'à attendre que les législations évoluent avec les réalités de terrain, même si l'esprit n'est pas à la déréglementation en matière d'environnement, ni même à proportionner les niveaux de contrôle aux enjeux de protection, dans la vieille Europe !

d) Les moyens de contrôle

Nous avons vu qui pouvait détenir un rapace et chasser, quels oiseaux pouvaient être détenus et les moyens de se les procurer. Quelles sont maintenant les mesures permettant la détention de ces oiseaux protégés ?

La directive 79/409 et la Convention de Berne permettent la capture et la détention d'oiseaux protégés à condition notamment que cela se fasse en petites quantités et "dans des conditions strictement contrôlées". Législateurs et administrations ont donc mis au point des mesures de contrôle visant pour l'essentiel à garantir la pérennité des espèces, à s'assurer de l'origine et parfois des déplacements des spécimens.

Dans la plupart des pays européens, les rapaces détenus par les fauconniers doivent être bagués. En Grande-Bretagne, la buse, l'épervier et la crécerelle ne doivent pas être bagués, tellement ils sont communs... En Tchèquie, seuls les oiseaux nés en captivité doivent être bagués. En Afrique du Sud, seuls les oiseaux qui sont remis en liberté doivent être bagués.

Les Pays-Bas viennent d'instaurer le baguage obligatoire des oiseaux détenus par les fauconniers. La procédure de baguage est intéressante : le Ministère de l'Agriculture a crée un organisme où ne siègent que des fauconniers; cet organisme est chargé du baguage des oiseaux et de la tenue par ordinateur d'un registre. Cette forme de privatisation ou de sous-traitance est originale. Elle décharge les autorités d'une tâche fastidieuse et, en outre, elle responsabilise les fauconniers en les chargeant d'exercer eux-mêmes le contrôle des fauconniers.

En Hongrie, le baguage se fait par l'association des fauconniers. En région Wallonne, le baguage se fait en présence d'un agent des eaux et forêts.

Il en va plus ou moins de même en Allemagne, en Grande-Bretagne, en Suisse et en France.

Dans pratiquement tous les pays considérés, les oiseaux détenus par les fauconniers sont inscrits dans un registre où toute acquisition d'oiseau, perte, mort ou cession doivent être mentionnées.

L'Afrique du Sud et le Zimbabwe ne sont pas légalement tenus d'avoir un tel registre mais ils le font quand même au niveau de leurs associations.

Aux Etats-Unis, depuis 1989, seuls le Faucon pèlerin, le Faucon gerfaut et la Buse de Harris doivent être bagués et enregistrés. Le Ministère de l'Intérieur des Etats-Unis avait lancé une enquête publique sur l'opportunité de réduire les mesures de contrôle sur les fauconniers. Le résultat a été que seules ces trois espèces doivent encore être baguées et enregistrées. L'idée à la base de cette décision était que la fauconnerie occasionnait une bureaucratie absolument disproportionnée. Le Ministère justifiait cette simplification en ces termes : "la fauconnerie est une activité de petite dimension, impliquant peu de personnes et ayant peu ou pas d'impact sur la nature".

Il est à noter qu'il n'y a pas moins de fauconniers aux Etats-Unis que dans toute l'Europe et que les rapaces sauvages se portent au moins aussi bien en Europe qu'en Amérique du Nord. Ce sont moins les réalités biologiques que le pragmatisme et la vitesse d'adaptation du droit environnemental qui diffèrent d'un continent à l'autre !

III - DEUX CONCEPTIONS DE LA NATURE RECONCILIEES ET RETROUVEES ?

De la grande diversité des réglementations, on peut tirer certaines constantes et souligner certaines originalités. Il est tentant de cueillir dans les différents jardins que nous avons visités, une fleur par-ci et une fleur par-là, et d'en faire un bouquet que nous présenterions comme le canevas à suivre pour rédiger une loi idéale sur la fauconnerie.

Un bon nombre de pays ne permet la détention de rapaces qu'aux fauconniers. Ce monopole est peut-être un peu excessif.

Peu nombreux sont les pays limitant le nombre d'espèces de rapaces qui peuvent être détenus. Lorsqu'il s'agit d'oiseaux d'élevage, une telle limitation ne se justifie pas. Quant aux oiseaux d'origine sauvage, tout dépend de l'état des populations.

Rares sont les pays qui imposent un nombre maximum d'oiseaux que le fauconnier peut détenir. Un tel *numerus clausus* serait arbitraire. Certains fauconniers ont tout juste le temps de s'occuper d'un oiseau alors que d'autres peuvent en voler bien plus.

La sélection des fauconniers sur la base de leurs compétences est une bonne chose et bon nombre de pays ont instauré un examen. Dès lors qu'une sélection sévère est appliquée aux fauconniers, il n'y a aucune raison d'imposer au candidat détenteur d'oiseau d'autres formalités dont la complexité ne se justifie pas au regard de la conservation de la ressource naturelle que sont les populations de rapaces.

Dans la plupart des systèmes juridiques, il paraît difficile d'obliger les fauconniers à être membres d'associations. Peu de pays l'ont fait. On pourrait peut être envisager d'accorder certaines facilités aux fauconniers qui se sont affiliés à des groupements reconnus. Qui mieux que les fauconniers eux-mêmes sont capables de juger des aptitudes du candidat et de s'assurer qu'il respecte les lois et règlements ?

Pour ce qui est de l'approvisionnement en rapaces, plutôt que d'accorder un monopole aux éleveurs, il n'y a pas de raisons de ne pas permettre aux fauconniers sévèrement sélectionnés ou aux associations reconnues de prélever un certain nombre d'oiseaux dans la nature. Ce ne sont pas les législations internationales qui l'empêchent.

Ironie de l'Histoire et d'une vieille tradition régalienne, la détention ou la capture d'un rapace relève, tout au moins en Europe, d'un régime d'exception où le crime écologique de "lèse-nature" aurait remplacé celui de lèse-majesté.

Très éloignée des réalités biologiques, la symbolique manichéenne attachée aux rapaces et aux prédateurs en général n'est sans doute pas étrangère à cette situation et aux avatars statutaires de ces oiseaux - tantôt nuisibles, tantôt protégés, voire sacralisés par nos sociétés.

A l'image de ses pratiquants issus à la fois du monde de la chasse et de l'ornithologie, la fauconnerie moderne est le produit - et parfois la victime - d'une confluence entre deux approches de la nature et entre police de la chasse et droit de l'environnement.

Un droit souvent vaniteux, parfois par impuissance, et qui feint de croire qu'on peut réglementer le vivant comme l'inerte. Un droit qui n'émet guère de doutes sur son efficacité[6] mais surtout sur les sources scientifiques (biologie, écologie) qui l'inspirent et qui sont encore loin d'être rigoureuses. Un droit, enfin, peu adaptatif et peu soucieux de ses destinataires; qui n'a pas su encore trouver un équilibre entre une approche conservationniste et une approche plus utilitariste de la nature et de ses ressources.

La situation désormais favorable de nombreuses espèces; les nouveaux moyens de contrôle de l'origine licite des oiseaux (par empreinte génétique); les facultés de reproduction offertes pour les espèces rares ou menacées (et

[6] encore que la surèglementation actuelle puisse s'analyser en ce domaine comme un aveu de scepticisme quant aux politiques environnementales fondées sur le seul juridisme.

qui pourraient déboucher sur un statut spécifique pour les spécimens non domestiques nés en captivité) sont autant d'éléments qui militent en faveur d'une nouvelle réglementation à l'image du modèle américain : simple, proportionnée aux enjeux, pragmatique, et respectueuse de ses destinataires.

En s'assurant en amont de l'état des populations sauvages et de l'origine des oiseaux de proie; en aval, de leur bien-être (et donc d'un minimum de compétences pour leurs détenteurs) l'administration devrait pouvoir - sans bureaucratie inutile, coûteuse et mesquine - dans un cadre légal et transparent, assurer à la fois sa mission de préservation des rapaces et d'un art cynégétique plusieurs fois millénaire.

Le droit pénal de la chasse

José SOUTO MOURA*
et
Marie José LITTMANN-MARTIN*

A l'origine de cette synthèse sur le droit pénal de la chasse, le travail effectué par M. J. Souto-Moura qui, au grand regret des organisateurs et participants au Colloque, ne put présenter son rapport. Contraint d'annuler, au dernier moment, son déplacement à Strasbourg, il me chargea de le remplacer dans cette tâche. Cette mission nécessita un exercice délicat alliant deux impératifs : fidélité à la pensée du rapporteur en titre, adaptation nécessaire aux évolutions d'un colloque dynamique au cours duquel plusieurs questions avaient déjà été évoquées.

Cette publication est donc le résultat d'une double contribution réunissant les efforts du rapporteur désigné, qui utilisa avec habilité les rapports nationaux qui lui avaient été transmis, et ceux de son porte-parole, attentif à la réceptivité d'un auditoire mis en éveil par une journée et demie d'échanges soutenus.

Un bref aperçu historique est l'occasion de rappeler l'évolution du rôle de la chasse à travers les âges; activité de survie exercée librement dans les temps reculés, privilège féodal et royal, prérogative du droit de propriété

* Procureur général adjoint de la République du Portugal.
* Professeur à l'Université Robert Schuman de Strasbourg, Directeur du Centre du Droit de l'Environnement.

affirmée lors de la Révolution française, conception qui fut alors largement partagée par les Etats ici représentés. Dès le Moyen-Age, on note une constante : la lutte contre le braconnage caractérisée par une répression impitoyable, le braconnier étant souvent condamné à mort et exécuté.

Avant d'aborder la présentation comparative des incriminations et des règles procédurales concernant leur constatation, une question préalable doit être posée, celle de la légitimité du droit pénal de la chasse.

I - LA LEGITIMITE DU DROIT PENAL DE LA CHASSE

Bien qu'absente des rapports nationaux, la question est fondamentale et M. Souto-Moura a raison de la soulever. Un droit pénal de la chasse est-il aujourd'hui nécessaire ? En d'autres termes, faut-il maintenir des infractions spécifiques en matière de chasse dans nos sociétés modernes envahies, sinon asphyxiées, par le droit répressif qui, victime d'une inflation non maîtrisée, devient inapplicable, et de ce fait, perd toute crédibilité.

Rappelons que la norme pénale exprime, par les sanctions qu'elle édicte, les valeurs essentielles de la société qu'elle gouverne. Il s'agit là de la dimension éthique du droit répressif, fondement indispensable de toute intervention répressive.

Le droit pénal de la chasse assure-t-il la protection de biens ou de valeurs sociales essentiels légitimant son intervention ? (A)

D'origine très ancienne, comment le situer par rapport au droit de l'environnement, droit neuf, inspiré par des impératifs de préservation fort éloignés, *a priori*, des préoccupations locales et utilitaires qui caractérisent le droit de la chasse. (B)

A) Le droit pénal de la chasse et la protection de valeurs sociales essentielles

a) Quête alimentaire dans un lointain passé, la chasse, pratiquée dans les pays industrialisés, est devenue un sport, un loisir, une détente dans un contexte souvent convivial. Les objectifs du droit cynégétique et des dispositions répressives qu'il contient, viseront avant tout le maintien, sinon le développement de ces activités qui stimulent l'industrie, le commerce, le tourisme.

Or, la pérennité de la chasse et la sauvegarde des intérêts qui en découlent dépendent évidemment de la survie des espèces gibier appréciées des chasseurs. Sans gibier, plus de chasseurs. Le gibier est donc la préoccupation majeure de tout droit cynégétique, indépendamment de l'intérêt écologique des espèces considérées, des méthodes adoptées pour assurer la densité des populations. La réglementation de la chasse prend également en compte la sécurité des usagers et impose une déontologie plus ou moins exigeante selon les Etats.

Si l'on s'en tient à ces objectifs, force est de reconnaître que le droit pénal de la chasse ne préserve aucune valeur essentielle, et que, de ce fait la légitimité de son intervention pourrait être contestée.

b) On notera pourtant que le renouvellement naturel du gibier suppose une gestion des espèces, mais surtout des espaces et des habitats. Ainsi, le droit cynégétique est contraint d'intégrer des préoccupations touchant directement le respect de l'environnement, conformément, d'ailleurs, aux incitations en ce sens du droit international et européen.

Pour le rapporteur en titre, la légitimité du droit pénal de la chasse réside dans sa contribution à la préservation de la nature et des espèces faunistiques. En conséquence, il conviendrait d'introduire la distinction suivante :

- les infractions les plus graves, commises en matière de chasse, seraient les atteintes portées aux éléments de la nature, considérée comme valeur sociale essentielle méritant protection pénale. Ces comportements seraient donc à maintenir dans le champ strictement pénal.
- les infractions les moins graves, simples manquements à des normes administratives, sans coloration morale, pourraient être l'objet de sanctions administratives et donc dépénalisées. Tel semble le cas du droit allemand et du droit autrichien. Ces exemples s'inscrivent dans le processus de dépénalisation recommandé par des pénalistes de toutes nationalités, afin de conjurer l'inflation pénale et revenir aux sources mêmes du droit répressif.

Reconnaître que le droit cynégétique participe à la protection des milieux naturels invite à s'interroger sur son articulation avec le droit de l'environnement.

B) Droit pénal de la chasse et législation protectrice de l'environnement

La préservation des espèces animales et la protection des équilibres naturels sont des intérêts sociaux primordiaux pris en compte par le droit pénal de la chasse, qui rejoint ainsi les objectifs du droit de l'environnement. Pour cette raison, il pourrait sembler logique et nécessaire d'intégrer la réglementation de la chasse dans celle concernant la protection de la nature, et de mettre fin à l'autonomie du droit cynégétique. Mais sur ce point, l'avis des auteurs diverge.

M. Souto-Moura, tirant argument des intérêts multiples, notamment économiques, liés à l'exercice de la chasse, estime incorrect de réduire le droit pénal de la chasse à un secteur du droit pénal de l'environnement. Il opte pour le maintien d'un droit cynégétique autonome, et admet que celui-ci continue à se développer parallèlement au droit de l'environnement, malgré l'existence d'intérêts convergents.

Son porte parole lors des travaux du Colloque, a fait part de son désaccord, dénonçant la situation française qui est la triste illustration de ce système. En effet, la loi n° 76-629 du 10 juillet 1976, relative à la protection de la nature, est venue se superposer au droit de la chasse maintenu avec ses anachronismes, ses incohérences, son désordre qui s'aggrave [1]. Bien qu'inséré dans le Livre II nouveau du Code rural intitulé "Protection de la nature", le droit de la chasse (Titre II) reste indépendant par rapport aux dispositions du Titre premier consacré à "la protection de la faune et de la flore" [2]. Il semble indispensable que le droit cynégétique soit repensé et intégré dans le droit relatif à la gestion des espèces et des milieux [3]. Or, des décisions récentes de la Chambre criminelle de la Cour de Cassation et du Conseil d'Etat font redouter le mouvement inverse.

La Chambre criminelle, par une décision du 12 octobre 1994 a qualifié l'ours de gibier : "au sens de la législation sur la chasse constituent du gibier les animaux sans maître, appartenant à une espèce non domestiquée, fût-elle protégée, vivant à l'état sauvage". En conséquence, elle cassa l'arrêt de Cour d'appel qui avait refusé la qualification de gibier à l'ours, espèce protégée en application des dispositions de la loi du 10 juillet 1976 relative à la protection de la nature [4].

En renouant avec une définition traditionnelle du gibier, qu'une évolution depuis la loi du 10 juillet 1976 avait remise en cause, réservant le statut de gibier aux seules espèces chassables [5], la Cour de Cassation, comme d'ailleurs le Conseil d'Etat [6] occultent la notion d'espèce protégée et la

---

[1] Pour un exemple parmi d'autres : Observ. J. -H. Robert : Rev. sc. crim. 1996, n° 2 p. 381.

[2] Qui résulte de la codification par décrets n° 89-804 et 89-805 du 27 octobre 1989, de la loi du 10 juillet 1976 notammemt.

[3] Sur ce point, le projet de loi relatif à la partie législative du code de l'environnement n'apporte aucun progrès puisqu'il s'agit d'une codification dite "à droit constant".

[4] Dr. pénal 1995, comm. 176, obs. J. -H. Robert.

[5] Pour une réfutation de cette analyse, pourtant juridiquement fondée : V. J. Guilbaud, La chasse et le droit, 14 ème édit. par F. Colas-Belcourt, Litec 1994, n. 22 et ss., p. 22 et ss.

[6] C. E. 26 mai 1995, Comité intervalléen pour la sauvegarde de l'ours et de la faune pyrénéenne dans leur environnement - Fédération départementale des chasseurs des Pyrénées-Atlantiques : Lebon

réglementation en découlant et privilégient un droit cynégétique obsolète dans son esprit, médiocre, confus dans son dispositif répressif.

Tout différent, le droit suisse, qui intègre la gestion du gibier par l'activité de chasse, dans une loi fédérale du 20 juin 1986 sur la chasse et la protection des mammifères et des oiseaux sauvages. Cette loi a pour objectif principal "la protection des espèces et la conservation de leur biotope". En effet, ainsi que le précise Madame le Professeur Anne Petitpierre-Sauvain, rapporteur, "l'article 1er de cette loi vise à la conservation de la diversité des espèces et celle des biotopes, des mammifères et oiseaux indigènes et migrateurs vivant à l'état sauvage, à la préservation des espèces animales menacées et à une exploitation équilibrée par la chasse des populations de gibier".

Une telle législation, qui intègre la gestion des espèces gibier dans celle des autres espèces, favorise une préservation raisonnée du patrimoine faunistique et confère à la chasse une légitimité mise à mal dans d'autres Etats plus traditionalistes.

Signalons également le cas de la Norvège, représentatif aussi d'une approche idéologique conforme aux objectifs de préservation globale de la faune sauvage définis par le droit international et européen.

Ces exemples précurseurs seraient à suivre mais cette conception sera lente à s'imposer, notamment dans les Pays latins.

Ajoutons que la discrétion des rapporteurs nationaux quant à l'articulation, droit cynégétique et droit de la protection de la nature et des éléments qui le compose ne permet pas de proposer une synthèse des situations existantes. L'essentiel était que la question fut posée, et identifiés les éléments de réponse.

Relativement plus aisée, la présentation des incriminations présentes dans les différents droits nationaux, concernant le droit pénal de la chasse.

II - PRESENTATION DES INCRIMINATIONS

Premier constat : les délits de chasse ne sont pas introduits dans les codes pénaux. Dans tous les Etats, ils sont prévus dans des législations spécifiques. La situation paraît donc uniforme mais doit être quelque peu nuancée. En effet, nombreux sont les codes pénaux qui contiennent des délits d'atteinte aux éléments de l'environnement, parmi lesquels figurent les destructions de faune, les altérations de leurs biotopes, ou les mises en danger concernant les espèces. Il en est ainsi du Code pénal allemand, portugais (la peine prévue peut atteindre 3 ans d'emprisonnement, du code pénal norvégien, très rigoureux, puisque la peine maximale pour ces délits est de six ans).

Néanmoins, il convient de souligner que le droit de la chasse est le plus souvent un droit de réglementation; le droit pénal n'intervient alors que pour sanctionner des manquements aux prescriptions administratives. En conséquence, la source des infractions dépendra de l'organisation politique des Etats. Ainsi, en Allemagne, en Suisse, en Espagne, il existe une loi cadre fédérale que vient compléter chaque Land, Canton, Région.

Malgré le laconisme de la plupart des rapports, il est possible de relever la similitude des comportements incriminés, quelles que soient les législations envisagées.

Sont des infractions communes, la destruction, le prélèvement, la capture, le tir effectué sur une espèce non chassable, l'acte de chasse en dehors des périodes autorisées (variables selon les Etats), la chasse dans un territoire interdit, à l'aide de moyens prohibés déterminés avec plus ou moins de complaisance, la chasse pratiquée sans permis ou sans l'autorisation requise. En revanche, sont souvent passés sous silence des comportements écologiquement dangereux comme l'introduction d'espèces étrangères au milieu, la commercialisation du gibier.

Autre point de comparaison : la hiérarchie des infractions souvent voisine d'un Etat à l'autre. Sont considérés comme les comportements les plus graves, donc les plus sévèrement réprimés, le prélèvement interdit de spécimens appartenant à des espèces non chassables, la chasse en temps prohibé, dans des lieux interdits ou à l'aide de moyens illicites. Majoritairement ces infractions sont des délits, il en est ainsi au Maroc, en Allemagne, en Autriche et en Suisse. Pour les droits nationaux ayant abrogé la distinction entre crime et délit, comme le Portugal, ces infractions sont des crimes.

Notons l'exception française, puisque la plupart des infractions en matière de chasse sont des contraventions, généralement de cinquième classe, punies, depuis le 1er mars 1994, date d'entrée en vigueur du nouveau code pénal, d'une amende dont le montant ne peut excéder 10 000 F (les peines d'emprisonnement ont été supprimées en matière contraventionnelle). Toutefois, si l'animal détruit, mutilé, capturé, transporté ou commercialisé appartient à une espèce protégée au titre de la loi du 10 juillet 1976 relative à la protection de la nature, l'infraction est alors un délit faisant encourir à son auteur une amende de 60 000 F et /ou un emprisonnement de six mois (art. L. 211-1-1° et L. 215-1 du Code rural).

En bas de cette hiérarchie, punis de peines légères, on trouve certains manquements à des normes à caractère purement préventif, telles que l'absence d'assurance ou la non présentation du permis de chasser.

Sans doute aurait-il été souhaitable de présenter un tableau comparatif des principaux comportements incriminés par les différents droits nationaux et des sanctions encourues, malheureusement les éléments recueillis sont généralement insuffisants pour l'établir c'est pourquoi le droit pénal comparé engendre souvent un sentiment de frustration.

III - ASPECTS PROCEDURAUX

Chacun sait combien les règles de la procédure pénale varient d'un Etat à l'autre. En conséquence, il ne saurait être question, dans le cadre limité de ce rapport, de proposer une étude exhaustive des mécanismes adoptés. Seuls quelques points seront évoqués relatifs à la constatation des infractions (A) et à la mise en mouvement de l'action publique (B).

A) Constatation des infractions

Tout citoyen, qu'il soit ou non chasseur, témoin d'une infraction ou ayant connaissance de sa commission, peut en informer les autorités judiciaires. Dans certains Etats, cette faculté peut être transformée en obligation (Allemagne, Autriche, Norvège, Pologne, Portugal). Toutefois, cette collaboration des citoyens reste d'un intérêt secondaire pour ce type de délit et n'apporte pas de solution quant à leurs preuves.

Pour rechercher et constater les infractions en matière de chasse, il semble que, dans tous les Etats, le même système soit privilégié, qui consiste à habiliter des agents ou fonctionnaires chargés d'exercer cette mission. Cette compétence spéciale n'exclut évidemment pas la compétence générale de la police et/ou de la gendarmerie (France, Autriche). Mais, dans la pratique, la plupart des infractions au droit cynégétique sont constatées par ces agents de terrain, spécialement formés, donc doublement compétents juridiquement et techniquement. Ainsi, il existe, en Allemagne et en Autriche des gardes-chasse agréés professionnels, des gardes-forestiers et des gardes de montagne. En France, on citera les gardes nationaux de la chasse et de la faune sauvage employés par l'office national de la chasse, les agents de l'Office national des forêts, les gardes champêtres, les gardes des réserves naturelles, des parcs nationaux, les gardes particuliers. En Italie, on retiendra les gardes du Service national forestier (*Corpo Forestale dello Stato*), les gardes des Provinces et les gardes volontaires des associations agricoles, de chasseurs ou de protection de l'environnement. S'agissant du Maroc, on mentionnera les ingénieurs et agents assermentés de l'administration des eaux et forêts. Ceux-ci peuvent être assistés par des volontaires, membres d'associations de chasseurs. Un contrôle est exercé sur ces collaborateurs bénévoles qui doivent être agréés par le Directeur de l'administration des Eaux et Forêts et de la Conservation des sols (AEFCS) et prêtent serment. Au Portugal, ce sont les agents du ministère de l'Agriculture, des Pêches et de l'Alimentation (MAPA) qui sont chargés de la fiscalisation de la chasse et contrôlent le respect de la réglementation cynégétique. Au Royaume-Uni, des habilitations sont conférées à certains groupements. Ces *authorised persons* sont aussi les titulaires du droit de chasse sur les territoires surveillés, les gardes chasse, les agents et gardes des forêts et des parcs royaux. Elles ont le pouvoir de rechercher et constater les infractions et ont compétence notamment, pour procéder à la saisie des engins de chasse prohibés.

Ce tour d'horizon, bien que rapide et approximatif, est pourtant révélateur d'un choix commun des Etats qui est de confier à des agents spécialisés, commissionnés et assermentés, la surveillance du gibier, des territoires de chasse ou de non chasse, le soin de rechercher les manquements à la réglementation en vigueur et de les constater officiellement, en dressant un procès-verbal. Le législateur reconnaît souvent à ces procès-verbaux une force probante particulière, qui s'impose aux juges, et déroge au principe de la liberté des preuves en matière pénale et à celui de l'intime conviction. Ainsi en France, alors que le procès-verbal constatant un délit ne vaut qu'à titre de simples renseignements (article 430 du Code procédure pénale), en matière de chasse, d'infractions à la loi du 10 juillet 1976, il fait foi jusqu'à preuve du contraire (Art. L.228-27, L.228-29, L.215-5 du Code rural). En conséquence, les éléments constatés personnellement par l'agent verbalisateur, et relatés dans le procès verbal, ne peuvent être écartés par la juridiction de jugement que si des témoignages ou des écrits viennent les contredire.

Pour exécuter leur mission, les fonctionnaires, agents ou autres personnes habilitées disposent de pouvoirs d'investigation afin de recueillir les preuves des infractions commises et d'identifier leurs auteurs. C'est ainsi qu'ils ont le droit de fouiller les poches à gibier, de contrôler les armes, les munitions utilisées. Ces pouvoirs, dont les limites ne sont pas toujours précises, peuvent poser de délicats problèmes quant au respect de certains droits et libertés individuels. Peuvent-ils légalement contrôler les identités des chasseurs, des braconniers, fouiller les coffres des véhicules, s'introduire dans les habitations, les locaux commerciaux, vérifier le contenu des congélateurs ? Ces difficultés, bien connues des agents de terrain et qui, en France, alimentent un contentieux non négligeable dû à l'insuffisance des textes et à l'incertitude des solutions, n'ont pu être abordées par les rapporteurs nationaux. C'est pourquoi elles sont simplement évoquées.

Il en ira différemment de l'exercice de l'action publique, la poursuite des infractions ayant fait l'objet de précisions intéressantes.

B) Poursuite des infractions

Poursuivre une infraction consiste à déclencher une procédure pénale afin de faire juger son auteur. Les Etats, ici représentés, ont renoncé à un système procédural de type purement inquisitorial et adoptent le principe de la séparation entre les autorités de poursuites et les autorités de jugement. Le droit de poursuivre peut être reconnu au ministère public qui détient le monopole de l'action publique et agit au nom de la société dont l'ordre a été troublé par l'infraction. L'objectif de l'action publique, dans sa présentation traditionnelle et malgré d'importantes évolutions, est la sanction du coupable.

Le droit de poursuivre peut être reconnu aux victimes, personnes physiques ou personnes morales, personnellement lésées par l'infraction et qui demandent au juge pénal la punition du coupable et la réparation du dommage privé qu'elles ont subi. Tel sera le cas du propriétaire terrien, titulaire du droit de chasse, victime d'acte de braconnage commis sur son territoire.

En matière de chasse, de pêche, et en droit forestier, l'administration compétente dans ces domaines se voit fréquemment reconnaître un droit de poursuite, et parfois même, un droit de transaction. Son rôle est alors très voisin de celui attribué au ministère public.

Il arrive aussi, mais c'est beaucoup plus rare, qu'un préjudice collectif résultant de l'infraction puisse servir de fondement à la poursuite engagée par une association dont le but est la défense de cet intérêt collectif (cas de la France), ou par un simple citoyen dans le système de l'action populaire (cas du Portugal).

Ainsi, l'attribution du droit de poursuivre peut être déterminée selon des critères très divers, qui peuvent d'ailleurs se combiner. En fonction des choix effectués, la situation d'un Etat à l'autre pourra être très contrastée ou, au contraire, présenter de nombreuses similitudes.

Offrent l'exemple de nombreuses ressemblances, les Etats qui attribuent le monopole des poursuites au ministère public, lequel exerce l'action pénale publique. Citons l'Allemagne, l'Autriche, l'Espagne, la France, l'Italie, le Maroc, la Pologne, le Portugal. Le ministère public joue un rôle décisif dans le déclenchement de la procédure pénale, mais, en matière d'infractions au droit de la chasse, se trouve parfois en concurrence avec l'administration ou l'organisme gestionnaire de cette activité. En Espagne, la procédure est déclenchée, en principe, par la représentation locale du ministère de l'Environnement mais le ministère public est libre de soutenir ou non l'action de l'administration. Au Maroc, les représentants de l'AEFCS peuvent initier la poursuite et transiger avec le délinquant. En France, les infractions de chasse commises dans les forêts soumises au régime forestier sont assimilées aux infractions forestières. A ce titre, l'administration chargée des forêts dispose d'un droit de poursuite et de transaction.

Les victimes directes de l'infraction ont, elles aussi, accès à la justice pénale, mais leurs pouvoirs concernant la mise en mouvement des poursuites seront variables : réduits dans un système procédural fondé sur le respect absolu de la légalité, si l'infraction a probablement été commise, le ministère public a l'obligation de déclencher la procédure (Cas de l'Allemagne, de l'Espagne, de l'Italie, de la Pologne, du Portugal), très importants dans un système qui admet le principe de l'opportunité des poursuites (Cas de la France). Dans cette hypothèse, le Procureur de la République ou son représentant, peuvent classer sans suite une infraction quelle que soit sa gravité et même si son auteur est identifié. Cette décision n'a pas à être motivée et n'est pas susceptible d'un recours juridictionnel. On conçoit alors que la victime puisse faire échec à un classement sans suite en engageant elle-même les poursuites. Ce droit est la contrepartie nécessaire à ce pouvoir exorbitant du ministère public qui est une atteinte évidente au principe d'égalité entre les justiciables. Dans ce contexte très particulier, l'extension de la notion de "victime" aux associations agréées de protection de l'environnement, habilitées par le législateur à exercer les droits reconnus à la partie civile pour des infractions portant atteinte à l'environnement (art.L.252-1 du Code rural, modifié par la loi "Barnier" du 2 février 1995) permet, dans une certaine mesure, de contrer les nombreux classements sans suite qui interviennent en matière de délinquance écologique [7].

Pour des juristes étrangers, attachés, avec raison, à la légalité criminelle et à l'égalité entre les délinquants, les correctifs français ne justifient pas le principe de l'opportunité des poursuites. Monsieur Souto-Moura estime que la préservation de la nature, la préservation de la faune assurée par le droit de la chasse sont des intérêts collectifs prédominants dont la défense ne doit pas être abandonnée aux particuliers.

S'agissant d'Etats sans un ministère public du type continental, comme la Norvège et le Royaume-Uni, le rôle décisif pour le déclenchement de la procédure pénale est assuré par la police. Certes, au Royaume-Uni, le système de la plainte populaire confère à la victime et à tout citoyen le droit d'intenter des poursuites, mais il semble qu'en matière de chasse, d'atteinte à la faune, elles soient essentiellement initiées par les polices spécialisées. C'est le *Crown Prosecution Service* qui décide si l'action doit être maintenue quand il prend connaissance de l'infraction. En Norvège, en principe, seul le propriétaire dont le droit de chasse a été lésé, bénéficie d'un droit subsidiaire de poursuite.

[7] Rapport Gallet, Commission "Ecologie et actions publiques", juin 1991, p. 32. - M. -J. Littmann-Martin, "La protection pénale de l'environnement en droit français" in Environmental Rights, Cameron May, London 1995, p. 247.

IV - LA REPRESSION

Sur ce point, les auteurs de cette synthèse ont pour seule ambition de dégager quelques lignes directrices concernant les sanctions encourues par le délinquant cynégétique (A) et, dans la mesure du possible, le traitement pénal qui lui est effectivement appliqué (B).

A) Les sanctions encourues

Il convient de distinguer les peines principales et les peines et mesures complémentaires.

a) Les peines principales

Les peines principales prévues par les différentes législations présentent la même absence d'originalité quant à leur nature puisqu'il s'agit de l'emprisonnement et de l'amende. Rappelons pourtant l'exception française puisque les infractions sont majoritairement des contraventions punies d'une simple amende.

La sévérité des peines encourues d'un Etat à l'autre permet de situer les infractions cynégétiques parmi les délits de gravité très moyenne et parfois, parmi les péchés véniels lorsque le comportement incriminé est qualifié de contravention.

La durée des peines d'emprisonnement est variable, mais semble-t-il, ne dépasse pas deux ans dans la législation la plus sévère (Délit de braconnage commis en République Tchèque). Cette peine est également prévue par le droit norvégien lorsque certaines circonstances aggravantes sont retenues et par le droit français, en cas de chasse sur le terrain d'autrui, dans un lieu clos attenant à une habitation, pendant la nuit (Article L.228-1 §2 du Code rural). Ce délit prend davantage en compte l'atteinte à la propriété privée que la préservation de la faune sauvage.

Un an d'emprisonnement est la sanction la plus grave prévue par le droit portugais, suisse, norvégien (en l'absence de circonstances aggravantes pour ce dernier Etat).

Au Maroc, ainsi qu'un Royaume-Uni, la durée de l'emprisonnement ne peut excéder 6 mois, peine également prévue par le droit français pour les atteintes portées aux animaux appartenant à une espèce protégée ou à leurs milieux. Mais le droit marocain a conservé une disposition qui figurait anciennement dans le Code rural français et qui interdit le sursis de la peine et les circonstances atténuantes. En outre, l'existence de certaines circonstances aggravantes fait encourir au délinquant un an d'emprisonnement.

Il aurait été instructif d'établir, à partir du même comportement incriminé, les peines encourues dans les différents Etats représentés, mais les auteurs ne disposent pas des éléments suffisants pour une telle comparaison.

Les sanctions pécuniaires sont absolument générales. Dans certains Etats, telle la République Tchèque, il semble que le taux de l'amende prenne en compte la valeur du gibier ou du trophée obtenus illégalement. A noter une disposition ingénieuse du droit marocain signalée par M. Mekouar : les amendes prononcées, ainsi que les sommes résultant d'une transaction sont versées au Fonds de la chasse et non au Trésor public. Une gratification est accordée aux agents ayant constaté les délits qui ont donné lieu à condamnation ou à transaction. A une prime fixe s'ajoute une prime proportionnelle égalant 10 % des sommes acquittées par le délinquant. Cet intéressement des agents est une incitation à la vigilance dans la constatation des infractions. Le droit français prévoit également une gratification, mais son montant est dérisoire (V. article R 228-20 du Code rural).

b) Les peines et mesures complémentaires

Dans ce domaine, une véritable harmonie existe entre les législations présentées. Cette unanimité démontre que ces peines et mesures complémentaires sont jugées indispensables à l'efficacité du droit pénal cynégétique, car elles sont plus redoutées par le délinquant qu'une peine d'amende.

La confiscation des moyens de chasse illicites, véhicules, armes, munitions, pièges, filets, celle du gibier ou des trophées obtenus de manière irrégulière est une sanction prévue par l'ensemble des législations confrontées.

Mesure également commune, l'annulation ou la suspension du permis de chasser qui peut être aussi une interdiction d'obtenir cette autorisation durant un certain délai, (10 ans en Suisse, 5 ans en France). Le prononcé de cette sanction est souvent obligatoirement lié à la constatation de l'infraction au droit de la chasse.

A ces sanctions s'ajoutent, parfois, l'exclusion du coupable de toutes les associations de chasseurs. Le manquement à la déontologie cynégétique justifie cet ostracisme.

Cette projection sommaire des sanctions prévues par l'ensemble des législations présentées relatives à la chasse est insuffisante pour mesurer la répression effective du délinquant cynégétique sur lequel il convient de s'interroger rapidement.

B) Le traitement pénal du délinquant cynégétique

La description des infractions et des sanctions prévues dans les droits nationaux concernant la chasse est utile et même indispensable mais son abstraction ne permet pas de saisir la réalité concrète de la répression. En effet, le droit criminel ne peut exclusivement s'appréhender à travers les normes qui le composent. Son application effective donne une image beaucoup plus fidèle de la réaction sociale, des attitudes de tolérance ou de blâme adoptées par une société déterminée à travers les juges qui la représentent.

Malheureusement, cette autre face du droit pénal est peu évoquée par les rapporteurs nationaux.

La peine d'amende semble la sanction la plus fréquemment prononcée. Les peines d'emprisonnement sont exceptionnelles et bénéficient généralement du sursis. Par contre, les peines et mesures complémentaires sont très largement utilisées.

Le braconnage, en tant qu'appropriation illicite de gibier, semble faire l'objet d'une unanime réprobation sociale, mais s'agissant de la France, par exemple, la rigueur de la peine prononcée est généralement indépendante de la gravité du dommage écologique causé par l'infraction. En effet, les tribunaux répressifs français n'hésiteront pas à sanctionner plus durement le braconnage de faisans d'élevage dépourvus de toute valeur écologique, qu'une destruction de spécimen appartenant à des espèces protégées [8]. Certaines juridictions du sud-ouest de la France font preuve de la plus étrange indulgence envers les pratiquants de chasse traditionnelle restée illicite telle la capture des bruants ortolans. L'ignorance des sciences de la nature, l'indifférence à l'égard de certains dommages écologiques "purs" difficiles à évaluer, la complaisance enfin vis-à-vis de certaines pratiques régionales expliquent cette attitude rétrograde et choquante.

Il eut été instructif de savoir si un constat identique pouvait être dressé dans les autres Etats représentés.

Les statistiques dans ce domaine sont présentées comme peu fiables et mériteraient des perfectionnements qui, de toute évidence, se heurteront toujours à un important chiffre noir, la délinquance cynégétique restant le plus souvent clandestine. Pourtant des statistiques officielles existent en Allemagne, en Autriche, en France, au Royaume-Uni, en Suisse, mais les rapporteurs s'accordent pour juger les informations dispensées notoirement

---

[8] En France, alors que les peines encourues pour la destruction ou la capture d'un animal appartenant à une espèce protégée peuvent atteindre 6 mois d'emprisonnement et une amende de 60 000 francs, on constate que les amendes prononcées excèdent rarement 3.000 francs.

insuffisantes. Convenons que, même améliorées elles ne pourront donner qu'une image imparfaite du traitement pénal appliqué au délinquant cynégétique.

Rappelons enfin qu'aux sanctions pénales pourront s'ajouter des sanctions civiles destinées à indemniser les victimes des infractions commises mais, dans les Etats de tradition anglo-saxonne, les juridictions répressives ne sont pas compétentes pour accorder ces réparations; les victimes d'infractions doivent alors s'adresser aux juridictions civiles.

Laissant à Maître Brard le soin de présenter la réparation des dommages, nous nous contenterons de noter que dans la plupart des Etats dont la législation est présentée, les juges fixent librement le montant des dommages-intérêts attribués aux victimes. Exceptions notables : l'Espagne qui adopte un système de barème calculé en fonction de la rareté des espèces braconnées. La République Tchèque fixe la valeur du gibier ayant fait l'objet d'acte de chasse illicite en prenant en compte le coût du repeuplement et son prix lorsqu'il est commercialisé. En France, l'Office national de la chasse propose aussi un barème des différentes espèces de gibier chassable, mais les juges ne sont pas tenus de s'y conformer.

Parvenus au terme d'une synthèse que la technicité du droit pénal et de la procédure pénale rend particulièrement laborieuse, les auteurs tiennent à rendre hommage aux rapporteurs nationaux dont le travail a enrichi les connaissances et les réflexions de tous.

Au-delà des divergences constatées, qui portent moins sur le droit cynégétique que sur l'organisation générale des systèmes répressifs nationaux, quelques idées directrices s'imposent. Le droit pénal de la chasse trouve sa légitimité, ou, selon l'heureuse expression de Monsieur Souto-Moura "sa dignité", dans sa contribution à la préservation de la nature dont les éléments sont des biens juridiques constituant un patrimoine essentiel pour les générations présentes et futures. L'efficacité du droit pénal de la chasse nécessite une surveillance préventive assurée par des agents spécialisés et des poursuites effectives en cas d'infractions, dont le déclenchement ne devrait pas être laissé à l'initiative des particuliers.

La réparation des dommages

Lionel BRARD*

Les monographies nationales transmises font apparaître une matière chaotique constituée d'une mosaïque de règles assez disparates. Des îlots de réglementation éparses émaillent le paysage. L'exigence indemnitaire y apparaît comme une préoccupation sociale d'institution récente. En voie d'émergence, le droit à réparation qu'elle génère relève encore d'une problématique balbutiante, ballottée au gré d'influences souvent contradictoires. L'exigence indemnitaire prend racine à la confluence de trois principes.

- Le principe d'indifférence

L'indifférence procède de deux logiques cardinales suivant que l'impact faune est jugé dérisoire ou que le principe même de sa prise en compte est jugé culturellement incongru ou économiquement insupportable. Elle s'exprime, à l'état pur, dans des régions aussi différentes que le Maroc, l'Andalousie, la Grande-Bretagne. Le Maroc ignore ainsi la question de la réparation. L'indemnisation des aléas naturels y est perçue comme un luxe au moment où la collectivité éprouve de grandes difficultés pour socialiser des risques aussi essentiels que la maladie et la vieillesse. Les pays de culture anglo-saxonne cultivent quant à eux l'indifférence pour des raisons

* Avocat, Président de France Nature Environnement.

essentiellement culturelles et politiques. La *common law* exprime généralement une nette aversion pour la socialisation du risque nature en relation avec sa conception du rapport entre l'Etat et le citoyen, le collectif et l'individuel.

Héritée du fin fond des temps historiques, l'indifférence est vivace et imprègne encore sous une forme plus ou moins atténuée l'ensemble des droits européens continentaux. L'approche est héritière d'une tradition culturelle ancestrale qui pose le partenariat avec les éléments naturels comme une constituante à part entière de la vie sociale. L'indifférence procède de l'idée qu'il est de l'essence du naturel (climat, nature des sols et exposition des terres...) d'interférer avec la société et que l'ordre intime du monde prescrit à l'homme de supporter les débordements de mère nature. Les agents et aléas naturels auxquels participe l'exubérance faunistique relèvent de l'ordre immuable des choses tout comme la réaction individuelle à l'encontre des impacts qui agressent l'œuvre humaine. Il incombe à la personne exposée à la pression des éléments de se prémunir en participant à l'effort d'éradication des bêtes fauves et nuisibles. Si malgré l'effort entrepris le dommage persiste, il appartient à la victime d'avoir à le supporter. Dans ce climat la socialisation du dommage n'est pas de mise et la réparation n'a pas lieu d'être institutionnalisée.

L'indifférence n'est pas protectrice de la présence animale. Elle est tout au plus tolérance au titre d'une éthique qui commande une certaine retenue dans le rapport à la faune. L'indifférence n'est porteuse d'aucune exigence d'éradication et, si elle l'autorise, elle ne la commande jamais, l'impact du naturel étant ressenti comme l'expression d'une fatalité immanente. La bête malfaisante ou nocive peut être combattue dans ses excès sans que l'éradication de son espèce soit érigée en principe. L'indifférence est, on le voit, teintée d'une certaine forme de considération pour l'animal. Elle est à la croisée de sa négation et de son acceptation. Tolérance, négation, acceptation s'entrecroisent selon des dosages subtils et fluctuants à l'échelle des États et des régions, des époques et des communautés culturelles.

L'indifférence s'est enrichie, au cours des trente dernières années, des apports de la pensée écologiste. En même temps que la pression anthropique sur la nature gagnait en étendue et en intensité, que le vécu de la nature - qui alimentait la culture rurale - s'évanouissait, s'est mise en place, sourdement, une culture "diapositive" de l'ancienne, centrée sur la réinvention des liens de partenariat avec les cycles du vivant. La pensée qui en procède répugne à admettre que l'impact faune mérite, sous certaines conditions, réparation. Cette répugnance va jusqu'à occulter l'intérêt des populations animales qui occasionnent l'impact et dont le maintien dans un état de conservation favorable passe par l'acceptation sociale de leur présence locale. Le principe de la réparation se voit ainsi contesté pour porter en filigrane l'idée d'un animal sauvage porteur de charges négatives. L'indifférence à l'impact devient credo. Largesse écologique oblige.

- Le principe de négation

Il procède de l'idée qu'il ne peut y avoir de lecture sociale du dommage en dehors de l'approche cynégétique du rapport aux animaux. Le traitement du dommage se résout à l'éradication du cheptel coupable et la réparation revêt un caractère accessoire. Cette dernière sera mobilisée à titre infiniment subsidiaire pour assurer l'optimisation du prélèvement cynégétique à l'exclusion de toute autre préoccupation. Deux objectifs lui sont impartis - faciliter l'acceptation du gibier excédentaire par les agriculteurs et sylviculteurs, - sanctionner l'incurie cynégétique chaque fois que celle-ci aura permis la perpétuation d'une prolifération animale "nuisible". La réparation, inféodée aux exigences cynégétiques, sera circonscrite aux dommages occasionnés par les seules espèces gibiers. La pensée cynégétique lui servira de cadre conceptuel, le droit cynégétique de matrice juridique, l'organisation cynégétique de bras séculier. Pour les autres espèces, postulées de libre éradication, point n'est besoin de réparation.

- Le principe d'intégration socio-écosystémique

Il procède de l'idée que les populations animales sauvages participent au social, au titre de leurs valeurs scientifique, écologique, biogénétique, culturelle et économique. Cette palette d'intérêts confère à l'espèce sauvage une valeur patrimoniale intrinsèque qui dépasse largement la seule valeur cynégétique. Corollaire du principe de protection, le principe d'intégration est d'institution récente pour être apparu à la fin des années soixante dans le sillage de l'invention de la biosphère comme entité objective transcendant le social et l'économique. La diffusion géographique du principe est encore imparfaite à la manière d'une espèce juridique dont l'aire de répartition serait large mais dont l'habitat serait encore dispersé et fragmenté.

L'exigence d'intégration participe au regain du mythique par lequel l'humanité redécouvre ses racines biologiques et se réapproprie le thème culturel de l'inclusion du social dans le tout du vivant (cf la problématique du développement durable ou soutenable) et le tout du vivant dans le tout du cosmos. Le virage culturel entrepris commande l'acceptation sociale de l'impact du vivant sur l'activité économique en contrepoint de la valeur existentielle des équilibres biologiques qui président la reproduction du socio-Ècosystème. Il prescrit dans le même temps la séparation des sœurs siamoises que sont la destruction et la réparation.

Le changement de perspective emporte prohibition de la destruction comme préliminaire obligatoire à la réparation ainsi que l'implication d'opérateurs sociaux indépendants des milieux cynégétiques : État, collectivités territoriales, établissements publics, organisations non gouvernementales.

Le principe d'intégration s'exprime au travers d'une constellation de régimes composites institués le plus souvent en surcharge d'un régime général de droit commun encore fondé sur le couple réparation/destruction. La réparation est tantôt assurée directement par les pouvoirs publics au travers d'un système institutionnalisé et pérenne comme aux Pays-Bas, en Norvège, en Suisse ou en Italie, tantôt par l'entremise de régimes *ad hoc* hors toute idée d'institutionnalisation formelle. C'est le cas de la France en ce qui concerne l'ours, le loup et le lynx. La réparation est fréquemment mise en œuvre par mixage des deux systèmes. Le principe général de l'indemnisation se voit consacré au niveau national ou régional par voie législative, réglementaire ou jurisprudentielle pour se voir ensuite décliné localement de manière analytique par type d'espèces (listes énumératives) et d'espaces (zonage). Un rôle important est généralement dévolu aux organismes gestionnaires d'aires protégées, aux techniques contractuelles articulant réparations, compensations, préventions et souvent médiation d'organismes de droit privé (ONG).

Bon nombre de dispositifs *ad hoc* cherchent à allier souplesse indemnitaire et efficacité en terme de conservation, réparation factuelle et non reconnaissance sur un plan formel et général du principe du droit à réparation.

I - REPARATION ET DESTRUCTION

A) Le gibier, media obligé entre l'animalité brute et le social

Le statut de la faune est toujours dominé par l'idéologie cynégétique en tant que système de pensée et corps de doctrine structuré, cohérent, finalisé et largement approprié. Cette idéologie dominante conditionne encore au niveau européen l'essentiel des comportements sociaux à l'égard des espèces animales sauvages. Elle détermine ce qui relève du nécessaire, du possible et du toléré.

Le gibier est le concept phare de l'arsenal intellectuel cynégétique. Prétorien, il exprime de manière ramassée et synthétique la prétention cynégétique. Il est le ciment de sa cohérence. C'est en lui et par lui qu'elle se noue. Axiomatique, il est la clef de voûte du système. A poils ou à plumes, il est cette chose animée de l'ordre du sauvage librement appropriable, cette matière sans maître en errance perpétuelle structurellement dédiée à la prédation cynégétique. Le gibier est le media obligé par l'intermédiaire duquel le social s'approprie statutairement l'animal sauvage. Il est l'institution au travers de laquelle œuvre la réquisition d'office et le postulat fondateur selon lequel il est de l'essence de l'animal sauvage d'être affecté monofonctionnellement au monopole cynégétique. Le concept de gibier est totalitaire et impérialiste. Il interdit à l'espèce sauvage d'avoir une trajectoire biologique, scientifique, culturelle, ou juridique propre. Il postule son agrégation réductrice : tout animal sauvage à poils ou à plumes est susceptible d'occupation cynégétique pour relever génériquement de sa mouvance et de son ordre (police de la chasse).

Le régime de protection concédé à une espèce sauvage, est toujours géré comme une exception à caractère interstitiel et dérogatoire. L'idéologie cynégétique commande que la protection demeure contingente au titre d'un statut déclaratoire toujours révocable. Au-delà de la frontière du domestique commence, avec l'espace de la chose sauvage qu'est le gibier, l'espace de la liberté cynégétique de plein droit.

Sous l'empire de cette pensée, l'animal sauvage est appréhendé comme une chose matérielle, une ressource fongible. Il est posé, au mieux, comme l'unité de compte d'un capital ressource. L'unique valeur de la chose animale sauvage est tirée de son usage privatif et univoque en tant qu'objet cynégétique. La valeur animale commence et s'épuise avec la destruction de la chose et se résout à la valeur cynégétique. Une fois agrégée au capital cynégétique, la valeur animale peut être quantifiée, manipulée, rapprochée de certaines autres valeurs à caractère cette fois strictement économique (valeur agricole et sylvicole). Des arbitrages quantitatifs deviennent dès lors possible en cas de conflit d'usage. Le concept français de capital agro-sylvo-cynégétique rend compte de cette intégration réductionniste de la valeur animale dans le champ de l'économique.

La chose sauvage animée, la *res* est de libre traitement. Il est loisible d'en user et abuser comme on le fait d'une chose de libre occupation ayant pour seul statut celui des choses sans statut. L'animal sauvage est traité comme un bien meuble disponible par vocation existentielle. Seul le vecteur de l'appropriation sociale est sujet à variation "juridico-culturelle" sur les registres faussement concurrents du *nullius*, du *propria*, du *communis* ou du *publica*.

Le concept d'animal-matière, d'animal-chose a été mis en place à un moment où culturellement l'animal était mal ou même pas encore différencié des choses, où la génération spontanée était admise comme une évidence, où la notion d'espèces biologiques était inexistante ou à peine pressentie.

L'animal pour être doté de mouvements n'en demeurait pas moins une chose encore agglomérée au socle du minéral. L'animal sauvage n'était, ni plus ni moins, qu'une matière animée, une chose matérielle sans contour, accessible de plein droit à la destruction comme devaient être accessibles, de plein droit, au pied du navigateur, la grève et le rivage de la mer.

La notion juridique de spécimen, toujours contemporaine, pour qualifier l'animal témoigne statutairement de la persistance du concept d'animal-matière. La notion renvoie aussi bien à la partie qu'au tout : le cuissot est spécimen tout autant que le chevreuil. Privé de contours, le spécimen est un lieu de non-sensibilité. Organisation primaire à peine démarquée de la matière, l'animal sauvage n'est-il pas de libre manipulation ? A la différence de l'animal domestique, dont on admet socialement qu'il puisse être le lieu d'imputation de douleur ou de stress, au point que soit juridiquement recevable le grief de cruauté ou de sévices à son encontre, la bête sauvage continue à être placée sous le régime de la matière taillable à discrétion. Ce n'est qu'après avoir rejoint l'enclos de la cage, et au travers d'elle l'espace conceptuel de la civilisation, que le spécimen détenu se voit reconnaître le statut d'un être vivant sensible devant être impérativement placé, par son propriétaire ou son détenteur, dans des conditions compatibles avec les impératifs biologiques de son espèce (loi française du 10 juillet 1976).

La matière animale dénuée de sensibilité et d'affectivité est librement éradicable. Ayant le statut d'une chose sans statut, sa liquidation est de l'ordre des choses. Bête fauve, nuisible, meute, harde, troupeau, colonie, garenne, spécimen, gibier de passage relèvent d'un continuum matériel indifférencié - celui de la plume et du poil - dans lequel il est loisible de tailler des rentes cynégétiques et de conduire discrétionnairement des éradications chaque fois que l'ombre d'un impact indésirable froisse d'un bout de plume ou de poil seulement le champ de l'économique ou du cynégétique roi.

B) Régulation, éradication, réparation : le triptyque boiteux

Le dégât, pour reprendre la terminologie cynégétique française - terme qui renvoie de manière symptomatique à la notion de dommage violent et brutal -, est assimilé à un gaspillage de la richesse sociale acquise par le labeur des hommes et la force du capital. L'ordre culturel, plus encore que l'ordre économique, commande l'éradication de l'animal pirate, de la "peste" responsable (mustélidés, renard, loup, ours, lynx) ou sa régulation (cervidés, lapins, sangliers...). L'animal nuisance doit être liquidé ainsi que sa descendance et son habitat immédiat (tanière, terrier, dortoir, nid...) pour que cesse l'outrage.

Une espèce à fort niveau d'impact ne sera tolérée que si son exploitation génère un profit cynégétique plus grand que la perte économique imputable à sa présence. Le niveau d'abondance socialement permis relève du domaine de la tolérance. La population animale, pour être "admise", doit se loger dans l'espace du non-dommage sauf à ce qu'il soit démontré que le bilan de sa présence (coût économique/avantage cynégétique) s'avère positif. La rareté de l'espèce prédatrice ou déprédatrice n'est pas considérée en soi comme une donnée susceptible de contrarier l'exigence d'éradication. La disparition du loup, de l'ours, du lynx, de l'aigle royal, du faucon pèlerin a été fêtée en son temps comme une œuvre de civilisation. L'opposition forcenée au retour du loup, manifestée par la fédération départementale des chasseurs et la chambre d'agriculture des Alpes maritimes, témoigne de la capacité de cette idéologie à traverser l'histoire au point d'atteindre en parfaite intégrité les rives du XXIème siècle.

L'animal source de dégâts, bien meuble corporel doté de mouvement, susceptible de libre occupation pour n'avoir pas de maître, n'en demeure pas moins une chose qui garde en elle la prégnance de la terre aux sens foncier et "cadastral". La bête à poils ou à plumes, *a fortiori* lorsqu'elle est sédentaire, demeure une émanation matérielle du territoire qui la nourrit et sans lequel elle n'existerait pas. L'animal générateur de dommages aux cultures ou aux plantations forestières, a vocation à être détruit par l'autorité foncière gardienne du territoire qui a rendu possible la prolifération malfaisante et par substitution celle qui administre par délégation (garde sociale) sa gestion cynégétique.

La concurrence du prédateur-déprédateur sauvage est réputée d'essence déloyale, sauf excuse absolutoire d'intérêt cynégétique. En cas d'atteinte à ce dernier, la réponse se résume toujours à la destruction pure et simple des animaux responsables, au besoin au travers d'une éradication de l'espèce elle-même jugée nuisible. En cas d'atteinte aux intérêts agricoles, sylvicoles ou piscicoles, la réponse sociale varie suivant que la cause animale est ou non d'intérêt cynégétique. La matière animale cynégétiquement inutile, hostile à l'agriculture ou aux forêts devra être liquidée par éradication. Celle d'utilité cynégétique devra être regulée de sorte que sa masse critique soit ramenée après destruction à un niveau acceptable au regard des capacités d'indemnisation mobilisées pour faire admettre son existence.

Le devoir social de régulation est d'interprétation stricte. L'excédent animal doit être réduit par éradication de sorte que le niveau de dégâts reste toujours circonscrit en dessous du seuil de tolérance cogéré par le couple paysan-chasseur. La non réduction du dommage à la source peut résulter d'une négligence. Le propriétaire ou le détenteur du droit de chasse n'a pas accompli son devoir social. Fautif de n'avoir pas su liquider l'excédent, de matière animale placée sous sa garde, il sera tenu de réparer les conséquences de son incurie. La non réduction peut aussi découler de la volonté des autorités cynégétiques de favoriser le capital dont elle assure l'entretien aux dépens du capital agro-sylvicole. Dans ce cas, il est exigé de ces dernières, en contrepartie du monopole d'usage qui leur est reconnu sur la faune, qu'elles prennent en charge à titre de compensation la réparation de l'excédent de dommages générés des suites de leur arbitrage. L'animal sauvage qui contrarie le bon état du capital agro-sylvo-cynégétique doit être détruit. La libre éradication rendue impossible, de par la volonté de maintenir un niveau de capital cynégétique élevé, il appartiendra aux bénéficiaires de l'avantage de dédommager les victimes de l'excédent de dégâts enregistrés. La réparation intervient ainsi toujours à titre subsidiaire et accessoire lorsque la destruction n'a pas permis la neutralisation du dommage par suppression de sa cause même.

Dans un système où le rapport du social à la faune sauvage est entièrement déterminé par les préceptes de l'idéologie cynégétique, il est logique que la question du traitement social des dommages occasionnés par la faune soit abordée par l'entremise du concept de gibier. Il existe un lien structurel entre ce concept et le droit à réparation. Un lien impérialiste qui étend sa prégnance jusqu'aux dommages occasionnés par les espèces non chassables au titre d'un régime de protection. La majorité des Etats européens se révèle en effet toujours incapable de gérer la socialisation des dommages en dehors du couple destruction/réparation. Le lien co-substantiel entre la destruction cynégétique menée à titre principal et la réparation mise en œuvre à titre accessoire signe cette incapacité délibérément entretenue par les gardiens de l'idéologie cynégétique. Ainsi les espèces protégées continuent-elles à relever de la catégorie gibier dans un grand nombre de droits (Allemagne, République TchÈque, France...).

Fort de cette allégeance conceptuelle et administrative, le dommage est pris en charge. Privé de cette allégeance, l'impact demeure sauvage hors toute idée de socialisation et de solidarité. La bête protégée reprend alors, pour celui qui subit l'impact, le visage de la bête fauve. Cette mutation est le préalable nécessaire au relâchement du régime de protection et à la réintégration de l'espèce à problème dans la sphère du cynégétique. La problématique du loup telle qu'organisée par les pouvoirs publics avec l'appui des milieux cynégétiques et des organisations agricoles en France, au cours de l'année 1995, dans la région du Mercantour, atteste de l'efficacité de cette logique de récupération. L'ordre cynégétique demeure un véritable trou noir qui a vocation à recueillir l'espèce protégée chaque fois que l'impact de ses populations affecte, fusse de manière dérisoire, l'intérêt agricole, sylvicole, piscicole ou cynégétique.

II - REPARATION, PROTECTION ET CONSERVATION DURABLE DE LA DIVERSITE BIOLOGIQUE

A) La nouvelle donne culturelle : l'intégration des apports combinés de l'éthique humaniste et de l'écologie scientifique

L'idéologie cynégétique a régné sans partage jusque dans les années soixante, tout juste tempérée par les notions d'espèces protégées, d'abord dans l'intérêt de l'agriculture, puis de la science. L'intégration de ces deux contraintes s'est opérée sans grandes difficultés. La juste articulation, entre les intérêts du monde agricole et ceux du monde cynégétique, a toujours été perçue comme une exigence fondamentale aussi bien par les chasseurs que par les exploitants agricoles. L'auto-limitation de l'action de chasse à l'égard des espèces utiles à l'économie agricole était vécue d'autant plus sereinement que les dérogations et tolérances au titre des chasses traditionnelles (pinsons, bruants, alouettes) étaient légions et que la contrainte, en fin de compte, relevait avant tout du symbolique. L'articulation, entre les intérêts du monde cynégétique et ceux de la communauté scientifique, s'est opérée, elle aussi, de manière satisfaisante tant que les exigences de cette dernière se sont limitées à la survie d'espèces vulnérables en voie de disparition.

Les années soixante-dix ont vu s'opérer une véritable révolution copernicienne sous l'impact de l'écologie scientifique à propension politique. De nos jours, la curiosité du public et sa sensibilité se renouvellent encore. Des interpellations émergent, des valeurs s'installent. Sous les coups de boutoir de cette nouvelle culture, l'érosion des fondements traditionnels de l'idéologie cynégétique se poursuit. L'animal et le vivant font de plus en plus fréquemment l'objet d'appropriations non destructrices dans le cadre d'une exploitation immatérielle.

La quête du lien d'intégration entre le biologique et le social, le besoin d'enracinement de l'humain dans la biosphère, la peur de la finitude, l'obsession des limites, le mythe de l'interdépendance, l'affaiblissement de la symbolique du sang, la découverte de la vulnérabilité éclairent d'un nouveau jour le traitement culturel de la prédation cynégétique à visée strictement ludique. La ligne de front, entre l'idéologie cynégétique et l'idéologie environnementale, est encore confuse. L'une et l'autre se retrouvent autour de certains enjeux, s'opposent sur d'autres, tout en ménageant au gré des rapports de force des zones de confluence. Le thème stratégique de la socialisation des impacts et de la réparation des dommages doit être lu à la lumière de la nouvelle donne qui reste encore à inventer pour l'essentiel sous le signe de la tolérance culturelle réciproque.

a) L'institution sociale de la population, de l'espèce, de la diversité biologique et de l'habitat

L'espèce sauvage a acquis au cours des trois dernières décennies une nouvelle épaisseur. Elle s'est enrichie de dimensions biogénétiques, biologiques, historiques, culturelles en complément de ses dimensions cynégétiques, économiques et scientifiques traditionnelles. Les connotations juridiques et administratives léguées par l'idéologie cynégétique tendent à l'obsolescence. Les cases de l'échiquier de la valeur se mélangent et se recomposent sans cesse. La valse des valeurs (positives pour les espèces gibier, négatives pour les espèces prédatrices ou déprédatrices, mixtes pour les espèces gibier contrariantes, nulles pour les autres espèces) devient de plus en plus confuse au point qu'une partie importante de l'opinion considère la grille de lecture traditionnelle périmée.

L'espèce sauvage est regardée comme un capital génétique porteur d'une histoire enracinée dans le passé et d'un devenir. En devenant mémoire dynamique et virtualité biogénétique, l'espèce sauvage s'enracine dans le culturel. Véritable poupée russe, l'espèce vivante est investie en deçà et au-delà de son contour immédiat.

En deçà de l'espèce, le social a investi le niveau de la population non seulement à l'échelle de l'aire de répartition générale mais aussi à l'échelle de chacune de ses composantes bio-géographiques. La dynamique des populations, l'état de conservation après avoir constitué des objets d'études scientifiques ont été consacrés non seulement comme enjeux de gestion mais aussi comme objets juridiques et administratifs. Les Conventions de Berne, de Bonn, la Directive Habitat, la Directive Oiseaux traduisent sur le plan juridique cette mutation.

Au-delà de l'espèce, a été investi le niveau des relations entre espèces, celui des liens que l'espèce entretient avec le milieu au travers du maillage des habitats et plus en amont celui de la diversité biologique comme agrégation synthétique et dynamique de l'ensemble des espèces vivantes disponibles. En deçà de la population, le social a investi le niveau des groupes et communautés, celui des parentèles et pour finir celui de l'être vivant singulier.

b) L'institution sociale de l'animal singulier

L'occident, en même temps qu'il investissait les entités que sont la population, l'espèce, la diversité biologique, a entrepris de réinventer l'animal sauvage dans sa dimension singulière. Cette nouvelle considération débouche sur une oblitération plus ou moins forte de la notion classique de gibier en tant qu'agrégation de choses vivantes interchangeables et appropriables à discrétion. La biodiversité renvoie aujourd'hui à autre chose qu'un simple regroupement taxinomique d'espèces contiguës, une agrégation d'entités biologiques fongibles. Elle est imaginée comme une communauté d'entités vivantes autonomes en inter-relations, certaines plus évoluées que d'autres dans l'échelle de l'organisation. Si le spécimen est regardé comme parfaitement manipulable et interchangeable par essence, il n'en est plus de même avec l'animal singulier intégré à une parentèle ou à un groupe. Dans ce jeu du savoir, l'animal acquiert un nouvel être. De la logique "singulière" du spécimen à l'être singulier de l'animal il n'y a qu'un pas qu'une partie de l'opinion n'hésite plus à franchir, du moins au niveau de certaines espèces supérieures comme les dauphins et baleines, les chimpanzés et orangs-outangs dont l'être propre est devenu un sujet d'investigation scientifique.

L'éthologie a manifestement ouvert de nouveaux espaces d'interrogation et initié un redéploiement culturel sans précédent depuis l'époque de la Renaissance. L'opinion s'approprie ainsi une double idée neuve - certains animaux supérieurs sont porteurs de données individuelles au plan comportemental - certains groupes d'animaux expriment des formes de pré-cultures. Le cadre conceptuel du spécimen est battu en brèche tout comme la notion d'animalité brute indifférenciée. La thèse de l'animalité conçue comme un continuum homogène perd de son arrogance et la plupart de ses partisans évite désormais de s'y référer ouvertement.

Un nuancier subtil des rapports de l'humain à l'animal se met en place en creux de ce nouveau savoir scientifique. L'animalité primaire y coexiste avec des formes d'animalités supérieures assorties d'attributs qui, jusqu'à une période récente, étaient présentés comme l'apanage exclusif de l'espèce humaine. La faculté reconnue à certains animaux de fabriquer des outils sommaires, de transmettre d'une génération sur l'autre des traditions comportementales et des savoir-faire rudimentaires en dehors de tout stockage génétique rend la matière perméable à l'éthique. Les cartes sont redistribuées. Sciences et éthique conjuguent désormais leurs influences en un nouveau lieu stratégique de notre culture : le rapport au vivant, à l'animal, aux équilibres biologiques fondamentaux qui sous-tendent le social.

L'homme est amené à reconsidérer l'animal, à le considérer. Il n'hésite plus à poser certains d'entre eux comme les maillons singuliers d'un ensemble plus vaste. Des maillages fins du niveau de la population, du groupe, de la parentèle, dans certains cas de l'individu se superposent progressivement au maillage de la diversité biologique par l'espèce. Sous la pression conjointe de l'écologie scientifique et de l'éthologie, le regard que l'humanité porte sur ce qui était traditionnellement posé comme "extérieur" et "étranger" se renouvelle. L'interface entre l'animal sauvage, la population, l'espèce et le social, change radicalement de profil. La zone d'interférence est investie par la curiosité scientifique et appropriée par la culture en marche. Rares sont ceux qui osent prétendre aujourd'hui que l'interface se réduit à un rapport d'exploitation univoque (prélèvements cynégétiques ou halieutiques par l'homme) et de concurrence inadmissible (prédation par l'animal). Les flux de valeurs échangées entre le social et le vivant tissent un rapport nouveau : celui de l'intégration.

c) L'institution sociale du socio -écosystème

Après avoir institué successivement le "tout" de l'espèce, de la population, de l'écosystème et de la biosphère, de la diversité biologique, de l'individu, le social s'est emparé du tout socio-écosystème qu'il érige en lieu stratégique où l'histoire, l'économique, le culturel, le biologique s'entrecroisent, s'alimentent et se fondent mutuellement.

Les trois dernières décennies ont consacré les thèmes de l'animal sauvage comme entité singulière dotée de sensibilité, de la parentèle et du groupe animal organisés comme entité sociale qui transcende ses composantes, de la population, sa dynamique et son état de conservation comme enjeu social, de l'espèce biologique comme élément du patrimoine commun de l'humanité, de la diversité biologique comme condition du devenir social. Dans sa quête d'intégration, le social s'intéresse à la fois au "tout" et à la "partie". Il se passionne, en "surfant" sur les strates entrecroisées des différents niveaux d'organisation et d'intégration, aussi bien pour l'ensemble intégré que pour l'unité élémentaire irréductible et les liens fonctionnels qui l'unissent à la diversité.

Le rapport devient patrimonial. Tandis que le vivant est investi par la valeur, l'économique l'est par les contraintes de l'écosystème. L'exigence de croissance, une fois frottée à l'exigence environnementale puis écologique, se tempère pour devenir exigence de développement durable et pour finir de développement social durable. Le gène et l'information deviennent matière première, la biodiversité capital et épargne, la morale éthique rebondissante. Le scientifique aspire ouvertement au mythique, le champ de la connaissance et du pouvoir se réorganise. L'homme redevient fondamentalement biologique.

Dans le cadre de cette nouvelle donne culturelle, le sauvage, principe fondateur du concept de gibier, tombe lui-même en désuétude. L'opposition nodale, entre sauvage et domestique, perd toute espèce de signification. La valse des réintroductions dans le milieu naturel d'espèces indigènes ayant disparu du fait de l'homme au cours des temps historiques et le cortège des renforcements artificiels de populations sauvages à des fins cynégétiques ou de conservation anéantissent le vieux clivage. La ligne de démarcation s'effondre en de nombreux endroits sous le jeu des plans d'action et de conservation.

Les nouvelles technologies de la conservation sont centrées sur l'idée que l'espèce doit être assistée techniquement, accompagnée administrativement pour avoir une chance de se maintenir à un niveau de conservation optimum. La gestion des espèces devient la règle et la dynamique des populations se gère à la manière d'un objet administratif. Les objectifs de conservation sont arrêtés par voie administrative et les moyens requis pour leur réalisation alignés budgétairement. Le spontané s'encadre au quotidien et les milieux naturels se régentent à la mesure des besoins des espèces cibles. La prégnance du social sur l'espèce animale s'accroît chaque jour et de nombreuses populations animales deviennent totalement dépendantes des techniques de protection.

N'est-il pas révélateur qu'un programme de recherches, lancé en 1995 par le ministère français de l'Environnement, renvoie au thème de la re-création de la nature ? Que des ornithologues, en forme de boutades, parlent d'élevage de sternes tant les conditions de reproduction des oiseaux sur certains des îlots "réservés" aux colonies sont policées et "garanties" pour pallier à l'incidence des destructions et des dérangements subis au sein de la nature ordinaire ?

B) La nouvelle architecture juridique

a) L'effondrement des murs : un nouveau droit à venir

L'approche juridique de la réparation des impacts occasionnés par les animaux sauvages est en phase de redéfinition. Réparation et compensation doivent être mises en perspective de la nouvelle donne culturelle pour que cessent les fractures et les incohérences qui affectent le rapport de nos sociétés à la faune sauvage spontanée. La rénovation de la problématique de la réparation passe par la "refondation" du statut juridique non seulement de l'espèce animale sauvage mais aussi en aval de celui de l'animal sauvage et des nouveaux médias biologiques que sont la population et l'état de conservation. La "refondation" des statuts doit être menée à partir d'une idée source. La relation d'intégration est la clef de lecture de l'ordre du vivant et doit servir de trame aux statuts et régimes juridiques à mettre en place.

L'animal sauvage n'est ni une chose ni un bien. Le réifier comme le font nos droits actuels est un non sens. L'animal est l'expression organique et singulière d'un patrimoine fonctionnel dématérialisé dont relèvent les cycles de l'air, de l'eau et de la terre, les équilibres biologiques fondamentaux, la diversité biologique, les espèces, les habitats, les populations et communautés, les groupes et parentèles, les individus. L'animal doit dès lors être approché et traité en tant que donnée qui participe à un ensemble structuré et dynamique dont il n'a pas vocation à être juridiquement extrait hors la considération pour sa dimension d'être vivant sensible susceptible de ressentir stress et douleur.

Conçue comme une universalité de fait et de droit, l'entité patrimoniale intègre, en les transcendant, les composantes élémentaires qu'elle incorpore: spécimen, individus, groupes, populations, habitats, espèces, communautés, équilibres biologiques fondamentaux attachés au cycle de l'eau, de l'air, de la terre. L'entité patrimoniale, pensée comme un ensemble de fonctions, revêt un caractère incorporel pour être composée non de choses (*res*) ou des biens corporels matériels mais d'êtres vivants sensibles, de fonctions et de relations dynamiques, intégrées en situation de genèse réciproque. Le rapport à l'entité patrimoniale fonctionnelle devra être exclusif de toute forme d'appropriation au profit d'un quelconque titulaire. Il empruntera une forme juridique dérivée de la notion de "garde". La "garde" du patrimoine sera déclarée commune et son exercice "distribué" en cascade et de manière conditionnelle aux autorités internationales, communautaires, étatiques et infra étatiques.

L'approche conceptuelle du patrimoine rendra compte de sa multifonctionnalité tant au niveau de sa globalité que de chacune de ses composantes intégrées. L'accent sera mis sur les liens d'interdépendance entre les composantes d'une part et les usages et pratiques sociales qui y sont adossés d'autre part.

La mise en place de nouvelles techniques juridiques adaptées à l'objet "diversité biologique", la généralisation de la méthodologie des plans d'action et de gestion rendent indispensable l'invention de concepts et de principes intellectuels pertinents à même de les fonder en conformité des apports récents de l'éthologie et de l'écologie scientifique. Les concepts de *res nullius*, *propria*, *communis*, *publica* sont creux et stériles. Hérités du droit romain, ils ont été mis en place à un moment où le vivant n'était pas encore institué comme une réalité autonome, où le genre animal n'était pas encore différencié de l'ordre des choses.

Sous le règne de l'animalité brute et des choses animées qui présidait lors de leur installation, l'oie bernache cravant n'était-elle pas déclarée naître du bois pourri des vieux navires coulés au large ? Venue de nulle part, née d'une chose en décomposition, l'oie bernache pouvait être, à juste titre, regardée comme la chose de personne. Aujourd'hui, ses zones de nidification et d'hivernage, ses haltes migratoires sont connues et suivies, sa biologie étudiée, la dynamique de ses populations analysée, ses habitats surveillés et encadrés, les bénéfices immatériels de sa présence partagés entre plusieurs communautés nationales, ses effectifs décomptés par l'humanité sur le boulier de la diversité biologique... et, ce serait faire injure à tant d'efforts sociaux que de laisser le statut de cet oiseau enlisé dans le vertige d'un passé révolu.

Les outils conceptuels, à partir desquels sont actuellement appréhendées les notions d'animal sauvage, de population, d'espèce, reposent sur des présupposés culturels et des matériaux intellectuels obsolètes. Le droit est nécessairement parti pris. Est-il pour autant autorisé à se fourvoyer plus longtemps en prenant le parti de l'archaïsme sous couvert de l'habillage illustre mais combien dépassé du droit romain ? La scolastique n'a pas d'avenir. La sacralisation de concepts périmés est dangereuse. Elle contraint le social à s'exprimer en dehors du champ du droit positif. Le débat actuel, sur la réparation des dommages et impacts liés à la faune sauvage protégée, illustre l'impasse d'un statut périmé. Que penseraient nos physiciens s'il leur était demandé d'aborder la physique des particules avec les seuls outils légués par la culture atomique de la Grèce antique ?

Le droit doit refuser l'enfermement, s'enrichir des apports de la génétique, de l'éthologie et de l'écologie. Le statut juridique de l'animal sauvage doit être réinventé au-delà des contraintes des catégories actuelles, sous la double influence de l'éthique et de l'écologie scientifique. La première commande que l'animal soit pris en considération dans sa dimension d'être vivant singulier, sensible, réceptif à la douleur et au stress. La seconde prescrit de le regarder comme une constituante du vivant qui participe, dans le cadre d'une intégration dynamique, à la diversité biologique au travers du maillage de la population et de l'espèce. Le droit doit investir de nouveaux espaces de pensées hors le déterminisme des pressions corporatives qui lui commande l'indigence intellectuelle garante des avantages acquis du temps du monopole cynégétique.

Entre l'humanité et l'animalité brute, il existe un espace de dégradés et de nuances à la mesure de la variété des êtres vivants. Les approches réductionnistes sont à proscrire. Le statut singulier de la chose animale doit céder le pas au profit d'un statut pluriel du vivant décliné à la mesure de sa diversité. Biodiversité oblige. Le temps de la pensée réductrice focalisée sur le maître concept de gibier à poils et à plumes librement appropriable, - réifié à la manière d'un caillou animé, déclaré "domestique" et sensible quand approprié il est tenu captif, déclaré sauvage et insensible quand libre il n'a pas encore été capturé,- est culturellement révolu. Entre les dogmes de l'animalité brute et de la *deep ecology*, il y a place pour une pensée juridique pragmatique, mimétique, à même d'intégrer la richesse des messages reçus de la communauté scientifique dans le respect du principe de précaution culturelle.

c) Le principe de protection de l'espèce et de garantie de l'état de conservation favorable de ses populations

Protection et patrimonialisation sont les deux visages du même Janus apparus en creux de la disparition du sauvage et du spontané. Protection et patrimonialisation ont été instituées de paire, une fois rapatrié dans le giron du social l'essentiel de ce qui était jusqu'alors regardé comme placé hors de portée du contrôle humain. Une fois découverte et appropriée culturellement la vulnérabilité des espèces vivantes, l'utilité sociale de leur protection a pu être reconnue et inscrite au fronton des législations. Les Etats ont dû convenir d'un traitement précautionneux du bouquet de la biodiversité dans la perspective de la conservation durable de son intégrité. La Convention de Rio sur la biodiversité a décliné l'exigence de vigilance sur un mode générique comme l'avait déjà fait la déclaration de la Charte de la nature adoptée par les Nations Unies le 28 octobre 1982. Elle a initié une dynamique dont la trajectoire est loin d'être achevée. L'Europe communautaire est un terrain privilégié pour l'expérimentation du nouvel ordre biologique.

La conservation participe en Europe d'une logique de défense de l'intérêt général fondée sur la notion de patrimoine biologique commun. Espèces, populations, habitats sont approchés de manière intégrée. Les directives "oiseaux sauvages" et "habitat" privilégient une approche composite qui est à la fois analytique (milieux et espèces d'intérêt communautaire de la directive Habitat), fonctionnelle (relation écosystémique entre espèces et habitats), dynamique (cohérence d'échelle, continuité écologique), finalisée (maintien ou restauration dans un état de conservation favorable).

Le droit communautaire a été le premier à introduire un régime de protection générale au profit d'un ordre entier, celui des oiseaux sauvages. Depuis 1979, l'avifaune européenne indigène bénéficie d'un régime de protection générale qui emporte interdiction de la destruction et de la capture. Le régime de base est tempéré par l'existence d'aménagements dérogatoires liés, l'un à la notion d'espèces susceptibles d'actes de chasse sur tout ou partie du territoire de la communauté, l'autre à la notion d'espèces dont une partie des populations est susceptible de faire localement l'objet de régulation raisonnée pour assurer la défense d'intérêts limitativement énumérés. La protection de plein droit est constitutive du statut juridique de l'espèce avienne communautaire, le caractère cynégétique de certaines étant seulement déclaratoire. L'ordre communautaire a ainsi inversé la présomption traditionnelle en abolissant la notion même d'espèce gibier à plumes dont les spécimens seraient par état de libre appropriation. Contrevient directement au droit communautaire l'ensemble de l'édifice français bâti autour de la notion de gibier en tant que catégorie générique réceptacle forcé de l'ensemble des bêtes à plumes. La conservation durable de la diversité biologique et de son intégrité commande, selon nous, la généralisation de cette approche à l'ensemble des espèces de vertébrés.

Le principe de protection renvoie à deux problématiques principales liées l'une à son amplitude l'autre à sa généralité. L'amplitude suivant que la protection vise à garantir à l'espèce la simple "survie" ou au contraire son "maintien" ou sa "restauration" dans un état de conservation favorable tenant compte des potentialités des milieux et du standard du meilleur profil démographique de ses populations à l'échelle des temps historiques. La généralité suivant que la protection a vocation à s'appliquer uniformément à l'ensemble des espèces, de vertébrés en particulier ou seulement à une sélection au travers de listes énumératives.

Les conventions de Bonn et de Berne, les directives communautaires Oiseaux et Habitat instituent une obligation de vigilance renforcée. Celle-ci est déclinée distinctement par chacun des quatre instruments. Si la convention de Berne impartit aux États de garantir la "survie" des populations animales relevant de leur souveraineté, la convention de Bonn sur les espèces migratrices et la Directive Habitat prescrivent quant à elles la prise de toutes les mesures nécessaires au maintien ou à la restauration des espèces indigènes visées par les annexes dans un état de conservation favorable. Cette dernière exigence est, on le voit, plus drastique que celle qui consiste à garantir seulement la survie des espèces ou encore le maintien de la biodiversité en tant que bouquet dynamique d'espèces au travers d'une approche synthétique tolérant les déperditions à la marge.

La notion d'état de conservation joue dans le dispositif en voie d'organisation un rôle directeur et tend à devenir la clef de lecture des dérogations par lesquelles sont administrés les prélèvements cynégétiques ou régulatoires autorisés. Poutre maîtresse de l'arche de la biodiversité, elle fait l'objet de définitions juridiques différentes suivant les instruments de référence. Les espèces migratrices visées par la convention de Bonn bénéficient de ce point de vue d'un régime progressiste. Les États signataires ont souscrit l'obligation de leur assurer un état de conservation favorable défini comme équivalent à l'optimum populationnel sur l'ensemble de l'aire de répartition. Le dispositif s'éloigne comme on le voit de celui institué par la convention de Berne qui vise à assurer seulement l'état de survie des populations au sens de la doctrine des listes rouges édictées par l'UICN (1994). Il s'agit, pour les espèces identifiées comme "gravement menacées d'extinction", "menacées d'extinction", "vulnérables", d'assurer la conservation d'un échantillon génétique témoin à même d'assurer spontanément la reproduction de l'espèce dans une perspective pérenne.

La doctrine des listes rouges est, on le voit, une doctrine de crise adaptée à la problématique des espèces en voie de disparition. Elle ne peut servir de cadre à la conservation du bouquet d'espèces de la diversité biologique ordinaire sauf à ramener les ambitions des politiques de protection de la nature au rang de pratique muséologique fussent les laboratoires et les galeries des nouveaux muséums agrandis à l'échelle de parcs et de réserves fossilisés. La protection n'a pas vocation à gérer la marge et le bas de page mais la page entière et il serait déraisonnable d'attendre l'effondrement de la courbe démographique d'une population pour la rendre éligible au statut de protection.

1) Protection et éthique

La dynamique de protection s'est enrichie d'un volet éthique. Son influence est grandissante sur deux plans.

La considération éthique commande que la protection bénéficie au plus grand nombre d'espèces possible et que des pans entiers de la biodiversité basculent dans un régime de protection générale de plein droit. La préconisation est nette en direction des vertébrés, pour des raisons de proximité génétique par rapport à l'humain, de lisibilité culturelle (nombre d'espèces limité connues pour la plupart du public) mais aussi de réalisme. La protection ne peut concerner que des groupes d'espèces dont le maintien en bon état de conservation n'est pas de nature, *a priori*, à occasionner des préjudices importants sur le plan sanitaire ou économique. Ce n'est pas le cas des insectes.

La considération éthique commande que le traitement de l'animal à l'occasion de son exploitation raisonnée et plus particulièrement à l'occasion de sa capture, de sa détention ou de sa mise à mort intègre l'exigence de non-cruauté inutile. L'animal sauvage tend désormais à être considéré dans sa dimension d'être sensible. Il donne lieu à application d'un principe de proportionnalité d'un nouveau genre. La mise à mort, la mutilation, la détention consenties au titre d'un régime dérogatoire doivent être conduites avec le souci de limiter la souffrance inutile dans toute la mesure du possible. La prise en compte de l'animal sauvage, en qualité d'être vivant sensible capable de ressentir stress, douleur physique et souffrance mentale est circonscrite pour l'instant essentiellement au domaine de l'instrumentation (qualité des pièges, type de munitions, obligation de recourir aux chiens de sang pour retrouver et achever les animaux blessés...).

2) Perspective

La légitimité des protections molles et contingentes est remise en question par une majorité de personnes. Le principe d'une protection de plein droit, intégrale et irréversible, emportant interdiction de la destruction intentionnelle et de la capture, de la détention et de la commercialisation tend à être inscrite dans le statut juridique de toutes les espèces de vertébrés sauvages indigènes. Le principe, une fois définitivement consacré, devra bien évidemment être tempéré par la possibilité reconnue aux chasseurs et aux pêcheurs de pratiquer des prélèvements sélectifs et raisonnés dans le cadre d'une exception culturelle à caractère "dérogatoire "et "déclaratoire". Les prélèvements autorisés dans le cadre de la dérogation ne devront être opérés qu'à l'encontre d'espèces cynégétiques limitativement énumérées (au travers d'un texte périodiquement actualisé pour tenir compte de la dynamique des populations) et à la condition, qu'au terme d'une expertise conduite dans le respect du principe de précaution, les prélèvements soient jugés compatibles avec les exigences du maintien durable des populations concernées dans un état de conservation favorable.

Le régime des invertébrés terrestres et marins continuera à être traité de manière autonome en l'état des contraintes et exigences sanitaires et agricoles contemporaines. Celles-ci commandent que soient encore mis en œuvre des processus de destruction massive dont la sélectivité et la proportionnalité sont mal maîtrisées. Le régime de protection applicable aux invertébrés terrestres ne peut de ce fait comporter systématiquement et de plein droit interdiction de la destruction. La protection stricte demeurera liée au système des listes. Le statut de protection devra inclure le volet conservation de l'habitat (incluant les micro habitats) ainsi que le volet gestion des process agricoles et sylvicoles en particulier qui conditionne, voire surdÈtermine, généralement la problématique de conservation.

c) Le principe de réparation : la socialisation des impacts faune

L'atteinte aux intérêts "agro-sylvo-cynégétique" n'est plus suffisante pour justifier la suppression de l'animal sauvage responsable de l'impact. Le statut de protection de l'espèce, l'état de conservation de ses populations, l'existence de moyens de prévention disponibles, les impacts positifs induits par sa présence doivent désormais être mis en balance avec le coût économique des impacts négatifs. Le statut social de l'impact tend lui aussi à changer. Dans un monde qui répugne, en règle générale, à laisser la victime supporter seule la charge finale de son préjudice la propension à indemnisation est grande. La tolérance à l'impact "libre"s'affaiblit chaque jour.

Une fois la faune sauvage réappropriée culturellement, il incombe à la collectivité d'assister les personnes affectées par ses retombées chaque fois que leur importance est ressentie comme excessive. Cette prise en charge s'imposera d'autant plus qu'aura été aboli le lien d'automaticité entre l'impact et la destruction. Dans ce nouveau contexte, l'indemnisation cesse d'être la subordonnée de la destruction et la réparation accède au rang d'instrument autonome de gestion courante de la diversité biologique aussi bien ordinaire qu'extraordinaire.

1) L'internalisation des impacts

La reconnaissance de l'impact du vivant comme donnée constitutive du rapport du social au monde est en phase d'institutionnalisation. S'il est admis sur le plan scientifique que la prédation naturelle constitue une des clefs d'organisation des écosystèmes naturels, il n'en est pas encore de même sur le plan culturel. L'approche du carnivore prédateur et de l'herbivore déprédateur mérite encore, en bien des lieux et bien des points, d'être corrigée pour s'inscrire dans une approche écosystémique. Le statut de l'animal sauvage prédateur ou déprédateur évolue lentement. La circonstance qu'il prélève pour consommer finit par ne plus être regardée comme une aberration. L'idée que la prédation naturelle constitue une réalité de base indissociable du principe de conservation de la diversité biologique doit encore être appropriée par ceux-l‡ même qu'elle dérange. L'impact "prédation" doit pour cela être reconnu compensable chaque fois qu'il entraîne, aux dépens d'un opérateur économique une charge de gestion anormalement élevée ou exagérément discriminante. Dans le même temps, doit être affichée clairement l'idée que la présence spontanée de populations animales sauvages au sein de l'espace dédié à la production est un fait patrimonial non seulement normal mais souhaitable. L'économique se doit dans cette optique d'intégrer dans sa logique la donnée faune.

Le temps de l'exclusion faunistique et de l'externalité est révolu. La faune a acquis, au fil des décennies, une valeur patrimoniale positive au titre des fonctions qu'elle assume dans le domaine écologique, scientifique, culturel, cynégétique, touristique. La valorisation des impacts positifs opérée, il importe de définir en corollaire la masse d'impacts négatifs susceptibles d'être supportés par la société. La consolidation des valeurs au terme du bilan d'impacts (positifs et négatifs) permettra de déterminer le seuil de normalité. La problématique du seuil est éminemment complexe. La démarche de quantification des impacts immatériels ou non marchands est encore balbutiante. La réflexion sur le rapport d'intégration de l'exploitation rurale à l'environnement, sa quantification et sa modélisation relèvent toujours de la prémonition exploratoire. Les raisonnements, méthodes et analyses communément validés lorsqu'il s'agit d'intégrer à la démarche économique les contraintes liées au climat, à l'altitude, à la qualité des terres, à l'exposition, à la disponibilité des ressources en eau doivent être étendus à la contrainte faunistique.

L'internalisation des impacts faune au niveau économique est une exigence. La consolidation doit viser aussi bien le coût des dommages que les avantages tirés des produits et services générés par la présence de l'espèce. Il ne s'agit pas de réduire le patrimoine faunistique à un capital marchand mais de mettre en évidence la dimension marchande de la diversité biologique. La démarche d'internalisation intégrera tant les valeurs tirées des utilisations traditionnelles sous forme de prélèvements (pêche, chasse, cueillette) que celles liées aux usages nouveaux (santé, tourisme vert, sports et loisirs de plein air, pratique naturaliste, culturelle et esthétique...). L'internalisation devra porter enfin sur la valorisation des services intégrés liés au fait que la diversité biologique participe aux équilibres fondamentaux des cycles de l'eau et de la terre qui conditionnent le renouvellement des fonctions et ressources dont dépendent les productions agricoles, piscicoles et sylvicoles en terme de durabilité. Les impacts négatifs de la prédation-déprédation ne doivent pas être insularisés économiquement. La valeur négative qui leur correspond doit être rapprochée, dans le cadre d'une approche intégrée, des flux de valeur positive générés par l'espèce et la diversité biologique à laquelle elle participe. Dans le même temps, doit être organisée la consolidation de l'ensemble des aides, primes et subventions allouées à l'exploitation et aux territoires dans lesquels elle s'insère économiquement au titre des handicaps naturels et de la participation à l'entretien de l'environnement, de l'espace naturel, des paysages et des équilibres biologiques.

L'approche de l'impact doit être synthétique et son traitement transversal. Les mesures agri-environnementales, les plans de développement durable constitueront au plan européen la toile de fond de cette approche. Ils joueront un rôle de médiateur en assurant à titre principal le lissage des impacts dans le cadre d'un cadastre écologique. Les mécanismes de l'écocertification, de la labellisation, des appellations d'origine participeront par zonage interposé à l'entreprise de valorisation de la diversité biologique. Les biens et services produits par les zones à forte valeur écologique ajoutée bénéficieront par leur intermédiaire d'un retour d'image et de rétribution marchande. Les pouvoirs publics devront eux-mêmes renseigner le compte en y incorporant la valeur reconstituée des impacts positifs générés par la diversité biologique et la zone naturelle qui abrite l'espèce à problème ainsi que l'ensemble des rétributions allouées au territoire au titre de l'entretien des fonctionnalités écologiques.

C'est à la lumière du bilan consolidé des impacts que sera défini le seuil d'anormalité au-delà duquel un impact se verra socialement reconnaître le rang de dommage éligible à la compensation ou à la réparation.

L'internalisation doit être conduite en conformité des principes de connaissance, de précaution et de prévention. Quelques principes directeurs peuvent être évoqués dans cette perspective hors toute prétention d'exhaustivité.

L'impact subi par un exploitant pour être éligible au rang d'impact exorbitant ouvrant droit à réparation ou compensation doit être "ultime". L'exploitant devra démontrer avoir pris l'ensemble des mesures de prévention utiles au regard de l'état des techniques disponibles. Seul le dommage ultime subsistant après que l'ensemble des mesures de prévention ait été mobilisé sera pris en considération. Lorsque le coût des mesures de prévention sera jugé économiquement insupportable au regard de la concurrence qu'ont à subir les exploitations affectées, il appartiendra aux pouvoirs publics de prendre en charge la part du coût excédentaire de telle sorte que l'exploitation ne risque pas d'être mise hors marché.

L'expertise d'éligibilité devra tenir compte de l'antériorité de la présence de l'espèce sur le site par rapport à la date d'installation de l'exploitation affectée par l'impact, des évolutions respectives du niveau de population de l'espèce et du mode d'exploitation. Il ne saurait en la matière y avoir de réponse pré-établie.

La pré-existence de l'espèce sur le site ne doit pas conduire nécessairement à l'exclusion de toute compensation ou réparation au profit de l'entreprise nouvelle quand celle-ci est amenée à jouer un rôle déterminant dans la conservation de la diversité génétique (ouverture du milieu, conservation d'espèces dépendantes de la présence agricole) ou de la cohérence sociale du terroir. L'antériorité de la présence animale sera en principe exonératrice de réparation chaque fois que l'implantation agricole ou piscicole s'effectue dans une zone à fort potentiel d'impact et que l'activité nouvelle n'a pas vocation à participer au maintien ou à la restauration de la diversité biologique. L'acceptation du risque par le nouvel exploitant sera pris en considération et emportera dispense de compensation et d'indemnisation pour éviter la mise en place d'exploitations parasitaires dédiées à la captation de rentes indemnitaires.

La prise en compte de l'évolution dans le temps du mode d'exploitation ne manque pas de soulever d'immenses difficultés. Une évolution des techniques culturales ou pastorales allant dans le sens d'une plus grande réceptivité aux impacts ne peut être proscrite en soi, dès lors qu'il ne peut être exigé des exploitations un immobilisme structurel et fonctionnel.

2) La socialisation des impacts exorbitants

Le principe de solidarité nationale et d'égalité des citoyens devant les charges publiques commande l'accompagnement social des entreprises agricoles, forestières et piscicoles exposées à un niveau d'impact exorbitant.

Il devra être tenu compte des seuils culturels d'acceptation qui varient suivant les espèces et la nature des dommages. Les déprédations imputables aux herbivores (chevreuils, cerfs, lapins...) sont mieux tolérées que les prédations imputables aux super prédateurs (ours, loup, lynx) dont le seul impact admissible est généralement l'impact nul.

Le principe de compensation et de réparation doit être détaché de deux "postulats" parasites. Celui d'après lequel il incombe au détenteur du droit de chasse de réguler les niveaux de population en contrepartie du monopole d'usage concédé sauf à engager sa responsabilité. Celui, siamois du premier selon lequel il incombe à l'Etat d'assurer l'indemnisation des dommages occasionnés par les populations d'espèces protégées et comme telles insusceptibles de régulation pour responsabilité du fait des lois. Ces deux fondements sont actuellement dépassés pour méconnaître la signification sociale et culturelle du principe de protection.

Le nouvel ordre public biologique fondé sur la relation d'intégration socio-écosystémique et l'exigence de durabilité commande que la problématique des impacts ne soit pas arbitrée à la lumière du régime de la responsabilité du fait des lois. L'exigence de maintien ou de restauration d'une population animale dans un bon état de conservation n'est pas le fait des lois de protection pour relever de l'ordre du fondamental. La loi n'est ni fondatrice ni constitutive de la protection mais seulement déclarative d'une exigence sociale qui lui préexiste. Il est de l'essence du patrimoine naturel fonctionnel commun et de ses constituantes biologiques d'avoir à se maintenir à un niveau optimum de conservation dans une optique de durabilité. Il appartient à la collectivité, une fois la diversité biologique intégrée au champ social de tenir compte de cette contrainte objective en encadrant les pressions anthropiques susceptibles de porter une atteinte significative aux composantes et fonctions agrégées au sein de l'universalité patrimoniale.

L'exigence indemnitaire participe d'une logique complémentaire en tant qu'expression du principe de solidarité et de justice sociale qui commande que certaines charges écologiques exorbitantes supportées par les particuliers soient prises en charge par la collectivité dans leur partie excédentaire. La socialisation des impacts excédentaires commande l'abolition du concept même de dégât et de dommage et l'instauration d'une problématique en terme de risque objectif. L'indemnisation visera en premier lieu à neutraliser la partie excédentaire des impacts pour leur faire perdre leur caractère exorbitant. Cette neutralisation finale interviendra après que la crête d'impact ait subi un premier lissage par le jeu des mesures agri-environnementales, des aides structurelles et des valorisations corrélées à la présence animale (écolabélisation des productions de l'exploitation affectée par les impacts).

3) L'abolition du préliminaire obligatoire de destruction

Réparation et compensation ont vocation à prendre le pas sur la destruction et, à terme, à s'y substituer hors le cas où une exigence sanitaire ou sécuritaire prescrit le retrait ou la destruction d'un animal "à problème".

L'ère de la destruction anarchique laissée à l'appréciation du propriétaire du terrain ou du détenteur du droit de chasse est révolue. Il n'appartient plus aux propriétaires fonciers et aux détenteurs du droit de chasse d'opérer à partir de considérations exclusivement économiques ou cynégétiques les arbitrages qui conduisent à la définition de l'excédent local de population devant faire l'objet d'une destruction. L'idée que le propriétaire ou le détenteur du droit de chasse assument la garde des populations animales dépendant de son héritage foncier est devenu un contre-sens. Les communautés biologiques et les équilibres fondamentaux auxquels les populations animales participent transcendent les droits privatifs tirés du foncier (propriété, fermage, droit de chasse). La population animale, expression organique de la diversité biologique, relève d'une garde commune exclusive de toute forme d'appropriation individuelle ou corporative. Participant à l'économie du patrimoine naturel commun, fonctionnel et dématérialisé les constituantes faunistiques échappent de droit à l'empire des volontés individuelles. Le laisser-faire écosystémique n'est plus posé comme un manquement au devoir social d'éradication des animaux en surnombre. Les Etats eux-mêmes ne sont plus autorisés à conduire les régulations en méconnaissance des prescriptions internationales qui leur commandent d'assurer la conservation durable des espèces dont il assume la garde en garantissant leur maintien ou leur restauration dans un état de conservation favorable.

La régulation discrétionnaire d'un niveau local de population à partir des seules exigences de la réduction à la source du nombre d'animaux participant à la réalisation d'un dommage cynégétique ou économique est désormais proscrite. Le couplage forcé entre la destruction et la réparation une fois brisé il reste à inventer les dispositifs à mettre en place en substitution du vieil arsenal. Les plans de gestion intégrée auront en charge de les articuler en combinant espèces par espèces ou groupes d'espèces par groupes d'espèces (en incluant la dimension habitat) : protection intégrale, expertises et bilans consolidés d'impacts, précaution et prévention, internalisation, réparation, compensation agri-environnementale, régulation marginale et raisonnée.

A la politique monolithique et réductrice de la poudre et du piège à mâchoires va succéder l'engineering socioécologique et ses traitements modulés et différenciés.

4) La séparation des seuils

L'impact exorbitant constitutif d'un dommage économique important à l'échelle de l'exploitation individuelle ne peut justifier à lui seul une régulation. L'impact localisé n'autorise pas le déclenchement d'une destruction généralisée et massive. Seul un cumul d'impacts constitutifs d'un dommage important à l'échelle du secteur d'activités, de l'économie régionale ou nationale est susceptible de fonder une régulation.

L'éligibilité de l'impact au régime de socialisation (réparation-compensation) doit être appréciée à l'échelle du compte d'exploitation de l'entreprise individuelle affectée. Un impact dérisoire à l'échelle de l'économie nationale ou régionale peut en effet constituer à l'échelle de l'exploitation individuelle un dommage significatif. L'impact pastoral des populations reliquaires d'ours, de loups ou de lynx est exemplaire de ce point de vue. Si le coût économique des dommages provoqués par une "micro" population locale peut être regardé comme dérisoire une fois rapporté à la valeur patrimoniale de la population incriminée, il n'en représente pas moins dans le vécu des exploitants une charge indue généralement perçue comme insupportable ou pour le moins excédentaire. La protection pour être socialement juste commande donc la mise en place de dispositifs d'accompagnement socio-économique de la présence animale. Les mesures de socialisation, expression de la solidarité nationale et communautaire, favoriseront la tolérance à la "peste" animale non encore réappropriée culturellement. La problématique de l'acceptation est commune à l'ensemble des espèces dites "à problèmes" y compris celles dont l'ère de répartition est étendue et les effectifs nombreux (cormorans).

Réparation et compensation sont ainsi appelées à jouer un rôle d'amortisseur. Elles serviront de tampon social entre l'impact local qui déclenche un appel à intervention et la demande individuelle de destruction. La réparation autorise un décrochage entre le traitement social des impacts locaux et l'action de régulation. Elle contribue à briser le lien d'automaticité entre l'impact prévisible et le déclenchement par anticipation de la destruction.

Le seuil de déclenchement de la régulation doit être clairement distingué de celui de l'indemnisation. L'affichage de cette différence est essentiel. Le droit à indemnisation doit être apprécié à l'échelle de l'exploitation individuelle (niveau microéconomique). Le déclenchement de la régulation doit être quant à lui apprécié à l'échelle de la région bio-géographique (niveau macroéconomique). Le changement d'échelle autorise un lissage de la crête d'impacts sous le jeu des solidarités régionales, inter-régionales ou communautaires (espèces d'intérêt communautaire) qui ont vocation à fonder et à financer le régime de socialisation. C'est au niveau de la région biogéographique que devront être opérés les arbitrages entre réparation-compensation, d'une part, et régulation, d'autre part. L'arbitrage que justifierait l'importance économique des dommages devra être effectué suivant la technique du bilan consolidé d'impact. La démarche retenue en France dans les années soixante à l'occasion de la mise en place des plans de chasse au grand gibier était pionnière de ce point de vue. Elle relevait de cette logique d'échelle (au niveau des massifs) même si son objectif visait à garantir le respect de l'équilibre agro-sylvo-cynégétique et non le maintien ou la restauration du bon état de conservation des populations concernées.

5) L'abolition du principe de discrimination entre espèces-gibier et espèces non-gibier

L'application du principe de protection générale commande la suppression de toute discrimination entre espèces chassables et non chassables. La mise en œuvre de la réparation ne doit plus en effet dépendre du caractère chassable ou non de l'espèce à l'origine de l'impact exorbitant. Le régime de réparation consacré aux espèces cynégétiques répugne toujours à investir le domaine des dommages imputables aux populations d'espèces protégées. La discrimination s'explique, en premier lieu, par des considérations d'ordre historique. Une partie significative des dégâts imputables à la faune sauvage est en effet occasionnée par des espèces cynégétiques comme le sanglier, le lapin, le cerf, le chevreuil et l'obligation de réparation a fréquemment été mise en place en corollaire des plans de chasse appliqués à ces espèces. Indemnisation et régulation vont de paire. La discrimination s'explique, en second lieu, par des considérations d'ordre socio-économique. L'indemnisation des dégâts est généralement financée par le produit de taxes cynégétiques qui, une fois collectées, sont laissées à la discrétion de la corporation cynégétique. La discrimination s'explique enfin par des considérations politiques et constitue un levier au service de l'ambition cynégétique.

La discrimination est perverse. Le dommage occasionné par un animal ne sera en effet éligible à l'indemnisation que pour autant que l'espèce à laquelle il appartient soit ouverte à l'action de chasse. Elle offre aux personnes affectées par un impact-gibier le bénéfice d'une garantie corporative. Les impacts économiques générés par les espèces protégées sont quant à eux occultés. La personne affectée par un niveau d'impact conséquent à l'échelle de son exploitation est vouée à en supporter la charge. De la sorte, la faculté de destruction consentie au profit des uns et la faculté de réparation consentie au profit des autres s'auto-confortent. Le système entretient les conflits d'usage et permet au milieu cynégétique de formuler une offre de service. Moyennant versement de l'espèce protégée "responsable" dans le champ des espèces gibier (temporairement protégeables) l'indemnisation pourra être servie. Une fois la prise en charge assurée par la corporation cynégétique, celle-ci pourra revendiquer en contrepartie de l'effort financier consenti, la faculté de réguler l'espèce. Les payeurs ne doivent-ils pas être les décideurs ? Par ce biais, le couple destruction-réparation tend à être introduit dans la logique même du statut de l'espèce protégée. Les récentes propositions de l'union nationale des fédérations départementales de chasseurs, au sein du groupe de travail institué par le ministère de l'Environnement français sur le statut des espèces protégées, illustrent cette tentation. Au terme de ces propositions, il n'y aurait plus d'espèce nuisible ni d'espèce protégée à proprement parler mais seulement des espèces gibier toutes potentiellement chassables et régulables.

Le système de la discrimination est d'autant plus dangereux pour la conservation durable de la diversité biologique qu'il flatte les finances publiques. En effet, le coût de la réparation des dommages-gibier est réputé pris en charge par les instances cynégétiques. Celles-ci trouvent là un argument de poids pour légitimer le principe des redevances et taxes collectées par l'Etat à leur seul profit. Pour ce faire la corporation doit user d'un tour de passe-passe intellectuel. Elle doit accréditer dans le public l'idée que le produit des taxes perçues de ses administrés a vocation à lui demeurer irrévocablement acquis au titre de la rétribution du service qu'elle rend à la collectivité en assurant elle-même l'organisation de son propre monopole. Ce raisonnement bien que parfaitement fallacieux n'en demeure pas moins toujours fondateur dans bien des pays. Le système français est exemplaire de ce point de vue.

Il occulte le fait que les redevances et taxes perçues par l'Etat et redistribuées à la corporation cynégétique sont en réalité la contrepartie pécuniaire de l'avantage concédé par la collectivité nationale aux chasseurs. En effet, les lois de la police de la chasse autorisent ceux-ci à effectuer des prélèvements "matière" aux dépens de certaines composantes patrimoniales communes ouvertes à l'usage partagé de l'ensemble des citoyens. Les taxes et redevances cynégétiques perçues ne sont dès lors rien d'autre que la contrepartie monétaire de l'appropriation réalisée. La discrimination actuelle entre espèces n'en est que plus pénalisante pour les espèces protégées.

6) Raisonner la régulation

Une fois érigée en principe directeur l'exigence d'internalisation et de compensation-réparation, il importe de recadrer la fonction de régulation. L'activité doit être raisonnée et conduite avec précaution dans le cadre de plan de gestion intégrée à même d'assurer la réversibilité des situations provoquées et de garantir, pas à pas, le maintien des populations concernées en état de conservation favorable.

Les usages et exploitations partagés auxquels donne lieu le patrimoine naturel relèvent de la responsabilité des seuls pouvoirs publics délégataires de la garde distribuée (internationale, communautaire, national, régional). Il incombe dès lors à ces derniers d'assurer la mise en cohérence des pratiques de régulation dispersées géographiquement en assurant pas à pas les ajustements requis par l'exigence de maintien ou de restauration de la population affectée dans un état de conservation favorable.

La séparation des actions de régulation et des activités cynégétiques doit elle-même être érigée en principe directeur. L'indépendance entre les deux activités doit être assurée aussi bien au niveau de l'arbitrage qui préside à la décision de régulation qu'au niveau de la définition de ses modalités d'exécution et de contrôle de sa proportionnalité. Les autorités cynégétiques ne doivent pas être à la fois juge des décisions et partie intéressée à leur exécution. La confusion des genres et des activités est à proscrire aussi bien au niveau des organes de décision que d'exécution et de contrôle. Les autorités cynégétiques devront être associées à la définition de la politique de régulation en tant que partenaires de la concertation au même titre que les autres usagers de la nature et non en tant que maître d'oeuvre.

L'activité cynégétique doit être recalée sur sa fonction ludique et culturelle et ne participer qu'accessoirement à la régulation des niveaux de population en vue de la réduction des impacts. Elle participera au lissage fonctionnel des populations des seules espèces cynégétiques à la condition près que la pression régulatoire organisée corresponde bien à un prélèvement exercé, hors toute idée de dérogation, conformément aux règles qui régissent ordinairement l'activité de chasse du point de vue des périodes, des lieux et des procédés. La chasse ne devra par ailleurs concourir à la limitation des impacts exorbitants qu'au travers d'un plan de gestion concerté à même de garantir le maintien du bon état de conservation locale, régionale et nationale des espèces dont la chasse est autorisée tout en assurant la prise en compte des résultats du bilan d'impacts mené au titre de l'internalisation.

III - RAPPORTS NATIONAUX

Le droit de la chasse en Allemagne et en Autriche

Wolfgang E. BURHENNE*

I - SOURCES ET ACTEURS DU DROIT DE LA CHASSE

- Les sources nationales

Un cadre juridique national général régissant le droit de la chasse existe en Allemagne (loi-cadre fédérale). Un tel cadre n'existe pas en Autriche, où le droit en vigueur est exclusivement au niveau des Etats fédérés (Länder)[1].

En Autriche, chaque Land a une loi sur la chasse et pleine compétence pour son application.

- L'organisation administrative de la chasse

Dans les deux cas, ce sont les Etats fédérés qui sont impliqués.

En Allemagne, les Etats fédérés ont des lois sur la chasse complémentaires à la loi cadre fédérale, et ont pleine compétence pour l'application du droit de la chasse dans son ensemble. Les administrations compétentes sont celles qui, dans chaque Etat, sont compétentes pour les forêts et l'agriculture. Elles sont les autorités supérieures (*Obere*

* Gouverneur exécutif du Conseil International du Droit de l'Environnement.

[1] Les dispositions juridiques applicables à la chasse en Allemagne et en Autriche sont similaires. Le document ne fait donc une distinction que si cela est nécessaire.

Jagdbehörde) et ont pouvoir de décision pour toute question relative à la chasse. Les autorités subordonnées (*Untere Jagdbehörde*) sont les arrondissements (*Kreisverwaltung*) et sont chargées de l'exécution des dispositions législatives et réglementaires du Land.

En Autriche, la situation est similaire. Les autorités supérieures compétentes en matière de chasse sont les gouvernements des Länder, représentés dans chaque cas par le *Landesrat* pour l'agriculture et les forêts. Les instances inférieures sont les administrations des régions (*Bezirkshauptmannschaft*).

En général, le pouvoir de décision est au niveau du Land dans les deux pays.

- L'organisation des chasseurs

En Allemagne, les choses se passent de la façon suivante : il existe une association de chasseurs dans chaque arrondissement; devenir membre de cette association n'est pas obligatoire; tous les membres de ces associations sont automatiquement membres de l'association des chasseurs du Land (*Landesjagdverband*). Les seize associations forment l'Association Fédérale de Chasse (*Deutscher Jagdschutzverband - DJV*). Toutes ces associations sont des E.V. (*Eingetragene Vereine*). Elles sont enregistrées auprès des tribunaux compétents, et leurs droits et obligations sont déterminés par le Code Civil.

Ces associations sont représentées dans les conseils consultatifs de chasse existant à chaque niveau administratif : Land, arrondissement. De plus, la majorité des associations de chasse sont également reconnues en tant qu'association de conservation de la nature, et de ce fait doivent être entendues (au niveau approprié) dans le cas où la loi prévoit une consultation d'associations reconnues dans ce domaine.

En Autriche, tous les détenteurs de permis de chasse sont automatiquement membres de l'association régionale (*Bezirk*) et également de celle du Land. Ces associations existent en vertu du droit de la chasse, qui fixe leurs droits et obligations. Il s'agit en quelque sorte d'une association professionnelle, avec des pouvoirs précis. Par exemple, l'exclusion motivée entraîne le retrait du permis de chasse, et cette décision lie l'administration. Cette association a aussi un rôle dans la prise de décision de l'administration.

II - LES TERRITOIRES DE CHASSE ET LES HABITATS

- Définition du droit de chasse

Le droit allemand comme le droit autrichien fait une distinction entre le droit de chasse et l'exercice de ce droit. Le droit de chasse appartient au propriétaire de la terre. Ce droit ne peut être exercé que sur certaines superficies d'un seul tenant. Si les conditions d'exercice de la chasse par le propriétaire lui-même ne sont pas remplies (territoire trop petit), le propriétaire devient automatiquement membre de l'association des titulaires de droits de chasse de la Commune. Une commune peut créer plus d'une association de ce type, à condition qu'elles aient chacune la superficie minimum requise. Chaque association amodie le droit d'exercer la chasse sur les terres de ses membres.

- Le régime juridique des territoires de chasse

La taille minimale du territoire de chasse dépend de l'endroit : elle varie selon que la chasse est en plaine ou en montagne. Le territoire doit aussi répondre à des critères de forme : il doit être arrondi.

Le territoire de chasse est géré par la personne qui a le droit d'y exercer le droit de chasse (appelé ci-après le titulaire).

Le titulaire n'a aucune obligation vis-à-vis des habitats; ce sont les propriétaires de la terre qui sont tenus par les dispositions législatives relatives à l'aménagement du territoire, l'utilisation des forêts, des eaux, l'exercice de l'agriculture, la conservation de la nature, etc.

Mais en pratique, le titulaire négocie certaines mesures d'amélioration des habitats avec l'utilisateur de la terre, en particulier les agriculteurs (par exemple, second ensemencement après la récolte; champs réservés à l'alimentation du gibier en hiver; calendrier échelonné pour les récoltes). Ces mesures sont souvent rémunérées par le titulaire.

Le titulaire est tenu par un plan de chasse obligatoire. Les espèces pour lesquelles un plan de chasse est obligatoire sont déterminées par arrêté (mesure réglementaire) de chaque Land. Le chevreuil est, par exemple, soumis au plan de chasse sur tout le territoire de l'Allemagne et c'est le cas également en Autriche. Dans les deux pays, lorsqu'il s'agit d'espèces qui peuvent causer des dommages aux forêts, le titulaire est tenu de remplir le plan (plan minimum); ceci parce qu'en Allemagne et en Autriche, les populations de chevreuil, cerf, sanglier, et à certains endroits, celles de chamois, sont relativement denses. Les mêmes règles régissent la chasse sur le domaine de l'Etat dont le territoire de chasse est géré par les autorités forestières.

- Les espaces naturels et la chasse

Le droit de la protection de la nature et le droit de la chasse sont strictement séparés, mais complémentaires. Il en résulte que les animaux gibier sont exclusivement régis par le droit de la chasse, et que les aires protégées sont régies par le droit de la conservation de la nature. Les dispositions législatives et réglementaires concernant les aires protégées sont donc muettes sur le régime des animaux gibier dans ces aires. Pour ces espèces, c'est donc sous le régime de la chasse que des mesures exorbitantes au droit commun de la chasse sont prises dans les aires protégées, chaque fois que cela s'avère nécessaire. Il est à noter que les dispositions du droit de la chasse bénéficient d'un régime plus strict de mise en vigueur.

Le droit de la chasse prévoit aussi la possibilité de créer des espaces dans lesquels la chasse est interdite. Ces aires sont interdites d'accès au public, ce qui ne les rend pas fort populaires. Ces aires ne jouent un rôle que localement: leur création est rare, entre autres en raison du fait que les mesures nécessaires à la conservation du gibier peuvent, et sont, prises dans le cadre du plan de chasse et des mesures réglementaires concernant l'ouverture et la fermeture de la chasse.

III - LES ESPECES

- Statut juridique des espèces sauvages

Toutes les espèces animales sauvages sont *res nullius*. Le droit d'appropriation des espèces chassables est réglementé par le droit de la chasse: seul le titulaire peut se les approprier. Pour les autres espèces, n'importe qui peut se les approprier, dans la mesure où les règles applicables aux espèces protégées sont respectées; les espèces chassables sont déterminées par le droit fédéral. Il s'agit d'une liste maximale.

- Régimes juridiques des opérations d'introduction d'espèces exotiques

Il est interdit de lâcher des espèces exotiques à l'endroit considéré; il est également interdit d'introduire des spécimens d'espèces chassables peu de temps avant qu'elle ne soient chassées.

Introductions et réintroductions sont soumises à autorisation; l'autorisation est délivrée par l'autorité compétente (autorités responsables pour les espèces gibier/ autorités de protection de la nature pour les espèces non-gibier/ autorités vétérinaires).

IV - LES MODES DE CHASSE ET L'EXERCICE DE LA CHASSE

- Le chasseur : le permis de chasse et la capacité de chasser

Un permis de chasse est requis pour toute activité de chasse. Il est délivré après examen des compétences cynégétiques et relatives à l'utilisation d'armes à feu. Un cours de préparation est à suivre avant cet examen, et dure six à huit mois. L'examen doit être répété lorsque le permis n'a pas été renouvelé pour une durée de trois ans. La délivrance du permis de chasse dépend également d'un casier judiciaire vierge.

Il y a différentes catégories de permis : un permis d'un an ou un permis de trois ans. Il existe aussi un permis à la journée (particulièrement utilisé pour les étrangers); le candidat doit donner les preuves de sa compétence technique. Il y a également un permis de fauconnerie.

Le coût de la préparation à l'examen de chasse est d'environ 1300 DM, et le coût du permis lui-même 120 DM par an. Il est également nécessaire d'avoir une assurance, qui coûte environ 70 DM par an.

- Professionnels de la chasse

--Garde chasse agréé : normalement seconde profession (à titre volontaire ou rémunéré - en espèces ou en nature). Ils doivent suivre des cours de recyclage chaque année.

--Chasseur professionnel : profession suivant école spécialisée, apprentissage de trois ans chez un chasseur professionnel habilité à cet effet (ce qui requiert huit ans de pratique), examen d'état.

- Les modes de chasse

La chasse à courre est interdite; de même la chasse à partir d'aéronefs et de voiture. La chasse de nuit est également interdite, sauf pour les sangliers. Un permis spécial est exigé pour la fauconnerie.

- **La réglementation concernant les prélèvements**

La limitation des prélèvements est dictée par le plan de chasse. Le plan de chasse indique non seulement le nombre d'animaux qui peuvent être abattus, mais également le sexe et la condition de l'animal (classes). S'il s'agit d'espèces qui ne figurent pas au plan de chasse, la limitation est volontaire. Une incitation à la limitation volontaire est que le bail du titulaire est d'une durée minimum de neuf ans (chasse classée "au petit gibier") ou douze ans (chasse classée "au grand gibier"). De plus, le titulaire doit respecter les périodes d'ouverture et de fermeture de la chasse pour chaque espèce.

A la fin de chaque année cynégétique (31/03), le titulaire doit faire un rapport aux autorités de tutelle sur l'application du plan de chasse. Dans le cas où les animaux abattus sont porteurs de trophées, il y a obligation de présenter ces derniers à une exposition. Le but est de repérer les erreurs.

- **La gestion des prédateurs d'espèces gibier et autres espèces dites nuisibles**

Les oiseaux de proie sont tous protégés en Allemagne et en Autriche. Les renards et les autres prédateurs sont à gérer selon les conditions du territoire de chasse considéré.

L'utilisation du poison pour les contrôles des prédateurs étant interdit, la chasse de ces derniers est plus intensive dans les territoires atteints par la rage.

V - LE DROIT PENAL DE LA CHASSE

En général, toute personne constatant une infraction doit la notifier aux autorités compétentes.

Le titulaire, le garde-chasse agréé et professionnel, sont des organes d'assistance au procureur de la République, et peuvent donc constater les infractions. La police (en Autriche, la gendarmerie), les forestiers, les gardes de montagne, sont aussi habilités à cet effet.

Le procureur de la République poursuit devant les tribunaux ordinaires; en Autriche, la poursuite peut être faite par un membre du Conseil de l'ordre de l'Association de Chasseurs devant ce Conseil. La décision du Conseil a force de jugement. En Allemagne, les décisions de ces conseils n'ont que des conséquences internes à l'organisation.

Amendes/prison, et les autres sanctions indiquées dans le questionnaire (confiscation des armes, du gibier, retrait du permis de chasser) sont possibles.

Il n'existe aucun barème fixant le montant des dommages et intérêts à payer en cas de prélèvement illégal.

Par ailleurs, un poste dans les statistiques des crimes et délits concerne les statistiques sur le braconnage.

VI - LA REPARATION DES DOMMAGES ET L'ASSURANCE

Les dommages causés par le gibier à l'agriculture et aux forêts doivent être compensés par le titulaire (dans la mesure où les dommages sont causés par des espèces indigènes). La justification est que le titulaire est à même d'influencer le dommage par sa gestion.

Les dommages à indemniser excluent donc ceux qui sont causés par le hasard (collisions avec des véhicules automobiles).

De plus, les indemnisations sont limitées aux dommages causés par les espèces gibier non-protégées (sur la gestion desquelles le titulaire peut avoir une influence).

Le titulaire est seul responsable. Le dommage est calculé sur la base de la perte économique subie. Au cas où le dommage ne peut être évalué à l'amiable, un expert évalue le dégât. Ce dommage n'est pas assurable, à l'exception de l'Autriche où un fonds a été créé par les chasseurs pour les dommages causés par les ours.

Le système est une incitation pour le titulaire à réduire les populations à un niveau où les dommages restent acceptables

Hunting Law in Spain

Jorge BERNAD DANZBERGER*

I - SOURCES OF HUNTING LEGISLATION AND ORGANIZATIONS AND INDIVIDUAL INVOLVED

- National Sources

In Spain, the Law 1/1970 of April 4th is in force since 1970 and its Regulations are approved in the Decree 506/1971 of March 25th.

The Hunting Law of 1970 abolished the law of 1902 and since its publication it is the legal text in apply on the subject of hunting in all the national territory.

On the other hand, we shall bear in mind that since the publication of the Spanish Constitution of 1978 and the admission of the states of autonomies each one of them is going to assume exclusive competences in the matter of hunting. Therefore the Constitution, in its article 148.111 establishes the following :

"The Autonomous Communities can assume competences in the following subjects :
- Fishing in inner waters, fishing of shellfish and aquaculture, hunting and fishing in freshwater".

---

* Avocat au barreau de Madrid - Espagne.

This exclusive competence in the matter of hunting implied that some of them could dictate their own Autonomous Hunting Law on a territorial wide basis that substituted the State Hunting Law of 1970.

The Autonomous Communities that have dictated their own Hunting Law are :

- Asturias : Law 2/1989 of June 6th.
- Extremadura : Law 8/1990 of December 21st.
- Aragon : Law 12/1992 of December 10th.
- Castilla-La Mancha : Law 2/1993 of June 15th.
- Navarra : Law 2/1993 of March 5th.
- Murcia : Law 1.994 of April 24th.

- Administrative Responsability for Hunting

At present the responsability in the matter of hunting corresponds exclusively to each Autonomous Community. This means that each Autonomous Community has an specific organism in charge of the management of hunting in its territory. The result of it has been that each one of these seventeen Autonomous Communities publishes its own Order of Impositions of Close Season for all the territorial-wide scale of its Community where it is established among other aspects, the following :

- Dates of opening and closing of hunting of the different species.
- List of game species.
- List of areas where hunting is forbidden.
- List of methods of capture permitted and rules of use.

Another result of the transfer of competences to the Autonomous Communities on the subject of hunting is that each one has its own hunting licence. This means that if a particular hunter wants to hunt in the seventeen autonomous communities he will have to get seventeen different licences. The period of the hunting licences generally lasts one year, although there are licences with a five years validity.

Such differences between the different autonomous hunting laws and also the orders of impositions of close season even between neighbouring provinvial towns may occasion, for example, that a particular species protected in one community may not be protected in another community or that the same fact it may be typified as a crime against the hunting law while in another community may not be even penalized.

So far as the nation is concerned, the management of hunting belongs to the Institute for Nature Conservation (ICONA) run by the Ministry of Agriculture, Cattle and Fishing.

However the present situation of distribution of competences in the matter of hunting between the Autonomous Communities limits the competences of ICONA to the management of certain state owned game reserves and to the managment of the National Parks, being also responsible of the official approval of the game trophies through the National Committee of Official Approval of Hunting Trophies. However, paradoxically they carry the representation of Spain in the matter of hunting in the international forums.

- The Associations of Hunters

In Spain there are several associations of hunters. We can quote among them, the Association of Hunting Producers (APROCA), *Asociacion de Productores de Caza*, The Association of Basque Hunters (ADECAP) *Asociacion de Cazadores Vascos*, the Association of Alava's Game Reserves (ACCA) *Asociacion de Cotos de Alava*, among many others.

However the most representative of all is the *Federacion Espanola de Caza* (Spanish Federation of Hunting), which has a number of members close to 450.000 hunters.

With regard to its structure, the Spanish Federation of Hunting is organized into Autonomous Federations, having each one its own organs of government and management, and into Provincial Federations.

The hunters are not represented in the administration, nor even the organs in charge of issuing the rules regarding to hunting. They are only represented in the Hunting Councils, which are consultative organs whose decisions are not binding, they meet together once a year per autonomous community and are in charge of working out the Annual Order of Impositions of Close Season of each Autonomous Community.

II - HUNTING RIGHTS, AREAS WHERE HUNTING MAY BE EXERCISED AND NATURAL HABITATS

- Definition of Hunting Rights

The right of hunting belongs to every person older than fourteen years being in possession of a hunting licence and being able to fulfill the rest of requirements established in the law.

Therefore it is a question of a right every Spaniard has due to the fact of being spanish whenever the requirements established in the national and autonomous law are fulfilled.

- Relationship between land ownership and the right to hunt

The owner of a land has the right of exclusive profit on the hunting to be found in his property whenever it fulfills the terms established in the law with regard to it, which in short, are the following :

- The lands of his property must have a minimum surface demanded in the law for the constitution of a game reserve, both big or small game.
- He must set up a system of signs.
- He must fulfill all the administrative transactions required in order to register the game reserve.
- He must pay the corresponding taxes.

Once the requirements fulfilled, the administration will grant him the right of exclusive profit of the owner on the hunting to be found in his game reserve.

However we shall point out that with the publication of the Law 4/89 of Nature Spaces, Wild Flora and Fauna Conservation, a very controversial law in a nation-wide basis, and appealed against to the Constitutional Court by several Autonomous Communities understanding that it encroaches upon their competences, a change in its philosophy is taking place because the administration is now the one to decide if the right of exclusive profit can be granted, even if the above-mentioned terms are fulfilled.

It is also possible that a person who is not the owner of the land can be the holder of the hunting profit. For this matter he needs the approval of the owner. Naturally it is possible to create game reserves grouping lands of several owners.

The right of hunting may concern both the owner of the land and the person having rented this land with the purpose of creating a game reserve, even if he is not the owner, it may also correspond to the Municipal Governments in the case it is about municipal lands, and will correspond to the autonomous adminstration if it is about public woodlands and natural game reserves or preserves.

Generally in the case of public woodlands, the administration puts up for auction the hunting profit of its lands and both private individuals and societies of hunters may bid for it.

- Legal regime applicable to areas where hunting rights may be exercised

The terms established in law shall be fulfilled and the official prices must be paid if it is a question of private game reserves, supervised hunting areas, social game reserves, etc., definitely any special land of hunting profit.

When it is about lands not used for a special profit, these will turn to be of special profit, that is to say, any one may hunt on them. However we have to observe that the modern trend leads to abolish these lands of common profit due to the hunting practice in an indiscriminate and undisciplined way.

The responsible of the hunting management is the holder of the hunting profit. More and more the management is supervised by the administration that compels the holder to write a Technical Plan of Hunting containing among other information, the number of specimens to shoot, the method of hunting to be used, the improvements to be done, etc. This Technical Plan has to be approved by the appropriate autonomous administration and is compulsory for both big and small game specimens.

In case it takes place a disorderly profit of hunting specimens, the administration may suspend the holder's right to hunt in that area, in which nobody should hunt during a period of time, depending on the kind of infraction.

- Hunting on State-owned lands

From the point of view of hunting the State-owned lands can be classified in several ways : Social Game reserves, National Preserves, National Game Reserves, National Parks and Natural Parks.

Generally in these lands hunting is allowed, except in the National Parks in which hunting is very restricted. From the legal point of view it is not prohibited although in practice it is so. In any case it is a question to be decided by the technician responsible for the Park.

In order to hunt in these lands it is essential to have an authorization that can be obtained by making an application to the organ responsible of its management. A lot will be made with all the applications and the winner may go to hunt certain days and the corresponding specimen. In any case he must have to pay an admission fee and afterwards another fee for all the shot specimens. This rule is applicable to both big and small game.

In case there are populations abounding in wild boar, battues can be authorized in which the admittance will also be decided by lot.

In all the areas managed by the State (at present most of them are managed by the Autonomous Community) hunting is not free and is subject to a plan of hunting profit worked out by an appropriate technician.

III - SPECIES

- Legal status of wild species

In Spain we follow the roman principle of *res nullius*, that is to say, the hunting specimens do not belong to anyone and are acquired by occupancy. However as we have pointed out, the holder of the hunting profit has the right of exclusive profit of the species to be found in his territory.

The principle of *res nullius* applies to all the game species even those which are found in enclosed lands.

In Spain the Royal Decree 1095/89 of September 8th contains a list of species that can be hunted or fished. It is a Royal Decree of national-wide scale which in principle binds all the Autonomous Communities. These communities can impose more restricitive rules in their territory, prohibiting the hunting of some species found in the mentioned list. The hunting of species not comprised in the list may be done as a kind of exception.

- Legal provisions applying to introduction of species and to restocking

Restocking is allowed in Spain both for big and small game. Restocking of small game, specially the red-legged partridge, is of usual practice.

More and more these specimens are subject to severe sanitary measures, that is to say, they must come from authorized farms and will always depend on the appropriate administration authorities.

In any case, we must say that this is not a general rule about the subject because some autonomous laws of hunting impose certain conditions that differ remarkably from those imposed by other laws.

In general terms, we must say that released specimens are not marked, although, to be exact, the hunting law of Castilla-La Mancha demands that the specimens to be released should be marked in order to be hunted in a short period. Naturally it is not compulsory to be marked if it is about the reintroduction of extinct species or populations in danger.

In any case it is essential to make previous technical studies of viability and authorizations.

IV - HUNTING METHODS AND CONDUCT OF HUNTING

- The Hunters : hunting licences and entitlement to hunt

In Spain it is compulsory to be in possession of a hunting licence for the practice of any hunting activity.

The law 4/89 imposes an examination of hunting although so far only three Autonomous Communities demand a hunting licence : Asturias, Pais Vasco and Navarra.

In any case, only the persons that have access for the first time to the hunting licence have to take an examination. With regard to this subject, at present time there is a serious controversy because the ecologist groups consider that all the hunters must take an examination and not only those who have access to the licence for the first time.

In Spain there are seventeen different hunting licences, one per Autonomous Community. Each one has a different price and with regard to its duration generally they have a one year validity although some of them have a five years validity.

Among the categories of licences, we can distinguish :

- Licences for small game.
- Licences for small and big game.
- Licences for hunting hare with greyhound dog.
- Licences for hunting partridge with decoy.
- Licences for the practice of other forms of hunting such as rustic hunting, falconry, etc.

In each Autonomous Community the price of the licence is different. The average price ranges between 3.000 and 4.000 Pesetas.

Theoretically, the amount of the licences is set aside in order to make inversions for the benefit of hunting but it happens not to be so.

In contrast to what happens in other countries so far the association of hunters is getting no direct benefit from the amount of the licences.

Generally foreign hunters have access to hunting licences only by applying for it. The price of the hunting licence for a foreigner is remarkably higher than for a Spaniard.

- Hunting professionals (registered hunting wardens, trappers) ...

There are Forest Agents in charge of the vigilance and care of hunting in the administration lands even though they have the rank of authority agents for the purpose of imposing sanctions, confiscation of weapons, etc.

There are no professional hunters in the meaning accepted in other European Countries. There are private wardens of country estates with a wide knowledge about hunting but it does not exist any career nor specific courses for the education of professional game wardens.

- Hunting Methods

The methods of hunting authorized in Spain are among others :

- Hunting with firearms, with limitations in regard to calibres and number of shots of the semiautomatic weapons established in law.
- Falconry
- Hunting of partridge with decoy.
- Hunting of hares with greyhound dog.
- Hunting of foxes with burrow dogs.
- Hunting with bow.
- Hunting with nets and rubber band.
- Hunting of partridge by beating.
- Big game hunting scene and battue.
- Hunting of rabbit with ferret.

As a general rule no hunting method is forbidden although at present, problems have arisen with regard to nets and rubber band.

Some hunting methods are prohibited. The prohibitions are different in each Autonomous Community, it may even occur that certain hunting methods are allowed in an Autonomous Community but not in another community. The most controversial of these methods are the hunting in *berrea*, the *contrapasa*, the hunting of partridge with decoy, the hunting with ferret and the use of nets and rubber bands.

We are planning to make exceptions to the capture of non game species or to the use of forbidden methods. However the Law 4/89 does not consider the traditional forms of hunting as a cause to make any exception.

The reasons for making exceptions provided by the Spanish legislation are found in the Directive 79/409/CEE and in the Agreement of Berna, although more restricted.

- Controls on taking

All the hunting methods are subject to a control on the part of the administration, but specially the above-mentioned controversial hunting methods are much more strictly controlled.

The capacities of capture, the working days, etc... will be determined depending on what may be contained in the Technical Plan of Hunting.

The capacities of hunting, the permitted days for hunting, the persons authorized with strict terms of control, etc... are required only in the case of the above-mentioned controversial hunting methods.

V - THE CRIMININAL LAW APPLICABLE TO HUNTING

All the hunting laws both pertaining to the state and the autonomous laws contain a system of sanctions and criminal proceedings.

In principle, the criminal proceedings is initiated by the corresponding Agency of Environment even though the last analysis is held by the Court of Justice.

If the question is about criminal actions connected with weapons, there are specific regulations to weapons that also contain a particular penal system.

In any case the commission of any infraction against the hunting law or the Regulations of Weapons bears a confiscation of the devices or the means having been used and will not be returned until the courts decide to do so.

Usually the sanctions are pecuniary although recently some cases came up in which the guilty person was put in prison.

Besides the pecuniary sanction, the perpetration of actions against the hunting law implies the suspension of the hunting licence or the authorization to obtain it during a period of time.

With regard to the indemnification or compensation for the value of the hunting specimens, there is a scale of valuation in which prices are fixed for the different game species.

Therefore the offender must pay a fine or go to jail, the hunting licence will be suspended during the corresponding period and he will also have to compensate the holder of the hunting profit with the value of the specimen illegally hunted.

As it is question of autonomous responsabilities, there are no reliable statistics about the subject.

VI - LIABILITY FOR DAMAGE AND INSURANCE

The holder of the hunting profit is responsible for the damages caused by the game species.

Any kind of damage produced by a game species is to be compensated, whether it is against agriculture, cattle or even traffic accidents.

We must make clear that the holder is responsible only for the damage caused by the game species that he can hunt, that is to say, he will not be liable for the ones he cannot hunt or of the non-game species. In this case the appropriate administration assumes the liablity for damage.

The mechanism is always the same : the holder of the hunting profit is responsible for the damages. These damages will be evaluated by an expert and later on the holder will have to pay. If there happens to be no agreement it is common to have recourse to law.

There are no financial provisions for compensation (compensation fund by the State, hunters, or others). The responsible person pays without more ado.

The damages to game resources are more and more considerable, specially those connected to traffic accidents. This is producing an exaggerated rise in the price of hunting in general.

But, in order to provide compensation for damages, there is a compulsory insurance of civil responsibility carrying a minimum cover of fifteen millions of pesetas. This insurance is compulsory for every hunter practicing hunting.

Furthermore the game reserves use to sign a contract for an insurance that covers all possible damages caused by the game species.

It should be added that there are several plans for nature conservation assigned to avoid these damages. These are generally financed by European, state or autonomous funds. The ecologist groups do not contribute to prevent these damages except for what is related to the protection of the brown bear and the lynx.

Le droit de la chasse en France

Annie CHARLEZ*

I - SOURCES ET ACTEURS DU DROIT DE LA CHASSE

- Les sources nationales

Le droit cynégétique applicable en France résulte d'un corps de textes dont le plus ancien remonte à la Révolution (arrêté de pluviôse an V). Une grande partie résulte d'une loi de police du mois de mai 1844 remaniée à différentes reprises, ainsi que de nombreux textes isolés qui se sont superposés aux dispositions existantes à partir des années 1960.

Un décret du mois de novembre 1989 a codifié la quasi-totalité de cet ensemble, en droit constant, en reliant le droit cynégétique à l'ensemble constitué par la protection de la nature[1]. En outre, un nombre important de dispositions, à caractère réglementaire, ne sont pas codifiées.

Pour un certain nombre de dispositions qui touchent principalement à l'exercice de la chasse, le ministre fixe un cadre général compatible avec les obligations internationales et européennes qui s'appliquent en France, les préfets (représentants de l'Etat dans le département) à partir de ce cadre général déterminent les dispositions applicables au département.

Par ailleurs, le droit de la chasse peut constituer le lien entre le droit de la protection de la nature stricto sensu et le droit rural, entre la protection et la

---

* Chef du service juridique à l'Office National de la Chasse.

[1] Loi du 10 juillet 1976 n° 76-629 complétée par la loi du 2 février 1995 et Directives Européennes 79-409 du 2 avril 1979 et 92-43 du 21 mai 1992.

conservation de la nature et la gestion agricole, en raison des relations étroites qui ont toujours existé entre chasse et agriculture.

- L'organisation administrative de la chasse

L'organisation actuelle de la chasse est récente. Elle a été entièrement réformée en 1972. Jusqu'à cette date, la chasse dépendait du ministère de l'Agriculture. En 1972, l'activité cynégétique est retirée au ministre de l'Agriculture et confiée au ministre de l'Environnement nouvellement crée.

Le Conseil supérieur de la chasse, organisme unique, est remplacé par deux nouvelles entités :
- *le Conseil national de la chasse et de la faune sauvage,* organisme consultatif placé auprès du ministre chargé de la chasse, dont la mission est de donner un avis au ministre chargé de la chasse, et les moyens propres à :
    - préserver la faune sauvage,
    - développer le capital cynégétique dans le respect des équilibres biologiques,
    - améliorer les conditions d'exercice de la chasse et étudier les mesures législatives et réglementaires afférentes à ces objets.

Cet organisme, présidé par le ministre, comprend 34 membres, représentants de l'Etat ou personnalités dont la plupart sont issues des milieux cynégétiques.
- *l'Office national de la chasse,* établissement public qui a pour mission de maintenir et d'améliorer le capital cynégétique et, en général, de concourir au développement de la chasse. Il participe à la police de la chasse. Il coordonne et contrôle l'activité des fédérations départementales des chasseurs et utilise les fonds dont il dispose à des recherches, études, enseignements, interventions et réalisations en faveur de la chasse et de la protection de la faune sauvage. Son action s'étend de plus en plus à l'ensemble de la faune sauvage et ses habitats et son rôle scientifique est croissant.

Parmi les personnels de l'établissement figurent, d'une part, des personnels administratifs et, d'autre part, des personnels techniques dont certains chargés de missions de police sont affectés par le directeur soit dans les brigades mobiles d'intervention, soit dans les réserves, soit dans les services départementaux de garderie placés auprès des fédérations départementales des chasseurs.

Les gardes nationaux de la chasse et de la faune sauvage sont des agents publics, reconnus comme agents de la force publique dont les missions de police concernent l'ensemble de la protection de la nature.

Un échelon intermédiaire de l'organisation cynégétique est constitué par les régions cynégétiques, qui correspondent chacune à une région administrative.

Au plan local, le ministre chargé de la chasse est représenté, d'une part, par le préfet du département et, d'autre part, par le directeur départemental de l'agriculture et de la forêt, en l'absence d'administration départementale spécifique. De même que le ministre est assisté du conseil national de la chasse et de la faune sauvage, le préfet dispose des avis du conseil départemental de la chasse et de la faune sauvage. Outre les intérêts cynégétiques, agricoles et sylvicoles, les intérêts scientifiques et ceux des associations de protection de la nature sont représentés au sein de ces conseils départementaux.

Au plan local, les fédérations départementales des chasseurs ont pour objet "la répression du braconnage, la constitution et l'aménagement des réserves de chasse, la protection et la reproduction du gibier". Il ne peut exister qu'une fédération par département, dont le président est nommé par le ministre chargé de la chasse, leur statut est fixé par arrêté ministériel.

Les fédérations concourent à des missions de service public. Elles représentent, en particulier, les intérêts de la chasse dans le département, y compris devant les différentes juridictions.

Les fédérations départementales des chasseurs regroupent en leur sein d'une part, tous les porteurs de permis de chasser du département adhérents obligatoires, mais également les détenteurs d'un droit de chasse dans le département (associations, chasses privées) supérieur, en règle générale, à 20 ha d'un seul tenant et volontaires.

Les fédérations départementales des chasseurs se regroupent, nous l'avons vu, au sein des conseils régionaux, mais également dans une instance associative nationale, l'Union nationale des fédérations de chasseurs, association de la loi de 1901.

L'Union nationale des fédérations départementales des chasseurs est donc une association nationale des chasseurs, aux compétences multiples. Elle joue le rôle d'un groupe de pression auprès des différentes instances.

Le chasseur de base connaît rarement le dédale organisationnel de la chasse française, partagé entre l'administration et des associations investies de prérogatives de puissance publique. Il n'a, le plus souvent, de lien qu'avec la société de chasse locale ou la mairie.

Les associations de chasse sont nombreuses et variées. Elles peuvent regrouper des propriétaires privés, mais également tous les habitants chasseurs d'un commune.

En dehors de ces chasses aménagées, il reste une bonne partie du territoire où n'existe aucune organisation qui est appelée territoire de chasse banale laquelle reste largement présente dans le sud de la France.

Enfin, une des formes d'association de chasse de la loi de 1901, l'Association communale de chasse agréée (ACCA), fait l'objet de controverses doctrinales et jurisprudentielles nombreuses en raison de la dévolution automatique du droit de chasse dont elle bénéficie pour les territoires d'une petite superficie[2]. Il convient, toutefois, de souligner le rôle

---

[2] moins de 20 ha en régle générale.

qu'ont pu jouer les ACCA dans une meilleure organisation territoriale de la chasse dans les communes ou départements où régnait la chasse banale, négation de toute gestion cynégétique.

- Les autres utilisateurs des ressources et milieux naturels

La France bénéficie en Europe d'une situation privilégiée par rapport, en particulier, à ses voisins d'Europe du nord en raison de la superficie importante de ses espaces naturels qu'ils soient ou non cultivés. Il convient, en effet, d'intégrer dans ces espaces les vastes superficies consacrées aux espaces boisés (forêts domaniales de l'Etat ou des collectivités territoriales et forêts privées appartenant aux particuliers). Ces superficies sont, en effet, cultivées puisqu'elles sont plantées, entretenues et récoltées mais elles sont parties intégrantes des espaces naturels ne serait-ce que par leur capacité d'accueil de la grande faune sauvage (cervidés, sangliers, etc.).

De la même façon, les espaces agricoles accueillent largement tant la petite faune sédentaire de plaine souvent inféodée aux cultures céréalières (par exemple pour la perdrix) que l'avifaune migratrice (grues, par exemple, aux abords du Lac du Der). Les forestiers comme les agriculteurs entretiennent donc un rapport étroit avec la chasse et les chasseurs en tant que gestionnaires des habitats de la faune sauvage. Par ailleurs, les relations entre chasseurs et agriculteurs ont été institutionnalisées au sein de commissions le plus souvent présidées par l'autorité administrative et qui ont pour but la résolution des conflits ou la gestion concertée de la faune sauvage et de ses habitats.

Les représentants de la forêt sont eux aussi intégrés dans les instances de concertation où sont déjà présents les agriculteurs et qui ont permis pour le moment le maintien d'un consensus entre chasseurs, agriculteurs et forestiers.

Ce dialogue semble ne pas exister avec les protecteurs de la nature et les conflits entre chasseurs et protecteurs sont nombreux. Surtout, ces désaccords se sont exacerbés avec l'entrée en lice des sociétés de protection animale qui ont élargi leur champ d'action, des animaux domestiques vers la faune sauvage. Le conflit entre chasseurs et protecteurs des animaux s'est exacerbé autour des périodes de chasse et plus spécialement celle de l'avifaune migratrice en application de la directive 79/409 du 2 avril 1979 concernant la conservation des oiseaux sauvages et la fixation des espèces dites nuisibles dans les départements.

Les chasseurs et les protecteurs de la nature, au sens strict du terme, ont en revanche des intérêts communs non négligeables, en particulier pour ce qui concerne la préservation des espaces naturels sauvages et tout spécialement des zones humides convoitées en permanence par les agriculteurs pour être mises en culture.

Chasseurs et protecteurs de la nature se retrouvent au sein de trois instances principales : le Conseil national pour la protection de la nature

(CNPN), le Conseil national de la chasse et de la faune sauvage (CNCFS) et le Conseil départemental de la chasse et de la faune sauvage (CDCFS)

II - LES TERRITOIRES DE CHASSE ET LES HABITATS

- Définition du droit de chasse

Le droit de chasse en France n'a pas une définition stricte découlant d'un texte codifié, la seule définition qui existe actuellement figure dans le code rural. C'est une définition négative qui découle de l'article L. 222-1 du code rural selon laquelle "nul n'a la faculté de chasser sur la propriété d'autrui sans le consentement du propriétaire ou de ses ayants droits".

En fait, depuis le décret du 8 au 11 août 1789, le droit de chasse est lié au droit de propriété et une distinction stricte est opérée entre le droit de chasse, qui est considéré par beaucoup comme un droit réel, et le droit de chasser qui est un droit personnel.

C'est surtout la jurisprudence qui est intervenue par touches successives dans la définition du droit de chasse et à la fin du XXe siècle, on peut considérer que le droit de chasse est un élément du droit de propriété. Il constitue un des droits d'usage du droit de propriété. Le droit de chasse lié au droit de propriété appartient au propriétaire du territoire quel qu'il soit (Etat, collectivité locale, personne privée, personne morale, etc ...). Il peut généralement être loué à un tiers.

Quant au droit de chasser, il est conféré par un propriétaire ou un détenteur du droit de chasse à une personne qu'il aura choisie. Il peut être obligatoire dans certain cas : c'est ainsi que l'agriculteur qui loue des terres qu'il exploite à un propriétaire, bénéficie obligatoirement (et lui seul) du droit de chasser sur les terres louées sans que le propriétaire puisse s'y opposer. Il s'agit d'une des dispositions d'ordre public du statut du fermage systématiquement maintenue depuis la première loi ayant mis en place ce statut en 1946.

Ce droit de chasser est, dans tous les cas, un droit strictement personnel attaché à la personne qui en bénéficie contrairement au droit de chasse lié à la chose, à la propriété dont il est le support.

- Régime juridique des territoires de chasse

En droit commun, il n'existe pas de taille minimale permettant l'exercice de la chasse sur un territoire. Toutefois, il existe des atténuations à ce principe liées :

- soit à la gestion des espèces sauvages,
- soit à l'organisation du territoire cynégétique.

La gestion d'un certain nombre d'espèces sauvages nécessite l'obtention d'un plan de prélèvement appelé "plan de chasse" qui fixe le nombre d'animaux pouvant être capturés sur un territoire donné. Ce plan de chasse est demandé par le détenteur du droit de chasse mais le nombre d'animaux pouvant être chassés est déterminé par l'autorité administrative (le préfet) après avis d'une commission compétente. Le plan de chasse est obligatoire sur l'ensemble de la France pour cinq espèces : cerf, daim, chevreuil, mouflon, chamois et isard.

Pour les autres espèces de gibier chassable sédentaire, le plan de chasse peut être mis en place à la demande des chasseurs et sur tout ou partie du département. Pour qu'un plan de chasse obligatoire ou volontaire soit accordé par le préfet du département, il faut que le territoire de chasse du demandeur soit suffisamment grand pour que l'espèce animale chassée puisse y être gérée. Cette superficie varie en fonction de l'espèce concernée et, le plus souvent, un regroupement de territoire de chasse est opéré afin que la chasse y soit possible, par le biais d'association.

Si l'organisation des territoires est libre sur les 2/3 de la France, il n'en est pas de même sur le tiers restant.

Tout d'abord, en Alsace-Moselle, le droit de chasse sur les propriétés de moins de 25 hectares est apporté à la commune en vertu d'une loi de 1881 dite loi d'Empire, adoptée pendant la première occupation allemande entre 1870 et 1918. C'est la commune qui constitue des territoires de chasse d'au moins 200 hectares d'un seul tenant, qui met en adjudication ces lots de chasse et gère financièrement la chasse pour le compte des propriétaires.

Ensuite, dans 29 départements français, une loi du 10 juillet 1964, dite Loi Verdeille dont le principe est également le regroupement des droits de chasse pour les propriétés d'une surface inférieure à 20 hectares d'un seul tenant. Mais alors qu'en Alsace-Moselle les propriétaires sont en partie évincés s'ils n'ont pas les ressources financières suffisantes, dans les communes où une ACCA est créée, les chasseurs de la commune peuvent chasser sur l'ensemble du territoire ainsi créé.

En outre, les propriétaires non chasseurs peuvent de droit, même s'ils n'adhèrent pas à l'association, participer à son assemblée générale avec voix délibérative et être éligibles à son conseil d'administration et ainsi influer sur la vie de l'ACCA. Ils peuvent enfin demander que leurs terres soient mises en réserve de chasse qui représente obligatoirement 10% au minimum du territoire de l'ACCA.

Les territoires sont gérés soit par les propriétaires directement, soit par les chasseurs lorsque le droit de chasse est apporté ou loué à une association. Cette gestion associative est de loin la plus commune même si elle n'est généralement pas obligatoire sauf dans le tiers de la France décrit ci-dessus.

Pour ce qui concerne le domaine privé de l'Etat ou des collectivités publiques propriétaires de biens chassables, des règles de gestion particulières sont incorporées quasiment systématiquement dans le contrat de location et doivent être strictement respectées sous peine d'annulation du contrat et du paiement d'indemnités.

La gestion des territoires n'est pas obligatoire, toutefois, elle devient de plus en plus la règle. Mais il s'agit le plus souvent d'une action volontaire qui passe par la constitution d'associations de la loi de 1901 dont le but est le regroupement de territoires afin d'en assurer une gestion concertée.

Toutefois, cette gestion commune ne va pas partout jusqu'à la chasse en commun. Des associations appelées groupement d'intérêt cynégétique se sont organisées d'abord autour de la gestion du grand gibier à partir du début des années 1970 puis, dès 1980, elles se sont développées considérablement en vue de la gestion des espèces de petit gibier sédentaire de plaine, menacées par l'industrialisation de l'agriculture.

Elles prennent de plus en plus souvent en compte non seulement la gestion des espèces chassables mais également la gestion de leurs habitats par la création d'aménagements favorables (cultures à gibier, points d'eau, affouragement, agrainage, préservation des zones humides, des haies, etc.) en liaison avec les agriculteurs, acteurs primordiaux en la matière, auxquels des conseils sont également donnés pour l'utilisation des produits phytosanitaires et la conduite de leur culture compatible avec le maintien de la faune sauvage (brochure ONC "Choisissez et dosez", par exemple).

Enfin, l'Office national de la chasse et les fédérations départementales des chasseurs, ont lancé un programme important d'accompagnement de la P.A.C et d'application des mesures agri-environnementales avec les jachères "faune sauvage".

Quant à la gestion des espèces par le contrôle du prélèvement, elle est obligatoire depuis 1978, nous l'avons dit, pour tous les ongulés à l'exception du sanglier par le biais du plan de chasse. Elle se développe volontairement et à la demande des chasseurs pour les autres espèces de faune sédentaire chassables.

Ainsi, le plan de chasse réglementaire du lièvre, de la perdrix grise ou rouge, et du sanglier a été rendu obligatoire dans plusieurs départements et se développe de plus en plus en tâche d'huile. En outre, de nombreux territoires s'imposent un plan de chasse contractuel qui, s'il n'entraîne pas, pour le délinquant, de sanction pénale, a un aspect contraignant pour les chasseurs par le biais des sanctions statutaires allant jusqu'à l'exclusion du chasseur, temporaire ou définitive, de l'association.

- La chasse sur le domaine de l'Etat

a) Le domaine public

Le domaine chassable de l'Etat relève pour le domaine fluvial et le domaine maritime de la domanialité publique. Jusqu'en 1968, pour le domaine public maritime (DPM), la chasse était libre. Depuis, des lots de chasse ont été constitués qui sont soit mis en réserve, soit ouverts à la chasse. Dans ce cas, le droit de chasse est loué par contrat (amodié) à une association spécifique dont les statuts sont obligatoires, l'association de chasse maritime. Il en existe au moins une par département côtier. L'accès y est libre. Le régime de la location amiable consentie à une association de chasse maritime est le régime de droit commun. Toutefois, lorsqu'une association de chasse maritime ne demande pas, dans des délais préfix, à louer un lot de chasse sur le domaine public maritime, celui-ci peut être mis en adjudication aux enchères publiques.

Dans tous les cas, le locataire doit respecter un cahier des charges des clauses de location du droit de chasse sur ce domaine public maritime. La location est actuellement réalisée pour une période allant du 1er juillet 1987 au 30 juin 1996.

Sur le domaine public fluvial, le régime de location se partage équitablement entre l'amodiation et l'adjudication. Toutefois, l'Etat a mis en place un système identique à celui existant sur le domaine public maritime avec création d'associations à statut obligatoire; là aussi le locataire est soumis à un cahier des charges qui fixe ses obligations. Le domaine public fluvial est également découpé en lots dont une partie est mis en réserve. Pour les lots chassables, le nombre de chasseurs permissionnaires pouvant chasser à un même moment est fixé dans le cahier des charges alors qu'une telle limite n'existe pas sur le DPM.

b) Le domaine privé

Le domaine privé de l'Etat est constitué par les forêts domaniales. Il est géré par un établissement public, l'Office national des forêts (ONF). Celui-ci gère également les forêts des établissements publics et des communes.

En tant que gestionnaire des forêts de l'Etat et des établissements publics, l'Office national des forêts établit les règles selon lesquelles la chasse sera exercée. En revanche, les communes et les collectivités territoriales gardent la maîtrise de la chasse sur leurs forêts qu'elles peuvent louer pour la chasse dans les mêmes conditions qu'un propriétaire privé.

La location du droit de chasse dans les forêts domaniales par l'ONF se fait généralement par adjudication. Les forêts peuvent toutefois être louées amiablement au profit d'associations mais l'amodiation demeure l'exception. Dans tous les cas, les forêts sont constituées en lots homogènes d'une certaine superficie qui varie selon le mode de chasse (à courre ou à tir). Le locataire doit se conformer à un cahier des charges très strict et l'Office national des forêts exerce un contrôle vigilant sur le locataire et les chasseurs dont le nombre est généralement limité par lot de chasse sauf pour la chasse à courre. Ce cahier des charges impose des restrictions aux chasseurs quant aux jours de chasse, en particulier pour les forêts périurbaines qui accueillent les citadins les fins de semaine ou pendant les vacances. Il impose également des restrictions quant au prélèvement, le locataire étant soumis à un plan de chasse contractuel établi par l'ONF à partir du plan de chasse réglementaire.

Il impose enfin une gestion cynégétique compatible avec la gestion sylvicole qui est le but principal poursuivi par l'ONF. Les forêts domaniales sont généralement vives en grand gibier et les lots loués pour 12 ans ont atteint des prix très élevés aux dernières adjudications.

- Les espaces naturels où la chasse est interdite

L'instauration des réserves de chasse en France remonte au royaume des Francs. Elles ont été institutionnalisées par les régimes monarchiques (carolingiens, capétiens) qui se sont succédés et après une certaine anarchie qui a suivi la Révolution, elles ont été remises en vigueur volontairement par les chasseurs et réglementées à partir de 1951. Actuellement, il existe deux types de réserves de chasse et de faune sauvage réglementées : les réserves simples qui constituent la majorité et les réserves nationales de chasse et de faune sauvage gérées le plus souvent par l'Office national de la chasse dont plusieurs sont devenues des parcs nationaux (le Mercantour, par exemple).

Les réserves simples sont constituées tout d'abord sur le domaine public maritime et le domaine public fluvial mais également sur le territoire des associations communales de chasse agréées. Celles-ci doivent, en effet, mettre au moins 10 % de leur territoire en réserve. Elles sont constituées également, mais moins systématiquement, sur le territoire des associations de chasse de droit commun ou des particuliers.

Sur ces réserves de chasse et de faune sauvage, la chasse est généralement interdite mais, toutefois, le plan de chasse obligatoire peut y être réalisé dans un souci d'équilibre des populations. Ces réserves jouent un rôle important de quiétude et de réservoir pour la faune sauvage.

Les habitats, dans ces réserves, peuvent faire l'objet de protections particulières édictées par l'arrêté de création de la réserve. Cette protection s'attache principalement à la préservation des biotopes (haies, mares, etc.) nécessaires à la faune sauvage.

Les réserves nationales de chasse, quant à elles, jouent un rôle particulier de laboratoire d'étude pour certaines espèces. L'ONC gère actuellement 36 réserves de chasse et de faune sauvage réparties sur l'ensemble de la France et qui toutes présentent un intérêt particulier pour telle espèce ou tel groupe d'espèces étudiés ainsi que leurs habitats. Elles peuvent également jouer un rôle de réservoir à partir duquel des populations peuvent se développer et être reprises en vue de leur lâcher sur des réserves simples, par exemple.

C'est ainsi que la réserve nationale de chasse de Chambord a permis la réimplantation du cerf élaphe sur une grande partie des forêts françaises, que la réserve des Bauges a joué un rôle identique pour le chamois et celle du Caroux Espinouse a permis une réimplantation réussie du mouflon, celle du Mercantour, devenu parc national, jouant un rôle important pour le bouquetin. L'ONF gère également seul ou conjointement avec l'ONC un certain nombre de réserves nationales toutes situées en forêt domaniale.

Enfin, à côté des réserves réglementaires dont le statut est fixé par arrêté préfectoral, il existe de nombreux territoires classés en réserve par le détenteur du droit de chasse sans faire appel à un dispositif réglementaire. Toutefois, alors que les infractions commises dans les réserves réglementaires donnent lieu à un texte spécifique, les infractions commises dans ce dernier type de réserve sont de simples infractions de chasse sur autrui qui ne sont pas systématiquement poursuivies par les parquets. Elles jouent néanmoins un rôle appréciable à côté de tous les autres territoires mis en réserve à un titre quelconque.

Les réserves de chasse et de faune sauvage représentent actuellement en France, la majeure partie des terrains protégés pour la faune sauvage et ses habitats, même si ce fait est généralement méconnu.

A côté des réserves de chasse et de faune sauvage, existe un certain nombre de territoires qui sont soumis à un régime de protection particulier où la chasse peut être interdite. Il s'agit des parcs nationaux (la chasse n'est autorisée que dans le parc national des Cévennes et y est très réglementée), et de certaines réserves naturelles.

III - LES ESPECES

- Statut juridique des espèces sauvages

Le statut juridique des espèces sauvages en France depuis 1789, résulte de la doctrine imprégnée de droit romain au XIXe siècle et de la jurisprudence. En effet, aucun texte de droit positif n'est intervenu en la matière définissant ce statut.

Dans les territoires ouverts, la faune sauvage est considérée comme *res nullius*, bien sans maître, n'appartenant à personne. Dans les enclos comprenant une habitation entourée d'une clôture imperméable, en revanche les mammifères, qualifiés de "gibier à poil", peuvent être considérés comme *res propria* et les sanctions qui frappent les infractions de chasse sans autorisation dans ces enclos s'apparentent à celles concernant le vol.

Par ailleurs, avant la publication de la loi relative à la protection de la nature, tous les animaux sauvages étaient considérés comme gibier et la protection de certaines espèces (ours, rapaces, etc...) résultait de l'interdiction totale de sa chasse. La loi du 10 juillet 1976 a semblé remettre en question ce système en prévoyant l'instauration de listes d'espèces pour lesquelles certaines activités sont interdites, ce qui entraîne la protection de ces espèces.

De plus, en 1979, le ministre chargé de la chasse a fixé une liste des espèces de gibier. Enfin, une liste particulière d'espèces a été prise, qui peuvent être classées nuisibles par l'autorité administrative. Ces dernières espèces figurent toutes sur la liste des espèces de gibier.

On a donc pu considérer que la loi du 10 juillet 1976 avait introduit une modification fondamentale dans le statut des espèces sauvages. Les espèces protégées relevant d'un régime différent de celui des espèces de gibier ou classées nuisibles, en particulier pour ce qui concerne le droit pénal. Les infractions sur les espèces protégées constituent des délits alors que ce sont des contraventions pour les espèces de gibier chassable et les nuisibles.

Une première atténuation est intervenue par le classement de certaines espèces dans les trois types de listes. Ainsi les mustélidés tels que fouine, martre, putois, belette, sont en partie protégés par arrêté ministériel du 17 avril 1981. Ils sont également chassables et peuvent être classés nuisibles. En outre, l'arrêté ministériel du 12 juin 1979 fixant la liste des espèces gibier, a été remplacé par un arrêté ministériel du 26 juin 1987 modifié fixant la liste des espèces de gibier chassable.

Mais, surtout trois arrêts des plus hautes juridictions françaises sont intervenus qui remettent en cause cette analyse et reviennent à la vieille notion de gibier pour l'ensemble de la faune sauvage. C'est ainsi, que par arrêt en date du 12 octobre 1994, la chambre criminelle de la cour de cassation déclare que "constituent du gibier, au sens de la législation sur la chasse, les animaux sans maître, appartenant à une espèce non domestique, fut-elle protégée, vivant à l'état sauvage".

Cette analyse a été suivie depuis par deux décisions du conseil d'Etat du 25 mai 1995. On peut donc affirmer qu'à l'heure actuelle, l'ensemble de la faune sauvage en France est classée gibier même si elle est protégée par ailleurs, ce qui permet au ministre compétent d'utiliser aussi bien le droit cynégétique que le droit de la protection de la nature pour réglementer certaines activités influant sur la faune sauvage. On peut toutefois s'interroger sur la pérennité de cette définition au regard du droit européen.

- Régimes juridiques des opérations de repeuplement, d'introduction et de réintroduction

Actuellement, le lâcher des espèces sauvages dans la nature est interdit pour les espèces non indigènes au territoire d'introduction et non domestiques. Pour ce qui concerne les espèces classées nuisibles, le lâcher est soumis à autorisation individuelle délivrée par le préfet. Le transport des espèces de gibier vivant est soumis à autorisation administrative. En outre, le transport des espèces figurant sur la liste des espèces protégées est interdit. Ces deux dispositions ont permis une certaine réglementation indirecte du lâcher des animaux dans la nature mais ces règles ne sont pas applicables aux espèces nées et élevées légalement en captivité. Aussi, la loi du 2 février 1995 prévoit une réglementation spécifique du lâcher dans la nature des espèces sauvages. Cette réglementation est en cours d'élaboration.

Les introductions ou réintroductions d'espèces disparues sont réalisées sous le contrôle de l'Etat, ne serait-ce que par la réglementation du transport des spécimens dont le non respect peut entraîner des sanctions pénales délictuelles pour les espèces protégées, et contraventionnelles pour le gibier chassable. Ces introductions et réintroductions, lorsqu'elles concernent des espèces protégées, se font après avis du conseil national de la protection de la nature et sous le contrôle du ministre de l'Environnement. L'opérateur chargé de l'opération est soit un établissement public, Office national de la chasse, Office national des forêts, parcs nationaux, soit, moins souvent, une association de protection de la nature.

Quant aux espèces de gibier chassable, leur réintroduction correspond en fait à un renforcement de populations existantes, réalisée, lorsque l'Office national de la chasse est le maître d'oeuvre, par le biais de programmes de recherches qui peuvent être soumis à l'avis du Conseil national de la chasse et de la faune sauvage.

Enfin, des introductions d'espèces de faune sauvage étrangères ont été réalisées soit dans les années 1950 par le Conseil supérieur de la chasse avec l'aval à l'époque du ministère de l'Agriculture (colin de Virginie ou de Californie, par exemple), soit clandestinement par des individus contre la volonté des autorités compétentes (cas du sylvilagus floridanus ou de la perdrix chukar), soit parce que des spécimens élevés en captivité se sont échappés (vison d'Amérique, ragondin, rat musqué, raton laveur). Ces introductions sont désormais interdites, elles pourraient à terme être réglementées.

Il est actuellement possible de réaliser des lâchers de gibier chassable à des fins de repeuplement. Généralement, le lâcher est précédé par une reprise de spécimens sauvages dans la nature. Ces reprises, à des fins de repeuplement, sont autorisées par le préfet qui fixe la destination des animaux repris.

En outre, des lâchers peuvent être réalisés pour le repeuplement ou le tir à partir de spécimens issus d'élevage. Un décret du 8 mars 1994 réglemente strictement les élevages dont le but est la vente de gibier vivant destiné au lâcher afin de s'assurer de la qualité de ce gibier et éviter tout risque sanitaire ou de pollution génétique. En outre, une réglementation est en préparation concernant les conditions dans lesquelles ces lâchers doivent être réalisés et l'époque à laquelle ils peuvent avoir lieu. Cette réglementation concernera également les espèces protégées.

Il existe des règles sanitaires de suivi des populations dès lors que les maladies dont elles peuvent être porteuses, sont transmissibles à des espèces domestiques ou à l'homme. C'est ainsi qu'à la suite de l'apparition de la peste porcine sur l'espèce sanglier en Alsace-Moselle, des mesures très strictes d'élimination de sanglier et de suivi sanitaire des populations concernées ont été mises en place qui ont permis que la maladie ne s'étende pas dans un premier temps puis régresse. Des mesures ponctuelles d'élimination des spécimens peuvent être adoptées mais leur encadrement juridique est flou (élimination de chamois atteints par la kérato conjonctivite par exemple) et s'appuie davantage sur les règles sanitaires applicables aux espèces domestiques que sur des règles appropriées à la faune sauvage.

IV - LES MODES DE CHASSE ET L'EXERCICE DE LA CHASSE

- Le chasseur : le permis de chasser et la capacité de chasser

Le permis de chasser sous sa forme actuelle date de 1976. Il s'obtient après la réussite à un examen théorique et la participation à une formation pratique. Il permet aux chasseurs l'exercice de tous les modes de chasse praticables en France. Toutefois, pour chasser à l'arc, un certificat de capacité attestant les connaissances du chasseur est nécessaire.

Pour la chasse à courre, la pratique nécessite la possession d'une meute de chiens créancés dans la voie de l'animal de chasse. Ces meutes doivent comporter un nombre minimum de chiens et reçoivent une attestation de conformité délivrée par l'administration.

Pour la chasse à l'aide de rapaces, chasse au vol, le fauconnier ou l'autoursier doit avoir une autorisation de détention et d'utilisation de son rapace délivrée par le préfet. Quant aux chasses traditionnelles, qui permettent l'utilisation d'instruments normalement interdits (filets, lacets, cages-pièges, gluaux), elles sont strictement réglementées tant pour ce qui concerne les installations que pour le nombre d'animaux capturés. Elles nécessitent, en outre, une certaine technicité et seuls les chasseurs possédant cette technique ont, en fait, bénéficié d'autorisations.

Le permis de chasser est valable pour toute la vie mais sa validité fiscale est d'un an, il est délivré soit pour un ou plusieurs départements soit pour la France entière. Le permis de chasser départemental coûtait en moyenne, pour la période 1994-1995, 175 francs. Le permis national coûtait, quant à lui, 900 francs en moyenne. Les redevances cynégétiques sont affectées à l'Office national de la chasse. Des redevances particulières existent, telles que la redevance de gibier d'eau, la redevance nationale grand gibier. A ce prix s'ajoute celui de la cotisation payée à la fédération des chasseurs du lieu de chasse, c'est-à dire 250 francs en moyenne en 1994-1995.

Les chasseurs étrangers, quant à eux, peuvent obtenir des licences de chasse valables neuf jours dont le prix est celui de la redevance cynégétique nationale. Ils peuvent en obtenir deux par an. Ils ont également le droit de se présenter à l'examen du permis de chasser français à condition, toutefois, d'être francophones, l'examen se déroulant exclusivement en français.

- *Les professionnels de la chasse*

Outre les agents de l'Etat qui travaillent au sein de l'Office national de la chasse et dont une partie est chargée de la police de la chasse (1 444 gardes nationaux de la chasse et de la faune sauvage), il existe de nombreuses personnes qui travaillent pour la chasse. Ce sont principalement les gardes chasse particuliers (environ 10 à 12 000 bénévoles ou salariés) qui sont agréés par le préfet et assermentés. Ces gardes particuliers sont, en outre, le plus souvent des piégeurs agréés par le préfet après une formation spécifique. De plus, les fédérations départementales des chasseurs emploient également du personnel administratif et technique (779 personnes en 1995).

- Les modes de chasse

Les modes de chasse légalement autorisés sont la chasse à tir avec armes à feu ou à l'arc, la chasse à courre à cor et à cri qui concerne la grande et la petite vénerie ainsi que la vénerie sous terre, la chasse au vol et les chasses traditionnelles dans certains départements. Tous les autres modes de chasse sont interdits.

Les chasses traditionnelles sont la tenderie aux grives, la chasse de la grive aux gluaux, la chasse de l'alouette aux pentes (filets), la chasse du pigeon ramier aux pentes, pentières ou filets, soit tendus, soit dans les palombières. Ces chasses traditionnelles ne concernent qu'un petit nombre de territoires.

- La réglementation concernant les prélèvements

Il existe, tout d'abord, les modes de chasse qui ne permettent qu'un prélèvement limité. Ainsi, la grande vénerie ne concerne que des espèces soumises à plan de chasse sauf le sanglier et les prélèvements réalisés sont peu nombreux par rapport au nombre de jours de chasse. Il en est de même des chasses traditionnelles dont le prélèvement est fixé annuellement.

Mais, tous les modes de chasse, quels qu'ils soient, doivent intégrer cette préoccupation ne serait-ce que pour assurer la pérennisation de l'activité cynégétique. C'est ainsi que pour tous les modes de chasse s'applique la période de chasse qui limite la chasse dans le temps. En outre, le plan de chasse qui limite le prélèvement par territoire et par an et qui a tendance à se généraliser à toutes les espèces sédentaires, permet également cette prise en compte. De surcroît, des limitations sont souvent adoptées par territoire de chasse allant jusqu'à l'interdiction de chasser une espèce ou les adultes de l'espèce pendant une ou plusieurs saisons de chasse.

- La gestion des prédateurs

Le décret du 30 septembre 1988 a redéfini les conditions dans lesquelles certaines espèces sauvages peuvent être classées nuisibles, les conditions d'exercice du droit de destruction, les modalités dans lesquelles la destruction peut être opérée, un certain nombre de dispositions complémentaires étant, par ailleurs, prévues.

En ce qui concerne la fixation de la liste des espèces nuisibles, deux étapes ont été prévues. La première a consisté, pour le ministre, à fixer une liste nationale à partir de laquelle les préfets peuvent déterminer, chaque année, une liste pour le département, le conseil départemental de la chasse et de la faune sauvage et la fédération départementale des chasseurs étant consultés. Cette liste doit être prise avant le 1er décembre de l'année pour être applicable le 1er janvier. La liste nationale comporte 12 mammifères et 6 oiseaux.

Conformément au code rural, c'est le propriétaire, possesseur ou fermier, qui doit normalement procéder aux opérations de destruction. En ce qui concerne les modalités de destruction, elles comportent le déterrage, le piégeage, le tir au fusil et l'utilisation des oiseaux de chasse au vol. Le déterrage peut se pratiquer, pour le renard, avec ou sans chien, toute l'année, l'enfumage à l'aide de produits non toxiques étant permis. Pour le tir de destruction des espèces classées nuisibles, le permis de chasse valable est obligatoire. La période de destruction est comprise entre la date de clôture générale de la chasse et le 31 mars au plus tard le plus souvent.

Cependant un système de dérogation est prévu pour la destruction des oiseaux par l'article 16 du décret, l'arrêté préfectoral prévu devant être motivé, c'est-à-dire s'appuyer sur des considérations techniques non contestables, et en particulier celles prévues par l'article 9-1 a) de la directive CEE du 2 avril 1979, pour prévenir les dommages importants aux cultures ou pour la protection de la faune par exemple.

Désormais, les piégeurs doivent être agréés pour pouvoir pratiquer. Ils doivent à cet effet suivre une formation spécifique d'une durée d'au moins 16 heures. Les pièges utilisables doivent être homologués, à l'exception des cages, et identifiés. Leur utilisation est strictement réglementée, les opérations de piégeage étant obligatoirement déclarées.

Les nouvelles modalités mises en place pour le piégeage des populations animales permettent que désormais les espèces qui relèvent du piégeage soient gérées tout comme les autres espèces de gibier.

Par ailleurs, lorsque certains animaux sont susceptibles de causer des dommages importants, en particulier à l'agriculture, l'autorité administrative peut prendre des mesures de destruction soit sous la forme de battues administratives (sanglier, par exemple) soit sous la forme de mesures particulières qui concernent le plus souvent des espèces non chassables (goéland argenté, par exemple).

V - LE DROIT PENAL DE LA CHASSE

Les comportements incriminés sont ceux qui sont interdits par le code rural tels que la chasse en dehors de la période, sur un territoire où la chasse est interdite, d'une espèce interdite, avec des moyens ou un mode de chasse interdits ...

Les agents chargés des constatations sont tout d'abord les gardes nationaux de la chasse et de la faune sauvage et les gendarmes pour tout le territoire, puis les agents de l'Office national des forêts en forêt soumise au régime forestier, les agents des parcs nationaux sur ces parcs et les gardes chasse particuliers sur les territoires dont ils ont la garde, y compris certains gardes commissionnés par le ministre pour les réserves naturelles.

Les poursuites sont exercées par le procureur de la République sauf sur les forêts soumises où elles sont laissées à l'initiative du SERFOB et peuvent donner lieu à une transaction.

Les sanctions sont : l'amende pénale qui peut aller jusqu'à 12 000 Frs en contravention, la confiscation de l'animal tué et des engins ayant servi à commettre l'infraction (y compris l'arme et le véhicule) et le retrait du permis de chasser jusqu'à 5 ans avec obligation de repasser l'examen de chasse.

Pour les délits (peu nombreux), les amendes peuvent aller jusqu'à 15 000 Frs et être accompagnées de prison jusqu'à 2 ans.

L'Office national de la chasse a mis au point un barème de la valeur des différents gibier utilisé par les victimes lorsqu'elles se constituent parties civiles. En outre, les fédérations départementales des chasseurs interviennent systématiquement devant les tribunaux et sont accueillies par les tribunaux.

Les dommages et intérêts obtenus reviennent aux différentes parties civiles selon le dispositif de la décision rendue par le juge. L'Etat, en revanche, ne peut pas se constituer partie civile en tant que tel, sauf s'il peut faire valoir un préjudice propre dans les mêmes conditions que les autres parties civiles. En fait, son action est exercée par le ministère public et les amendes qui sont prononcées reviennent au Trésor public. L'intervention de l'Office national de la chasse est pour le moins strictement limitée aux atteintes portées aux réserves nationales de chasse dont il a la gestion ou à celles dont sont victimes les gardes nationaux de la chasse et de la faune sauvage.

Des statistiques concernant les infractions de la chasse et de la faune sauvage sont établies annuellement.

VI - INDEMNISATION DES DOMMAGES CAUSES PAR DES ESPECES ANIMALES PROTEGEES OU DES ESPECES GIBIER

En droit français, la notion de gibier s'applique à toutes les espèces sauvages vivant à l'état naturel, fussent-elles protégées. La distinction s'opère entre espèces protégées (arrêté ministériel du 17 avril 1981) et espèces chassables (arrêté ministériel du 26 juin 1987).

Pour les espèces chassables, la règle générale est l'application de l'article 1382 du code civil qui instaure une responsabilité pour faute. A partir de cet article, un texte spécifique a été mis en place pour les dommages causés aux récoltes par le "gibier". Il s'agit d'une procédure rapide, gratuite, avec une prescription courte (6 mois à compter du début du dommage). Cette procédure de la loi de 1937 est dite de droit commun.

Elle est complétée par une procédure administrative mise en place par la loi du 27 décembre 1968 et qui ne concerne que les dommages causés aux récoltes agricoles non encore détachées du sol par certaines espèces de grand gibier (sanglier, cerf, chevreuil, mouflon, daim, chamois, isard). Un fonds d'indemnisation géré par l'Office national de la chasse est alimenté par les chasseurs et sert à financer la réparation.

En droit commun (loi de 1937) : toutes les espèces chassables, y compris celles qui sont également passibles du système administratif, peuvent entraîner une indemnisation de la victime.

a) Types de dommages indemnisés

- Article 1382 du code civil : tout dommage subi par la victime si celle-ci prouve une faute (exemple : collision).
- Droit commun (loi de 1937) : dommages directs et indirects causés aux récoltes.
- Procédure administrative : dommages causés aux seules récoltes agricoles encore sur pied à l'exclusion des dommages indirects.

b) Responsable du dommage

- Article 1382 du code civil : l'Etat, une collectivité, une personne privée, peuvent voir leur responsabilité civile recherchée pour faute, en particulier en cas de collision avec un véhicule. Une responsabilité plus forte concerne les gestionnaires d'autoroutes en vertu d'une obligation de sécurité des usagers.
- Loi de 1937 : c'est le propriétaire du fonds d'où proviennent les animaux déprédateurs, qui est responsable, le titulaire du droit de chasse peut se substituer au propriétaire (clause de responsabilité incluse dans le bail par exemple).
- Procédure administrative : responsabilité sans faute et mutualisation du risque par le biais d'un fonds d'indemnisation. L'Office national de la chasse gestionnaire de ce fonds a la possibilité de se retourner contre le véritable responsable du dommage pour obtenir le remboursement des sommes versées à la victime. Les dommages causés aux peuplements forestiers sont exclus de ce système.

c) Dommages causés par la faune sauvage

En droit commun, le propriétaire ou le détenteur du droit de chasse susceptible d'être mis en cause peut souscrire un contrat garantissant sa responsabilité civile.

d) Preuve des dommages

La méthode utilisée dans tous les cas est l'expertise : soit amiable (droit commun) soit judiciaire (droit commun) soit administrative (procédure administrative).

e) Procédures d'indemnisation

En droit commun, l'indemnisation peut être obtenue soit à l'amiable soit à l'issue de la procédure contentieuse qui peut, en cas de litige grave, être très longue (jusqu'à 10 ans par le jeu des recours successifs).

Procédure administrative : le paiement intervient dès que le dossier est liquidé après accord amiable (de 15 jours à 3 mois). Il peut se prolonger en cas de non acceptation par la victime de l'expertise, en particulier en cas d'action contentieuse (voir droit commun).

f) Conditions apportées au paiement de l'indemnisation

La condition principale est que les animaux, à l'origine du dommage, ne doivent pas provenir du fonds de la victime. Celle-ci ne doit pas avoir attiré sur son fonds, par un procédé quelconque, les animaux, faute de quoi, un partage de la responsabilité peut être décidé voire un refus d'indemnisation.

Les deux systèmes décrits ci-dessus s'appliquent à l'ensemble du territoire français à l'exception de l'Alsace-Moselle où le système mis en place lors de la première occupation allemande a été maintenu. Il repose sur l'obligation de réparation qui pèse sur le détenteur du droit de chasse, non propriétaire du fonds, pour les dommages causés par les sangliers, cerfs, élans, daims, chevreuils, faisans, lièvres ou lapins. Cette obligation s'étend aux produits du fonds déjà séparés du sol mais non encore engrangés. Sont exclus les dommages causés aux vergers, jardins, pépinières et arbres isolés non protégés, par une clôture par exemple. Lorsque le fonds est mis en adjudication, la commune peut être tenue à réparation des dommages en cas d'insolvabilité de l'adjudicataire.

Pour les dommages causés par les sangliers, un fonds d'indemnisation a été créé, géré par le syndicat des chasseurs en forêt. Le financement est assuré par les titulaires du droit de chasse (adjudicataires, propriétaires réservataires, Office national des forêts) qui versent un montant égal à 10% du montant annuel du loyer réel ou fictif du lot. La procédure peut être amiable ou, en cas de désaccord, judiciaire avec désignation d'un expert.

Lorsque le propriétaire en cause est l'Etat, si les animaux proviennent du domaine privé de l'Etat ou de ses établissements publics ou des collectivités publiques (cas des forêts domaniales par exemple), le droit commun de la réparation s'applique strictement et le juge judiciaire est compétent dans le cadre, soit de l'article 1382 du code civil, soit le plus souvent de la loi de 1937.

En revanche, lorsque les animaux proviennent du domaine public de l'Etat (fluvial par exemple), la mise en cause de la responsabilité de l'Etat ou son ayant droit se fait devant le juge administratif, plus avare dans la réparation du dommage. La victime doit, en effet, apporter la preuve qu'elle a informé l'Etat du risque couru pour que celui-ci puisse le faire cesser dans un délai raisonnable.

g) Dommages autres que ceux causés à l'agriculture par les espèces chassables

Ils relèvent des principes généraux de la responsabilité pour faute. Le sort qui est fait à la faune sauvage protégée est variable suivant que l'Etat a ou non mis en place un système d'indemnisation. C'est ainsi que dès 1952, les dommages causés par l'ours ont été pris en charge d'abord par l'association des chasseurs de montagne puis par le Conseil supérieur de la chasse, à partir de 1955, par le biais d'un contrat d'assurance dont la prime était payée par le Conseil supérieur de la chasse. Celui-ci a été ensuite relayé par l'Office national de la chasse en 1972, puis par le parc national des Pyrénées à partir de 1981. Des indemnités ont été également versées par l'Etat par le biais de subventions versées à des organismes relais pour les dommages causés par le lynx et maintenant le loup dans le parc du Mercantour.

Mais ces indemnisations ne sont pas institutionnalisées par un texte législatif ou réglementaire et dans le cas d'autres espèces sauvages protégées plus abondantes (grues, hérons, flamants roses,...), l'Etat s'est toujours refusé à prendre en charge les dommages et à reconnaître sa responsabilité du fait de la loi. Il a été, jusqu'en 1994, suivi par la jurisprudence des juridictions administratives. Mais, par un arrêt en date du 1er février 1994, la cour administrative d'appel de Lyon a considéré qu'un riziculteur de Camargue devait être indemnisé par l'Etat pour des dommages causés par des flamants roses. L'affaire est pendante devant le conseil d'Etat qui est susceptible de rejeter la demande.

Le problème des dommages causés à d'autres biens économiques n'est pas résolu par un texte spécifique. C'est ainsi qu'en cas de collision d'un véhicule avec un grand gibier (cerf, chevreuil ou sanglier), la victime pourra difficilement obtenir réparation sauf si une faute a été commise soit par le service gestionnaire de la route, soit par le titulaire du droit de chasse. La prolifération d'une espèce animale n'a pas, pour le moment, été utilisée ou retenue par le juge. Dans tous les autres cas fortuits, la victime n'a pas de recours possible et le problème est de plus en plus soulevé par les compagnies d'assurance.

Le droit de la chasse en Alsace-Moselle

Matthias MULLER-KAPP*

Jamais «occupée», toujours «libérée», (c'est en tout cas ainsi que chaque pays a présenté son retour), tour à tour par la France et par l'Allemagne, l'Alsace et la Moselle ont, au gré du sort des armes et des traités, vu s'appliquer successivement le droit allemand et le droit français dans une multitude de domaines dont celui de la chasse. C'est ainsi que la loi du 3 mai 1844, qui a posé les grands principes du droit français de la chasse, s'est appliquée aux départements du Rhin et la Moselle français à l'époque. Devenue allemande suite à la guerre de 1870, la loi de 1844 resta tout d'abord en vigueur jusqu'au moment où la volonté locale des conseils généraux déboucha sur une loi réorganisant les territoires de chasse en 1881 et une loi d'Empire sur la police de la chasse en 1883. Le code civil allemand, entré en vigueur en Alsace et en Moselle le 1er janvier 1900, assorti d'une loi du 17 avril 1899 pour l'exécution de ce code dans les trois départements, vint régler le problème de l'indemnisation des dégâts de gibier. A l'issue du conflit mondial de 1914-18, les départements du Rhin et la Moselle redevinrent français mais les lois locales relatives à la chasse et à la protection des oiseaux restèrent provisoirement en vigueur en application, entre autre, d'un décret du 25 novembre 1919 avant d'être définitivement maintenues en vertu de la loi du 1er juin 1924 en son article 7. Loin de figer la situation, ces textes ne pouvaient rester entièrement à l'écart des réformes

* Directeur de la Fédération Départementale des Chasseurs de la Drôme.

apportées sous l'impulsion d'idées nouvelles. C'est ainsi que furent, par exemple, réintroduites les dispositions sur la louveterie (Décret du 27 août 1922) ou que la réglementation nouvelle en matière d'examen pour l'obtention du permis de chasser s'appliqua directement. Plus récemment, les lois locales furent introduites dans le Titre II du Code rural en 1989.

Au cours de ce siècle, et en particulier après la seconde guerre mondiale de 1939-45, l'Alsace et la Moselle acquirent l'image d'un paradis cynégétique de type solognot. Cette image, pour flatteuse qu'elle est, devait n'être pas sans conséquence sur la chasse locale et, plus encore, pour les chasseurs locaux. Cette belle image est toutefois de plus en plus fausse au fur et à mesure que les efforts de gestion permettant à de nombreux territoires français de monter des populations de gibier, petit et grand qui n'ont rien à envier à la situation actuelle des départements du Rhin et à la Moselle. Les conséquences de cette image durent pourtant encore et poussent les organisations cynégétiques locales à oeuvrer pour permettre aux alsaciens et aux mosellans de continuer à chasser chez eux.

Mais que reste-t-il, en réalité de ce droit local qui, pour n'être pas tout à fait le même que dans le reste de la France, ne saurait pourtant être qualifié d'allemand ? C'est probablement dans son organisation territoriale (I) qu'il est le plus marqué et qu'il a produit le plus d'effets sur le territoire national puisque la Loi Verdeille de 1964 en est en partie inspirée. Pour autant ce n'est pas le seul point remarquable, la réparation des dégâts causés par le gibier (II), grand et petit, est tout aussi spécifique même si la réparation des dégâts dûs aux sangliers n'est pas sans analogie avec la loi du 27 décembre 1968 applicable sur le reste du territoire français. Par contre, tout ce qui concerne la police de la chasse (III) est petit à petit absorbé par les règles françaises générales en matière de police de la chasse et de protection de la nature, domaines très tôt associés dans les trois départements; ne subsistent que des bribes qui rappellent le fort attachement du chasseur à l'inviolabilité de son territoire et les *a priori* négatifs attachés à certains modes de chasse. Ces trois points vont être succinctement développés ci-après.

I - UNE ORGANISATION TERRITORIALE, REFLET D'UN PARCELLAIRE FONCIER MORCELLE ET D'UN SOUCI DE GESTION PATRIMONIALE DE LA FAUNE

C'est peut-être dans l'organisation territoriale de la chasse dans les Départements du Rhin et la Moselle que l'on retrouve le plus clairement la notion de gestion patrimoniale découlant du concept de la Hege chère à l'approche germanique de la chasse. C'est elle aussi qui a donné, et donne encore, lieu aux divergences de vues les plus fortes et aux débats les plus vigoureux, que cela soit avec l'ensemble des partenaires concernés (propriétaires fonciers, propriétaires forestiers, organisations agricoles, maires, etc...) ou entre les chasseurs des différents départements qui ne vivent pas sur une réalité cadastrale identique.

Si la base reste la loi du 3 mai 1844, comme pour le reste du territoire français, très tôt les trois départements, rattachés entre temps à l'Allemagne, ont créé une organisation spécifique des terrains de chasse (A) par le biais de la Loi du 7 février 1881 codifiée actuellement aux articles L.229-2 et suivants du Code Rural. Depuis lors, ce sont «les» territoires eux-mêmes et l'aménagement du territoire avec le développement des voies de communications qui ont changé les données du problème, engendrant un réflexe de défense des chasseurs alsaciens-mosellans qui, sans critiquer le fondement du droit spécifique à leurs départements, souhaitent voir modifier le mode de location (B).

A) Un droit précurseur regroupant les parcelles pour créer des fonds cohérents

L'exclamation prêtée à Louis XIV découvrant la plaine d'Alsace et s'écriant : "Quel beau jardin !" portait en germe lointain la loi du 7 février 1881, en réalité des 1er et 7 février 1881, visant à regrouper les terrains d'une multitude de propriétaires en lots cohérents permettant tout à la fois une gestion raisonnée et à long terme du capital gibier et d'éviter de chasser en presque permanence sur le fonds d'autrui. La propriété paysanne était, en effet, avant la vague des remembrements agricoles, extrêmement éclatée dans les départements du Rhin, en Moselle cet élément était beaucoup moins patent et a, dès les débats pour la mise en place de la loi de 1881, provoqué des tensions entre l'entité lorraine et les alsaciens.

Si la loi de 1881 est née pendant la période d'annexion à l'Allemagne des trois départements, nombreux sont ceux qui la pense allemande alors qu'il n'en est rien. Les promoteurs de cette loi se sont recrutés parmi les conseillers généraux et membres de la délégation d'Alsace-Lorraine qui, usant de leur droit d'initiative, ont proposé le projet de loi qui fut voté selon la procédure en vigueur puis qui reçut l'approbation impériale le 7 février 1881. Cette loi n'est donc ni imposée ni importée, elle fut le résultat d'un débat démocratique (et vigoureux) entre des hommes issus du terroir sur lequel elle allait s'appliquer.

Si ces regroupements fonciers (a) considérés par certains auteurs comme un véritable remembrement cynégétique ont conduit à scinder le droit de chasse et celui de chasser, il n'est pas moins important de noter le rôle important de la commune et du maire dans le processus de location (b) qui pour 9 ans (durée bien connue pour les baux ruraux également) assure une stabilité du locataire et provoque, tous les 9 ans, une montée de la température dans les milieux cynégétiques locaux.

a) Des regroupements fonciers marqués

Le principe de ces regroupements n'est posé qu'à l'article 2 de la loi du 7 février 1881 qui stipule que : «Le droit de chasse sur les terres et sur les espaces couverts d'eau soumis aux dispositions de la présente loi sera administré par la commune, au nom et pour le compte des propriétaires», l'article premier, pour sa part, rappelant que : «L'exercice du droit de chasse qui appartient à chaque propriétaire sur ses terres et l'exercice du droit de chasse sur les espaces couverts d'eau sont régis par les dispositions de la présente loi». Le principe de la loi de 1844 est ainsi clairement réaffirmé avec la liaison étroite entre le droit de chasse et la propriété. En revanche, est tout aussi clairement annoncé le fait que la propriété du droit de chasse n'entraîne pas le droit de chasser, l'exercice de l'activité est ainsi dissocié de sa jouissance théorique.

1) Les exclusions au regroupement

Sont toutefois exclus de cette obligation de regroupement les terrains entourés d'une clôture continue faisant obstacle à toute communication avec le voisinage (actuellement article L.229-3-2° du Code Rural) sur lesquels le propriétaire du fonds garde le droit de chasser, dans le respect toutefois des règles relatives à la police de la chasse et, en particulier, de celles relatives aux dates d'ouverture et de fermeture de la chasse espèce par espèce.

Sont également exclus de cette obligation de regroupement les terrains fortement marqués par la propriété étatique, parfois cumulée avec des intérêts stratégiques et militaires comme dans le cas des emprises de voies ferrées étatiques ou des terrains militaires (qui représentent une surface non négligeable en ces provinces âprement disputées depuis des siècles), les forêts domaniales ou indivises entre l'Etat et d'autres propriétaires constituant les deux autres types de terrains ainsi cités (article L.229-3-1° du code rural actuel).

2) Le regroupement de principe

Le principe est le regroupement de tous les autres terrains du ban communal en un seul fonds de chasse duquel les habitations et implantations industrielles ne sont pas exclues, aux termes même de la Loi. Ce principe, qui aurait pu friser l'absurde, a été tempéré par la pratique, ces parties de la commune étant exclues de la location en raison de leur nature particulière.

Le territoire communal peut alors être fractionné en lots, sous réserve que chacun de ces lots ne soit pas inférieur à une surface fixée, dès l'origine, à 200 hectares chacun (article 2 alinéa dernier de la loi des 1er et 7 février 1881 figurant maintenant à l'alinéa dernier de l'article L.229-25 du code rural).

Cette surface de 200 hectares était considérée comme suffisante pour assurer une exploitation rationnelle de la chasse, surtout en matière de petit gibier, dans un paysage de polyculture où la taille des exploitations agricoles dépassait rarement 10 hectares répartis souvent en une vingtaine de parcelles pas forcément proches les unes des autres.

Ce n'est pas cette surface qui provoqua le plus de discussions, surtout que la pratique dégagea rapidement la notion de bloc par laquelle la commune regroupe plusieurs lots pour, le cas échéant, les louer préférentiellement à un même locataire qui fait une offre pour l'ensemble des lots ainsi regroupés. C'est bien plutôt la surface nécessaire pour qu'un propriétaire d'un fonds d'un seul tenant puisse se réserver l'exercice de la chasse qui aviva les discussions.

3) Les chasses réservées

En effet, entre la Moselle où, dès la seconde moitié du 19ème siècle, les propriétés importantes d'un tenant n'étaient pas rares et l'Alsace où le parcellaire était très morcelé, avec des parcelles cadastrales souvent limitées à une dizaine d'ares, les points de vue sur la surface nécessaire pour se réserver la chasse étaient assez éloignés, les mosellans ne concevant pas une possibilité de se réserver la chasse en dessous de 40 hectares au moins d'un tenant, les alsaciens estimant de telles propriétés inexistantes, ou à tout le moins extraordinairement rares. La surface finalement retenue a été de 25 hectares au moins pour les terres et de 5 hectares au moins pour les lacs et étangs.

Une disposition particulière de l'époque est aujourd'hui devenue obsolète, puisqu'aucune surface minimale n'était exigée pour les étangs disposés pour la capture des canards (toujours cité à l'article L.229-4 du code rural). Cette exception correspondait essentiellement à des pièges à canards, comme il en existe encore au Pays-Bas, sous forme de gigantesques nasses qui seraient aujourd'hui rigoureusement interdits comme étant mode de chasse prohibé et peu sélectif au demeurant (ce qui renvoie aux dispositions de la Directive 79-409/C.E.E.). Eventuellement des canardières, comme celle qui a longtemps existé à Guémar (Haut-Rhin) auraient pu y être assimilées, leur canon à grenaille et l'entretien du plan d'eau devant l'installation fixe pouvant correspondre à cette définition, quoiqu'il s'agisse là de tir et non de capture, mais, dans ce cas encore, nous sommes à présent dans le domaine des modes de chasse actuellement interdits.

La propriété de la surface minimale d'un tenant n'emporte pas existence de chasse réservée par principe, encore faut-il que le propriétaire désireux d'exploiter lui-même sa chasse en manifeste l'intention expresse et dans des délais utiles. Ceci vaut tant pour les particuliers que pour les collectivités territoriales et, tout spécialement, les communes propriétaires d'un fonds (souvent un bois ou une forêt) sur le ban communal d'une autre commune.

La notification de l'intention de se réserver la chasse doit être faite par écrit au maire de la commune (ou des communes si les terrains sont situés à cheval sur plusieurs communes) dans le délai impératif de 10 jours à compter de la décision de l'assemblée des propriétaires d'abandonner, ou non, le loyer de la chasse à la commune. La rigueur de ces dispositions indique assez combien le législateur de 1881 était hostile à ces fonds réservés. Rigueur accrue au cas où l'assemblée des propriétaires a décidé l'abandon du loyer à la commune, le réservataire étant alors tenu, comme un locataire ordinaire, de verser à la commune un loyer, proportionnel à la surface réservée.

4) Les enclaves, exemple flagrant du remembrement cynégétique

Il se peut aussi qu'une chasse réservée enclave, plus ou moins complètement, des terrains d'une surface inférieure au minimum nécessaire pour créer une chasse réservée. Dans ce cas, le propriétaire du terrain le plus étendu aura la priorité pour la location du droit de chasse sur les terrains enclavés et faisant partie de la chasse communale. Cette location hors procédure normale d'adjudication aura lieu moyennant le paiement d'une indemnité calculée au prix de la location de la chasse pour tout le territoire communal et non au prix du seul lot duquel l'enclave est retirée.

Le propriétaire réservataire et enclavant ne dispose toutefois que d'un délai de huit jours pour manifester son intention par écrit au maire de la commune, son silence valant renonciation à se prévaloir de ce droit de priorité qui lui permet tout à la fois d'agrandir son propre fonds et d'avoir un territoire de chasse avec des limites franches et claires.

Il est remarquable que la définition de l'enclave ne corresponde pas à celle de l'article 682 du code civil. Il n'est en effet nul besoin d'entourer complètement le fonds enclavé, le fait de le toucher sur la plus grande longueur suffit. Ceci n'exclut pas les contentieux lorsqu'une telle surface se trouve prise entre trois, voire quatre chasses réservées. En dehors de la pure logique mathématique qui conduirait à ne tenir compte que de la longueur de limite commune, les tribunaux sont alors sensibles au type de couvert végétal afin, une fois de plus dans un parfait souci de gestion, d'obtenir des territoires ayant une cohérence biologique et facilitant l'exercice de la chasse.

Tous ces éléments conduisent M. Jean-Claude Richez («les forestiers, le chasseur, le législateur : les enracinements historiques du droit local de l'environnement» *in* Histoire du droit local, éd. I.D.L., 1990) à conclure que : «La législation locale présente sur deux points essentiels des conceptions fondamentalement différentes de celle du droit français. Elle juxtapose au parcellaire agricole un véritable parcellaire cynégétique sans rapport avec le précédent. Le territoire de chasse est considéré comme un champ à cultiver et l'exploitation du gibier doit se faire comme celle d'un produit du sol. Ceci répond à la notion germanique de *Hege* qui recouvre toutes les actions qui servent à la conservation et aux soins du gibier».

Si le découpage territorial vise à cette fin, la procédure de location accorde un véritable pouvoir aux communes, même si c'est à titre de mandataire de droit privé de la collectivité des propriétaires et non au titre de collectivité locale.

b) La procédure de location

Si la place de la commune, et plus particulièrement du maire, est déjà apparue dans le découpage territorial, cette place est largement renforcée par le mode de location, mais aussi par les opérations préliminaires à la location proprement dite tout comme dans la destination des loyers. Toutes ces opérations ne relèvent toutefois pas du droit administratif, même si la jurisprudence a pu hésiter un moment.

1) La définition des règles du jeu

Si, en droit allemand, la communauté des propriétaires gère elle-même la chasse, il n'en est pas de même dans les départements du Bas-Rhin, du Haut-Rhin et de la Moselle où le droit de chasse est administré par la commune pour le compte et au nom de la communauté des propriétaires. Nous avons vu que c'est la commune qui procède au découpage éventuel en plusieurs lots, mais c'est elle aussi qui, à titre initial, encaisse les loyers de chasse payés à la caisse communale (article 4 alinéa 1 de la loi des 1er et 7 février 1881 figurant à présent à l'article L.229-6 du Code Rural). C'est encore la commune qui est chargée de répartir le loyer entre les propriétaires. C'est au maire qu'incombe la fixation de la date d'adjudication avec, en corollaire, la gestion des relations avec les réservataires de chasses et, en conséquence, la publicité de l'adjudication par avis public pouvant aller jusqu'à l'insertion d'annonces publicitaires pour attirer les amateurs, annonces parfois publiées non seulement dans la presse locale mais encore dans la presse spécialisée nationale voire étrangère. L'annonce de l'adjudication doit précéder celle-ci d'au moins six semaines.

D'autre part, c'est encore la commune qui arrêtera le cahier des charges des lots offerts à la location. Cette institution de cahiers des charges n'émane pas de la loi de février 1881 mais d'une proclamation ministérielle du 12 juillet 1888. Au fil des modifications, ces cahiers des charges ont été ballottés et leurs contenus, actuellement, ne correspondent plus à quelque chose de cohérent. En effet, si le Préfet de chacun des trois départements fixe, pour chaque nouvelle série de location et période de neuf ans, un cahier des charges type, ce cahier n'entre en vigueur que pour les lots loués et à compter de la location elle-même. Ils sont donc inopposables aux candidats évincés et aux chasses réservées. Or, les actuels cahiers des charges agglomèrent tout à la fois la procédure de location, les règles propres applicables au bail et des dispositions de police de la chasse. Il serait souhaitable, à l'avenir, de scinder clairement ces trois types de dispositions. Il faut aussi s'étonner de l'écriture actuelle de l'article L.229-5 du code rural prévoyant ces cahiers des charges dans les dispositions législatives du chapitre IX du Titre 2 du Livre II du Code rural, sans doute s'est-il agi là pour le rédacteur du code d'asseoir la légalité de ces cahiers des charges. Le procédé consistant à transformer une proclamation ministérielle et des arrêtés ministériels en texte de valeur législative sans passer par la procédure législative normale n'en est pas moins particulièrement inélégant, même si le principe même de ces cahiers des charges n'était discuté par personne. Cela peut également permettre à un gouvernement dirigiste d'enlever presque tout libre arbitre aux communes et, par là même, aux propriétaires. C'est donc dans ces cahiers des charges que l'on retrouve, en particulier, les règles de limitation de pression de chasse qu'elles soient relatives au nombre de chasseurs admis à pratiquer sur le lot, au nombre de battues autorisées par saison de chasse ou encore relatives à l'interdiction ou la limitation du droit de chasser certains jours.

Suite à l'éclosion et à la montée en puissance de mouvances anti-chasse, la question s'est posée, en particulier lors des adjudications de 1988, de savoir si la commune pouvait refuser de louer le droit de chasse sur le ban communal. La réponse est négative (Cour d'appel Colmar, 2e Civ., 25 Novembre 1994, commune de Michelbach c/Schoeffel et al.), la commune n'étant que mandataire de droit privé des propriétaires. Le seul cas où un refus de location pourrait n'être pas critiquable et être admis est celui où une commune aurait pour instruction, de la part de l'intégralité des propriétaires fonciers sur la commune, et non d'une majorité de ceux-ci, fut-elle écrasante, de ne pas louer la chasse communale. Encore faudrait-il que ce mandat soit explicite et écrit. Ce cas de figure n'est vraisemblablement que théorique, il suffirait en effet de l'opposition d'un seul propriétaire ou, plus prosaïquement encore, de l'existence d'un fonds non partagé ou appartenant à un propriétaire non joignable pour mettre à néant le refus de louer. Il en va différemment, et le cas n'est pas d'école pour des chasses réservées appartenant à une commune (exemple : la ville de Strasbourg et ses forêts périurbaines de la Robertsau et du Neuhof). N'étant plus dans le cadre d'un mandat et d'une action pour autrui mais dans sa pleine liberté de disposition de ses biens propres, comme n'importe quel propriétaire de chasse réservée, la commune est donc libre d'exploiter la chasse sur son fonds comme elle l'entend.

2) La destination des loyers

Si le principe du partage des loyers est posé dès la loi du 7 février 1881, à l'article 4, et se trouve réaffirmé dans l'article L.229-7 du code rural tel qu'il résulte du Décret du 27 octobre 1989, il s'agit plus d'une pétition de principe que d'une réalité dans la pratique.

Le partage, tel qu'affirmé, doit avoir lieu proportionnellement à la contenance cadastrale des fonds de chaque propriétaire compris dans le lot affermé. Il en découle qu'en cas de partage du ban communal en plusieurs lots, le partage aura lieu lot par lot et qu'il ne saurait être fait masse des loyers de l'ensemble des lots pour un partage proportionnellement à la surface que possède chaque propriétaire sur le ban communal. Ceci peut conduire à des différences importantes de loyers à l'hectare sur un même ban communal, écarts pouvant aller jusqu'à un rapport d'un à dix comme cela a pu se voir lorsque l'un des lots se résumait à une monoculture de maïs vide de gibier alors qu'un autre lot, boisé et avec des bordures de cultures variées, était, tout au contraire, riche d'une quantité et d'une variété de gibiers importantes.

La pratique, toutefois, est fort différente du principe affirmé. La loi de 1881 prévoyait que : «le produit de la location de la chasse du territoire communal sera abandonné à la commune lorsqu'il en aura été décidé ainsi par les deux tiers au moins des intéressés, possesseurs des deux tiers au moins des terrains situés sur ce territoire et soumis aux dispositions de la présente loi». Initialement, il avait été pensé qu'il fallait réunir en assemblée l'ensemble des propriétaires et possesseurs afin qu'ils délibèrent. Cette solution trop rigoureuse a entraîné, de la part des communes, la tentation inverse, à savoir considérer qu'il fallait qu'au moins un tiers des propriétaires possédant au moins un tiers des fonds situés sur le territoire communal manifeste sa volonté de voir distribuer le produit de la location. De fait, il est maintenant admis que les communes sont tenues de consulter tous les propriétaires et possesseurs qui doivent manifester leur réponse par écrit et de façon explicite, de préférence au moment d'une assemblée convoquée à cet effet mais également par courrier ou signature sur un registre, le silence ne pouvant être interprété comme une renonciation à la créance (Cour d'appel

Colmar, 15 décembre 1964, Rec. Jur. Alsace-Lorraine 1965 p 20). Afin de ne pas fausser le jeu démocratique, les autres communes et établissements communaux qui possèdent une propriété permettant de se réserver la chasse (*cf supra*) ne sont pas admis à prendre part à cette délibération.

Cet abandon de loyer est devenu une tradition constante et presque générale dans les départements du Haut-Rhin et du Bas-Rhin, d'une façon moindre en Moselle et surtout dans sa partie francophone. La commune doit alors faire de cette ressource un usage d'intérêt général de caractère agricole. C'est ainsi que dans le Haut-Rhin la pratique montre un transfert de charge des cotisations d'assurance accident agricole largement payées par les fonds ainsi recueillis. Dans le Bas-Rhin, ce flux vers la caisse d'assurance accidents agricoles (résultant de la loi du 5 octobre 1912) est moins important alors que l'entretien des chemins d'exploitations sur cette recette apparaît plus souvent. En Moselle enfin, 56% des loyers sont partagés entre les propriétaires. Nous retrouvons ici la différence de superficie moyenne de la propriété foncière, laquelle change les enjeux financiers. Le montant total n'est pas négligeable puisque, si les locations des lots communaux représentaient déjà près de 14.360.000 francs en 1969, elles en représentent près de 94.435.000 en 1993.

3) La location

Objet de véritables enjeux (*cf infra*), la location des chasses communales a lieu par adjudication publique à l'extinction des feux. Le maire préside la séance à l'issue de laquelle le lot est adjugé au plus offrant, conformément aux prescriptions relatives à la location des terrains communaux.

De l'accumulation de tous ces éléments de faits, certains ont cru pouvoir voir, dans les faits et dans l'appréciation commune que la commune est le véritable détenteur du droit de chasse. Dès 1919, un rapport de la Direction générale des eaux et forêts du 20 juillet notait que : «le système... consiste à retirer aux propriétaires le droit de chasse pour le remettre à la commune» en concluant que : «le caractère essentiel de cette loi est de ne pas considérer le droit de chasse comme faisant partie intégrante du droit de propriété». Si toutefois le transfert devait être complet, le contentieux relatif aux adjudications devrait être déféré aux juridictions administratives, or, après un temps d'hésitation, il n'en est rien.

4) Les contentieux liés aux adjudications

Les opérations d'adjudications ont, pendant un temps, été considérées comme présentant essentiellement un caractère administratif relevant donc du contrôle des juridictions administratives, ceci a été vrai en particulier pour les contentieux relatifs aux adjudications de 1970 et de 1979. Par contre, une décision du Tribunal des Conflits (20 janvier 1986, Arquier Rép. C.E. p. 297) est venu trancher en sens contraire rappelant la nature intrinsèquement privée du bail de chasse dans lequel la commune n'intervient qu'à titre de mandataire des propriétaires fonciers sur le ban communal, personnes privées très majoritairement. A l'heure actuelle tant les juridictions judiciaires que les juridictions administratives ont accepté cette position et s'y tiennent. Cette compétence englobe l'ensemble des opérations d'adjudication, y compris donc le contentieux relatif aux chasses réservées et aux enclaves.

Si la définition et le mode d'organisation du parcellaire cynégétique n'ont pas fait l'objet de débats épidermiques depuis la mise en place de la loi de 1881, et à l'exception de la période directement postérieure au retour des trois départements à la France lorsqu'il s'est agi de maintenir, ou non, le droit local de la chasse, il n'en a pas été, et n'en est pas, de même pour les modes de location.

B) Un mode de location obsolète en voie de réformation ?

Les grands aménagements du territoire et, en particulier, le rapide développement de voies de communication réduisant, divisant même, les temps de trajet, a changé les données existantes à la fin du siècle dernier. C'est ainsi que Strasbourg n'est plus qu'à une heure d'avion de Paris ou de Lyon, à moins de deux heures de Marseille. Ce gain de temps sur les trajets associés à l'image de paradis cynégétique de l'Alsace et au mode d'adjudication très ouvert privilégiant les moyens financiers devait provoquer un afflux de chasseurs «de l'intérieur» (pour reprendre une expression typiquement alsacienne). La puissance économique du Mark et du Franc Suisse associé à la difficulté des examens pour le permis de chasser dans ces pays devait conduire à parfaire cette «invasion» par des chasseurs étrangers.

Ce phénomène d'attrait vers l'Alsace et la Moselle ne pouvait qu'entraîner une éviction progressive des chasseurs de ces départements, à commencer par les moins aisés d'entre eux. Par un réflexe d'autodéfense bien naturel, les organisations cynégétiques locales, Fédérations Départementales des Chasseurs en tête, ont essayé, lors de chaque renouvellement des locations, de mettre en place des freins et des barrières pour privilégier les chasseurs locaux (a), sans grand succès jusqu'à ce jour. Alors que les locations de 1997 se profilent à l'horizon, une nouvelle tentative de réformer le système local est en cours (b) laquelle est tenue de prendre en compte l'espace européen et les nouvelles règles de relations internationales qu'il pose en son sein.

a) Des tentatives passées peu probantes

Les véritables modifications des habitudes de déplacement datant des dernières décennies et la dépossession de leurs territoires n'ayant pas été par les chasseurs alsaciens-mosellans immédiatement aperçue, les premières contre-mesures visant à freiner l'arrivée de chasseurs extérieurs aux trois départements ne datent que des adjudications de 1979.

C'est ainsi que Me Guillmot écrivait déjà en 1969 que : "l'auteur se souvient de la présence sur nos terrains de chasse de nombreux cultivateurs, artisans, petits commerçants et employés dont la bourse était largement suffisante pour s'offrir, soit individuellement, soit par petits groupes, un terrain de chasse très valable". Il n'en est malheureusement plus de même aujourd'hui. Mais ce changement n'est pas dû au texte et à l'esprit d'origine de la loi.

Tous les états fédéraux de l'Allemagne Impériale de l'époque étaient dotés de lois de chasse dispensant leurs ressortissants d'envahir les terrains de chasse alsaciens-lorrains. Ce n'est malheureusement pas le cas pour les départements français d'outre-Vosges où une législation anachronique et une augmentation continue du nombre des porteurs de permis de chasse ont provoqué une raréfaction progressive du gibier. C'est ce qui incite de nombreux chasseurs des autres départements, de situation aisée, à venir chasser en Alsace parce que, précisément, la loi en vigueur dans cette province, a permis de maintenir une certaine richesse des terrains de chasse. ("La chasse en Alsace et en Moselle", éd. des Dernières Nouvelles, Strasbourg, 1970). Il continuait en disant redouter que ce qu'il appelle un exode ne débouche sur une invasion massive.

Les adjudications de 1970 devaient illustrer ses craintes. C'est pourquoi, dans la perspective des locations de 1979, un premier contre-feu devait être allumé (1°) qui devait n'aboutir que très partiellement et pas qu'au seul profit des alsaciens-mosellans. Pour les renouvellements de baux de 1988, la tentative fut législative (2°) mais n'aboutit pas plus que la première.

1) Adjudications de 1979 : une tentative de contre-feu par la voie réglementaire

Par arrêté interministériel du 31 mai 1976, modifié par arrêté ultérieur du 26 juillet 1979, une première tentative de verrouillage des locations au profit des chasseurs locaux a eu lieu.

Ce texte a instauré, en son article 4, un droit de priorité au locataire sortant. Cette priorité a toutefois été instaurée au profit de tous les locataires en place, or les adjudications de 1970 avaient déjà vu échapper de nombreux lots aux chasseurs locaux. Ce droit de priorité visait clairement à consolider et inscrire dans la durée le locataire en place, lui permettant et l'obligeant à gérer son territoire sous peine de continuer à payer pour un désert cynégétique. Même si ce droit de priorité n'était pas inscrit dans la loi de février 1881 et que la légalité de cette institution par un simple arrêté, fut-il ministériel, peut être discutée, elle correspond à la philosophie de base visant à attacher un chasseur à un territoire, et vice et versa, ce pour une durée aussi longue que possible. Ce droit de priorité n'a d'ailleurs été que peu discuté dans la pratique.

Il en a été autrement des Commissions Techniques d'Arrondissement présidées par les sous-préfets et instaurées par ce même arrêté interministériel dans son article 2. Ces commissions étaient appelées, au terme de ce texte, à arrêter, par commune, la liste des candidats aux adjudications; elles avaient également le pouvoir de refuser le droit de priorité au locataire sortant. Ces commissions avaient vocation à examiner non seulement les garanties financières offertes par les candidats au bail mais également les références cynégétiques passées du candidat et, ce n'est pas négligeable, de ses cofermiers et associés déclarés en plus de leur plan de gestion cynégétique projeté sur le (ou les) lot(s) qu'ils comptaient louer.

Ces Commissions Techniques d'Arrondissement étaient composées d'un noyau fixe comprenant le sous-préfet ou son représentant (Président), le Directeur Départemental de l'Agriculture ou son représentant, un représentant de la Chambre d'Agriculture, un délégué de la Fédération Départementale des Chasseurs, tous ces membres ayant voix délibérative; le représentant du trésorier-payeur général, pour sa part, quoi que membre du noyau fixe, n'avait que voix consultative. Se rajoutaient, avec droit de vote, à ces membres fixes, un représentant de l'Office National des Forêts si le lot comprenait des bois soumis au régime forestier, (et les surfaces des forêts communales sont importantes en Alsace-Moselle), enfin le maire et deux conseillers municipaux de la commune concernée, soit, dans tous les cas de figure, une minorité de la commission.

De fait, la commune qui avait seule le pouvoir d'arrêter la liste des candidats admis à participer à l'adjudication était dépossédée de ce pouvoir au profit non de la collectivité des propriétaires mais de l'administration. Il s'agissait là d'un véritable transfert de compétence par voie réglementaire.

L'intervention de ces Commissions Techniques d'Arrondissement a été jugée irrégulière par les juridictions administratives qui les ont sanctionnées (Cons. d'Etat, 2 novembre 1980, ministère de l'Environnement Muller-Kuhnle et autres n°20340, Rev.Jur. d'Alsace-Lorraine 1981 p.1). A défaut d'abrogation explicite du texte ces dispositions sont devenues un corps mort dans le sens où elles sont juridiquement inapplicables. Pour les adjudications de 1988, une autre voie fut tentée.

2) Pour 1988, tentative de modification législative

A la veille du renouvellement des locations de chasse pour la période en cours (1988-1997), mais probablement trop proches de celles-ci pour ne pas être un enjeu de politique locale fort, c'est par le biais de la loi que la défense des chasseurs du cru s'est organisée.

L'approche retenue était d'exiger, dans une proportion minimum à tout le moins, que le locataire réside à une distance maximale du lieu loué, ce qui aurait réduit la pression et ramené, dans une certaine mesure la situation à celle qui prévalait lors de l'entrée en vigueur de la loi de 1881.

L'"Amendement Hoeffel", comme on l'a appelé (Doc. Sénat 2° S1986-1987 n°236) fut, une première fois, d'abord voté par le Sénat pour être rejeté par l'Assemblée Nationale quelques mois plus tard. Une deuxième tentative fut avortée, en sens inverse cette fois, l'Assemblée Nationale y souscrivant, pour voir le texte finalement repoussé par les sénateurs.

La mésentente des parties concernées sur le terrain qui, tour à tour, ont fait pression sur les élus, ne pouvait conduire qu'à ce résultat, chacune d'entre elles, chasseurs, communes, agriculteurs et propriétaires fonciers et forestiers, essayant d'infléchir la loi locale à son profit.

Pour les locations de 1997 qui s'annoncent, la règle du jeu sera-t-elle la même ?

b) Un nouveau projet de loi

Si, en 1988, seule la clause de domiciliation était en jeu, ce qui représentait une modification relativement minime de la loi locale, le projet actuellement déposé à l'Assemblée Nationale est plus ambitieux (proposition de loi du 10 octobre 1984 présentée par Messieurs Bernard Schreiner, Michel Habig et Pierre Lang).

Cette proposition prévoit notamment :

- "d'unifier les modes de gestion cynégétiques en soumettant les chasses réservataires aux même règles que les chasses communales.
- de responsabiliser les chasseurs en ouvrant la possibilité d'amodier la chasse ou en procédant par appel d'offres; en réaffirmant le droit de priorité des locataires sortants; en officialisant la création des commissions consultatives communales de chasse pour permettre le suivi de la gestion des lots; en favorisant la proximité géographique, gage d'efficacité.
- d'éviter la parcellisation des territoires de chasse en permettant la constitution de lots intercommunaux, en donnant la priorité aux propriétaires-réservataires des fonds les plus étendus.

- d'augmenter la transparence tant des conditions d'attribution des lots que des limites exactes et du produit de la location".

Comme on peut le voir, cette proposition de loi reste empreinte de l'idée de gestion (*Hege*) et de fidélisation au territoire. Par contre, elle touche tout à la fois à la limite du ban communal comme entité territoriale de base, pouvant ainsi conduire à un véritable «remembrement cynégétique». Elle touche aussi au mode de location, ouvrant aux communes une panoplie plus large que l'adjudication, permettant même le renouvellement par convention de gré à gré pour maintenir le locataire en place.

Enfin, la clause de distance est reprise dans la nouvelle proposition, celle de nationalité pour écarter les monnaies fortes (Mark et Franc suisse) étant contraire aux règles applicables au sein de l'Union Européenne, et insuffisante pour écarter des parisiens ou des lyonnais, c'est donc une clause de distance entre domicile et lieu de chasse qui a été privilégiée.

Enfin, et ce n'est pas négligeable, les cahiers des charges types trouveraient (trouveront ?) enfin une base légale.

Dernier mérite, et non des moindres, cela correspondrait à une véritable codification et insertion du droit local dans un corpus général ce qui réglera l'actuelle « codification » juridiquement discutable dans la façon dont elle a été réalisée et politiquement critiquable quant à la manière de faire.

Par contre, il n'est pas du tout certain que le rapport avec l'argent soit beaucoup tempéré, surtout au moment où l'agriculture moderne et les remembrements ont vidé bon nombre de territoires de leurs populations de petit gibier et où, en contre point, le grand gibier abondant n'est plus l'apanage des trois départements, en grande partie d'ailleurs grâce aux plans de chasse ce qui entraînera peut-être un reflux naturel des chasseurs d'outre-Vosges.

II - UN REGIME PARTICULIER POUR LES DEGATS DE GIBIER

De fait, ce n'est pas d'un régime de réparation des dégâts de gibier dont il faut parler en Alsace-Moselle, mais de trois régimes juxtaposés portant sur les dégâts causés par un nombre plus ou moins grand d'espèces. Le cas le plus étroit porte sur une seule espèce, laquelle représente, en montant et quantité, le plus de dégâts, il s'agit du sanglier (A). Ce régime est aussi le plus récent puisqu'il date d'une loi du 29 juillet 1925. A côté et regroupant cette fois 7 espèces (plus le sanglier), l'article 835 du code civil local complété par l'article 16 de la Loi du 17 avril 1899 prévoit une réparation automatique du préjudice (B). Enfin, pour toutes les autres espèces gibier, l'absence de disposition spécifique à l'Alsace-Moselle n'exclut pas la réparation du dommage, le droit français général trouvant alors à s'appliquer.

A) La réparation des dommages causés par les sangliers : une mutualisation du risque

Si les modalités pratiques ont largement évolué (b), le texte de base reste l'article 835 du code civil local (a).

a) Le fondement de la réparation

La première des espèces énumérées à l'article 835 du code civil local (actuel article L.229-20 du code rural) se trouve être le sanglier. C'est donc la survenance des dégâts qui oblige à réparation, sans qu'aucune faute n'ait à être recherchée de la part du détenteur du droit de chasse. Le droit à réparation est acquis dès lors que le droit de chasse n'est pas détenu par le propriétaire du fonds, ce qui exclut le paiement des dégâts sur des fonds réservés, mais aussi sur toutes les parcelles non incluses dans la chasse communale comme, par exemple, le terrain de football de la commune (Bulletin de Liaison de l'Institut du Droit Local n°6, mai 1992, p. 6 et n° 7, Septembre 1992, p. 17) ou son parcours de golf.

Mais ce n'est pas le fondement de la réparation qui constitue la principale originalité de l'indemnisation des dégâts dûs au sanglier, ni ce qui a coûté le plus de salive, d'encre et d'énergie. La principale particularité vient des modalités de l'indemnisation.

b) Les modalités de la réparation des dégâts de sanglier

Lors du retour à la France de l'Alsace-Moselle à l'issue de la guerre 1914-18, la question du maintien du droit local de la chasse fut âprement débattue. Si, au final, sur 1.700 communes consultées sur ce point du maintien, seules 360 se sont prononcées contre, ce fut au prix du transfert de la charge du paiement des dégâts de sangliers des communes aux chasseurs pris collectivement. Il en résulta la loi du 29 juillet 1925 relative à la réparation des dégâts causés par les sangliers dans les départements du Haut-Rhin, du Bas-Rhin et de la Moselle (actuellement codifiée aux articles L.229-24 à L.229-29 et R.229-15 et 16 du Code rural).

Antérieurement à 1925, la charge de la réparation des dégâts de sangliers reposait sur les seules communes, l'article 18 de la loi du 17 avril 1899 spécifiant que le fermier de chasse n'est pas substitué à la commune pour la réparation des dégâts causés par le sanglier, ce par exception à tous les autres gibiers énumérés à l'article 835 (par l'article 16 de la même loi) du Code civil Local.

A compter de la loi du 29 juillet 1925 a été institué, en Alsace-Moselle, un Syndicat Général des chasseurs en Forêt composé :

"de tous les locataires de chasse communale ou domaniale en forêt, de tous les propriétaires qui se sont réservés l'exercice du droit de chasse dans les forêts leur appartenant conformément à l'article 3 de la loi locale du 7 février 1881".

La loi du 8 juillet 1977 y a ajouté :

"de l'Office National des forêts pour les lots exploités en forêt domaniale par concessions de licence ou mis en réserve".

Il s'agit d'une caisse de péréquation qui remplace celle alimentée par les communes. Les ressources de ce syndicat proviennent d'une cotisation obligatoire équivalent à 10% du prix de location de toutes les chasses communales, domaniales et réservées. En cas d'insuffisance de cette ressource une année, l'Assemblée Générale du Syndicat fixe une cotisation supplémentaire assise, cette fois, sur l'hectare effectivement boisé et due par les seuls locataires de chasse en forêt. Le seuil de surface pour la notion de forêt est fixé à 10 hectares d'un seul tenant, que cette surface soit située dans un seul lot ou répartie sur plusieurs lots de chasse ou chasses réservées. Le droit de vote en Assemblée Générale n'est toutefois accordé, à proportion de la surface effectivement boisée, qu'aux titulaires d'un droit de chasse sur une superficie boisée d'au moins 10 hectares.

S'il existe une caisse unique, il est tenu, par département, un compte spécial des recettes et des dépenses du syndicat. De ce fait, le calcul des excédents ou déficits annuels conduisant à minorer l'appel de la cotisation ou à appeler une cotisation supplémentaire est réalisé par département. Le fait que tous les territoires sont appelés à payer la cotisation de base s'explique par le principe de mutualisation du risque pour un gibier considéré comme nomade par essence. En effet, tous les chasseurs, et pas seulement ceux en forêt, sont en mesure de chasser le sanglier; de surcroît, l'essentiel des dégâts indemnisés le sont en plaine et non en forêt. Le paiement par les fonds non chassés se justifie par le fait qu'ils n'en sont pas moins, voire franchement plus, des refuges pour le sanglier qui en apprécie la quiétude.

La victime des dégâts est tenue de s'adresser soit au siège du Syndicat des Chasseurs en Forêt soit au délégué que le syndicat est tenu d'avoir dans chaque arrondissement. S'en suivra une visite de la parcelle touchée avec tentative d'accord, ce qui est le plus souvent le cas. A défaut, d'accord sur la proposition de l'expert, l'indemnité sera fixée par les tribunaux judiciaires, uniquement dans le cas où l'indemnité demandée excède un certain montant. Les frais d'expertise sont partagés proportionnellement à l'écart entre le chiffre fixe et l'indemnité demandée, d'une part, et offerte de l'autre. Aucun abattement n'est prévu sur l'indemnité ainsi déterminée.

A défaut de mutualisation, ce même principe de réparation sans faute se retrouve pour les dégâts causés par d'autres gibiers.

B) L'article 835 du code civil local : une responsabilité objective pour risque

Si le statut juridique du gibier, en droit local comme en droit allemand et en droit français général, est bien celui de *res nullius*, un certain nombre de dispositions de la législation locale peuvent permettre de remettre en cause la réalité de ce statut. Outre l'analyse de Richez ("Le forestier, le chasseur, le législateur : les enracinements historiques du droit local de l'environnement", *in* Histoire du droit local p.161 à 171, I.D.L., 1990) qui lui permet de conclure : «toutes ces dispositions font système : le gibier est la propriété de celui qui exerce le droit de chasse sur le territoire de sa chasse et qui jouit d'un véritable monopole sur les animaux trouvés sur son fonds», le terme de *Wilddieb* (voleur de gibier) employé pour le braconnier renforce encore cette idée d'appropriation, au profit du chasseur, du gibier vivant sur son fonds. La contrepartie sociale en est le devoir de réparer les dommages causés sur les cultures qui, elles, sont propriétés du cultivateur.

Par contre, toutes les espèces n'ayant pas le même degré de sédentarité, au moins symbolique, le Code Civil Local, puis la loi du 17 avril 1899 sur l'exécution du Code Civil Local ont limité le nombre d'espèces pour lesquelles l'obligation de réparation est due (a); d'autre part, certaines cultures étant plus sensibles que d'autres, le législateur a voulu tempérer la rigueur posée en prévoyant l'obligation de les protéger pour obtenir réparation automatique (b) , enfin, les aspects pratiques n'ont pas été négligés et la procédure a été instituée par la loi du 17 avril 1899 précitée (c).

a) Un nombre limité d'espèces pour une responsabilité objective sans faute

Initialement limitée à six espèces dans l'article 835 du code civil (sangliers (*cf supra*), cervidés, élans, daims, chevreuils et faisans), la liste des espèces pour lesquelles les communes étaient responsables des dégâts a été étendue aux lièvres et lapins par l'article 16 de la loi du 17 avril 1899. La fusion des listes a été totale dans l'article L.229-20 de l'actuel Code Rural.

Il peut être remarqué que l'élan est absent d'Alsace et de Moselle depuis quelques centaines d'années alors qu'il était présent en Allemagne à l'époque de la mise en place de ces textes, en particulier en Prusse orientale (toute la littérature cynégétique allemande tournant autour d'Elchwald ou de Rominten, en témoigne). Nous trouvons là une trace forte de la filiation de cette disposition du droit local avec le droit allemand alors applicable.

Il peut aussi être noté que, à l'exception du faisan, la liste initiale ne comportait que des ongulés, grands gibiers nobles. Le faisan, en ces temps, était également gibier «noble» issu des faisanderies, d'où un lien d'appropriation renforcé avec le détenteur du droit de chasse.

L'obligation à réparation n'est pas liée à une quelconque faute de celui qui exploite le droit de chasse, il s'agit là d'une responsabilité objective pour risque à charge du chasseur qui a le profit du gibier. Nul besoin, donc, de pullulation du gibier ou d'exercice insuffisant de la chasse, c'est le dégât, et lui seul, qui oblige à réparation.

Les dégâts réparables n'englobant pas que les cultures agricoles, sont réparables aussi bien les dégâts forestiers que ceux aux récoltes coupées mais non encore recueillies (exemple : betteraves sucrières rongées par les lièvres ou foins abîmés par des cervidés ou terrain de football retourné par des sangliers *cf supra*).

Depuis la généralisation des plans de chasse pour les espèces chevreuil, cerf et daim, la question est brûlante de la coexistence des plans de chasse et de l'obligation de réparation des dégâts. A l'origine de l'article 835 du Code civil Local, le locataire d'un fonds de chasse communal avait, en effet, tout loisir de prélever le nombre de têtes qu'il souhaitait sans avoir d'autres contraintes que les dates d'ouverture et de fermeture de la chasse pour une espèce donnée. Avec le plan de chasse, c'est l'autorité administrative qui définit la fourchette quantitative et qualitative d'ongulés que le chasseur peut prélever. En Alsace-Moselle, la notion de minimum à réaliser ne peut avoir que valeur indicative en dehors des forêts domaniales et des terrains propriétés des communes bailleresses. La jurisprudence, conforme en cela à l'esprit initial de la loi locale, considérant que la réalisation du minimum du plan de chasse, voire même l'absence d'attribution pour une espèce donnée, laquelle est souvent le cerf, ne dispense pas le fermier de la chasse de payer les dégâts commis par cette espèce sur son lot de chasse. Cette responsabilité ne prend d'ailleurs pas fin avec le bail comme l'illustre un jugement du Tribunal d'Instance de Ribeauvillé du 8 octobre 1984, Association de chasse de Ste Marie-aux-Mines/Commune de Ste Marie aux Mines (inédit), par lequel locataire a été condamné à réparer des dégâts forestiers survenus pendant le bail plusieurs années après la fin de celui-ci.

Cette obligation de réparation pesant initialement sur la commune a été, dès 1899 (article 18 de la loi du 17 avril 1899) transférée sur la tête du fermier de chasse qui est substitué à la commune. Toutefois, en cas d'insolvabilité du fermier de chasse, et de sa caution, la commune resterait tenue à la réparation des dégâts. Ce cas de figure, qui semble n'avoir été que théorique jusqu'à présent, a conduit les communes à se prémunir en exigeant le versement d'une caution en début de bail par le fermier de chasse, disposition que l'on retrouve dans les cahiers des charges de chacun des départements et à chaque nouvelle période de neuf ans.

b) Une rigueur tempérée pour certaines cultures spéciales

L'article 17 de la loi du 17 avril 1899 sur l'exécution du Code Civil Local (que l'on retrouve sous L.229-22 du Code rural actuel) est venu tempérer les rigueurs de l'obligation à réparation en spécifiant que : «le dommage causé aux jardins, vergers, pépinières et arbres isolés ne donne pas lieu à réparation lorsqu'on a négligé d'établir les installations protectrices qui suffisent habituellement à empêcher les dégâts». Il faut remarquer qu'il ne s'agit pas d'une minoration de la responsabilité mais d'une exclusion pure et simple du droit à réparation. Ce point a été souvent et largement débattu, la jurisprudence s'y rattachant est abondante. L'énumération des cultures ne donnant pas lieu à indemnisation a généralement été interprétée de manière stricte. C'est ainsi que les vignes sont normalement indemnisées, les tribunaux se refusant à extrapoler le terme verger ou pépinière à leur propos; de même des haricots de plein champ exploités de façon mécanisée ne sont pas un jardin (Tribunal d'Instance Colmar, 12 mai 1965, Eisenschmidt/Straumann ou Tribunal Instance Ribeauvillé, 9 décembre 1988, Doridam/ Syndicats des chasseurs en forêts d'Alsace et de Lorraine, inédits). Le mode de protection exigé est question d'appréciation. De fait, si les canons à gaz (tonne-forts) ne constituent pas nécessairement une protection suffisante, les tribunaux sont sensibles à l'existence ou à l'absence de clôtures grillagées.

c) Une procédure consensuelle et locale

Le législateur local, empreint d'un pragmatisme certain, a considéré que la problématique des dégâts devait être prise très en amont. C'est pourquoi, par commune, au début de chaque période de location d'une chasse et pour la durée de celle-ci, il y a lieu de nommer un estimateur chargé d'évaluer le dommage causé par le gibier (article 19 de la loi du 17 avril 1899). En cas d'accord entre le conseil municipal et le (ou les) locataire(s) de la (des) chasse(s) communale(s), l'estimateur est nommé par le maire et doit être approuvé par le Préfet tenu de nommer d'Office ce personnage en cas de désaccord entre les parties (Ordonnance du 10 novembre 1899). Cet estimateur doit être choisi parmi les habitants d'une commune voisine pour éviter tout à la fois une trop grande proximité avec la victime des dégâts mais pour éviter aussi un éloignement trop grand du terrain (frais et connaissance des circonstances locales). Toujours dans cet esprit de proximité, le locataire de chasse doit désigner un représentant demeurant dans l'arrondissement auquel appartient la commune qui donne à ferme s'il n'y réside pas lui-même.

Les dispositions figurant à l'article R-229-14 du Code rural, tel que rédigé actuellement, doivent être écartées au profit du texte original, à savoir l'article 25 de la Loi du 17 avril 1899 qui prévoit la double convocation aux estimations du locataire de la chasse et de son représentant, la présence d'un seul des deux étant suffisante.

La procédure elle-même est simple et courte. Le demandeur saisit le maire qui fixe un rendez-vous aux parties sur le terrain afin de constater et évaluer le dommage prétendu et pour provoquer une entente amiable. La notification est faite par lettre recommandée et suffisamment tôt pour que chaque partie puisse prendre ses dispositions pour être présente. Si les conditions le permettent, l'évaluation définitive se fait de suite, en cas de doute sur l'étendue future réelle des dégâts à la récolte chacune des parties peut demander que l'évaluation n'ait lieu qu'au moment de la récolte ou peu avant.

Un procès-verbal de l'opération de l'estimation est dressé qui doit être signé par l'estimateur et déposé en mairie dans le délai d'une semaine après la visite sur le terrain. Chacune des parties dispose alors d'une semaine pour former opposition auprès du maire (ce délai est fixe mais peut dépasser deux semaines après les opérations d'estimation si le rapport prévu n'est pas déposé dans le délai prescrit) puis de deux semaines à compter du dépôt de l'opposition pour saisir le tribunal. Si l'une de ces dernières étapes n'est pas faite, le dommage est considéré comme définitivement fixé.

Enfin, il n'est pas sans intérêt de relever que l'estimateur est payé par la commune ce qui lui assure tout à la fois la certitude de toucher le règlement qui lui est dû et l'indépendance nécessaire à l'égard des parties. C'est la commune qui se retournera contre celui qui doit le paiement, à savoir le chasseur en principe ou le demandeur si l'estimateur ne constate pas de dégâts ou s'il considère que la demande est manifestement exagérée.

Cette procédure, où le maire de la commune joue, comme souvent en droit local de la chasse, un rôle majeur permet de régler l'immense majorité des dossiers sans passer devant les tribunaux. En cas de blocage nécessitant le recours aux tribunaux, la pratique montre que le locataire est souvent domicilié hors des départements du Rhin et de la Moselle et que son conseil raisonne en droit français général, lequel n'est pourtant pas exclu en matière de dégâts de gibier en Alsace-Moselle.

C) Les autres gibiers : une responsabilité classique pour faute

Nous avons vu que seules 8 espèces de gibiers donnaient lieu à application des dispositions propres à l'Alsace-Moselle en matière de dégâts de gibier. Est-ce à dire que les dégâts causés par d'autres gibiers (perdrix, oies ou pigeons ramiers par exemple) ne sont pas indemnisables ?

Cette solution ne saurait être retenue. C'est alors le droit français général qui trouve à s'appliquer et les articles 1382 et 1383 du code civil resurgissent en pleine lumière. Toutefois, lorsque l'on examine individuellement des autres espèces classées gibier, différentes constatations se font jour.

Pour toutes les espèces migratrices, y compris celles les plus à même de causer des dégâts comme les oies sur les céréales d'hiver ou les pigeons ramiers sur les pois, la notion d'appropriation et de lien intime étroit avec un territoire donné est exclu. Ces voyageurs au long cours ne peuvent être gérés sur un lot communal, aussi grand soit-il, sauf à créer des aménagements pour les retenir, ce qui constituerait un début de faute aisément identifiable.

De façon parallèle, parmi les espèces sédentaires, elles sont soit inexistantes dans les trois départements, soit causant peu de dégâts sans faire, à l'époque au moins de l'initiation du texte, l'objet de lâcher, c'est le cas, en particulier de la perdrix grise.

III - L'EXERCICE DE LA CHASSE : PREDOMINANCE DU DROIT FRANCAIS GENERAL

La police de la chasse est la partie la plus évolutive du droit de la chasse, celle aussi qui laisse la plus grande part au pouvoir réglementaire. En Alsace-Moselle, comme dans le reste de la France, un grand nombre de textes règlementant la police de la chasse, se juxtaposent, se superposent voire s'entrechoquent.

Une partie des textes locaux ont été engerbés lors de la codification du Code rural de 1989, d'autres gravitent encore autour sans que l'on puisse, pour autant, les considérer toutes comme abrogées.

Si l'organisation territoriale a été posée par la loi de février 1881, la police de la chasse a été cadrée par une loi du 7 mai 1883, modifiée plusieurs fois depuis; dès 1888, une loi du 22 mars venait compléter celle de 1883 en concernant la protection des oiseaux.

Trois types de dispositions méritent un petit développement compte tenu de leurs divergences, avec le droit français général encore actuellement en tout cas, les règles du temps de chasse (A) mais également, plus ponctuellement, des modes et moyens de chasse (B) alors qu'en matière de commercialisation et de transport (C) une uniformisation semble en cours.

A) Le temps de chasse : plus large mais plus précis

La loi de 1883 pose un principe de fermeture de la chasse entre le 2 février et le 23 août de chaque année, elle y apporte tout de suite, et dans le même article (article 3 de la loi du 7 mai 1883, en partie abrogé par diverses dispositions ultérieures, en partie repris et modifié articles R.229-2 et R.229-3 du code rural actuel) des exceptions.

C'est ainsi qu'en synthétisant toutes les dates, il peut être constaté que toute chasse n'est interdite que de la période du 1er mars au 15 avril, soit un mois et demi. En effet, l'ouverture la plus large permet de chasser le renard et le lapin du 15 avril au dernier jour de février, le sanglier du 15 avril au 1er février au soir, le chevreuil mâle dès le 15 mai jusqu'au 1er février inclus et les cerfs et daims mâles du 1er août au 1er février inclus. Traditionnellement tous les autres ongulés voient la date d'ouverture fixée au premier jour permis en ouverture générale, donc le 23 août.

Si l'on synthétise les arrêtés préfectoraux d'ouverture et de fermeture de la chasse des trois départements, il est remarquable de constater la variété des dates d'ouverture et de fermeture de la chasse, la plupart des espèces de petit gibier sédentaires étant reprises une à une, parfois même sexées (cas du faisan) avec des dates spécifiques à chacune d'entre elles. Ce temps de chasse total, qui peut sembler très long pour des gibiers sédentaires, découle de la notion de gestion (*Hege*) et renvoie chaque locataire, en place pour presque une décennie, à ses responsabilités en matière de prélèvement et d'amélioration de son territoire de chasse.

Si le temps total est plus large que dans le reste de la France (mais pas plus qu'en Allemagne), il est journalièrement plus précis. En effet, l'article 7 de la loi de 1883 spécifie que : «L'exercice de la chasse en plaine est interdit pendant la nuit. La nuit s'entend du temps qui commence une heure après le coucher du soleil et finit une heure avant son lever». La deuxième phrase de ce premier alinéa de l'article 7 de la loi de mai 1883 a été reprise à l'actuel article L.229-16 du code rural (il est, à ce propos, curieux de constater la disparité de traitement avec l'article 3 de la loi du 7 mai 1883 que le rédacteur du code a réduit à une disposition réglementaire, à tort nous semble-t-il). La référence est l'heure de lever et de coucher astronomique du soleil, ce qui a le mérite de fixer clairement, et à la minute près l'heure d'ouverture et de fermeture journalière de la chasse en plaine, évitant par là l'énumération fastidieuse, et toujours discutée, des circonstances ayant conduit à relever une infraction de chasse de nuit sur le reste du territoire national.

Autre élément différent du reste de la France, mais pas de l'Allemagne, la chasse en temps de neige est autorisée en principe, le préfet de chaque département pouvant toutefois l'interdire ou simplement la réglementer, dans l'arrêté annuel d'ouverture et de fermeture de la chasse. Cette disposition que l'on trouve à l'article R.229-5 du code rural et que la table de concordance du Décret de 1989 codifiant le Titre II du Code rural attribue aux lois locales des 7 mai 1883 et 22 mars 1888 ne figure dans aucune de ces lois, que ce soit la loi initiale ou les modifications qui y ont été apportées. La logique est toutefois sauve puisque l'interdiction de chasser en temps de neige n'était édictée que pour les perdrix et les faisans (Ordonnance du 16 juillet 1890 concernant la protection des oiseaux).

Pour le reste, c'est le droit français général qui s'applique, laissant de larges pouvoirs au Préfet qui fixe les dates d'ouverture et de fermeture de la chasse et peut interdire celle-ci pour un temps en cas de circonstances exceptionnelles.

B) Modes, moyens et territoire

Dans le domaine des modes et moyens de chasse, les dispositions applicables en Alsace-Moselle sont pour l'essentiel celles que l'on retrouve sur l'ensemble du territoire national, la loi du 7 mai 1883 modifiée ayant vu la plupart de ses dispositions soit abrogées soit intégrées au droit français général. La principale difficulté résidait dans le barème des peines encore fixées en Marks et en détention pour une gradation de durées sans harmonie avec l'échelle des peines du Code pénal.

Les principales particularités restantes se retrouvent soit autour de peines plus sévères que celles prévues pour la police de la chasse dans les autres régions françaises, soit dans des notions non existantes ailleurs en France, soit dans l'absence de nécessité d'un élément de l'infraction.

En tout état de cause, la marque d'une sévérité accrue transparaît, de même que la liaison forte au territoire et la perception négative de certains modes de chasse.

a) Infractions liées au territoire

Alors que l'article L.228-1 du Code de rural nécessite que le détenteur du droit de chasse manifeste son défaut d'autorisation pour que la chasse sur terrain d'autrui puisse être relevée et conduire à condamnation, cette plainte du détenteur du droit de chasser n'est requise que lorsque le coupable est un proche dudit détenteur en Alsace-Moselle. Compte tenu du mode de gestion des territoires il est, en effet, plus simple de savoir si l'intéressé est, ou non, en droit de chasser sur un territoire.

La notion de chasse sur terrain d'autrui à titre professionnel est, pour sa part, inconnue en dehors des trois départements. En cas de conviction de braconnage professionnel, le minimum de la peine qui pourra être prononcé est de trois mois d'emprisonnement (L-229-33 du Code rural actuel).

Autre notion spécifique aux départements du Rhin et à la Moselle, l'interdiction d'être trouvé en non action mais en appareil de chasse sur le terrain d'autrui, en tout cas en dehors du chemin destiné à l'usage commun. Il y a ainsi édiction d'une présomption de chasse sur terrain d'autrui du simple fait d'être épuisé de façon à pouvoir chasser. L'infraction ne sera pas constituée uniquement si le propriétaire de la chasse précise qu'il a consenti ou que l'intéressé démontre y avoir autorisé pour d'autres motifs.

Ledit motif ne peut être de récupérer un gibier tué tombé sur le lot de chasse voisin. En effet, il est interdit de poursuivre le gibier blessé ou de s'emparer du gibier tombé sur un domaine de chasse appartenant à autrui, sans l'autorisation de celui à qui le droit de chasse appartient (article 1 alinéa 2 de la loi du 7 mai 1883 intégrée au Code rural sous L.229-30).

Toutes ces dispositions n'apparaissent pas qu'en termes de police de la chasse puisque les peines étaient intégrées au Code Pénal Local (articles 292 à 295) ce qui rattache encore un peu plus ces dispositions à l'atteinte au droit de propriété.

b) Infractions liées au mode de chasse

La principale particularité encore actuelle réside dans l'image négative attachée à la chasse au chien courant, même si, là aussi se retrouve, sous-jacente, la notion d'inviolabilité du territoire, puisque constitue une infraction contraventionnelle le fait de laisser des chiens courants ou autres placés sous sa surveillance rechercher ou poursuivre le gibier sur le terrain de chasse d'autrui sans le consentement du propriétaire.

Si l'infraction s'attache à tous les chiens, il est intéressant de noter l'explicitation, en premier, des chiens courants. De façon secondaire se retrouve, implicitement, la notion que le bon chasseur contrôle intégralement son chien en permanence, ce qui est en partie antinomique avec la chasse au chien courant telle qu'elle est connue ailleurs.

c) Moyens, engins et modes prohibés

Dès 1883, le pouvoir réglementaire s'est vu remettre la possibilité d'interdire les modes ou engins de chasse ne servant pas à l'exercice régulier de la chasse, notion liée plus à l'éthique qu'à la pratique en son fondement.

La plupart de ces modes, engins et moyens prohibés, ont été énumérés non dans les textes de police de la chasse mais dans ceux relatifs à la protection des oiseaux. Dès le 22 mars 1888 une loi est, en effet, intervenue en matière de protection des oiseaux, modifiée par loi d'Empire du 30 mai 1908, de nombreuses ordonnances sont venues la compléter. Les interpénétrations entre textes «chasse» et textes «protection des oiseaux» furent nombreuses, ces *corpus* s'interfécondant, la loi d'Empire de 1908 (concernant la protection des oiseaux, il faut le noter) allant jusqu'à permettre la destruction des : «oiseaux qui poursuivent le gibier à poil et à plume et leurs couvées ou petits ainsi que ceux qui poursuivent le poisson ou les alevins...» et ce «...par les titulaires de la chasse ou de la pêche ainsi que leurs mandataires...».

Se rejoignent ainsi, dès avant la charnière du siècle, chasse et protection de la nature dans la notion plus large de *Hege* autour d'un même patrimoine naturel.

C) Commercialisation et transport : uniformisation en cours

Dès 1908, la commercialisation du gibier est autorisée après la fermeture de la chasse et ce pendant 15 jours sous un certain nombre de conditions. En particulier, le gibier doit avoir été conservé en chambre froide laquelle ne doit pas présenter d'inconvénients du point de vue sanitaire et permettre une exploitation régulière.

Le gibier ainsi conservé pour commercialisation devait être marqué et le commerçant s'engageait à permettre le contrôle de son entrepôt par la police et ce en tout temps.

Les modalités pratiques se trouvaient énumérées en détail par une Ordonnance ministérielle du 10 juillet 1908.

Le développement des techniques de conservation, en particulier la congélation, devrait, à terme peut-être court, condamner cette spécificité du droit local en ayant, d'ailleurs, le même souci d'éviter tout risque, et sanitaire, et de vente de gibier braconné.

CONCLUSION

De ces différents constats, il faut retenir que l'idée de gestion patrimoniale de la faune sauvage, gibier ou non, marquée dans la loi du 10 juillet 1976 pour l'ensemble du territoire français et dans différents règlements et directives pour l'ensemble de la Communauté européenne trouve des racines dans l'espace du droit germanique de la seconde moitié du

19ème siècle et du début de notre siècle, période pendant laquelle les départements alsaciens et la Moselle étaient rattachés à l'Allemagne.

Si le droit local applicable aux départements du Rhin et à la Moselle redevenus français a ainsi été longtemps d'avant-garde, a-t-il encore un avenir ? Il n'est pas inintéressant de constater que c'est au moment même où ce droit local est matériellement intégré au corps du droit français général qu'il fait l'objet de sa principale demande de modification depuis 1920, modification qui touche à son élément vital et essentiel que constitue l'organisation territoriale. Plus frappant encore est la constatation que ce n'est pas des adversaires de la chasse ou des propriétaires fonciers que vient cette demande de révision, mais des chasseurs locaux eux-mêmes, grands perdants des effets d'une image idyllique répandue largement hors des frontières de l'Alsace-Moselle.

La notion de gestion (*Hege*) elle-même semble avoir fait son temps telle qu'elle était conçue et enseignée jusqu'à une vingtaine d'années encore. En effet, alors même que les territoires étaient dévastés par une industrialisation et une mécanisation lourde de l'agriculture, la connaissance de l'écologie remettait en cause certains postulats sur les relations interspécifiques animales. La diminution quantitative du cortège des oiseaux et des mammifères fut imputée à la chasse qui ne pouvait pas grand chose à l'évolution des milieux ou qui, au mieux, n'a pas su imposer ses exigences et conditions malgré le flux financier qu'elle induisait. L'absence de chasseurs locaux, qui a peut-être contribué à limiter localement le choc de bloc à bloc entre chasseurs et autres protecteurs de la nature, a eu comme effet pervers l'absence de poids du monde de la chasse lors des remembrements et créations d'infrastructures lourdes qui balafrent le fossé rhénan.

A l'heure des grands échanges à frontière ouverte au sein de l'espace européen, et alors que de partout fleuri l'image d'une Europe des régions, l'avenir du droit de la chasse locale, ou plutôt régionale, passe peut-être par cette modification profonde permettant de rendre les territoires de chasse à des chasseurs-gestionnaires proches du lieu de leur pratique et qui encourraient le seul et principal reproche que font les chasseurs «de l'intérieur» venant chasser entre Vosges et Rhin : "... les Alsacos ils font ça comme un boulot..." ("Entre chien et loup" B. Hell, Ed. de la Maison des Sciences de l'Homme, Paris, 1985). Cette intégration des textes locaux dans une codification nationale, aussi imparfaite soit-elle, n'est-elle pas un prémice d'une transformation profonde de l'ensemble de la chasse française et le Code Rural ne se transformera-t-il pas en code purement agricole ? La chasse, la pêche et l'ensemble du Titre II ne rejoindraient-ils pas un véritable Code de l'Environnement en gestation ? Si cela devait être, il faudrait en profiter pour finir le début de toilettage et de mise à plat auquel nous avons assisté en 1989.

Le droit de la chasse au Maroc

Mohamed Ali MEKOUAR*

Sous l'effet conjugué de l'expansion démographique et de la pression des troupeaux, de la dégradation des biotopes et des prélèvements excessifs, la faune sauvage marocaine est en recul constant et son potentiel cynégétique en déclin continu. Le lion de l'Atlas et l'antilope bubale, l'oryx et l'addax, l'aigle impérial, le vautour moine, l'autruche, entre autres espèces jadis présentes en maints endroits du pays, ne peuplent plus aujourd'hui que des légendes nostalgiques. De nombreux autres animaux sauvages se font de plus en plus rares et on estime qu'une cinquantaine de vertébrés sont désormais menacés d'extinction. C'est notamment le cas du mouflon à manchettes, de la gazelle dorca, de la panthère, du guépard, de la hyène (Daki-Thévenot-Mekouar-Karmouni 1988, pp. 224-227). Pourtant, le patrimoine faunique fait l'objet d'une protection légale, en particulier par le biais du droit de la chasse. Mais pour utile qu'il soit, ce dispositif juridique ne réussit que partiellement à juguler la régression de la faune et l'amenuisement de ses habitats.

* Bureau juridique de la FAO (Rome); Faculté de droit de l'Université Hassan II.(Casablanca); Société marocaine pour le droit de l'environnement (Casablanca). Ce texte n'engage que son auteur.

I - SOURCES ET ACTEURS DU DROIT DE LA CHASSE

- Sources juridiques

Le droit écrit de la chasse est alimenté, dans l'ordre juridique interne marocain, par deux sources principales: une loi de base et son texte d'application. Il s'agit (i) du dahir du 11 juillet 1923 sur la police de la chasse qui, bien qu'ayant été souvent amendé et actualisé depuis son adoption, est resté fondamentalement inchangé quant à son approche conceptuelle; et (ii) de l'arrêté du 3 novembre 1962 portant réglementation permanente de la chasse. A eux deux, ces textes renferment l'essentiel du dispositif juridique "permanent" applicable aux activités cynégétiques. Ils sont en outre annuellement complétés -voire modifiés- par des prescriptions "éphémères": les arrêtés ministériels pris à l'occasion de chaque saison de chasse, qui en fixent les dates d'ouverture et de clôture et qui peuvent aussi, éventuellement, édicter des mesures spécifiques de nature ponctuelle.

En grande partie consigné dans le dahir de 1923 et l'arrêté de 1962, le droit de la chasse puise également certaines de ses règles dans d'autres instruments législatifs et réglementaires de portée plus limitée -qui seront évoqués ci-dessous lors de l'examen des questions y relatives-, tels que ceux ayant trait aux institutions chargées de la chasse, aux aires protégées ou à l'amodiation du droit de chasse sur les immeubles ruraux. Qui plus est, le Maroc est partie à diverses conventions internationales qui présentent un intérêt du point de vue de la protection de la faune sauvage et au regard des activités cynégétiques, en particulier celles-ci: (i) la Convention de Ramsar (1971) relative aux zones humides d'importance internationale (adhésion en 1980); (ii) la Convention de Washington (1973) sur le commerce international des espèces sauvages de flore et de faune menacées d'extinction (ratification en 1975); (iii) la Convention de Bonn (1979) sur la conservation des espèces migratrices appartenant à la faune sauvage (ratification en 1993).

A ces sources textuelles du droit de la chasse, il convient d'ajouter les règles traditionnelles non écrites, même si le dahir de 1923 les ignore largement. Par endroits, elles demeurent pourtant en vigueur au regard de certains aspects de l'activité cynégétique. Le système juridique marocain est d'ailleurs, plus généralement, de nature composite. Il se caractérise par une pluralité d'ordres normatifs, où le droit coutumier, aux côtés du droit musulman et du droit "moderne", reste encore vivace et joue souvent un rôle important, en particulier dans le domaine de la gestion des ressources naturelles. En l'occurrence, on verra que la fauconnerie, par exemple, continue d'être pratiquée conformément aux coutumes ancestrales qui la régissent depuis des siècles.

- **Cadre institutionnel**

La gestion et la police de la chasse sont, en règle générale, du ressort de la puissance publique. Elles sont, en effet, confiées à l'Administration des eaux et forêts et de la conservation des sols (AEFCS), quels que soient les terrains où la chasse est pratiquée et indépendamment de la nature et du propriétaire de ces derniers (art. 1er du dahir de 1923). Cette compétence exclusive s'explique sans doute par le monopole étatique sur le droit de chasse. Dans la mesure où -on le verra- celui-ci appartient à l'Etat, il est normal que le contrôle de l'exercice des activités cynégétiques incombe à l'une de ses administrations.

Créée dès 1912 et largement implantée sur le terrain, l'AEFCS fait partie de l'administration centrale du ministère de l'agriculture et de la mise en valeur agricole. De par les textes qui organisent l'AEFCS, outre la gestion du domaine forestier, il lui appartient de mener à bien toute action contribuant à la conservation des ressources cynégétiques. Elle comprend une Division de la chasse, de la pêche et de la protection de la nature, qui est plus spécialement chargée de la surveillance et de la police de la chasse, du développement des richesses cynégétiques, de la conservation de la faune sauvage dans ses biotopes, de la protection de la nature et de la gestion des parcs et des réserves naturels[1]. Forte d'environ 250 ingénieurs, l'AEFCS dispose aussi de quelque 2000 agents et gardes, pour la plupart assermentés, dont la mission au plan local est double: technique et policière (Alaoui 1992, p. 17).

Au niveau des services extérieurs, l'AEFCS se ramifie en huit directions régionales des eaux et forêts, dont les champs respectifs d'intervention correspondent grossièrement aux principales zones agro-écologiques du pays. A leur tour, les directions régionales coiffent dans les provinces, selon l'importance du patrimoine naturel que celles-ci recèlent, des arrondissements, des centres et des triages, qu'elles encadrent et supervisent. Elles sont compétentes pour assurer, dans leur ressort territorial, la protection des ressources naturelles et l'application de la législation les concernant[2]. On observera toutefois que le permis de chasse est octroyé, non par les services extérieurs des eaux et forêts, mais par le gouverneur de la province ou son délégué (art. 5 du dahir de 1923) -autorité en charge, notamment, du maintien de l'ordre et de la sécurité, également compétente pour délivrer les permis de port d'armes.

En dehors de l'AEFCS, il existe quelques autres institutions investies de certains pouvoirs en matière de chasse. C'est en particulier le cas du *Conseil*

---

[1]Décret du 13 mai 1993 relatif aux attributions et à l'organisation du ministère de l'agriculture et de la réforme agraire, complété par le décret du 21 novembre 1994.

[22]Arrêté du 4 août 1994 fixant les attributions et l'organisation des services extérieurs du ministère de l'agriculture et de la mise en valeur agricole.

supérieur de la chasse (CSC), qui a été mis sur pied par le dahir du 2 juin 1950. Organe consultatif interministériel placé sous la présidence du ministre de l'agriculture, le CSC est habilité à émettre des avis sur toutes les questions intéressant la chasse, sa réglementation, son amélioration, etc. En plus des délégués des départements ministériels concernés, il comprend notamment des représentants des associations cynégétiques (désignés par leur fédération) et des personnes qualifiées. En revanche, les associations de défense de l'environnement ne sont pas membres du CSC -lacune qu'il y a tout lieu de combler afin de mieux équilibrer les intérêts en présence. De toutes façons, il semble que le CSC ne se réunit que rarement et qu'il ne dispose que de faibles moyens de fonctionnement (Bekrate 1983, p. 61).

Une autre institution pouvant être appelée à s'occuper de la chasse, quoique de manière assez indirecte, est la Direction de l'observation, des études et de la coordination (DOEC) relevant du ministère de l'environnement. Ce département a été créé en 1992, à la faveur de l'esprit insufflé par la Conférence de Rio, comme Sous-secrétariat d'Etat auprès du Ministre de l'intérieur, chargé de la protection de l'environnement, et ce n'est qu'à une date récente qu'il a été transformé en ministère à part entière[3]. Responsable de la coordination de l'action gouvernementale en matière d'environnement, il lui appartient notamment de "promouvoir la protection des ressources naturelles". La DOEC, quant à elle, est chargée de coordonner "toutes actions visant la préservation de l'équilibre du milieu naturel"[4]. Cette tâche inclut sans doute la possibilité d'interventions touchant à la conservation de la faune sauvage[5].

- Organisation des chasseurs

La Fédération Royale Marocaine de Chasse (FRMC) constitue le cadre officiel d'organisation des chasseurs nationaux. Comme son nom l'indique, elle fédère les associations cynégétiques locales. Ces dernières existent à l'échelon de chaque province et sont représentées au sein de la FRMC par leurs dirigeants, qui y siègent comme délégués provinciaux. Les fonctions que la FRMC remplit sont de deux types: (i) les unes sont traditionnelles: défense des intérêts des chasseurs qu'elle rassemble, aménagement des réserves de chasse et de reproduction du gibier; (ii) l'autre est moins courante pour une institution de ce genre et elle consiste à contribuer à la répression du braconnage -mission

---

[3]Dahir du 27 février 1995 portant nomination des membres du gouvernement.

[4]Décret du 24 mai 1994 relatif aux attributions et à l'organisation du sous-secrétariat d'Etat auprès du ministre d'Etat chargé de l'intérieur, chargé de la protection de l'environnement. Ce texte n'a pas encore été modifié depuis que le sous-secrétariat d'Etat est devenu un ministère.

[5]Dernièrement, la DOEC a été érigée en service géré de manière autonome par un arrêté conjoint du 4 mai 1995.

dont la FRMC s'acquitte par le biais de ses propres gardes-chasse assermentés (Alaoui 1992, p. 18), qui sont au nombre d'une centaine (Alaoui s.d., p. 6).

L'affiliation des chasseurs à une société de chasse est en principe obligatoire. Tout chasseur est en effet tenu, lorsqu'il requiert un permis de chasse, de produire "une carte d'adhésion à la Fédération Royale Marocaine de Chasse" (Alaoui 1992, p. 23) ou une "attestation d'adhésion à une association cynégétique régulièrement constituée et déclarée" (Meziane 1984, p. 69; Hbiriq-Boukherbani 1986, p. 5), à défaut de laquelle le permis lui est refusé. Cette condition paraît de nature à assurer un certain degré de "professionnalisme" chez les quelques 50 000 chasseurs qui opèrent au Maroc (Alaoui 1988, p. 105), grâce à l'encadrement et la formation que procure le cadre associatif.

La participation des chasseurs à la gestion du gibier peut par ailleurs être encouragée par le truchement des *sociétés cynégétiques amodiataires de lots de chasse*. Par adjudication publique ou marché de gré à gré, celles-ci reçoivent en location, de la part de l'AEFCS agissant au nom de l'Etat, des lots de chasse de 1000 à 5000 hectares, qu'elles doivent gérer conformément à un cahier des charges spécial. Ces sociétés sont ainsi tenues, outre le paiement des redevances légalement dues, de réaliser des aménagements cynégétiques aux fins de développement du gibier (repeuplements, points d'eau, etc.) (Alaoui 1992, p. 18).

Enfin, dans la perspective de la promotion du tourisme cynégétique, des sociétés de chasse spécialisées en la matière se sont vues accorder, par amodiation, des territoires réservés à la chasse touristique. Généralement assez vastes, ces territoires sont situés dans des milieux variés représentatifs de la diversité naturelle du pays: forêt, maquis, marais, etc. (Alaoui 1992, p. 20). L'une de ces sociétés gère depuis quelques années tout un réseau de territoires cynégético-touristiques, qui s'étendent sur plus de 125 000 ha, dans des régions aussi diverses et distantes que celles d'Agadir, Arbaoua, Benslimane, Essaouira et Marrakech (Anonyme 1987).

II - ESPACES DE CHASSE ET HABITATS

- Définition du droit de chasse

Par principe, le "droit de chasse appartient à l'Etat" (art. 1er du dahir de 1923). Il n'est donc pas attaché à la propriété du sol, comme c'est le cas dans d'autres législations, notamment européennes. Maître de ce droit, l'Etat peut naturellement en déléguer l'exercice à des tiers, ce qu'il fait habituellement au moyen de permis ou d'amodiations de chasse. Ceux-ci confèrent alors à leurs titulaires "le droit de chasser" (art. 3 du dahir de 1923), autrement dit d'abattre des animaux dans les conditions et sous les réserves édictées par la loi ou imposées par le permis ou l'amodiation. Ainsi, les bénéficiaires disposent "du droit de chasser, non du droit de chasse" (Meziane 1984, p. 66).

Le principe de l'appartenance du droit de la chasse à l'Etat s'inscrit, au demeurant, dans la logique de la législation forestière (dahir du 10 octobre 1917), aux termes de laquelle les forêts -lieux privilégiés des opérations cynégétiques- sont essentiellement domaniales. Mais dans la mesure où ce principe restreint les prérogatives des propriétaires fonciers, le législateur a prévu des possibilités de dérogation. C'est ainsi que le propriétaire est libre, à la fois: (i) de chasser sur ses terres attenant à une habitation, sans autre contrainte que celle consistant à les entourer d'une clôture empêchant "le passage de l'homme et du gibier à poil" (art. 2 du dahir de 1923); (ii) de louer à des tiers le droit de chasser sur ses immeubles ruraux, à condition que ceux-ci soient immatriculés (ce qui n'est pas fréquent en pratique) et que leur superficie soit d'au moins 50 hectares d'un seul tenant[6]. Inversement, sur simple déclaration à l'autorité régionale territorialement compétente, il lui est loisible d'y interdire la chasse à toute personne, y compris à ses parents[7].

- Régime des "territoires de chasse"

Le concept de "territoire de chasse", c'est-à-dire un espace suffisamment étendu pour permettre une meilleure organisation technique de la chasse (tel que l'entend par exemple, en France, la loi Verdeille du 10 juillet 1964), n'a pas d'équivalent en droit marocain. Comme on l'a noté plus haut, le droit de chasse est un monopole de l'Etat, lequel peut en concéder l'exercice aux particuliers, en leur accordant des permis ou en leur louant des parcelles amodiées. Les espaces où se pratique la chasse étant souvent situés en forêt domaniale, ils sont eux-mêmes domaniaux. Sauf dans les cas de terrains privés aménagés à des fins cynégétiques, les espaces de chasse sont donc placés sous le contrôle de l'Etat. Dans la pratique, toutefois, les mots "territoires de chasse" ne sont pas inconnus. Dans le jargon administratif, ils désignent parfois les "lots de chasse" amodiés -notamment aux sociétés de tourisme cynégétique-, ou encore les aires aménagées pour la chasse -comme dans l'expression "repeuplement des territoires de chasse" (Alaoui s.d.).

La législation marocaine organise plutôt l'espace cynégétique autour de la notion de réserve de chasse (art. 8 du dahir de 1923), dite aussi "réserve temporaire" ou "réserve de fait". C'est une zone fermée à la chasse pour une

[6]Arrêté du 14 mars 1955 fixant les modalités de l'interdiction de la chasse et de l'amodiation du droit de chasse sur les immeubles ruraux, art. 6.
[7]Arrêté du 14 mars 1955 fixant les modalités de l'interdiction de la chasse et de l'amodiation du droit de chasse sur les immeubles ruraux, art. 1er.

durée déterminée, qui est en général de deux ans, afin que le gibier puisse y croître et se reproduire. D'habitude, en effet, ces réserves sont bisannuelles: d'abord soustraites à toute chasse pendant deux années consécutives, elles sont ensuite ouvertes à sa pratique pendant quatre ans, selon un système de rotation en six ans. L'espace cynégétique est ainsi, là où c'est possible, divisé en trois jeux de réserves, de telle sorte que ce mécanisme cyclique puisse fonctionner de façon régulière (Daki-Thévenot-Mekouar-Karmouni 1988, p. 232). La loi ne fixe pas la taille minimale des réserves de chasse, mais en pratique les dimensions de celles-ci sont généralement assez étendues (Alaoui 1988, p. 108).

Sauf cas d'amodiations, les réserves de chasse sont en principe gérées directement par l'administration chargée de la chasse. Dans le régime de l'amodiation, la gestion est assurée par les soins de l'amodiataire lui-même, sous le contrôle de l'administration. Cette formule exceptée, les textes en vigueur n'envisagent pas expressément la possibilité de confier la gestion de secteurs de chasse à d'autres entités publiques ou privées, telles les collectivités locales ou les associations sans but lucratif. Ils ne prévoient pas non plus l'établissement, à titre obligatoire ou facultatif, du plan de chasse. Toutefois, un tel instrument de gestion est indispensable si l'on tient à réguler le niveau des prélèvements en fonction de l'état de la ressource. Si bien que, même s'il n'est pas légalement requis, le plan de chasse est parfois réalisé, notamment pour les lots amodiés. En tout état de cause, c'est là un aspect important sur lequel le dahir de 1923 gagnerait à être complété (Alaoui 1992, p. 28).

- Espaces naturels soustraits à la chasse

Au titre de la conservation la nature, de la protection de la faune et du maintien des écosystèmes, le législateur a prévu des interdictions spatiales de l'activité cynégétique dans ce qu'il est convenu d'appeler des *réserves permanentes*, à savoir des zones où la chasse est totalement prohibée, soit de façon définitive, soit pour une longue durée (Alaoui 1988, p. 105). Il s'agit en particulier de deux catégories d'espaces protégés (art. 11 de l'arrêté de 1962): (i) les parcs nationaux et les réserves naturelles, d'une part; (ii) les périmètres domaniaux de reboisement, de fixation des dunes, de restauration des sols et d'amélioration pastorale, d'autre part[8].

[8]La chasse est par ailleurs interdite: (i) dans les immeubles ruraux que leurs propriétaires désirent fermer aux chasseurs (en vertu de l'arrêté du 14 mars 1995, déjà évoqué plus haut); (ii) dans les zones entourant les postes forestiers situés en forêt domaniale; (iii) dans les ex-lots de colonisation faisant partie du domaine privé de l'Etat; (iv) dans les jardins ou terrains clos, ainsi que dans les terrains couverts de récoltes ou de jeunes plantations (art. 3 du dahir de 1923 et art. 11 de l'arrêté de 1962).

De par leur régime juridique[9], les parcs nationaux doivent être maintenus dans leur état initial et préservés de toutes formes d'atteintes. Y sont donc interdites les opérations susceptibles de transformer ou de dégrader le milieu. La chasse y est, en général, également proscrite afin de permettre la préservation et/ou la reconstitution de la faune. Il existe actuellement quatre parcs nationaux: deux relativement anciens, ceux du Toubkal[10] et du Tazekka[11]; et deux fort récents, ceux du Sous-Massa[12] et d'Iriqui[13]. Bien plus nombreuses que les parcs, les réserves naturelles, dites aussi biologiques, sont généralement mises en place dans le souci de protéger certaines espèces animales, rares ou menacées, dans leurs habitats naturels. Certaines d'entre elles sont terrestres[14], alors que d'autres sont situées en zone humide[15] (Benabid 1987; Daki-Thévenot-Mekouar-Karmouni 1988).

---

[9]Dahir du 11 septembre 1934 relatif aux parcs nationaux, complété par les arrêtés du 26 septembre 1934 et du 20 mars 1946.

[10]Créé au sommet du Haut-Atlas par l'arrêté du 19 janvier 1942, il s'étend sur une superficie de 36 000 ha. Le mouflon à manchettes et la hyène sont parmi les espèces les plus spectaculaires qu'il recèle.

[11]Créé dans le Moyen-Atlas par l'arrêté du 11 juillet 1950, d'une superficie de 580 ha, il a été institué en vue, surtout, de protéger la cédraie qu'il renferme; de ce fait, il ne présente qu'un intérêt marginal pour la faune.

[12]Créé dans la plaine du Sous par le décret du 8 août 1991, il s'étale sur un espace de 33 800 ha (76 000 ha en comptant la zone périphérique) comprenant: (i) l'embouchure de l'oued Massa, importante zone humide d'hivernage et d'escale migratoire pour les oiseaux (déjà classée comme réserve biologique en 1980); et (ii) des falaises côtières abritant les plus importantes colonies mondiales d'Ibis chauve.

[13]Créé dans les provinces méridionales de Ouerzazate et Tata par le décret du 11 mars 1994, il se substitue à une réserve naturelle d'oiseaux sédentaires et migrateurs, celle Foum-Zguid (10 000 ha), qui avait été instituée en 1967 (Benabid 1987, p. 189).

[14]Exemples : (i) *Sidi-Chiker*: créée en 1952 dans la plaine du Haouz, d'une superficie de 1987 ha, c'est une steppe où pâturent quelques 150 gazelles dorcas; (ii) *Takherkhort*: créée en 1967 dans le Haut-Atlas, d'une superficie de 1230 ha, elle contient une forêt de chênes verts servant de refuge à quelques 200 mouflons à manchettes, ainsi qu'à d'autres espèces protégées (porc-épic, écureuil d'Arganier, etc.); (iii) *Bouarfa*: créée en 1967 dans les hauts plateaux de l'Oriental, d'une superficie de 220 000 ha, elle vise à favoriser la protection de l'outarde houbara et de la gazelle dorca.

[15]Exemples: (i) *Merja Zerga*: créée en 1978 dans la plaine du Gharb, inscrite sur la liste Ramsar en 1980, d'une superficie de 3500 ha, c'est une vaste lagune atlantique qui abrite la plus grande concentration d'oiseaux d'eau hivernant au Maroc (canard siffleur, tadorne de Belon, oie cendrée, flamant rose, etc.); (ii) *Lagune de Khnifiss*: créée en 1962 sur le littoral saharien, inscrite sur la liste Ramsar en 1980, d'une superficie de 6500 ha, c'est une remarquable lagune servant de lieu stratégique d'escale pour les oiseaux migrateurs, juste avant la traversée du désert; (iii) *Aguelmane Anefourir*: créée en 1948 dans le Moyen-Atlas, inscrite sur la liste Ramsar en 1980, d'une superficie de 380 ha, elle héberge une intéressante avifaune aquatique de montagne, dont notamment deux espèces protégées: tadorne casada et foulque à crête.

III - ESPECES SAUVAGES

- Statut juridique des espèces sauvages

Si la législation cynégétique marocaine confère clairement le droit de chasse à l'Etat, elle évite en revanche de se prononcer expressément sur le statut juridique des animaux sauvages au regard du *droit des biens*. Toutefois, en dépit du silence observé par le dahir de 1923 sur ce point, la faune est communément considérée comme *res nullius* (Alaoui 1992, pp. 13 et 21), dans le sens donné à ce terme par le droit romain (Kiss 1989, p. 27 ss), qui correspond apparemment à l'approche consacrée par le droit musulman (*Maroc forestier* 1980, p. 30). De ce fait, le gibier régulièrement abattu ou capturé devient la propriété de celui qui s'en empare, sous réserve des règles qui limitent le droit d'en disposer librement (transport, commerce, etc.)[16].

Du point de vue de l'exercice de la chasse, le législateur distingue par contre, de manière explicite, trois catégories d'espèces aux statuts différenciés: (i) les espèces protégées, à raison de leur rareté ou de leur utilité, dont la liste est nommément arrêtée et dont la capture, le transport, le colportage, l'exposition, la détention et le commerce, ainsi que le ramassage des oeufs, nids et couvées, sont totalement interdits, en tout temps et en tous lieux[17]; (ii) les

---

[16]Des restrictions sont en effet apportées au transport et au commerce du gibier mort. Ainsi: (i) son transport d'une région où la chasse est ouverte à une région où elle est fermée est en principe interdit et ne peut être qu'exceptionnellement autorisé moyennant un permis de colportage (art. 12 du dahir de 1923); (ii) pendant la saison de chasse, en revanche, le transport du gibier régulièrement abattu est permis; sa commercialisation est par contre subordonnée à l'obtention d'une autorisation spéciale, qui n'est accordée qu'aux commerçants professionnels et sans laquelle le gibier mort ne peut être ni acheté ni vendu (art. 3 et 9 de l'arrêté de 1962).

[17]En plus des pigeons voyageurs, les espèces listées comme protégées en permanence par l'article 12 de l'arrêté de 1962 sont les suivantes:

- rapaces diurnes et nocturnes: toutes les espèces;
- grimpeurs: coucous, oxylophes-geais, pics, torcols;
- passereaux: accenteurs, bergeronnettes, becs-croisés, bouscarles, bruants, engoulevents, fauvettes, gobe-mouches, gorges-bleues, grimpereaux, gros-becs, hirondelles, huppes, linots, loriots, locustelles, martinets, martins-pêcheurs, mésanges, pouillots, pinsons, pipits, roitelets, rolliers, rossignols, rouges-gorges, rouges-queues, rousserolles, rubiettes, serins, sittelles, tarins, tariers, traquets, tichodromes, troglodytes, verdiers;
- échassiers: aigrettes garzettes, avocettes, cigognes, échasses, fausses-aigrettes, flamants roses, grues, ibis chauves, ibis falcinelles, poules sultanes, spatules blanches;
- palmipèdes: goélands, guifettes, macareux, mouettes, sternes.

Sont en outre protégées, en vertu des arrêtés annuels portant ouverture et clôture de la chasse, théoriquement de façon temporaire mais, de fait, presque en permanence, plusieurs autres espèces d'oiseaux -comme les outardes, la pintade sauvage, le francolin à double éperon et les tadornes- et de mammifères -tels la panthère, le guépard, les gazelles, le mouflon, la

espèces gibiers, supposées en relative abondance et dont la chasse est dès lors permise, aux conditions de fond (quotas, périodes, etc.) et de forme (permis, licences, etc.) requises par la réglementation en vigueur, qui distingue entre gibier sédentaire et migrateur, terrestre et aquatique (Alaoui 1988, p. 108)[18]; (iii) les espèces nuisibles, considérées comme préjudiciables en particulier à l'agriculture, elles sont limitativement énumérées[19] et leur destruction est admise de deux manières: soit par les propriétaires eux-mêmes, dans les limites de leurs terres et par des procédés licites[20]; soit par l'administration chargée de la chasse, au moyen de battues, à la suite de dégâts dûment constatés (art. 5 de l'arrêté de 1962).

- Opérations concernant les espèces sauvages

Les opérations consistant à lâcher des animaux sauvages dans la nature - notamment à des fins de repeuplement ou de tir - ou encore à réintroduire des espèces de faune disparues, ne sont pratiquement pas réglementées par le droit marocain de la chasse. Tout au plus trouve-t-on, à l'article 14 du dahir de 1923, une vague disposition prévoyant la possibilité d'édicter des mesures en faveur du "repeuplement des chasses". Aucune mention n'y est faite, cependant, aux conditions et aux modalités de réalisation de ces opérations, en particulier quant aux précautions à prendre dans le but de préserver la faune autochtone.

Pourtant, certains animaux sauvages ont été acclimatés au Maroc -tel le faisan (Alaoui 1992, p. 83)- ou réintroduits après avoir disparu -comme le cerf de Berbérie dans la région de Tétouan (Alaoui 1992, p. 56); de même que les repeuplements -notamment avec des perdrix gambras d'élevage- sont assez régulièrement effectués par les sociétés amodiataires de chasse (Alaoui s.d.; Maroc forestier, p. 30). C'est donc dans une situation de vide juridique que ces

---

loutre, la mangouste, le caracal, la hyène, le fennec, le hérisson et l'écureuil d'arganier (Daki-Thévenot-Mekouar-Karmouni 1988, p. 228).

[18]S'il énumère les espèces protégées et nuisibles, l'arrêté de 1962 ne définit pas les espèces de gibier. Implicitement, il s'agit donc des animaux sauvages non classés comme protégés ou nuisibles (de Klemm-Lausche 1987, p. 90). Le sanglier, le lièvre, le lapin sauvage, la perdrix gambra, la caille des blés, les canards, la bécassine et la bécasse des bois constituent quelques exemples d'espèces de gibier que l'on peut chasser au Maroc (Daki-Thévenot-Mekouar-Karmouni 1988, p. 228).

[19]La liste contenue dans l'article 5 de l'arrêté de 1962 comprend les "nuisibles" suivants: (i) les belettes, chacals, loutres, mangoustes, putois et renards; (ii) les calandres, calandrelles, corbeaux, corneilles, étourneaux, moineaux, pies, pigeons et tourterelles; (iii) dans les cas de pullulation dommageable aux cultures: les alouettes, bulbuls et chardonnets; (iv) enfin, les guêpiers peuvent être détruits par les apiculteurs dans un rayon de 100 mètres autour de leurs ruches entre le 1er mai et le 31 octobre inclus.

[20]Pour la destruction des animaux nuisibles, il est interdit de faire usage du feu, des virus et des procédés bactériens (art. 5 de l'arrêté de 1962).

opérations sont conduites. A certains égards, il peut être partiellement remédié à cette carence par voie contractuelle, par exemple en insérant des clauses relatives aux repeuplements dans les cahiers des charges accompagnant les amodiations de chasse. Mais au-delà d'un tel palliatif, il conviendrait de compléter les textes actuels par des dispositions appropriées en ce qui concerne le lâchage et l'élevage des animaux sauvages.

Quant à l'importation et à l'exportation, elles font l'objet de quelques prescriptions régulatrices, mais de portée assez limitée. Ainsi, une seule mesure d'interdiction est prévue en matière d'importation, aux termes de laquelle, indépendamment de leur provenance, les animaux sauvages ayant été chassés au moyen d'engins ou de procédés prohibés ne peuvent pas être importés[21]. Ces mêmes animaux ne peuvent pas davantage être exportés, pas plus que n'est permise l'exportation des oeufs, nids, couvées et petits des espèces non déclarées nuisibles, ainsi que des espèces de gibier lorsque la chasse est fermée (art. 11 à 13 du dahir de 1923).

IV - EXERCICE DE LA CHASSE

- Permis et capacité de chasser

L'exercice de l'activité cynégétique est, sauf dans les terrains privés clos, toujours assujetti à l'obtention d'une autorisation, dite permis de chasse, qui doit être doublée d'une "licence de chasse en forêt domaniale" lorsque le chasseur opère en terrain forestier, ce qui est relativement courant (art. 2, 3 et 5 du dahir de 1923). Le permis de chasse consiste dans une simple permission de prélèvement, dont la délivrance est subordonnée à la production d'un permis de port d'armes. Mais elle n'est guère conditionnée par la preuve de connaissances sur la faune ou d'aptitudes à chasser, qui seraient sanctionnées par un examen préalable et attestées par un certificat reconnu, comme l'exige désormais la loi dans de multiples pays -habituellement sous le nom de "permis de chasser". La consécration législative de ce type de permis est souhaitable; du reste, elle est vivement recommandée par un spécialiste marocain de la chasse (Alaoui 1992, p. 138).

Pour obtenir un permis de chasse, diverses conditions doivent être remplies (art. 5 à 7 du dahir de 1923). Certaines tiennent à la personne du requérant,

---

[21]Au-delà de la législation cynégétique, il existe trois textes qui touchent à cette question, à savoir: (i) d'une part, les dahirs des 12 et 13 juillet 1914 relatifs aux mesures sanitaires applicables à l'importation des animaux; (ii) de l'autre, le dahir du 4 avril 1933 ayant trait à l'introduction d'espèces exotiques. Ces textes, cependant, traitent essentiellement des animaux domestiques, de cirque ou d'agrément; de ce fait, ils ne semblent pas applicables à la faune sauvage proprement dite (Meziane 1984, pp. 58-62).

notamment à sa capacité (être âgé d'au moins 17 ans et ne pas être interdit) et son honorabilité (absence de condamnations pénales pour rébellion, violence, vol, délit cynégétique, etc.). D'autres concernent l'acquittement des redevances de chasse et droits connexes[22], la souscription d'une assurance contre les accidents de chasse et l'adhésion à une association de chasseurs. La délivrance du permis est précédée d'une enquête administrative. En cas de refus d'octroi du permis, le demandeur insatisfait peut former un recours pour excès de pouvoir dans les conditions du droit commun.

Le permis de chasse est un document personnel. Aussi doit-il être muni de la photographie de son titulaire, en indiquer le signalement et comporter la description et le numéro de l'arme de chasse pour laquelle il est établi. Il est valable pour une durée d'un an et peut être éventuellement renouvelé par l'autorité qui l'a délivré ou son délégué (art. 8 du dahir de 1923). Ce permis est requis des nationaux comme des étrangers, selon un formalisme quasi identique, à ceci près que les étrangers non résidents ne peuvent l'obtenir que par le biais d'une société marocaine de tourisme cynégétique (Hbiriq-Boukherbani 1986, p. 7) et qu'ils se sont pas soumis à l'obligation d'affiliation à une association de chasseurs (Meziane 1984, p. 69).

A part le permis ordinaire, il existe des licences spéciales pour la chasse du gibier migrateur, terrestre et aquatique, qui ont été instituées en 1985 dans le but de renforcer la protection des espèces migratrices (Alaoui 1992, p. 138). De plus, le dahir de 1923 prévoit aussi un permis occasionnel, conçu pour l'autorisation des prélèvements effectués à des fins de recherche scientifique. La seule disposition que lui consacre ce texte, à l'article 14, est assez laconique. On y relève que le permis de capture scientifique est temporaire et révocable -sans indication de durée. Il ne peut être octroyé que dans des cas tout à fait exceptionnels et uniquement par le chef de l'administration chargée de la chasse. En outre, il ne peut être délivré qu'aux personnes ayant une compétence "spéciale" et pour une zone déterminée. Il devrait en principe être accordé gratuitement, car le dahir de 1923 ne soumet guère sa délivrance au paiement d'une redevance.

---

[22]Les redevances à payer pour l'obtention des permis et des licences de chasse sont fixées par la loi de finances, sur proposition du Conseil supérieur de la chasse (Alaoui 1992, p. 23). Leurs montants ne sont pas prohibitifs pour les chasseurs étrangers nantis, mais on estime qu'ils sont assez élevés pour les bourses modestes de la plupart des nationaux. Aux redevances s'ajoute un droit de timbre supplémentaire sur le permis de chasse, qui a été institué par le dahir du 2 juin 1950 créant le Conseil supérieur de la chasse. Le produit des redevances cynégétiques est en grande partie versé dans le Fonds de la chasse, qui a été mis en place par ce même dahir et dont les recettes sont destinées à financer des actions de "conservation du gibier et d'amélioration de la chasse" (art. 3).

- Modes de chasse

Les modes de chasse autorisés par la législation cynégétique (art. 9 du dahir de 1923) sont au nombre de trois: la chasse à tir, la chasse au vol et la chasse à courre (Alaoui 1992, pp. 23-29). La première citée, de loin la plus répandue au Maroc, est pratiquée selon trois modalités principales: (i) la chasse devant soi, consistant à marcher en prospecteur, à la recherche d'un gibier que l'on tirera, une fois débusqué, à son envol (oiseau) ou à son départ (mammifère); ce mode de chasse, qui est le plus populaire, fait en général appel à un chien dressé; (ii) la chasse à l'affût, consistant à repérer les biotopes des animaux et à les y attendre, camouflé, pour les tirer; elle n'est pratiquée que pour la chasse des colombidés (palombes, pigeons, tourterelles) et des anatidés (canards, oies); (iii) la chasse en battue, consistant à diriger le gibier, à l'aide de rabatteurs - éventuellement assistés de chiens-, vers des chasseurs postés en ligne de tir; ce procédé n'est autorisé que pour deux espèces de gibier: la bécassine et le sanglier[23].

A part la chasse à tir, les deux autres modalités sont plutôt marginales. La chasse au vol, d'une part, n'est plus pratiquée au Maroc que par une vingtaine de chasseurs qui s'adonnent à la fauconnerie dans la région d'El-Jadida, seuls héritiers de ce mode traditionnel de chasse millénaire, alliant l'homme et le rapace qu'il dresse pour la capture d'une proie sauvage[24]. Autrefois fort prisée

---

[23]La chasse à l'approche, consistant à repérer le gibier convoité et à s'en rapprocher discrètement pour le tirer à distance optimale, particulièrement adaptée pour le grand gibier et permettant une chasse sélective, n'est pas pratiquée au Maroc car l'usage des armes rayées -qu'elle requiert nécessairement- n'est pas encore légalement autorisé (Alaoui 1992, p. 26).

[24]Lekhiar et Chergui (1984, pp. 46-48) en donnent la description suivante: "la partie de chasse où participent généralement de trois à six fauconniers et aides, se fait à pied ou à dos de mulets selon les lieux et la nature du terrain. Il est tenu compte aussi du temps qu'il fait, car la chasse du gibier ne doit pas se faire un jour de brouillard ou dans la forêt au risque de perdre les faucons, ni durant une journée de grande chaleur où le soleil ardent porterait atteinte au rapace. Ainsi donc, quand les conditions atmosphériques sont satisfaisantes, les fauconniers armés de leurs faucons prêts et sous les ordres du chef qui est généralement le plus âgé, prennent le départ pour la chasse [...]. Enfin sur le terrain, aux aguets de butors, d'outardes [...] ou de perdrix, ils cheminent en ligne et au moment où ils aperçoivent une pièce ou un groupe, ils ôtent le chaperon de la tête des faucons qu'ils catapultent vers le ciel. L'opération suivante consiste à courir vers la proie pour qu'elle s'envole et pour que le projectile vivant puisse l'atteindre au terme d'une poursuite spectaculaire. Le faucon n'attaque pas dans l'immédiat le gibier aperçu. Il entame tout d'abord une poursuite à une vitesse de croisière puis, le moment venu, il accélère en s'élevant à perte de vue dans le ciel. Ensuite il procède à une descente en piqué vertigineuse où le rapace passe à la vitesse maxima qui peut atteindre plus de 350 km/h en direction de la proie et avec une précision remarquable, il l'entraîne dans son élan au moyen de ses serres acérées jusqu'à un endroit choisi où il assomme le gibier à coups de bec et commence à le dépecer. C'est alors qu'interviennent les fauconniers qui ont suivi avec plaisir le succès de l'opération. L'un d'eux s'avance vers le rapace et attire son attention sur un oiseau artificiel fabriqué à cette fin et constitué

en raison de son caractère noble et spectaculaire, cette forme de chasse est trop onéreuse et pourrait, faute de soutiens matériels, disparaître à terme avec les derniers fauconniers qui s'efforcent encore de la préserver. La chasse à courre, pour sa part, n'est autorisée que pour la chasse du chacal. Elle n'est pratiquée, avec l'aide de sloughis (lévriers), que par quelques tribus berbères pouvant s'offrir le luxe d'élever et d'entretenir des meutes de tels chiens (Alaoui 1992, p. 24).

En dehors des modes précités, les autres méthodes de chasse sont expressément interdites, parce qu'elles sont nuisibles aux animaux sauvages ou permettent de les piéger trop facilement. Ce sont notamment les suivantes: (i) la chasse au poste à l'araignée ou à proximité d'abreuvoirs; (ii) la chasse au moyen d'armes équipées de lunettes ou de silencieux; (iv) la chasse en avion ou en automobile; (v) la chasse au filet ou à l'aide de pièges, lanternes, glu, drogues, poisons, virus; (vi) la chasse en temps de neige; et (vii) la chasse au furet (art. 9 du dahir de 1923 et 4 de l'arrêté de 1962).

- Réglementation des prélèvements

Afin de contenir la pression cynégétique à des niveaux compatibles avec la durabilité de la ressource, les prélèvements de faune sont doublement limités, dans le temps et en volume (en plus des restrictions spatiales à la chasse et des protections intégrales dont bénéficient certaines espèces, déjà évoquées plus haut). C'est ainsi que, du point de vue quantitatif, la chasse est limitée par la technique des quotas, c'est-à-dire la fixation de latitudes maximales d'abattage par espèce de gibier et par jour de chasse. Ces quotas sont déterminés annuellement par arrêté ministériel, en fonction des possibilités de prélèvement qu'offre chaque espèce. En ce qui concerne le gibier migrateur, les latitudes d'abattage sont, à des fins d'harmonisation des réglementations nationales, définies de concert avec les organismes internationaux spécialisés, comme le Conseil international de la chasse et le Bureau international de la recherche sur les oiseaux d'eau (Alaoui 1988, p. 107).

Par ailleurs, sous l'angle de la réglementation dans le temps, la chasse ne peut être pratiquée que pendant la saison cynégétique. Chaque année, en effet, les dates d'ouverture et de clôture de la chasse sont fixées par arrêté ministériel. Variables en fonction des espèces, les époques de chasse sont déterminées de façon à ne pas gêner la reproduction des animaux. En règle générale, l'éventail temporel d'exercice de la chasse se situe, au maximum, entre octobre

---

essentiellement d'ailes de h'bar (outarde), un gros gibier qu'il affectionne, et au milieu duquel sont fixés des morceaux de viande fraîche. Il glisse cet attirail sous le faucon, ce qui lui permet de retirer le gibier capturé. Puis on lui recouvre la tête d'un chaperon et les voilà partis à recherche d'une nouvelle proie".

(ouverture) et juillet (clôture). En outre, même pendant ces périodes, la chasse n'est permise que certains jours de la semaine, normalement les jeudis, dimanches et jours fériés, par souci de ménager la faune. Enfin, la chasse est, en permanence, prohibée durant la nuit (art. 4 de l'arrêté de 1962)[25].

V - DROIT PENAL DE LA CHASSE

- Comportements incriminés

Le code pénal (dahir du 26 novembre 1962) ne dit mot sur la chasse. C'est donc dans le dahir de 1923 qu'il faut rechercher les principales dispositions pénales applicables aux infractions en matière cynégétique. Y sont effectivement incriminés divers agissements délictueux, classés en fonction de leur degré de gravité et regroupés dans les trois catégories suivantes :

(i) l'infraction la moins grave est constituée par la non présentation de permis ou de licence de chasse sur réquisition des agents compétents (art. 10 ter) ;

(ii) les infractions les plus graves consistent notamment dans l'abattage d'espèces protégées, la chasse dans les réserves, en temps prohibé ou avec des procédés interdits, ainsi que toutes opérations (détention, transport, commerce, etc.) portant sur du gibier abattu dans ces conditions (art. 16) ;

(iii) les infractions de gravité moyenne, qui ne sont pas nommément visées dans un article déterminé du dahir de 1923, sont constituées par les autres agissements incriminés ça et là dans ce dernier et ses textes d'application (art. 15). Il pourra s'agir, par exemple, de l'importation, l'exportation ou la destruction irrégulières d'animaux sauvages; de la capture non autorisée d'animaux à des fins scientifiques; ou de l'inobservation des clauses et conditions des cahiers des charges et des contrats d'amodiation du droit de chasse.

- Sanctions encourues

Les deux peines principales réprimant ces délits sont l'emprisonnement et l'amende. Elles peuvent toujours être prononcées cumulativement ou alternativement, sauf en cas de non présentation de permis ou de licence de chasse, infraction passible uniquement d'une amende. Le quantum des peines, qui a été rehaussé à diverses reprises depuis l'adoption du dahir de 1923 -la dernière datant de la loi de finances pour l'année 1993 (dahir du 29 décembre 1992)- est progressif, gradué selon la gravité des infractions en cause. C'est

---

[25]En période d'ouverture, la chasse à la passée de la bécasse et des canards est cependant tolérée dans la demi-heure qui suit le coucher du soleil, le chien ne pouvant alors être utilisé par le chasseur que pour rapporter le gibier tombé (Bekrate 1983, p. 104).

ainsi que les trois groupes de délits visés au paragraphe précédent sont sanctionnés, respectivement, des peines suivantes: (i) amende de 600 à 1.000 dirhams; (ii) emprisonnement de deux à six mois et/ou amende de 4.000 à 14.000 dirhams; (iii) emprisonnement d'un à trois mois et/ou amende de 1.600 à 4.500 dirhams (art. 22 de la loi de finances pour 1993). Sans être d'une rigueur extrême, ces sanctions semblent tout de même assez lourdes pour le commun des chasseurs nationaux.

Elles ne sont d'ailleurs pas les seules à être encourues. Aux peines principales peuvent en effet s'ajouter, assez fréquemment, des peines accessoires consistant dans :

(i) le retrait du permis de chasse, éventuellement doublé de la privation du droit d'en obtenir un autre pendant une période de cinq ans au maximum. Cette peine doit être obligatoirement prononcée en cas de chasse au moyen de procédés interdits et si le délinquant est en état de récidive[26], notamment. En outre, le permis doit être retiré par l'administration à tout condamné qui n'exécute pas la partie pécuniaire de sa peine après un délai de grâce de 90 jours (art. 21 du dahir de 1923) ;

(ii) la confiscation des objets ayant servi ou pouvant servir à commettre des délits de chasse (armes, instruments, moyens et substances de chasse prohibés), ainsi que celle des produits qui en résultent (gibiers, dépouilles, oeufs, nids illégalement obtenus). Tout jugement de condamnation prononce automatiquement la confiscation du gibier tiré en délit et des moyens de chasse défendus. En règle générale, les objets ou produits confisqués sont soit détruits, soit réalisés au profit du Fonds de la chasse sus-évoqué -paragraphe 27, note 22- (art. 10 bis et 20 du dahir de 1923).

Qui plus est, les dispositions relatives aux circonstances atténuantes et au sursis ne sont pas applicables aux délits cynégétiques (art. 18 du dahir de 1923). Inversement, les peines normalement encourues font nécessairement l'objet d'une aggravation dans quatre séries de cas (art. 17 du dahir de 1923). Le plus souvent, les peines aggravées sont portées au double: (i) à l'encontre de ceux qui ont chassé de nuit ou à l'aide de moyens prohibés; (ii) à l'égard des personnes, autres que les propriétaires et possesseurs, qui ont chassé dans des terrains privés clos; (iii) contre les délinquants récidivistes; ceux qui prennent la fuite ou tentent de le faire; et ceux qui, pour la commission d'une infraction, camouflent leur identité, font usage d'une monture ou d'un véhicule, ou encore ont recours aux menaces ou à la violence. Parfois, les peines aggravées sont portées au maximum: il en est ainsi lorsque le délinquant est un agent chargé de la police de la chasse.

---

[26]Est récidiviste le délinquant qui, après une condamnation irrévocable pour délit cynégétique, commet une autre infraction de ce type moins de cinq ans après l'expiration de sa peine ou sa prescription (art. 19 du dahir de 1923).

- **Procédure applicable**

La recherche et la constatation des infractions cynégétiques sont de la double compétence: (i) d'une part, des officiers de police judiciaire et des fonctionnaires de l'administration des douanes; (ii) d'autre part, des ingénieurs et agents assermentés de l'administration des eaux et forêts (art. 23 du dahir de 1923). Sur le terrain, toutefois, ce sont surtout ces derniers qui exercent effectivement la police de la chasse et verbalisent les délinquants. Ils peuvent être assistés par des membres bénévoles d'associations de chasseurs, qui doivent être spécialement agréés à cet effet par le directeur de l'AEFCS et prêter serment dans les conditions du droit commun (Hbiriq-Boukherbani 1986, p. 26).

Les agents verbalisateurs qui constatent des infractions concernant les permis ou les licences de chasse sont habilités à transiger avec les délinquants qui acceptent de payer sur le champ une somme forfaitaire ("amende transactionnelle") contre remise d'une quittance (art. 10 ter du dahir de 1923). Pour les autres délits cynégétiques, la transaction n'est pas expressément prévue par le dahir de 1923, mais elle est néanmoins possible en vertu de dispositions de la législation forestière (art. 74 du dahir du 10 octobre 1917), également applicables en cette matière. Les transactions peuvent intervenir avant ou après la mise en mouvement de l'action publique et elles doivent être approuvées par le directeur de l'AEFCS. Lorsqu'elles sont accordées après jugement, elles ne peuvent porter que sur les réparations civiles et les condamnations pécuniaires.

Le produit des condamnations prononcées et des transactions consenties est versé au Fonds de la chasse. Sur ces recettes, des gratifications sont accordées aux agents ayant constaté des délits qui ont donné lieu à condamnation ou transaction. Ces avantages sont constitués par une prime fixe et une prime proportionnelle. Celle-ci est égale à 10% du montant de l'amende recouvrée ou de la transaction perçue. Quant à la première, son taux et les conditions de son attribution sont fixés par décret (art. 22 du dahir de 1923).

Comme les recherches et les constatations, les poursuites et les actions liées aux délits de chasse sont également exercées, de manière concurrente, par les membres du parquet, d'un côté, et les ingénieurs des eaux et forêts au nom de l'AEFCS, de l'autre (art. 22 bis du dahir de 1923). Elles sont portées devant les tribunaux ordinaires, conformément aux règles de procédure édictées par le dahir de 1917 relatif aux forêts (art. 70 et suivants). En vertu de ces dispositions, les officiers des eaux et forêts ont le droit d'exposer les affaires devant le tribunal saisi et ils sont habilités à interjeter appel et à se pourvoir en cassation contre les jugements et arrêts faisant grief à l'AEFCS. La durée de prescription des actions relatives aux délits de chasse est de cinq ans (art. 25 du dahir de 1923) et les peines prononcées pour ces mêmes infractions sont exécutoires au moyen de la contrainte par corps (dahir de 1917).

VI - REPARATION DES DOMMAGES ET ASSURANCE

Eu égard à la réparation des dommages découlant des activités cynégétiques, le dahir de 1923 -article 24 - ne traite que de la responsabilité civile des pères, mères, tuteurs, maîtres et commettants du fait de leurs enfants mineurs et pupilles demeurant avec eux, ainsi que de leurs domestiques et préposés. Sauf recours de droit commun, les premiers sont tenus de répondre civilement des préjudices résultant des délits de chasse commis par les seconds. Cette responsabilité ne s'applique évidemment qu'aux dommages-intérêts et elle ne peut donner lieu à l'exercice de la contrainte par corps. Par contre, la législation cynégétique marocaine ne contient pas de dispositions spécifiques sur la réparation des dégâts occasionnés directement par la faune sauvage.

Au titre de la "lutte contre les nuisibles", il est permis dans certaines conditions de détruire les animaux sauvages -en particulier les sangliers- qui sont à l'origine "d'importants dommages aux récoltes et aux plantations forestières et fruitières" (art. 7 de l'arrêté de 1962 portant réglementation permanente de la chasse). Toutefois, il n'existe aucun mécanisme légal permettant l'indemnisation générale des pertes matérielles effectivement subies par les exploitants agricoles ou forestiers. Par exemple, les victimes de ces préjudices ne peuvent pas recourir au Fonds de la chasse, dont les recettes sont exclusivement affectées à la couverture "des dépenses afférentes à la conservation du gibier et à l'amélioration de la chasse" (art. 3 du dahir de 1950 créant le Conseil supérieur de la chasse) et ne peuvent donc pas être utilisées pour la réparation des dommages provoqués par la faune -ce qui n'est pas pour inciter à sa préservation.

Il n'y a pas davantage un système d'assurance obligatoire susceptible de pallier cette absence de régime spécifique d'indemnisation. Il est vrai que la délivrance des permis de chasse est conditionnée par la justification d'une assurance couvrant la responsabilité civile du chasseur contre les accidents involontairement causés par lui à des tiers. Mais ce type de police n'inclut manifestement pas la garantie des dégâts imputables à la faune sauvage. Elle doit être souscrite auprès d'une société d'assurance agréée par l'administration et doit permettre, pour chaque sinistre, la réparation des dommages corporels sans limitation de montant. A défaut d'une telle assurance, le demandeur doit établir qu'il est membre d'une association cynégétique locale reconnue, en mesure de répondre de lui dans les mêmes conditions qu'un assureur privé (art. 5 du dahir de 1923).

REFERENCES BIBLIOGRAPHIQUES

- L'Africain J.L. 1956. Description de l'Afrique (16e siècle). Traduction par A. Epaulard. Paris. Librairie d'Amérique et d'Orient (2 tomes).
- Alaoui M.Y. 1992. Guide du chasseur au Maroc. Rabat.
- Alaoui M.Y. 1988. "La chasse". La Grande Encyclopédie du Maroc. Volume "Sports-Education", pp. 105-108.
- Alaoui M.Y. [s.d.]. Le repeuplement des territoires de chasse à perdrix gambra. Rabat. Imprimatlas.
- Anonyme. 1987. "La Chasse au Maroc". RAM Magazine. No. 20. 1987, pp. 43-45.
- Bekkali M. 1970. "Quelques aspects de la politique forestière du Maroc". Le monde rural gardien de la nature. Cahiers du CENECA. Numéro spécial. Mars 1970, tome II, pp. 222-227.
- Bekrate A. 1988. "Aspects juridiques de la gestion des parcs nationaux". La forêt marocaine. Droit, économie, écologie. Société marocaine pour le droit de l'environnement. Casablanca. Afrique Orient, pp. 129-135.
- Bekrate A. 1983. La protection de la nature au Maroc. Thèse de 3e cycle. Bordeaux I.
- Benabid A. 1987. "Les réserves naturelles et les parcs nationaux". La Grande Encyclopédie du Maroc. Volume "Flore", pp. 187-189.
- Benjelloun S. 1983. "La protection de la faune sauvage au Maroc". Communication au Symposium international sur la gestion et la conservation de la faune sauvage méditerranéenne. Fès. Avril 1983.
- Boudy P. 1958. Economie forestière nord-africaine. Tome III: Description forestière du Maroc. Paris. Larose.
- Daki M., Thévenot M., Mekouar M.A., Karmouni A. 1988. "La protection de la faune". La Grande Encyclopédie du Maroc. Volume "Faune", pp. 223-232.
- De Klemm C., Lausche B. African Wildlife Laws. 1987. ("Maroc", pp. 89-94). UICN. Gland, s.d. [1987].
- Dupuy A.R. 1986. "La conservation de la nature au Maroc". Le Courrier de la Nature. No. 104. Juillet-août 1986, pp. 19-25.
- Hbiriq A., Boukherbani A. 1986. Le droit de la chasse au Maroc depuis 1923. Mémoire de licence. Faculté de droit. Casablanca. 1985-86.
- Johnson H., Johnson J.M., Gour-Tangay R. 1977. Environmental Policies in Developing Countries. Beiträge zur Umweltgestaltung. Berlin. Erich Schmidt Verlag.
- Kiss A. (sous la direction de). 1989. L'écologie et la loi. Paris. L'Harmattan.
- Lekhiar E., Chergui, B. 1984. Doukkala, fief de la fauconnerie au Maroc. Casablanca. Dar Attakafa.
- Le Maroc forestier 1980. Direction des Eaux et Forêts. Rabat, s.d. [1980].

- Mekouar M.A. 1988a. Etudes en droit de l'environnement. Rabat. Okad. 1988.
- Mekouar M.A. 1988b. Recueil d'études en droit écologique. Environnement, société et développement. Casablanca. Afrique Orient. 1988.
- Meziane R. 1984. Le droit de l'environnement au Maroc. Thèse de 3e cycle. Bordeaux I.
- Mounir O. 1987. "Charge de chasse". Droit et environnement. Société marocaine pour le droit de l'environnement (SOMADE). Revue marocaine de droit et d'économie du développement. No. 15. 1987, pp. 167-168.
- Portas P. 1983. "De la protection de l'Ibis chauve (Geronticus eremita) à la création du Parc national de Massa". Communication au Symposium international sur la gestion et la conservation de la faune sauvage méditerranéenne. Fès. Avril 1983.

Hunting in Norwegian Law

Inge Lorange BACKER[*]

I - SOURCES OF HUNTING LEGISLATION AND ORGANISATIONS AND INDIVIDUALS INVOLVED

The mainland of Norway covers approximately 324 000 km2 with a population of about 4.3 millions. Large areas of the country are sparsely populated or virtually unpopulated. About 3 % of the land is cultivated, 20 % productive forest area and the remainder is for a large part mountainous areas. The island group of Spitsbergen and the island of Jan Mayen, and the Antarctic dependencies, are not included in these figures.

According to the latest available official statistics[1], there are about 170.000 hunters in Norway. 10 % of the male population over 16 years paid the hunter's fee and are, accordingly, registered as hunters, while only 3 % of the hunters are women. Hunting is particularly common among the rural population. As for game species and practices, a distinction is made between big game and small game hunting. Big game hunting includes moose, red and roe deer, and wild reindeer. Moose is the most important big game species for hunting (39 000 felled in 1993, an increase by 56 % since 1988). Grouse accounts for nearly half of all small game hunting (more than

---

[*] Director General, Legislation Department, the Norwegian Ministry of Justice, Oslo.
[1] Hunting Statistics 1993, Official Statistics of Norway 1993 C 175 (Statistics Norway, Oslo/Kongsvinger 1994).

450.000 felled in 1993); hunting of other small game species include capercaillie, black grouse, wood pigeons, ducks, and hares.

- National Sources

Hunting is regulated by the Act of 29 May 1981 n° 38 relating to wildlife (which has been subject to a number of subsequent amendments since its adoption without altering the structure of the Act). The catching of seals, whales and polar bears is subject to specific legislation and is not further considered below. (Polar bears do not occur on the Norwegian mainland, but on the islands of Spitsbergen and, occasionally, Jan Mayen; they have been protected by law since 1974 in compliance of the Agreement on the Conservation of Polar Bears of 15 November 1973). A number of regulations have been issued pursuant to the Act; some of them will be mentioned below.

- Administrative Responsability for Hunting

The relevant authorities pursuant to the act are listed in s. 4 of the Act. They include the Ministry of Environment, the Directorate for Nature Management (which both operate on a national level), the county governors (of whom there are 18), whose environmental departments are assigned with wildlife and hunting matters amongst other tasks, and the municipalities. Until the 1992/93 Local Government Law Reform each municipality was obliged by the Wildlife Act to set up a municipal wildlife (game) board which was elected by the municipal council. After that law reform and the corresponding amendment of the Wildlife Act, municipal councils are free to organise what form their activities under the Wildlife Act should take and to what municipal body responsibilities under the Act should be assigned.

The functions of the different authorities vary. Most regulations are issued by central bodies. Individual decisions are usually taken by the county governor or the local municipality, subject to appeal to the superior administrative body in accordance with the Administrative Procedure Act (Act of 10 February 1967). The various bodies also have the important task of providing information and guidance to the public and to other relevant authorities concerning wildlife and hunting, for example in the preparation of area plans under the Planning and Building Act 1985 (Act of 14 June 1985 n° 77).

- The Association of Hunters

The Norwegian Hunters' and Fishermen's Association is a private association founded in 1871 with about 80.000 members[2]. Its funding is based upon membership subscriptions but it also receives public grants. The association operates at national level as well as at county and local levels, currently with more than 500 local branches. It is a member of a couple of umbrella organisations consisting of voluntary associations in the fields of nature conservation and open-air recreation, with a particular view to the management of wildlife.

Hunters are to some extent involved in the public administration of wildlife and hunting. The aforesaid association - at the relevant level - has a right to be heard under the Administrative Procedure Act (s. 37) before regulations affecting wildlife of hunting are issued. The association may also make representations with regard to individual decisions although they have, as a rule, no right to be notified of the case (as distinct from individual persons being parties to the case). Depending on the actual circumstances they may have the right to lodge an administrative appeal against individual decisions under the Administrative Procedure Act (s. 28).

The association has, at a national level, sometimes been represented on advisory bodies appointed by the Government or the Ministry of Environment. Hunters have frequently been elected to the municipal wildlife councils that were formerly, until 1993, prescribed by the Wildlife Act, and to the local mountain boards (see under II, below).

- Other users of natural habitats and resources

Natural wildlife habitats are, to a varying degree, used by other interests in ways which are compatible or conflicting with the interests of wildlife :

a) Development of land for agricultural or industrial purposes may affect wetlands or other are as vital to certain species;
b) Extensive farming, especially sheepholding, may cause conflicts with regard to the preservation of predatory animals;
c) The construction of water reservoirs for hydropower development may lay suitable habitats under water surface;
d) The construction of roads may obstruct the trekking of certain species, especially wild reindeer, and increase disturbance by easier access to the habitats;

---

[2] Norwegian law allows anyone to form a voluntary association without a formal requirement as to registration.

e) Forestry practices may reduce the biological diversity of forests affected but have also, with regard to certain species, as for example moose, been found to improve their living conditions;

f) The construction of transmission lines may cause a particular threat to certain bird species, owls among them;

g) The use of natural areas for openair recreation may disturb natural widlife, such as wild reindeers during their calving season, but much depends upon the amount and ways of use;

h) The establishment of defence training areas may affect valuable habitats.

The various uses may also turn out to be beneficial for wildlife in the sense that more harmful uses are avoided. For example, in defence training areas recreational traffic may be prohibited, and recreational interests may prevent the development of land for more extensive use.

II - HUNTING RIGHTS, AREAS WHERE HUNTING RIGHTS MAY BE EXERCISEDAND NATURAL HABITATS

- Definition of Hunting Rights

The Wildlife Act distinguishes between hunting rights and the right to hunt in the following sense : Regulations issued by the King in Council (i.e. the Government) under s 9, first paragraph, determine *which species* may be hunted ("game species"), and further regulations, issued by the Directorate for Nature Management, lay down the extent of the hunting season (if any). *Who* is entitled to hunt is regulated by separate provisions of the Wildlife Act (ch. VII, ss. 27 seq.).

The general rule is that the landowner has the sole right to hunting and trapping on his land (s. 27). Special provisions apply to state lands, which cover almost one third of Norway, mostly in mountainous areas and Northern Norway. For certain species (moose, deer, wild reindeer, roe deer, fallow deer, and beaver) a hunting permit issued by the municipality is also required; for these species, hunting is limited to certain quotas.

With regard to certain species, the plot must be of a minimum size in order to exercise hunting rights. The minimum area is stipulated by regulations issued by the Directorate for Nature Management (s. 16, second paragraph). Properties which do not extend to the minimum size may be joined for that purpose, preferably by voluntary agreement, or by the Directorate's order (s. 38).

There is no mandatory habitat management. Hunting plans covering several properties may be established by common agreement or by a majority vote with the approval of the municipality (s. 37). With regard to area planning, the Wildlife Act states that due consideration shall be given to wildlife in the general planning of land use in municipalities and counties pursuant to the Planning and Building Act (s. 7, first paragraph, of the Wildlife Act).

- Hunting on state-owned land is subject to special rules.

Hunting on state common land is regulated by the Mountain State Common Land Act of 6 June 1975 n° 31. The municipal council elects a local mountain board in order to administer each particular state common land area (s. 3 of the Act). Anyone domiciled in Norway has the right to hunt small game species (white grouse, e.g.) without the use of a dog (s. 23, first paragraph, of the Act). It is for the local mountain board to decide whether hunting with the use of a dog or trapping of small game species shall be allowed, and whether such rights may be given to anyone domiciled in Norway, to those living in the local area only, or exclusively to farmers having exercised since old times usage rights on the common land. The board also decides on quota and other limitations on hunting and issues permits of hunting of wild reindeer (ss. 23 and 24 of the Act). The hunting of moose, deer, roe deer, fallow deer, beaver and unprotected predators is governed by regulations issued by the Directorate for Nature Management.

Hunting and trapping on other state-owned land than state common lands is, as a rule, covered by the Wildlife Act. Hunting and trapping of small game species is allowed for Norwegian nationals or residents (s. 31 of the Wildlife Act). By regulations issued by the Directorate for Nature Management, municipal (local) residents may be given priority and foreigners may be allowed to hunt. With regard to other species, hunting is administered by the state-owned company Statskog SF.

Hunting and trapping by reindeer-herding Samis is specially provided for under the Reindeer Herding Act of 9 June 1978 n° 49 (s. 14).

Since hunting and trapping are, in principle, linked to rights of ownership to land, the state or municipal body exercising ownership rights may impose or practise restrictions or bans on hunting and trapping, unless this would contravene express hunting rights granted by the relevant act or regulations. This has been a relevant issue with regard to hunting in forests much used for recreation surrounding major towns, Oslo in particular.

- Hunting in protected areas

Hunting is prohibited by protection regulations in a number of conservation areas established under the Nature Conservation Act of 19 June

1970 n° 63, but this is by no means always the case. The question has to be examined for each particular conservation area according to the regulations that have been issued, but some general points may be made.

Generally speaking, conservation areas are established with a view to preserving natural landscapes and wildlife rather than for the purpose of management of game resources with a view to future hunting and trapping. The Wildlife Act, however, empowers the King to establish habitat protection areas (s. 7, second paragraph) which may serve the purpose of managing game resources.

It has been a matter of discussion whether hunting is compatible with the status that national parks should have.[3] In most national parks, small game hunting has been upheld as it is part of traditional activites pursued in the local communities. Moreover, hunting of moose and wild reindeer is allowed in several national parks, including reindeer hunting in Norway's largest national park, Hardangervidda, whose mountain, plain and valleys sustain a stock of wild reindeer. Some national parks, however, have been created with the primary objective of preserving natural wildlife unexploited by humans and hunting may be prohibited accordingly.

In conservation areas other than national parks, the normal rule is that hunting rights may be exercised in accordance with the Wildlife Act. Special restrictions may be laid down, however, in nature reserves or biotope reserves which have as a principal aim the protection of animal wildlife, in particular wetlands, seabird and birdcliff reserves.

Where a conservation area has been established in order to protect animal wildlife, the regulations of the area not only seek to safeguard animal wildlife against direct attack, but also to preserve their habitats and to protect against disturbance from other human activities.

III - SPECIES

- Legal status of wild species

Wild species until captured are, in relation to the law of property, regarded as nobody's property. The right to capture wild game is, however, linked to the ownership of land, as already indicated.

As explained under II (above), wild species are, at the outset, protected under the Wildlife Act against any kind of catching, hunting, killing or injuring (the principle of protection, s. 3). Specific legal authority is thus

[3] The issue was reexamined in connection with the new plan for national parks that was laid before Parliament in 1992, see in particular the Government's Report St. meld. n° 62 (1991-92) og the subsequent Parliamentary Committee Report Innst. S. n° 124 (1992-93).

required if they are to be lawfully hunted or killed. The main authority is constituted by the two sets of regulations issued under s. 9 of the Wildlife Act: the Game Regulations which form the framework within which the Hunting Season Regulations are laid down.[4] The Game Regulations thus provides a list of species which may be hunted although lawful hunting actually presupposes that the hunting season has been stipulated by means of the Hunting Season Regulations, which, in administrative practice, are subject to revision at regular intervals.[5] Hunting seasons should not be fixed during the nesting or breeding season of the species in question.

With regard to pests (species causing damage), the principle of protection does not apply to small rodents and reptiles in so far as necessary to prevent damage to persons or injury to property (s. 3). Other wildlife species causing damage are dealt with under the Act in various ways (ss. 11-14a).[6] The Ministry of Environment has powers to permit by general regulations the killing of particular wildlife species causing damage in specifically defined cases, provided that other reasonable ways to prevent damage have been tried out by those affected (s. 14, cf. Regulations of 16 April 1984). Regulations may also be issued to permit the killing of species which severely disrupt the breeding of other species (s. 14a). Deer (*Cervidae*) and beaver species which cause serious damage to property or vegetation may be killed with permission from the municipality (s. 13). The county governor may, under special regulations, grant permission to kill predatory animals causing serious damage to cattle or domesticated reindeer (s.12, cf. Regulations of 9 July 1993 on the management of brown bears, wolves, wolverines, and lynx). The use of the latter power has been much discussed with regard to brown bears, wolves, and wolverines that are alleged to threaten sheep grazing without being herded. A specific provision on necessity (s. 11) may permit killing if it is necessary to remove an exitsting and serious threat of injury to a person or to prevent a direct attack on cattle or domesticated reindeer. After some court acquittals with regard to killing of wolves[7]- a seriously threatened species of which Norway probably has no self-sustaining stock - the

---

[4] The Game Regulations of 2 April 1982 n° 593, adopted by the King, have provisions on game species and frames for the hunting season for different species which is stipulated in the Hunting Season Regulations, currently of 6 Februray 1992 n° 143, adopted by the Directorate for Nature Management.

[5] Formerly every three years; under the current Hunting Season Regulations the next full revision is expected to take place in 1997.

[6] The protection principle (s. 3) still applies to these species, subject to the modifications that follow from ss. 11-14a.

[7] See, in particular, the Supreme Court decision reported in Rt. [Nordk Retstidende] 1989 p. 1306.

conditions for necessity were tightened by an amendment narrowly passed by Parliament in 1993.

- Legal provisions applying to introduction of species

The release of new species into the natural environment is governed by s. 47 of the Wildlife Act which prohibits to introduce to Norway or release a species or subspecies not previously occurring in the area, unless the Directorate for Nature Management has granted permission. The Directorate has followed a strict practice with regard to applications for permission, in keeping with the precautionary principle.

It is not quite clear from the Act whether the prohibition also applies with regard to species and subspecies that previously existed in the area. If they have died out very recently, it is submitted that no permission is required for lawful reintroduction, but the legal situation is probably different if some time has passed and the ecological balance may have changed.

The control of release of wild species with a view to preventing the spreading of animal disease is a matter for the veterinary authorities in pursuance of a separate act (Act of 8 June 1962 n° 4), administered by the Ministry of Agriculture.

IV - HUNTING METHODS AND CONDUCT OF HUNTING

- Hunting licences

A compulsory hunter's proficiency test has been set up under s. 39 of the Wildlife Act (Regulations of 20 December 1985). The test consists of a written theoretical examination and a practical course.

The proficiency test must be passed by anyone who takes up hunting and is then valid for ever. (If a person is deprived of his right to hunt for a limited time by a court judgement - see under V - a new test will be required.) Persons who went hunting before the proficiency test was introduced, are exempt from taking the test if they can prove their hunting by payment of the hunter's fee.

A fee of NOK 150 is charged for the theoretical examination. The practical course is frequently offered by a hunters' organisation which may charge a fee from the participants in order to cover the costs incurred by giving the course.

In addition to the proficiency test, a special shooting proficiency test is required for hunting big game (mosse, deer or wild reindeer) (Regulations of 16 March 1983). This test must be renewed annually and is valid only for the weapon used in the test. The hunting of big game or roe deer also requires a special licence to be issued by the municipality (ss. 16 and 17 of the Wildlife Act and Regulations of 1 August 1989), indicating the area and the kind and number of species for which it is valid, as well as the gender and age ot the animals (selective shooting).

Hunters living abroad are exempt from the proficiency tests if they can demonstrate that they qualify for similar hunting in the county where they are domiciled.

The minimum age for hunting is 16 years (18 years for big game hunting). For training purposes small game hunting under the supervision of an experienced hunter is allowed for 15 year-olds and big game hunting from 16 years' age.

All hunters must pay a hunter's fee (s. 40 of the Wildlife Act, Regulations of 2 April 1982), currently NOK 200. A hunter's card is issued as proof of this and it should be carried at all times when hunting (s. 41). For every moose, deer or wild reindeer covered by the special licence a quota tax must be paid. The quota tax as well as the hunter's fee are paid into a Wildlife Fund for the promotion of wildlife management (s. 43). Through the state budget Parliament pay issue directives for the use of the fund.

In addition to this, hunting on the land of others requires the consent of the landowner, usually for an agreed sum. For hunting on state land regulations laid down by the Directorate for Nature Management in pursuance of the Wildlife Act seek to ensure that hunting opportunities are available to the general public at reasonable prices. However, the body which administers hunting on state land has, particularly since its transformation in 1993 from a directorate to a state company (Statskog SF) with increased emphasis on a profitable return, argued that prices for hunting on state land should be fixed at market price level.

Hunting is usually exercised on a recreational basis, although for some hunters it may be an additional source of outcome. In old times, hunting and trapping were more important as a means of living. For landowners, the lease of hunting rights may give additional income. Professional hunters having hunting as their chief occupation are practically unknown in Norway.

- Hunting methods

Hunting and trapping practices are governed by the Wildlife Act (ss. 19 et seq.) and regulations issued under the Act. There is a general requirement of humane hunting so as not to expose the animals to unnecessary suffering (s. 19). For hunting, only weapons loaded with gunpowder may be used, and shot guns with more than two shots and completely automatic rifles are prohibited (s. 20). Additional regulations as to permissible weapons and ammunition have been issued (Regulations of 16 March 1983). Dogs are frequently used for hunting, for example for hunting of moose or grouse, but the use of a loose, chasing, barking dog is mostly prohibited (s. 23 of the Act). There are restrictions upon the use of motorized transport during hunting and it is not allowed to fire a shot from an aircraft or a motorized vehicle (s. 21). The use of poison or chemicals for killing is prohibited (s. 25).

Trapping is also prohibited as a general rule (s. 24), but exceptions are made by regulations under the Act concerning trapping which is of economic importance, or in order to limit damage caused by certain wildlife species. Under the regulations (Regulations of 2 July 1990), specified trapping devices may be used for fox, seagulls and grouse, e.g.

- Controls on taking

The purpose of the Wildlife Act is to manage wildlife and its habitats in a way so as to preserve the productivity of nature and the diversity of species and, within this framework, to allow for harvesting of wildlife for the benefit of agriculture and outdoor recreation (s. 1 of the Act). The act expressly states that, when issuing game and hunting season regulations, the existence of a surplus of the particular species and its value as a resource should be emphasised (s. 3, first paragraph). In this setting, hunting appears to be an instrument in the sustainable management of natural widlife.

Restrictions on hunting laid down under the Act are mandatory, but landowners may adopt further limitations on a voluntary basis. Under the Hunting Season Regulations (issued in pursuance of s. 9, second paragraph) hunting is allowed during a limited season only which is specified for each particular game species. The hunting season may differ with regard to different areas (e. g., according to biological considerations or hunting traditions) and the stipulated hunting season may be set differently for males and females and for older and younger individuals of a particular species. The hunting season is, for most species, stipulated to the autumn and the Act expressly states that it should not be fixed during the nesting or breeding season of the species in question. The Directorate for Nature Management may also fix quotas (bag limits) which is particularly done with regard to big game.

Concerning the management of predators of game species and problem species reference is made to III above.

V - THE CRIMINAL LAW APPLICABLE TO HUNTING

Any violation of the Wildlife Act or the regulations issued in pursuance of the Act constitutes an offence (s. 56 of the Act). Anyone - landowners, hunters' associations, environmental organisations, wildlife authorities, etc. - may report an offence but it is for the prosecuting authorities (the police) to institute criminal proceedings. Under current law, only the landowner whose hunting rights have been infringed may be considered an aggrieved party who has a subsidiary right to bring criminal proceedings.

The penalty is fines or imprisonment up to one year. Under especially aggravating circumstances imprisonment may be imposed up to two years. In practice, most cases are decided by a fine or a short term of imprisonment (often in the form of a suspended sentence), often combined with confiscation of game or weapons or other means used for the violation, or deprivation of the right to hunt (usually for a limited time). Confiscation and deprivation of the right to hunt are authorised by the Penal Code (Act of 22 May 1902). It also follows from the Wildlife Act that illegally killed wildlife automatically becomes the property of the Wildlife Fund and thus subject to confiscation on behalf of the fund (s. 48).

The violation of the Wildlife Act is a misdemeanour. The killing of an individual of a protected species threatened with extinction nationally or internationally, however, is a felony punishable under the Penal Code (s. 152 b) if committed with intent or gross recklessness. Such a crime is punishable with imprisonment up to six years. As this section was introduced in 1993, no convictions have yet been made.

Compensation for unlawful hunting is seldom, if ever, imposed. It seems that the unlawful hunting will rarely result in a demonstrable economic loss for the landowner or other aggrieved party. It has occurred, however, that the hunter has been obliged to pay the costs of reintroduction following unlawful hunting (of Canada goose that had been lawfully introduced in the region).[8]

There is no current statistics available on poaching.

VI - LIABILITY FOR DAMAGE AND INSURANCE

There exist several compensation schemes with regard to damage caused by wildlife, all of which are financed over the state budget (by the Ministry of Agriculture or the Ministry of Environment).

The compensation scheme for damage on domestic animals caused by big predators currently operates under regulations of 8 March 1993. For damage

[8] See the district court judgement reported in RG [Rettens Gang] 1979 p. 715.

on domesticated reindeer compensation is paid according to regulations of 9 February 1977 (as subsequently amended) which also covered domestic animals until the 1993 regulations were adopted. Under this scheme, in 1992 (the latest year for which statistics is available) more than NOK 20 mill was paid out for damage caused by brown bears, wolves, wolverines, lynx, or eagles. Most of the compensation by far was paid for damage on sheep and lambs and domesticated reindeer. The owner has to provide evidence that the animal was killed by a predator and the question of proof often raises doubt and dispute.

According to the 1993 Regulations, damage to sheep, goats, horses, or cattle caused by brown bear, wolverine, wolf, lynx, or golden eagle will be compensated out of funds provided by the Ministry of Environment. In addition, partial compensation may also be granted to cover inconvenience suffered by the owner. Compensation is granted only when it is proved or evidence makes it likely that the animal was killed by a predator covered by the regulations, and the owner must also have taken reasonable precautionary steps in order to avoid the loss. A deduction will be made for "normal loss" because some loss from natural causes must always be expected.

The compensation scheme is administered by the county governors, subject to appeal to the Directorate for Nature Management. The decisions are rarely taken to court although they are subject to the general rules on judicial review of administrative decisions.

A special compensation scheme has been set up by regulations with regard to damage on farmland crops caused by moose, deer, or wild reindeer (currently Regulations of 28 November 1986, laid down by the Ministry of Environment). Exceptionally, compensation may also be granted for damage caused by other species.

Nobody has a legal right to be compensated under this scheme. Compensation is granted on the basis of an application which is to be sent to the municipality and decided by the county governor (the Directorate for Nature Management as regards damage caused by wild reindeer). As a rule, the compensation granted will only cover part of the actual damage. The amount of compensation is influenced by the size of budgetary means set aside for the purpose of the scheme and the applicant's efforts to minimise damage. The compensation granted should be used to carry out measures that can prevent future damage. In this way, the compensation scheme may be regarded as a state subsidy towards preventive measures.

Another compensation scheme, set up by the Ministry of Agriculture after consultation with the farmers' organisations, aims at covering catastrophic losses in animal husbandry (Regulations of 30 November 1989 n° 1408), but is chiefly aimed at animal diseases.

The compensation scheme for damage from predators has been regarded as an important instrument for the preservation of predators as it may alleviate the conflict between holders of sheep and reindeer and the conservation interests. This is all the more important as sheepholding and reindeer farming may be important economic activites - and the main or sole outcome for those running them - in the remote rural areas where most predators occur.

Insurance against damage caused by wildlife is available on an individual basis only, after a separate insurance agreement. Such agreements hardly ever occur.

Le droit de la chasse en Pologne

Jocek TOMASZEWSKI*
Joanna LESNIAK
Jerzy BOJARSKI

Le texte régissant le droit de la chasse en Pologne est la Loi de chasse votée par le Parlement.

L'organe de l'administration gouvernementale dans le domaine de la chasse est le ministre de l'Environnement, des Ressources naturelles et des Forêts. La chasse est administrée par les préfets de département (*voïvodes*) d'où il résulte que les décisions sont prises à l'échelle nationale et régionale.

L'organisation unique des chasseurs en Pologne, représentant la chasse au niveau national, est l'Association des Chasseurs Polonais régie par la Loi et les Statuts octroyés par le ministre de l'Environnement. Le droit national de la chasse connaît la distinction entre "droit de chasse" et "droit de chasser". Seuls les fermiers des territoires de chasse, c'est-à-dire, les clubs de chasse - membres de l'Association, ayant la personnalité juridique, disposent du droit de chasse. Cela veut dire en même temps que seuls les clubs de chasse peuvent prendre à ferme les territoires de chasse. Les membres de l'Association des Chasseurs Polonais ont seuls le droit de chasser (et les étrangers, avec l'accord personnel du ministre de l'Environnement). Il n'existe aucun lien entre le territoire de chasse et le droit de propriété.

---

* Président de l'Association des chasseurs polonais.

Le territoire de chasse est l'ensemble des terres d'une surface minimale de 3.000 hectares sur lequel existent les conditions pour pratiquer la chasse. La Loi distingue les territoires forestiers et les territoires champêtres. Il y a là obligation de gérer le gibier et leurs habitats. L'exploitation des espèces est soumise à la planification de chasse. Les plans annuels de chasse dressés par les fermiers (administrateurs) des territoires de chasse sont soumis à l'accord des représentants des Forêts Domaniales.

Les territoires de chasse qui ne sont pas donnés à ferme aux clubs de chasse de l'Association sont administrés directement par le gouvernement ou par l'Association comme telle. La gestion de chasse y est faite suivant les principes définis par la Loi.

Il y a en Pologne les terrains naturels où la chasse, selon la Loi, est interdite. Ce sont les parcs nationaux et les réserves où les densités des populations des animaux sauvages sont réglées par la voie de tir ou de capture. Le gibier (espèces chassables) est *res publica* c'est-à-dire, la propriété de l'Etat.

Le ministre de l'Environnement, après consultation du ministre de l'Agriculture, du Conseil d'Etat de la Protection de la Nature et de l'Association des Chasseurs Polonais, établit la liste des espèces chassables.

La Loi ne fait pas référence directe au problème de l'introduction des espèces sauvages destinées à la chasse ou au repeuplement. Elle précise seulement que "l'élevage artificiel des animaux gibier sauf le faisan est interdit". Néanmoins la Loi permet l'élevage du gibier dans des enclos, entre autres dans les centres d'élevage du gibier "dans le but (...) des repeuplements des espèces indigènes".

Pour chasser en Pologne, il est nécessaire, selon la Loi, d'être membre de l'Association des Chasseurs Polonais et porteur d'un permis pour l'arme de chasse. Les étrangers n'étant pas membres de l'Association peuvent chasser en Pologne après avoir acheté leur droit de chasse auprès de leurs agences de voyage ou/et avec l'accord du ministre Polonais de l'Environnement.

Chaque membre de l'Association paye la cotisation annuelle ce que certifie son droit de chasser. Tous les autres revenus de l'Association ne sont pas imposés à condition qu'ils soient destinés à réaliser les buts statutaires de l'Association.

La chasse signifie, selon la Loi, "poursuite du gibier, tir à l'aide d'arme à feu de chasse, capture selon les méthodes licites, prise enfin du gibier avec les oiseaux de proie (fauconnerie, vautourerie)". Sont interdites : la chasse à courre et la chasse aux lièvres devant soi.

Les animaux dits "nuisibles" ne peuvent être éliminés que par voie de tir; le piégeage est interdit.

Les modes de chasse non prévus par la Loi font l'objet de sanctions, ainsi que chaque personne non autorisée à chasser. Chaque prélèvement illégal (et même chaque tentative) du gibier constitue un braconnage. Le devoir de poursuivre et de prévenir le braconnage repose sur chaque chasseur (devoir de citoyen) et sur les services spécialisés d'Etat et ceux de la chasse. Le braconnage est un délit prévu par le code pénal; il est (indépendamment) poursuivi aussi par les règlements de l'Association des Chasseurs Polonais dans le cas où le chasseur est concerné. Le gibier braconné est la propriété du Trésor de l'Etat car ce n'est que s'il est prélevé légalement qu'il appartient au fermier/administrateur du territoire de chasse. Le fermier/administrateur du territoire de chasse est obligé d'indemniser les dégâts causés par le gibier (sangliers, élans, cerfs et chevreuils) aux cultures et aux récoltes. Les principes et les voies d'évaluation des dégâts sont déterminés par le ministre de l'Environnement.

Le Trésor de l'Etat répond, suivant les principes prévus par le code civil, des dégâts causés par les animaux de chasse protégés.

Il n'existe en Pologne aucun système d'assurance contre les dégâts causés par le gibier.

Le droit de la chasse au Portugal

José SOUTO-MOURA*

I - SOURCES ET ACTEURS DU DROIT DE LA CHASSE

- Les sources nationales

Au Portugal, un cadre juridique national général régit le droit de la chasse. Ce cadre est formé, outre les articles 1316 à 1319 du Code Civil, par la Loi n° 30/86 du 27 août et par le Décret-Loi n° 251/92, du 12 novembre.

Parmi les diverses formes d'acquisition du droit de propriété, l'article 1316 du Code Civil prévoit celle de "l'occupation". Selon l'article 1318, les animaux qui n'ont jamais eu de maître *(res nullius)* peuvent être acquis par occupation. L'article 1319, sous l'intitulé "Chasse et pêche", dispose que l'occupation des animaux sauvages qui se trouvent dans leur état de liberté naturelle est réglée par législation spéciale. Cette législation est composée avant tout par la Loi n° 30/86 - Loi de la Chasse - et par le Décret-Loi n° 251/92, qui la réglemente.

La mention des matières traitées par les chapitres de la Loi n° 30/86 donne une vue générale du texte, lequel a pour but d'intégrer les bases pour la protection, la conservation et le développement du gibier, aussi bien que l'administration de la chasse (article 1). Suite aux principes généraux traités dans le chapitre I, le chapitre II règle l'exercice de la chasse, le chapitre III les

* Procureur général adjoint de la République du Portugal.

territoires, les périodes et les procédés de chasse, le chapitre IV les régimes cynégétiques, le chapitre V l'élevage du gibier en captivité, le chapitre VI les terrains d'entraînement, le chapitre VII la responsabilité criminelle, civile ou les infractions aux règlements, le chapitre VIII l'administration et la garderie de la chasse, le chapitre IX l'organisation d'associations de chasseurs, et enfin le chapitre X concerne les dispositions finales et transitoires.

- L'organisation administrative de la chasse

L'Etat est engagé de plusieurs façons dans l'organisation administrative de la chasse. En premier lieu, le Gouvernement joue un rôle essentiel puisque c'est lui qui définit la politique cynégétique nationale et prend les mesures qui permettent de mettre en oeuvre cette politique. On pourra mentionner comme principales fonctions du Gouvernement, dans la matière, les suivantes :

- le Gouvernement fournit les documents nécessaires à l'exercice de la chasse, comprenant la "carte du chasseur" après l'examen de chasse et le "permis de chasser". Il lui incombe aussi de décider quels sont les procédés et les instruments autorisés pour la chasse et quelles sont les règles de leur usage. Les périodes et le lieu de chasse pour chaque espèce, aussi bien que l'organisation des listes des espèces chassables sont aussi décidés par lui, chaque année.
- le Gouvernement définit les critères de priorité pour la création de zones soumises à des régimes cynégétiques spéciaux et, surtout, décide quels sont les territoires où l'on peut chasser, quelles sont les zones cynégétiques spéciales et comment on peut les créer.

Le ministère de l'Agriculture, Pêches et Alimentation intervient, à travers la Direction Générale des Forêts, pour :

- faire le plan et coordonner le développement et l'aménagement des ressources cynégétiques;
- gérer ces ressources dans les zones sous son administration, donner son appui à la gestion dans d'autres zones, en coopération, et développer ces ressources dans tout le territoire;
- régler concrètement l'exercice de la chasse, organiser la "garderie", délivrer les permis, et maintenir à jour le cadastre des chasseurs.

Le Conseil National de la Chasse et de la Conservation de la Faune fonctionne auprès du ministère de l'Agriculture comme organisme consultatif. Ses avis sont nécessaires, entre autres, pour les décisions sur la politique cynégétique, la protection des espèces ou bien l'exercice de la chasse.

En bref, l'organisation administrative de la chasse est décidée par le Gouvernement. Elle est centralisée et concerne tout le territoire. Pour ce qui touche l'administration "sur le terrain" des zones de chasse, les compétences sont différentes selon le régime général ou spécial qui est en cause.

- L'organisation des chasseurs

La loi prévoit, soit les simples associations de chasseurs, soit les sociétés pour exploiter la chasse ou les clubs de chasseurs. Les associations peuvent s'organiser en fédération au niveau régional, ainsi qu'en confédération nationale (qui n'a pas encore été constituée). Les territoires de chasse peuvent être soumis au régime cynégétique général ou à l'un des quatre régimes spéciaux. Un de ces régimes spéciaux concerne les zones de chasse associative qui prolifèrent dans le pays. Ces zones sont exploitées par les associations de chasseurs, les sociétés, ou les clubs de chasse, ou bien sont créées à l'initiative de ceux-ci.

La loi prévoit que siègent au Conseil National de la Chasse et de la Conservation de la Faune, trois représentants des chasseurs. Dans la pratique, le Conseil fonctionne sans cette représentation, car les fédérations et confédération des associations de chasseurs ne disposent pas encore de texte d'application.

- Les autres utilisateurs des ressources et milieux naturels

On a prévu l'existence de "Conseils cynégétiques et de conservation de la faune" au niveau municipal, régional et national. Ces Conseils sont composés de cinq personnes : deux sont des représentants des intérêts des agriculteurs, une le représentant des chasseurs, une autre le représentant des autorités municipales et pour finir le dernier est le représentant d'organisations écologistes.

Les Conseils cynégétiques ont pour objet d'obtenir l'équilibre le meilleur entre l'exercice de la chasse et les activités agricoles, forestières, d'élevage et de conservation de la nature. Leurs fonctions ne sont pas décisoires en ce qui touche l'organisation de la chasse, mais ils donnent des avis et prennent des initiatives dans le cadre de leur mission.

Le régime des zones de chasse associative fait obstacle à la chasse des non-associés, y compris les propriétaires des terrains, s'ils n'ont pas voulu intégrer l'association. Ont alors été formées des associations de chasseurs et propriétaires qui luttent contre l'actuel régime spécial de chasse associative. Ces associations de fait réunissent pour des raisons différentes des chasseurs et des non-chasseurs. Les premiers parce qu'il est de plus en plus difficile de trouver un lieu pour chasser si l'on n'est pas associé, les autres parce qu'ils considèrent intolérables les actuelles restrictions au droit de propriété qui atteignent les propriétaires des terrains.

II - LES TERRITOIRES DE CHASSE ET LES HABITATS

- Définition du droit de chasse

Le droit portugais connaît bien sûr la distinction entre "droit de chasser", comme une habilitation personnelle à chasser, disons comme le droit de quelqu'un à devenir un "chasseur" et le "droit de chasse", comme la possibilité de chasser dans un territoire précis ou à un certain moment concret.

On a vu que le gibier est au Portugal une *res nullius*, ce qui signifie que l'on peut devenir propriétaire des animaux capturés sans avoir aucun droit réel ou de créance sur le territoire où l'on a trouvé la pièce de gibier capturée.

La propriété de l'animal capturé est acquise par "occupation" et seules les limites à l'exercice de cette occupation peuvent empêcher la capture. L'animal est considéré comme capturé dès le moment où il est mort ou attrapé. Mais la blessure de l'animal donne au chasseur un droit de capture qui se maintient pendant la poursuite. Si l'animal se réfugie ou tombe dans un terrain où le chasseur ne peut pas chasser, il faudra distinguer selon la nature close ou ouverte du terrain. Dans le premier cas, le chasseur doit avoir l'autorisation du propriétaire ou de son représentant pour pénétrer sur le terrain. Si cette autorisation n'est pas donnée, le chasseur a quand même le droit à la remise de l'animal tel qu'il se trouve à ce moment-là. S'il n'y a aucune clôture autour du terrain, le chasseur peut y pénétrer, seul, désarmé et sans chiens, si la pièce de gibier est visible. Le "droit de chasse", étant la possibilité concrète donnée à un chasseur de pratiquer la chasse, dépend des régimes cynégétiques.

Les zones à régime cynégétique général sont des zones où n'existent d'autres limitations que celles qui sont imposées en général, en raison des dangers que la chasse peut représenter pour la vie, la santé, la tranquillité des personnes, ou en raison des risques de dommages graves pour les biens d'autrui. La loi spécifie toutes les situations possibles, telles que, à titre d'exemple, l'interdiction de chasser sur les routes, dans les villes ou près des hôpitaux. A côté de ces interdictions absolues, l'interdiction s'applique aussi, sauf s'il y a un consentement valable, aux terrains murés, aux jardins ou parcs annexes à des habitations, ou aux terrains cultivés pendant les périodes nécessaires à la protection spéciale de certaines cultures.

Au-delà de ces limitations, les zones soumises à l'un des quatre régimes cynégétiques spéciaux présentent des caractéristiques particulières. Voilà, en résumé, pour ce qui touche le "droit de chasser" :

- dans les zones de chasse "nationales", l'accès est libre pour les nationaux et les étrangers moyennant le paiement d'une taxe. Les terrains appartiennent en principe au domaine public.
- dans les zones de chasse "sociales", l'accès est libre pour tous les nationaux moyennant un tirage au sort dans des conditions strictes d'égalité. Les terrains sont, en règle générale, publics ou appartiennent à des coopératives.
- dans les zones de chasse "associative", l'accès est réservé exclusivement aux associés, mais ils peuvent permettre l'accès ponctuel d'un non associé. Bien que les terrains soient en règle générale privés, il n'est pas exclu, que ces zones puissent inclure des terrains publics ou appartenant à des coopératives.
- dans les zones de chasse "touristique", qui concilient l'exploitation de la chasse avec la prestation de services touristiques, l'accès est ouvert à tout national ou étranger moyennant le paiement de taxes. Les terrains sont généralement privés. Si la zone se situe exclusivement dans une aire du domaine public, l'exploitation sera menée après l'ouverture d'un concours

On peut donc constater que le lien entre la propriété du territoire et le "droit de chasser" est très faible. On peut être propriétaire d'un terrain de chasse et ne pas pouvoir y chasser. Et en règle générale, on chasse sur des terrains dont on n'est pas propriétaire.

- Régime juridique des territoires de chasse

Le Gouvernement, selon l'avis du Conseil National de la Chasse et de la Conservation de la Faune, détermine les surfaces minimale et maximale de chaque territoire soumis aux régimes cynégétiques spéciaux, selon le type de chasse dominant qu'on y pratique.

Les zones à régime cynégétique spécial ne peuvent pas dépasser, dans chacune des trois régions, la moitié de la surface à vocation cynégétique.

Dans les zones de chasse "associative", on fait correspondre à chaque chasseur une superficie maximale de 30 ha et le territoire global de la zone en cause ne peut pas dépasser les 3 000 ha. Chaque chasseur peut s'associer pour chasser sur deux zones au maximum.

Les zones de chasse "nationales" sont administrées par le ministère de l'Agriculture et les zones de chasse "sociales" par le ministère de l'Agriculture avec la participation de la mairie ou d'autres autorités administratives locales et des associations intéressées.

Les zones de chasse "associative" sont gérées par l'organe élu de l'association. Les zones de chasse "touristique" sont gérées par les organes compétents des personnes morales constituées.

Les zones à régime cynégétique spécial sont soumises à une gestion qui doit observer un plan d'aménagement et un plan d'exploitation. Le plan d'aménagement définit les mesures qui doivent être adoptées et les actions à entamer avec l'objectif de développer, de conserver et d'exploiter rationnellement le gibier et d'obtenir ainsi le plus haut profit des potentialités cynégétiques du terrain concerné. Le plan d'exploitation vise la fixation des périodes, des procédés et moyens utilisés dans la chasse, le nombre de spécimens de chaque espèce qui pourront être tués, le régime d'admission des chasseurs et tout ce qui s'avère être nécessaire au plan d'aménagement.

Dans les zones de chasse "nationales" et "sociales", les plans sont établis sous la responsabilité du Ministre de l'Agriculture. Dans les autres zones, les plans doivent seulement être approuvés par ce ministère.

- La chasse sur le domaine de l'Etat

Les domaines de l'Etat constituent la base des zones de chasse "nationales" et "sociales", sans préjudice de la possibilité d'intégrer aussi les autres zones spéciales. Ce qui détermine le régime de la chasse pratiquée dans des domaines de l'Etat, c'est le type de zone dont il s'agit.

- Les espaces naturels de la chasse

Pour tout le territoire national, et quel que soit le régime de la zone, un calendrier fixe les périodes de chasse pour chaque espèce. Chaque année, le Gouvernement fixe aussi les espèces qu'on peut chasser. Afin de protéger la faune cynégétique, il y a des interdictions générales qui s'imposent à tous, parmi lesquelles on compte la protection des nids, des oeufs ou des terriers, le respect d'un nombre maximal d'animaux capturés, la prohibition de la chasse pendant des brûlages, sur la neige ou dans les terrains encerclés d'eau par des inondations.

En outre, le Gouvernement peut constituer des réserves de chasse par arrêté du Ministre de l'Agriculture. Les réserves sont intégrales, si l'on interdit toute chasse, ou partielles, si l'interdiction est restreinte à certaines espèces.

Le "Système National des Aires Protégées" jouit aussi d'un régime spécial. Le Décret-Loi n° 19/93, du 23 janvier, a créé un réseau d'aires protégées d'intérêt national, régional ou local, et des zones de paysage protégé. Par arrêté des Ministres de l'Agriculture et de l'Environnement, il peut devenir interdit de chasser certaines espèces dans ces aires ou alors on pourra y établir un calendrier spécial.

III - LES ESPECES

- Statut juridique des espèces sauvages

Au regard du droit des biens, les animaux sauvages en liberté sont des *res nullius*. On a suivi sans interruption la tradition du droit romain, ce qui a toujours posé des problèmes aux propriétaires des terrains. Aujourd'hui, la polémique s'est installée et on a même demandé à la Cour constitutionnelle de déclarer inconstitutionnelles certaines normes, dont les articles 71 à 76 du Décret-Loi n° 251/92 qui portent application de la Loi sur la Chasse.

En résumé, la question qui se pose est la suivante :

Pour constituer une zone à régime cynégétique spécial, la procédure débute avec une pétition, accompagnée d'un document, qui contient l'accord écrit des titulaires de droits sur les terrains à inclure dans la zone en cause. S'il est très difficile d'obtenir cet accord, à cause de l'excessive division de la propriété, on aura recours à une procédure alternative qui doit être autorisée par la Direction Générale des Forêts. Selon cette procédure, sera convoquée une assemblée qui doit inclure tous les titulaires de droits sur les terrains de la future zone de chasse et surtout les propriétaires. Les décisions sont prises à la majorité. Si un intéressé n'a pas eu satisfaction ou s'il n'a pas participé au vote, il peut s'opposer à l'inclusion de ses terrains dans la zone de chasse, par une requête adressée au Directeur Général des Forêts. Le problème est que cette requête doit être formulée dans un délai de 90 jours à compter de la date de la décision de constituer la zone de chasse. Or, il y a des propriétaires qui n'ont pas même eu connaissance des assemblées convoquées parce-qu'ils n'ont pas lu les affiches placardées localement et les promoteurs de la zone de chasse, en règle générale associative, n'ont pas trouvé ou voulu trouver leurs adresses. Ces propriétaires peuvent rester, dans ce cas, privés du droit de chasser sur leurs propres terres et voir celles-ci envahies par des gens qui veulent y chasser sans leur autorisation.

On peut uniquement chasser la faune cynégétique, constituée par des espèces mammifères et oiseaux qui figurent à l'annexe au Décret-Loi n° 251/92. Chaque année, un arrêté du Ministre de l'Agriculture définit les espèces cynégétiques qui peuvent être chassées au cours de la période suivante. Toutes les espèces qui ne peuvent pas être chassées seront protégées. Avec deux exceptions : la Direction Générale des Forêts peut autoriser la capture d'espèces, de nids ou d'oeufs à des fins didactiques ou scientifiques ou en vue de repeuplement ou de la reproduction du gibier en captivité, dûment autorisée, elle aussi, par le ministère de l'Agriculture, Direction Générale des Forêts.

Les espèces nuisibles non chassables (parce-qu'elles ne sont pas considérées faune cynégétique) peuvent être capturées par des actions menées par le "Service National des Parcs, Réserves et Conservation de la Nature" ou par des particuliers dûment autorisés.

Les espèces cynégétiques peuvent aussi faire l'objet de régulations menées par la Direction Générale des Forêts ou par des individus qui en sont chargés.

Dans les deux cas, les buts seront toujours d'éviter des dommages à la faune, aux pêches, aux forêts, à l'agriculture, à l'élevage ou pour la protection de la santé ou de la sécurité publiques.

- Les régimes juridiques des opérations de repeuplement, d'introduction et de réintroduction

La loi prévoit l'élevage d'espèces cynégétiques en captivité après l'autorisation de la Direction Générale des Forêts qui doit, à son tour, obtenir l'avis de la Direction Générale de l'Elevage pour les aspects sanitaires.

Cet élevage peut servir à la production de fourrures, à la consommation alimentaire, à l'utilisation des animaux dans les champs de tir, à l'entraînement des chiens de chasse, et surtout au repeuplement ou peuplement d'espèces dans la nature.

La prohibition de l'élevage en captivité des espèces cynégétiques indigènes est limitée aux perdrix, si elles appartiennent aux espèces *Alectoris graeca saxatilis* et *Whitakeri*, *Alectoris chuckar*, *Alectoris Garbara*, ou leurs hybrides, ou au fruit du croisement de celles-ci avec *Alectoris rufa* qui est la perdrix la plus commune au Portugal.

L'Arrêté 816-D/87, du 30 septembre, règle cet élevage en précisant que les oeufs et les animaux doivent être marqués par la Direction Générale des Forêts, selon ses procédés, après requête des intéressés, si l'on veut les faire sortir d'élevage. Cette sortie doit être communiquée à la même Direction Générale au moins quinze jours avant, avec mention de la date, du nombre de spécimens, de l'espèce concernée, des âges et de la destination.

L'importation des espèces cynégétiques indigènes est soumise à l'autorisation de la Direction Générale des Forêts et de la Direction Générale de l'Elevage pour ce qui est des aspects d'hygiène et sanitaire. Si les espèces ne sont pas indigènes, il faudra aussi obtenir l'agrément du Service National des Parcs, Réserves et Conservation de la Nature.

Les Décrets-Loi 68/93, du 10 mars, et 69/93, du 10 mars, transposent dans le droit interne portugais, respectivement, la Directive communautaire n° 91/496 CEE du Conseil, du 15 juillet, et les Directives n° 90/425 CEE du Conseil, du 26 juin, et n° 91/628 CEE du Conseil, du 19 novembre, relatives aux contrôles vétérinaires et zootechniques des animaux provenant de l'étranger.

IV - LES MODES DE CHASSE ET L'EXERCICE DE LA CHASSE

- Le chasseur : le permis de chasser et la capacité de chasser

Pendant l'exercice de la chasse, le chasseur doit se munir de la "carte de chasseur", du permis de chasser, du permis relatif aux chiens qui l'accompagnent, de la documentation relative aux armes et de la police d'assurance.

a) La "carte de chasseur" est délivrée aux majeurs de 18 ans (pour les armes à feu, l'arc ou l'arbalète), sans handicap physique ou psychique, à condition qu'ils ne soient pas interdits de chasse par la loi ou par décision judiciaire, et qu'ils aient passé avec succès l'examen prévu. La carte est valable pour une durée de 10 ou de 5 ans après son émission ou renouvellement, selon que le titulaire est âgé de moins ou de plus de 50 ans.
b) Le "permis de chasser" est délivré aux titulaires de la "carte de chasseur" et de la police d'assurance prévue dans la loi, en quatre modalités : permis pour le régime cynégétique général, pour le régime cynégétique spécial, pour les non résidents au territoire national et permis spécifiques.

Les permis pour les non résidents autorisent la chasse dans les zones, soit à régime général, soit à régime spécial. Les permis spécifiques sont octroyés pour la chasse au gros gibier et aux canards. Les permis de chasser s'appliquent à tout le territoire ou à une région et sont valables pour un an (une période de chasse) ou pour cinq ans. Les non-résidents ne peuvent obtenir qu'un permis d'un an ou de 10 jours.

Les taxes pour des permis en écus portugais sont les suivantes, sachant qu'un franc français correspond à 30 écus portugais :

1) régime cynégétique général :	permis national	4.000
	permis régional	2.000
2) régime spécial :	permis national	4.000
	permis régional	2.000
3) non résidents :	permis pour une période annuelle	5.000
	permis pour 10 jours	4.000

4) permis spécifiques :	gros gibier	4.000
	canard	500

Les montants de ces taxes constituent des revenus pour la Direction Générale des Forêts. Les mairies et les associations de chasseurs qui ont participé à l'octroi de permis peuvent percevoir 25 % sur chaque taxe.

Les étrangers n'ont pas besoin de "carte de chasseur" s'ils sont membres du corps diplomatique ou consulaire ou s'ils sont dûment habilités à chasser dans leur pays. Dans les deux cas, ce droit est soumis à des conditions de réciprocité (vis-à-vis des portugais qui se trouvent dans les mêmes conditions dans ces pays étrangers). Le permis de chasser pour les non-résidents n'est accordé qu'aux individus qui n'ont pas besoin de la "carte de chasseur" portugais.

Dans les zones à régime cynégétique spécial, des gardes forestiers sont détachés et ont des fonctions de surveillance.

Les chasseurs peuvent être aidés par des rabatteurs qui cherchent, poursuivent et font lever le gibier, par des porteurs de leurres ou bien par des "auxiliaires" qui transportent les vivres, les armes ou bien les animaux abattus. Ces fonctions peuvent être ponctuelles ou bien on peut en faire carrière.

- Les modes de chasse

La loi portugaise établit la distinction entre cinq modalités de chasse autorisées :

1 - La chasse *de salto*, où le chasseur cherche, poursuit, attrape ou tue le gibier qu'il fait lever lui-même, avec ou sans l'aide des chiens;

2 - La chasse *de espera* (à l'affût), où le chasseur s'arrête et, caché ou non, avec ou sans leurres, attend les animaux pour les chasser;

3 - La chasse *de batida* (en battue) dans les cas où le gibier est levé par des rabatteurs et les chasseurs se postent pour le tuer;

4 - La chasse *a corricào* (à courre), pratiquée à l'aide de chiens et sans armes à feu;

5 - La chasse *de cetraria* (au vol), quand on fait seulement usage des rapaces.

Le gros gibier peut également être chassé par "rapprochement", quand le chasseur se déplace avec le seul but de capturer un certain spécimen et "de vénerie" quand le chasseur se déplace en direction des "portes" définies préalablement pour y tuer les animaux levés par des chiens ou des rabatteurs. On peut aussi chasser à cheval avec des lances et l'aide éventuelle des chiens.

Dans les zones à régime cynégétique spécial, où l'on pratique la chasse à tir "par saut", les groupes ou lignes de chasseurs ne peuvent inclure plus de cinq chasseurs et doivent garder entre eux une distance minimale de 100 m.

La loi spécifie quand et dans quelles conditions chaque espèce peut être chassée.

A côté des modalités de chasse autorisées, sont également réglementés les instruments et moyens qu'on doit utiliser, sous peine de sanction pénale.

On peut utiliser :

- les armes à feu que la loi qualifie d'armes de chasse
- l'arc
- l'arbalète
- la lance
- le bâton
- les leurres, les chanterelles et les appeaux
- les oiseaux rapaces dûment entraînés
- les chiens
- le bateau
- le cheval

Néanmoins, la loi interdit :

a) Les fusils automatiques ou semi-automatiques qui acceptent l'introduction de plus de trois cartouches.
Les cartouches chargées de lingots et, pour le gros gibier, les cartouches chargées de plombs sont toujours interdites.
b) Les flèches empoisonnées ou enduites d'un produit destiné à accélérer la capture des animaux, avec une pointe explosive, ou encore avec des accrocs ou barbelés.
c) L'usage de magnétophones en tant qu'appel, ou bien de leurres, s'agissant d'animaux aveugles ou mutilés, est aussi interdite. D'ailleurs, les leurres ne sont autorisés que pour la chasse aux pigeons et aux canards.
d) Chaque chasseur ne peut utiliser que deux rapaces, dûment enregistrés.
e) Le type et le nombre de chiens utilisés obéissent à des prescriptions concernant le mode de chasse et aussi l'espèce chassée. En général, pour le menu gibier et la chasse à tir chaque chasseur peut utiliser un à deux chiens.
f) Le bateau ne peut être utilisé que pour la chasse aux canards et aux poules d'eau. Le bateau ne peut pas être utilisé pour poursuivre la chasse, et le moteur, s'il y en a, doit être arrêté quand on fait feu.
g) Le cheval peut être utilisé pour la chasse au gros gibier, au renard et au lièvre et pour la chasse au vol, mais toujours sans armes à feu, arcs ou arbalètes.

La détention, le transport ou l'utilisation du furet sont interdits. La Direction Générale des Forêts ou les responsables de la gestion des zones à régime cynégétique spécial peuvent cependant utiliser les furets dans des opérations d'aménagement cynégétique prévues et organisées.

- La réglementation concernant les prélèvements

La protection des espèces cynégétiques est un souci constant de toute la législation, ce qui peut s'expliquer à la lumière d'un passé relativement récent. Sous le régime autoritaire qu'a connu le Portugal, la réglementation de la chasse octroyait des privilèges aux propriétaires de vastes bois réservés, privilèges auxquels la révolution du 25 avril 1974 a mis fin. On est alors tombé dans l'extrême opposé, et l'on a assisté à une pratique presque sauvage de la chasse, qui a causé des dégâts énormes aux espèces. Il a fallu faire des efforts pour, peu à peu, mettre en place la législation actuelle. La législation doit être restrictive étant donné les caractéristiques du pays. La population approche les dix millions d'habitants pour une superficie continentale de 89.000 m^2. La tradition de la chasse est très forte et le pays a encore une composante rurale dominante. Le gibier est de plus en plus rare, de telle sorte que, en dehors des zones à régime spécial de chasse associative ou touristique, on ne trouvera probablement pas de spécimens susceptibles d'être capturés.

Un arrêté du ministre de l'Agriculture énonce chaque année les espèces considérées comme gibier pour l'année en cours, et publie aussi le calendrier de chasse pour chaque espèce en tenant compte de chaque région.

La réglementation générale impose l'interdiction de chasser pendant la nuit, sauf pour les canards et le gros gibier. Dans les zones à régime cynégétique général, on peut chasser le dimanche, le jeudi et les jours de fête. Dans les zones à régime spécial associatif, on peut chasser un jour de plus par semaine. Dans les zones à régime spécial national, social ou touristique, ce sont les plans d'aménagement et d'exploitation cynégétiques respectifs qui déterminent les jours de chasse.

On a déjà vu que, pour chaque espèce cynégétique, un régime spécifique dans la loi tient compte de la protection nécessaire. A titre d'exemple, on notera que la chasse au lièvre peut être autorisée, par arrêté, pour les mois d'octobre, novembre et décembre et, à des conditions spéciales, pour janvier et février. Dans les zones à régime général, chaque chasseur ne peut pas chasser plus d'un individu par jour. La chasse "battue" ne peut avoir lieu que dans les zones à régime spécial. Pour la chasse à courre du lièvre, on ne peut utiliser que deux chiens pour la recherche et on ne peut lâcher plus de deux lévriers.

Comme l'on a déjà dit, c'est le ministère de l'Agriculture qui organise la destruction des animaux nuisibles à l'agriculture, la pêche et la chasse.

V - LE DROIT PENAL DE LA CHASSE

Les faits punissables en matière de chasse peuvent être des crimes (le système portugais ne fait pas la distinction entre les crimes et les délits), et des infractions aux règlements.

Les crimes prévus sont :

a) l'exercice de la chasse sans la "carte de chasseur" quand elle est exigée;
b) l'utilisation des auxiliaires (rabatteurs, etc.) en dehors des conditions prévues pour la loi;
c) l'utilisation du furet;
d) la chasse dans les locaux où toute chasse est interdite ou réglementée;
e) la chasse dans les réserves de chasse, ou en contravention aux interdictions du Gouvernement qui visent à protéger la faune cynégétique dans des locaux de développement et conservation;
f) la chasse hors du calendrier cynégétique relatif à chaque espèce;
g) l'utilisation d'instruments et moyens non autorisés;
h) les comportements qui violent les prescriptions destinées à préserver les espèces (concrètement prévues dans l'article 18 de la Loi sur la Chasse et qui incluent notamment la chasse des espèces que la loi considère non cynégétiques);
i) la chasse des espèces dont la capture pour la période annuelle de chasse en cause est interdite, bien qu'elles soient des espèces cynégétiques;
j) la chasse dans des zones à régime spécial, avec des moyens non autorisés et durant la période de l'année où la chasse est interdite;
k) la chasse dans les zones à régime spécial si l'on n'est pas autorisé à y chasser;
l) le refus du chasseur de s'identifier.

Par exclusion, les infractions qui ne sont pas réputées des crimes par la loi suivent le régime des infractions aux règlements de la chasse. L'article 116 du règlement de la chasse énonce ces infractions, parmi lesquelles se trouve l'absence du permis de chasser ou de l'assurance requise, les infractions relatives à l'enregistrement des chiens ou des rapaces ou à leur utilisation en dehors des conditions requises, le fait pour le chasseur de ne pas porter ses documents pendant la chasse, l'élevage de gibier en captivité en violation les conditions prévues par la loi, etc...

Le régime général du Code de Procédure Pénale en matière de dénonciation s'applique aux crimes du domaine de la chasse : toute personne à titre individuel peut, l'autorité policière et les fonctionnaires (ceux-ci dans le cadre de leurs attributions) doivent, communiquer l'infraction aux autorités compétentes pour poursuivre. Seul le Ministère Public peut poursuivre ces infractions.

Le Ministère Public poursuit également les infractions aux règlements si elles sont commises en concours avec des crimes. S'il n'y a lieu qu'à une procédure pour infraction aux règlements, c'est l'autorité administrative qui poursuit, concrètement l'Institut Forestier, et si l'infraction a été commise à l'intérieur d'une aire protégée, la compétence pour enquêter et appliquer la sanction appartient, soit à l'Institut Forestier, soit au Service National des Parcs, Réserves et Conservation de la Nature. Dans tous les cas, la Direction Générale des Forêts reçoit une copie du procès-verbal.

La peine prévue pour les crimes est l'emprisonnement, toujours accompagné d'une amende. Le crime le plus grave est puni d'une peine d'un an d'emprisonnement au maximum, et de 200 jours d'amende. Le juge peut appliquer aussi des sanctions accessoires telles que la confiscation des instruments ou moyens utilisés pour la chasse, ou des animaux capturés eux-mêmes et la déchéance du droit de chasser pour une période de 3 à 5 ans. La récidive entraîne une peine double de celle prévue par la loi.

Les sanctions prévues pour les infractions aux règlements sont seulement pécuniaires mais, tandis que l'amende sanctionnant un crime peut être transformée en emprisonnement si l'on ne paye pas, cette possibilité n'existe pas pour les sanctions pécuniaires pour infraction aux règlements. Les sanctions accessoires des infractions aux règlements se traduisent par la confiscation des instruments et moyens utilisés pour la chasse, les moyens de transport dont on a fait usage, les animaux chassés et la déchéance du droit de chasser pour une période pouvant aller jusqu'à deux ans.

VI - LA REPARATION DES DOMMAGES ET L'ASSURANCE

On a déjà vu que les espèces cynégétiques peuvent faire l'objet d'actions de régulation menées par la Direction Générale des Forêts pour éviter ou diminuer les dommages produits par la chasse. Ces dommages peuvent être causés à la faune, à la flore, aux pêcheurs, aux forêts, à l'agriculture ou à l'élevage de bestiaux. Ces actions peuvent être menées aussi par des raisons de santé et sécurité publiques.

En outre, la loi sur la chasse prévoit que les autorités chargées de la gestion des zones de chasse à régime spécial, des lieux destinés à l'élevage de gibier en captivité ou des terrains d'entraînement, sont responsables des dommages dus à la chasse, soit sur les terrains propres, soit sur les terrains voisins et doivent indemniser les victimes.

Dans le cas où ces autorités ont demandé l'exécution d'opérations de régulation cynégétique à la Direction Générale des Forêts et où l'autorisation a été refusée, la Direction des Forêts dédommage les victimes.

L'arrêté 67/85, du 30 juillet, du Secrétaire d'Etat à la Production Agricole a approuvé le "Règlement sur les dommages produits par la chasse" :

- le chapitre I traite de la régulation des espèces;
- le chapitre II traite du droit à réparation;
- le chapitre III traite du calcul des dédommagements;
- le chapitre IV traite des dommages causés par les sangliers;
- le chapitre V traite des dommages causés par les loups.

Aujourd'hui, le loup n'est plus une espèce chassable. Il s'agit désormais d'une espèce complètement protégée. C'est pourquoi la réparation des dommages qu'il cause se fait selon la loi 90/88 du 13 août (Loi sur la protection du loup ibérique).

Tous les dommages sont susceptibles d'indemnisation dès qu'ils sont causés par le gibier provenant d'une certaine zone. La responsabilité est régie par l'article 493 du Code Civil. La personne chargée de la surveillance des animaux est responsable des dommages causés par eux, sauf si elle prouve son absence de faute ou que les dommages auraient eu lieu en toute circonstance.

C'est une responsabilité basée sur la faute et non sur le risque mais qui admet une présomption de culpabilité.

L'assurance obligatoire concerne seulement les dommages causés par le chasseur dans l'exercice de la chasse.

Le droit de la chasse en République Tchèque

Ing. Josef HROMAS*

I - SOURCES ET ACTEURS DU DROIT DE LA CHASSE

- Les sources nationales

En République Tchèque, la norme juridique suprême est la Constitution de la République Tchèque à laquelle toutes les mesures d'application - prises par les ministères - sont subordonnées.

La Constitution de la République Tchèque ne parle ni de la chasse ni des problèmes de la faune sauvage. Elle ne mentionne pas non plus que le gibier devrait être défini comme la richesse nationale commune, ou comme la propriété de tout le peuple.

Il existe une loi sur la chasse (N° 512 de 1992) définissant le gibier comme une richesse de la nature. La chasse est également régie par la Loi sur la protection de la nature, la Loi sur la protection des animaux contre les mauvais traitements, la Loi sur les armes et les munitions, la Loi sanitaire et, partiellement encore, par d'autres lois (par exemple la Loi sur le sol).

Ces lois, traitant des problèmes de la chasse, sont accompagnées de mesures d'application prises par le ministère de l'Agriculture de la République Tchèque (élaborées en accord avec d'autres ministères - le ministère de l'Environnement, le ministère de l'Intérieur etc..).

---

* Professeur.

- L'organisation administrative de la chasse

La chasse, considérée comme une des ressources du revenu national, est dirigée directement par l'Etat qui fixe le cheptel des espèces gibier qui doit être géré sur une unité de surface qui sera convertie en territoire de chasse concret (il s'agit des effectifs optimaux permettant de profiter de la nature sans détériorer l'environnement).

L'Etat charge le ministère de l'Agriculture de la République Tchèque de la direction de la chasse. Dans le cadre de la Section sylviculture, on a ainsi créé la Section chasse. Le ministère s'occupe de la conception de la chasse (on y prépare les projets de lois cynégétiques ou les lois concernant la cynégétique - mesures d'application). Il résout en outre les désaccords entre les associations de chasse régionales ou entre les associations de chasse régionales et les territoires de chasse.

Les organes inférieurs et directement exécutifs sont les Offices régionaux (il y en a 84 puisque la République Tchèque est divisée en 84 districts) qui approuvent et contrôlent les plans annuels de gestion et de prélèvement du gibier. Ils peuvent aussi sanctionner ceux qui ne les respectent pas. Ils s'occupent également des dégâts causés par la faune gibier ou des dommages subis par elle. Le chef-économe du territoire de chasse est responsable de la gestion du gibier auprès de l'Office régional.

Les décisions de principe concernant la chasse, et en accord avec la législation cynégétique, sont prises par le ministère de l'Agriculture de la République Tchèque (éventuellement en accord avec les autres ministères).

Les décisions se rapportant aux territoires de chasse ainsi créés sont prises par les Offices régionaux respectifs (il n'y a pas d'autres intermédiaires administratifs entre le ministère et les districts).

Les décisions concernant la gestion de la faune gibier sur les territoires de chasse sont prises par les utilisateurs de ces territoires conformément aux connaissances techniques et sous la responsabilité du chef-économe du territoire de chasse.

- L'organisation des chasseurs

Dans la République Tchécoslovaque, une Association des chasseurs fût fondée en 1923. Elle s'appelait, et s'appelle encore, *Ceskomoravska myslivecka jednota - CMMJ* (Association des Chasseurs Tchèques et Moraves). Il n'y a pas d'autre organisation de chasse.

L'Association des Chasseurs Tchèques et Moraves est une organisation volontaire associant aujourd'hui 112.000 chasseurs (approximativement 98 % de tous les chasseurs ayant le permis de chasser). Le Corps des Représentants est son organe suprême qui se réunit deux fois par an (une fois tous les trois ans, se tient la réunion électorale). Ce corps se compose de représentants des 84 districts. Dans l'intervalle, c'est le Conseil de chasse qui dirige toutes les activités. Il est composé de 15 membres et ses activités sont contrôlées par la Commission de contrôle qui est élue. Les autres activités sont dirigées par les commissions techniques (de la culture et propagande, cynégétique, écologique, cynologue, économique, de tir, législative), dont les présidents sont membres du Conseil de Chasse. Celui-ci est dirigé par un président et trois vice-présidents élus qui ont à leur disposition un secrétariat dirigé par un secrétaire général.

Les organes inférieurs de l'Association des Chasseurs Tchèques et Moraves sont les associations de chasse régionales avec une base de 1000 à 2000 chasseurs ou les différents Clubs (des fauconniers, des cynologues, etc...).

Les associations de chasse régionales collaborent avec les associations locales formées habituellement dans les territoires de chasse.

Dans chaque territoire de chasse, on élit un chef-économe responsable de la gestion du gibier, ayant obligatoirement une qualification en la matière (il doit passer un examen professionnel de chasse) et dont la fonction est confirmée par l'Office régional. Les personnes occupant les autres fonctions sont élues au cours de réunions des membres des associations locales (président, et d'autres, si nécessaire).

Les Conseils de chasse régionaux sont élus une fois tous les 3 ans par les délégués des conférences régionales. Il en est de même pour le Conseil de chasse national.

L'Association des Chasseurs Tchèques et Moraves est donc non seulement une association volontaire mais aussi une organisation d'intérêt pour tous les chasseurs de la République Tchèque. Elle a pour but de défendre les intérêts des chasseurs et de la chasse et de collaborer avec tous les organes de l'administration. On peut donc considérer cette collaboration comme bonne (beaucoup d'employés de la fonction publique sont membres de l'Association des Chasseurs Tchèques et Moraves).

- Les autres utilisateurs des ressources et milieux naturels

a) La sylviculture

Le développement de la sylviculture au cours des années a conduit à la monoculture, surtout pour les épicéas, et à la réduction des feuillus et autres bois. Cela a également mené à une réduction de la capacité nourricière des territoires de chasse dans les forêts et, par conséquent, à des dégâts importants causés par le gibier. Le surpeuplement des espèces gibier s'est manifesté, dans les années passées, par des dégâts par rongement et écorçage. Le prélèvement à long terme sur ces espèces a réduit les dégâts au minimum acceptable mais le changement de ces monocultures en forêts mixtes (changement initié par les dommages causés par le vent, la neige et les parasites) attire l'attention du gibier sur les jeunes feuillus ou jeunes sapins et, malheureusement, les dégâts commencent à augmenter à nouveau.

La réduction permanente du gibier conduit non seulement à la diminution de ses effectifs, mais surtout à la régression de sa qualité (y compris la qualité des trophées).

b) L'agriculture

Une application exagérée et prolongée des produits chimiques a eu des conséquences préjudiciables sur le petit gibier, si bien que les chasseurs se sont davantage intéressés au grand gibier dont la surpopulation avait mené à des dégâts dans la sylviculture et aussi dans l'agriculture. Les dégâts causés par les sangliers, notamment, étaient les plus importants.

Les grands champs ont entraîné la suppression des espaces verts dispersés qui sont indispensables au petit gibier du point de vue de la nourriture, de la nidification... Ces grandes monocultures (surtout les grains) ont contribué à la surpopulation des renards et au développement de la rage.

Il semble que l'augmentation de la surface herbacée soit favorable au gibier. La plantation des semis et des buissons coûte cher mais dure longtemps, bien que son effet n'apparaisse qu'à long terme (10 ou 20 ans).

Deux questions se posent quant à la gestion des espèces gibier.

La destruction des espèces gibier non autochtones est un problème qui touche la République Tchèque. Des espèces stabilisées comme le mouflon, le cerf de Virginie, le cerf sika, le daim, le chamois, le lapin, le faisan et le rat musqué sont cependant considérées comme traditionnelles dans nos territoires de chasse. En fait peu d'espèces sont réellement autochtones.

Un second problème est constitué par la protection absolue de certaines espèces, qui comprend l'interdiction de chasser, et la volonté de réintroduire de grands carnivores et des rapaces dans un pays modifié par les activités humaines. En effet, la prolifération de certains carnivores (dans notre pays, il s'agit surtout du lynx et éventuellement du loup) se reflète par la diminution des effectifs du petit gibier et des ongulés mais également par les dommages subis par les animaux domestiques. Les gens s'inquiètent pour leur propre sécurité.

A notre avis, la nature de nos jours exige l'intervention de l'homme - du chasseur - qui peut, à travers la protection de la nature et à l'aide de la chasse, stabiliser dans les territoires de chasse les relations existant entre toutes les espèces gibier.

II - LES TERRITOIRES DE CHASSE ET LES HABITATS

- Définition du droit de chasse

Le droit de chasse constitue un ensemble de droits et d'obligations se rapportant à la protection du gibier, sa gestion systématique, sa chasse, son appropriation, à la recherche des bois tombés, au ramassage des oeufs du gibier à plumes, et enfin à l'utilisation des territoires de chasse. Le droit de chasse est lié au territoire de chasse approuvé et autorisé par l'Office régional.

Le droit de chasser ne peut appartenir qu'à une personne physique ou morale de nationalité tchèque possèdant le permis de chasser et qui est propriétaire ou locataire du territoire de chasse. Ce territoire est loué par l'Etat ou une société de chasseurs formée par des propriétaires ou des locataires de territoires de chasse, si la superficie de leurs territoires est inférieure à la surface minimale prescrite par la loi. Les hôtes tchèques ou étrangers possèdant une licence ou permis de chasser valable peuvent pratiquer la chasse touristique.

Les territoires de chasse ne sont autorisés qu'aux propriétaires des terrains de chasse. Si la superficie de ces terrains est inférieure à celle imposée par la loi, il faut s'unir avec les propriétaires voisins et créer une société à laquelle l'Office régional octroiera le territoire de chasse.

Les personnes morales auxquelles le droit de chasse est attribué, peuvent être des sociétes de chasse ou l'Etat (cela arrive surtout s'il s'agit de territoires de chasse situés en forêt). Les terrains de chasse appartenant à l'Etat et autorisés comme territoire de chasse, sont habituellement à la disposition d'une des organisations de l'Etat qui loue ce territoire aux associations de chasseurs locales ou exerce elle-même le droit de chasse.

Dans la plupart des territoires de chasse (à peu près les 3/4), le droit de chasser est exercé par les associations de chasseurs locales.

- Le régime juridique des territoires de chasse

La loi cynégétique dispose que le territoire de chasse doit être formé par des terrains de chasse intégraux et continus d'une taille minimale de 500 ha.

Sur ce territoire, le droit de chasse peut être exercé par une personne physique ou morale (définie ci-dessus) sur la base des plans annuels approuvés par l'Office régional pour chaque exercice budgétaire.

Les chasseurs doivent obligatoirement respecter les effectifs maximum fixés en application de la loi, en fonction du nombre, de l'âge et de la qualité de l'espèce en cause. Ils s'occupent donc de la gestion des habitats du gibier, de l'affouragement pendant les périodes les plus difficiles, de la protection contre les facteurs nuisibles (y compris les maladies) et du prélèvement sélectif.

Pour atteindre ces buts, on utilise le plan de soins gibier. En effet, on élabore chaque année, pour chaque territoire de chasse, un plan de gestion et un plan de prélèvement. Ils sont élaborés pour les espèces gibier vivant sur le territoire de chasse dont la gestion a un intérêt. Ces plans concernent donc tous les ongulés (cerf sika, daim, chevreuil, cerf de Virginie, mouflon, chamois, sanglier) et les espèces les plus importantes de petit gibier (lièvre et faisan). Ces plans doivent être approuvés par l'Office régional puis exécutés sur les territoires de chasse.

- La chasse sur le domaine de l'Etat

Les prescriptions de la loi sont applicables sur tous les territoires de chasse sans aucune exception. Il n'y a que dans les réserves de chasse, dont le propriétaire ne doit pas être uniquement l'Etat, où l'on peut chasser toute l'année (mais cela ne concerne pas les périodes de protection).

- Les espaces naturels et la chasse

Il existe des parcs nationaux, des zones protégées et des réserves naturelles et cynégétiques. Le gibier est chassé partout. Il y a cependant quelques espèces qui exigent une pression de la chasse différente.

Dans tous ces espaces protégés, la gestion intensive du gibier (enclos, faisanderie) n'est pas permise. La gestion qui y est pratiquée doit être proche de la nature.

Les espèces protégées le sont, conformément à la loi, au cours de toute l'année (par exemple : loutre, élan, loup, aigle, faucon, hibou, tétras, tétras lyre, gélinotte, etc...).

Dans les réserves de chasse servant d'étapes lors des migrations, la chasse aux oiseaux est interdite et les lacs sont artificiellement aménagés pour la nidification et le repos de ces oiseaux. Par exemple, les petites îles sont couvertes de plantes, l'entrée est interdite ...

Nos efforts pour appliquer une agriculture respectueuse de l'environnement dans la réserve de chasse aux outardes n'ont pas été couronnés de succès.

Dans les espaces où est pratiquée une gestion intensive du gibier, on adapte la forêt à l'élevage du gibier. Ces forêts sont transformées en faveur de la gestion du gibier et la production sylvicole reste limitée.

III - LES ESPECES SAUVAGES

- Statut juridique des espèces sauvages

Le droit cynégétique définit le gibier comme une richesse naturelle. Les espèces gibier à plumes et à poils se divisent en :

a) gibier protégé toute l'année : *Alces alces, Marmota marmota, Ursus arctos, Lynx lynx, Felis silvestris, Canis lupus, Mustella vivalis, Lutra lutra, Meles meles, Sciurus vulgaris, Otis tarda, Tetrao urogallus, Lyrurus tetrix, Tetrastes bonasia, Perdrix perdrix, Columba oenas, Streptopelia turtur, Scolopax rusticola, Capella gallinago, Turdus pilaris, Bronta sp., Aguila sp., Pandion haliaetus, Accipiter nisus, Cerchneis sp., Circeus sp., Bubo bubo, Strigidae sp.*

b) gibier protégé une partie de l'année (la majorité des espèces)

c) espèces non protégées : marcassins *Sus scrofa*, *Vulpes vulpes*, *Nyctereute procyonides*, *Putorius putorius*, *Corone corone*, *Pica pica*.

Le ministère de l'Agriculture, en accord avec le ministère de l'Environnement, fixe, par un texte valable pour plusieurs années, la liste des espèces gibier et les périodes de chasse.

- Régime juridique des opérations de repeuplement, introduction et réintroduction

Il est possible de repeupler les territoires de chasse avec différentes espèces gibier vivant dans notre pays à condition :
- d'obtenir l'accord du propriétaire du territoire de chasse,
- d'obtenir l'accord de l'Office régional,
- de présenter un certificat sanitaire du lieu de capture du gibier et un accord sanitaire du lieu où sera lâché le gibier, et d'assurer une période d'adaptation temporaire du gibier dans un enclos d'acclimatation.

Le gibier est généralement capturé dans les localités où il pose des problèmes puis est relâché dans les localités dont les habitats sont plus favorables. Dans l'hypothèse où on renforce ou on échange les populations, le gibier lâché présente les mêmes qualités que le gibier d'origine.

Les conditions pour les introductions ou les réintroductions d'espèces disparues sont les mêmes que celles posées pour le repeuplement mais il est exigé en plus un accord du Ministère de l'environnement en application de la loi sur la protection de la nature.

On suppose que le repeuplement a des fins cynégétiques même si ce n'est pas toujours le cas (*cf.* le repeuplement systématique des perdix, des tetras lyres, etc...).

Il faut noter qu'il est interdit de lâcher le gibier dans la nature sans attestation sanitaire. Cette attestation est exigée même pour le temps que les spécimens passent dans les enclos d'acclimatation.

IV - LES MODES DE CHASSE ET L'EXERCICE DE LA CHASSE

- Le chasseur : le permis de chasser et la capacité de chasser

Pour obtenir pour la première fois le permis de chasse, il faut passer un examen devant la commission. Cet examen porte sur les matières suivantes :
- l'éthique et l'histoire de la chasse, les organisations internationales et les relations extérieures,
- la biologie du gibier,
- la gestion et les maladies du gibier,
- les modes de chasse et les premiers secours,
- la cynologie,
- le droit cynégétique,
- les armes et les munitions.

Les examens sont organisés par les associations de chasseurs régionales en collaboration avec les examinateurs ayant passé les examens de chasse professionnels. Les futurs chasseurs suivent des cours (environ 70 heures) et font un stage dans les territoires de chasse.

On peut également obtenir le permis de chasser en passant un examen de chasse à l'Ecole forestière ou à l'Ecole supérieure des bois et forêts qui instruisent les chasseurs professionnels. Le permis de chasser peut être obtenu par toute personne âgée de 18 ans ou plus.

Il existe différentes catégories de permis de chasser :
- le permis de chasser délivré aux personnes de nationalité tchèque qui est valable 1 ou 3 ans,
- le permis de chasser délivré aux étudiants des écoles professionnelles où sont instruits les chasseurs professionnels qui est valable 1 an et qui est gratuit,
- le permis de chasser délivré aux étrangers qui est valable 1 mois ou 1 an.

Le permis de chasser constitue l'attestation que l'examen de chasse a bien été subi et il autorise son détenteur à chasser sur son propre territoire de chasse ou sur les autres s'il y est invité. En dehors de cette hypothèse, il faut avoir une autorisation écrite indiquant qu'on peut y chasser et ce qu'on peut y chasser.

De nos jours, la durée de validité des permis de chasser est de 1 ou 3 ans mais à l'avenir leur validité ne devrait plus être limitée. On prépare en effet une loi sur les armes et les munitions selon laquelle les armes de chasse seront enregistrées dans le permis de port d'arme. Jusqu'à présent, ces armes étaient enregistrées dans les permis de chasser.

Le permis de chasser valable pour un an coûte 100 couronnes tchèques (5,5 DEM), le permis de chasser pour les étrangers valable 1 mois coûte, quant à lui, 1.000 couronnes (55 DEM) tandis que celui valable 1 an coûte 5.000 couronnes (275 DEM). Ces ressources financières font partie du budget de l'Office régional sans être exclusivement affectées à des buts cynégétiques.

Pour obtenir un permis de chasser, les étrangers doivent présenter leur passeport et le permis de chasse délivré dans leur pays. On réfléchit à la possibilité d'exiger des examens supplémentaires qui seraient passés dans la République Tchèque.

Les forestiers travaillant dans les domaines de l'Etat exercent la chasse comme profession et obtiennent donc gratuitement le permis de chasser. Il en est de même pour les chefs-économes des territoires de chasse et les gardes-chasse (il y a un garde-chasse tous les 500 ha sur les territoires de chasse) qui sont assermentés et attachés à l'Office régional et ont le statut de fonctionnaire. Mais ces fonctions ne sont pas professionnelles, sauf dans les domaines de l' Etat.

- Les modes de chasse

La loi cite les modes de chasse interdits. Le gibier doit être chassé avec une arme à feu et le petit gibier en course ou au vol. La chasse à courre n'est pas pratiquée dans notre pays mais la chasse sous terre l'est.

La loi interdit :

- tout mode de chasse entraînant une torture inutile du gibier tel que l'empoisonnement par gaz,
- de tuer des ongulés avec des chevrotines ou du plomb taillé ou d'utiliser des cartouches avec une percussion annulaire ou encore des cartouches dont la longueur est inférieure à 4 cm,
- de chasser les ongulés pendant la période de privation à distance de 200 m de la mangeoire ou de la saunière,
- de chasser le gibier, les sangliers et les renards exceptés, la nuit, c'est-à-dire une heure après le coucher du soleil et une heure avant son lever,

- de chasser les ongulés à l'affût à distance de 100 m de la frontière du territoire de chasse, et pour les faisans à distance de 200 m de la frontière avec la faisanderie voisine,
- de chasser le gibier à l'aide de collet, de glu ou avec des pièges n'entraînant pas la mort immédiate de l'animal,
- d'utiliser des lumières artificielles lors de battue,
- d'utiliser des chiens pour poursuivre le gibier, à l'exception des chiens aux pieds bas.

La loi permet de chasser à l'aide de rapaces (la fauconnerie) et de capturer le gibier dans des filets.

- La réglementation applicable aux prélèvements

Pour le gibier à trophées, les chasseurs ont intérêt à obtenir les trophées les plus forts qui correspondent au prélèvement du gibier dans sa meilleure période. On respecte ainsi la catégorisation du gibier d'après l'âge.

En ce qui concerne les faisans, on ne peut chasser que les coqs, ce qui permet d'assurer une augmentation permanente des effectifs.

Quant au gibier à fourrure, il ne peut être chassé qu'en dehors de la période de reproduction lorsque sa fourrure est de la plus haute qualité.

Les autres espèces ne peuvent être chassées que dans le but de les capturer afin de les sélectionner et de relâcher les jeunes dans la nature.

En revanche, les rapaces, comme l'autour et la buse, et les carnivores, comme l'hermine, peuvent seulement être chassés dans les faisanderies.

Les limitations dans le temps et la limitation des prélèvements journaliers, saisonniers ou annuels sont obligatoires. Dans le passé, on demandait aux chasseurs de ne chasser, par exemple, qu'une bécasse commune par an (aujourd'hui cette espèce est totalement protégée), ce qui menait à la diminution des prélèvements sur cette espèce.

- La gestion des prédateurs d'espèces gibier et autres espèces dites nuisibles

La loi ne distingue pas le gibier "nuisible" des autres car le chasseur doit respecter la gestion de toutes les espèces gibier mentionnées dans les textes.

De tous les rapaces, seuls l'autour (*Accipiter gentilis*) et la buse (*Buteo sp.*) sont chassés dans des faisanderies. Les corneilles et les pies sont chassées toute l'année tandis que les choucas ne le sont qu'en été. De tous les carnivores, on ne chasse toute l'année que les renards, les nyctéreutes et les putois, les martres ne sont chassées qu'en hiver et les hermines dans les faisanderies. Les chiens et chats errants, c'est-à-dire se trouvant hors de portée de la main du maître et à distance de 200 m de la dernière maison habitée, peuvent être chassés toute l'année. Il est cependant interdit de chasser les chiens de travail et les chiens de chasse.

V - LE DROIT PENAL DE LA CHASSE

Les comportements incriminés sont ceux en contradiction avec les dispositions de la loi sur la chasse ou ses mesures d'exécution.

Le chef-économe du territoire de chasse est informé du comportement fautif et il communique les faits à l'Office régional ou à la police.

Une enquête est menée par l'Office régional, s'il s'agit, par exemple, de la méconnaissance des dispositions d'un plan relatives au prélèvement, ou par la police, s'il s'agit, par exemple, d'un braconnage ou encore de blessures sur un homme par un coup de fusil.

L'Office régional peut infliger une amende allant jusqu'à 100 000 couronnes tchèques :

- à l'utilisateur d'un territoire de chasse qui n'a pas respecté le cheptel de gibier fixé pour le territoire de chasse,
- à l'utilisateur du territoire de chasse qui a fourni de fausses données sur l'état et les espèces gibier présentes sur son territoire,
- à celui qui, intentionnellement, sans autorisation ou par négligence, a sur son territoire de chasse des espèces gibier sauvages croisées avec des espèces domestiques,
- à celui qui ne se préoccupe pas suffisamment de la protection du gibier,
- à celui qui viole les règles relatives à la chasse ou à la cynologie,
- à celui qui est locataire de plusieurs territoires de chasse ou qui donne son territoire de chasse en sous-location.

La police peut retirer le permis de chasser ou confisquer les armes et, s'il s'agit d'un braconnage, elle peut même confisquer le gibier.

La destitution de la qualité de membre de l'Associaion des chasseurs ou l'annulation de la licence de chasse peuvent également être prononcées à titre de sanction.

Lorsqu'il s'agit de braconnage, la valeur du gibier braconné est calculée en prenant en compte sa valeur reproductrice exprimée par son prix pour la chasse touristique, s'il s'agit de gibier à trophée, ou par le prix du gibier pour le repeuplement, s'il s'agit de femelles ou de jeunes. Ce prix change chaque année. Le tribunal prend en considération les conclusions d'un expert auprès des tribunaux et fixe le montant des dommages et intérêts dus à l'utilisateur du territoire de chasse sur lequel les dommages ont été subis.

Il n'existe aucune statistique officielle sur le braconnage. Si le braconnier encoure une peine allant jusqu'à 2 ans d'emprisonnement (cela dépend du caractère du délit et du montant des dommages), aucune personne n'a été jusqu'à présent si sévèrement punie bien que le braconnage soit une réalité.

VI - LA REPARATION DES DOMMAGES

L'utilisateur du territoire de chasse est en général responsable des dommages causés par le gibier qui s'y trouve. Le propriétaire du terrain de chasse exige de l'utilisateur la réparation des dommages. S'ils ne parviennent pas à trouver un accord, le conflit sera résolu par une commission arbitrale de l'Office régional composée de 3 personnes. La commission fixe alors le montant des dommages. Si les deux parties ne sont pas satisfaites de cette décision, c'est le tribunal qui tranchera.

L'utilisateur du territoire de chasse doit réparer :

- les dommages causés sur le territoire de chasse dans l'exercice du droit de chasser, et
- les dommages causés par la faune gibier sur le territoire de chasse, sur les cultures non encore récoltées, sur les vignobles ou encore sur la végétation forestière.

Les dommages causés sur un terrain non classé en territoire de chasse, ne sont pas réparés, pas plus que les dommages causés par une collision entre du gibier et une voiture. Dans cette dernière hypothèse, le chauffeur est considéré comme responsable car il aurait dû prévoir la collision.

Les dégâts causés par le gibier vivant librement sur les territoires de chasse et dont les effectifs sont planifiés et aménagés, et pour lequels des périodes de chasse sont fixées, sont indemnisés. Il en va de même pour les dégâts causés par le gibier qui s'est échappé d'un enclos par la faute de l'utilisateur

Par ailleurs, les dégâts causés par le gibier dont les effectifs ne sont pas réduits par la chasse, sont réparés par l'Etat.

L'utilisateur du territoire de chasse est seul responsable des dommages causés lorsque le propriétaire du terrain de chasse a pris toutes les mesures nécessaires pour éviter les dégâts (sans blesser le gibier bien sûr). Si ces mesures ne sont pas prises, le montant des réparations sera réduit en fonction de la part de responsabilité du propriétaire du terrain.

La réparation par indemnisation se fait immédiatement et en cash, si les deux parties ne s'accordent pas autrement. Les fonds d'indemnisation n'existent pas en République Tchèque.

Il est de l'intérêt des propriétaires des territoires de chasse et de leurs utilisateurs de minimaliser les dommages causés par le gibier. Dans ce but, les utilisateurs réduisent les effectifs (il arrive parfois que ce soit au détriment de la qualité du gibier car ce sont les meilleurs et les jeunes animaux qui sont prélevés) et prennent les mesures adéquates pour prévenir les dégâts. Ainsi s'occupent-ils du repos des animaux sur leurs territoires, de l'affouragement pendant les périodes difficiles, de poser des clôtures pour protéger les jeunes arbres...

Malgré tous nos efforts, nous n'avons pas réussi à mettre en place, pour les utilisateurs, une assurance contre les dégâts. Jusqu'à présent, l'Association des chasseurs tchèques et moraves a seulement crée une Maison d'assurance "HALALI"qui assure les chasseurs, leurs biens et leurs chiens de chasse. Nous avons cependant l'intention de créer un fonds d'indemnisation.

Il faut dire que seuls les propriétaires de terrains de chasse s'intéressent aux mesures prévenant ou réparant les dégâts causés par le gibier et les méthodes sont plutôt défensives que préventives.

La problématque de la gestion du gibier est très vaste et les résultats dépendent surtout de la qualité de la législation cynégétique.

Il est clair que l'histoire de la législation, et l'histoire de la législation cynégétique en particulier, diffère en fonction de l'évolution de chaque Etat. Néanmoins il existe toujours des principes généraux qu'il faut respecter, selon leur importance, lors de l'élaboration de nouvelles lois.

Chaque législation cynégétique devrait accorder avant tout la priorité aux intérêts de la faune sauvage, ensuite aux intérêts de la chasse et, pour finir, tenir compte des intérêts des chasseurs et des propriétaires de terrains de chasse.

La faune sauvage existait sur notre planète longtemps avant l'homme et l'homme doit absolument la respecter.

National Report of Hunting Law : United Kingdom

Clare SHINE*

INTRODUCTION

This paper summarises the hunting legislation which is in force in England and Wales. Many of these legal provisions also apply to Northern Ireland and Scotland, but certain subjects (such as deer and fishing in Scotland) are regulated by different laws[1].

The term "hunting" has been interpreted widely to cover all field sports which involve the taking of wild animals, from the shooting and stalking of game, wildfowl and deer to hunting with hounds, coursing hares, falconry and fishing.

---

* Barrister and Consultant in Environmental Law.

[1] For more detailed information on UK hunting law, please see :

- *Fair Game: The Law of Country Sports and the Protection of Wildlife*, Charlie PARKES and John THORNLEY, Pelham Books 1994.
- *Sporting Firearms and the Law*, David FROST, British Field Sports Society 1993.
- 1995 Handbook of the *F.A.C.E.*, UK Information Section.

I - SOURCES OF HUNTING LEGISLATION AND ORGANISATIONS AND INDIVIDUALS INVOLVED

Hunting is regulated at national level under many different laws enacted over the last 150 years, including several Game Acts and laws to regulate poaching, the Wildlife and Countryside Act 1981 as amended (WCA) and the Deer Act 1991.

The State's administrative responsibility for hunting is confined to establishing and enforcing the above-mentioned legislation and there is no official hunting authority. The local administration of hunting is effectively conducted by the landowners concerned, the field sport associations and their umbrella bodies, and the members of such associations.

There are several powerful hunters' associations at national level to which local hunting clubs are usually affiliated, including :

- General : The British Field Sports Society
- Shooting and Stalking : The British Association for Shooting and Conservation
- Deer management : British Deer Society
- Hunting with hounds : Masters of Foxhounds Association (MFHA) ; Masters of Deerhounds Association, etc[2].
- Falconry : British Falconers' Club
- Coursing : National Coursing Club
- Fishing : Salmon and Trout Association (game fishing); National Federation of Anglers (coarse fishing); National Federation of Sea Anglers.

These associations function as representative or governing bodies which impose rules and/or set standards, defend the interests of the relevant field sport and their members and conduct training and education programmes. Codes of Good Shooting Practice and Good Game Rearing Practice have been jointly adopted by The British Association for Shooting and Conservation, the British Field Sports Society and the Game Conservancy Trust, a charity which carries out research and advises on game and wildlife. These Codes have also been endorsed by other leading field sports bodies.

The associations are co-ordinated at national level by four principal "umbrella" bodies :

- The Standing Conference on Countryside Sports (general land issues);
- FACE UK (international matters);
- British Shooting Sports Council; and
- Angling Governing Body (established in 1995).

[2]There are 331 registered hunts (192 fox hounds, 11 basset, 22 harrier, 83 beagle, 19 mink (2 more expecting registration in 1996) and 4 deer packs: each type of hunt has its own association.

The other users of natural habitats and resources most directly affected by field sports are farmers and landowners. There is growing consensus in these sectors, particularly given the changing nature of agriculture, that management of natural habitats for game shooting or other field sports may make a valuable contribution to the cost of wildlife conservation, the farm economy and the vitality of the rural community[3]. The Game Farmers' Association and Country Landowners' Association work closely with field sports associations on these questions.

Conflicts centre on questions of animal rights, access and predator control. Damage caused by field sports is usually minimal and accepted philosophically by most landowners and occupiers. Clashes between different groups of sportsmen (e.g. hunters and shooters or fishermen and wildfowlers) are comparatively rare.

II - HUNTING RIGHTS, AREAS WHERE HUNTING RIGHTS MAY BE EXERCISED AND NATURAL HABITATS

National legislation does not distinguish between "hunting rights" and "the right to hunt".

The relationship between land ownership and the right to hunt is total. Hunting rights[4] are vested in the landowner, who may be a private individual, a company, a public body, local authority or Government agency. It is a trespass under civil law to hunt and/or shoot on any land without first obtaining the permission of the landowner and, where appropriate, the farmer. It is a criminal offence ("armed trespass") to enter another person's land without permission or reasonable excuse when carrying a firearm, shotgun or air weapon, whether loaded or not, even if the holder of the gun does not carry any ammunition.

Similarly, all inland waters are in the ownership of a private or public body[5]. Permission must therefore be obtained from the landowner concerned before fishing in water running through the land in question.

Landowners may freely sell, lease or lend their hunting rights to others, subject to whatever conditions they choose. The holder of the hunting rights is deemed to be a lawful occupier of the land for the purposes of hunting legislation. In practice, the competent associations for hunting with hounds each issue their own Codes of Conduct and determine the areas to be allocated to affiliated local hunting clubs. Hunting rights over the land concerned will be held by the local hunting club.

---

[3]Research by F.A.C.E.(UK) suggests that farmers with an interest in game shooting spend an average of 25% more on landscape improvement than farmers with no sporting involvement.
[4]Used in this paper to denote sporting rights generally (shooting, game, fishing etc.).
[5]There is a public right to fish in the sea and in tidal waters (except for salmon in Scotland).

A tenant automatically acquires the right to hunt game on the rented land unless the landowner expressly reserves his own hunting rights, or those of a shooting tenant, under a formal agreement. A tenant without hunting rights would be poaching if he killed or took game on the land concerned or allowed a third person to pursue, kill or take game there[6]. Alternatively, he could be sued for breach of contract if he infringed a shooting tenant's rights[7].

Rabbits and hares are subject to separate rules under the Ground Game Act 1880. All owners or occupiers of land may take and kill "ground game" to protect their crops, irrespective of any agreement to the contrary. The occupant's right may be concurrent with that of a third party (the landowner or the person holding hunting rights). Firearms may only be used for this purpose by the occupier and one other person authorised by him in writing. Occupants may not claim compensation from the landlord for damage done by ground game. The shooting of rabbits and hares at night is also permitted (Wildlife and Countryside Act 1981, Schedule 7).

Landowners or occupiers may refuse to grant third parties hunting rights on their land and may establish voluntary reserves in which hunting is prohibited. Several "deer sanctuaries" have been strategically situated in hunting country. Landowners such as the League against Cruel Sports place signs at the boundaries of their land which refuse permission for hunters to enter that land, and support this ban with written correspondence. A civil trespass is committed if a person allows his hounds onto another's land without permission or if officials of the hunt do not prevent others from trespassing on the land[8]. Furthermore, it is a criminal offence for hunters knowingly to enter such land without the owner or occupier's consent in search or pursuit of deer[9].

The power of local authorities to ban hunting on their land is subject to judicial review under administrative law. Somerset County Council's resolution to ban hunting by the Quantock Staghounds on its land was recently held to be unlawful because it was adopted for moral reasons and not to further the statutory purpose for which the land was acquired, namely the "benefit, improvement or development" of the Council's jurisdictional area (section 120(1)(b), Local Government Act 1971)[10]. Many other municipal authorities have withdrawn similar bans or have had them overturned by the courts.

---

[6]Section 12, Game Act 1831.

[7]*Nicholls v. Eley Sugarbeet Factory*, 1931.

[8]In 1983, the Master of the West Somerset Vale of Foxhounds was ordered by the County Court to pay nominal damages to the League against Cruel Sports for allowing a number of hounds to run through a League sanctuary near Bridgwater.

[9]Section 1, Deer Act 1991.

[10]Court of Appeal: see Law report, The Independent, 17 March 1995.

- **Areas where hunting rights may be exercised**

There is no such category of natural area in British legislation: hunting may be carried out on any piece of land large enough for practical purposes.

There are no mandatory habitat management measures to promote hunting in specified areas. By way of exception, measures relevant to nature conservation (rather than specifically for hunting) may be enforced in areas designated as Sites of Special Scientific Interest (SSSIs) under the Wildlife and Countryside Act 1981. Following a detailed procedure set out in the Act, a management agreement may be concluded between English Nature, the national nature conservation agency, and the owner/occupier of an SSSI to compensate the latter for refraining from specified "potentially damaging operations" on the site : these might include the killing, removal or release of specified wild animals or various forms of habitat alteration. Whilst provisions in management agreements of this kind have traditionally been purely restrictive, the new generation of SSSI incentive schemes (e.g. the Wildlife Enhancement Scheme) makes remuneration conditional upon positive habitat conservation measures.

In all other areas, management is the sole responsibility of the landowner concerned and/or his tenant or shooting tenant. Most of the field sports associations pursue active conservation policies, including through land acquisition and the provision of guidance for habitat management. Many local hunting clubs now own or manage areas of woodland for the benefit of wildlife. Hare coursing clubs are active in the control of excessive hare populations and the transfer of hares to increase their numbers elsewhere.

National legislation does not establish hunting plans. Under the ordinary law of contract, however, hunting leases may incorporate specific rules for the conduct of hunting on the land concerned. All hunting associations which hunt quarry issue codes of good practice to promote respect for both the quarry and its habitat, although these are obviously not legally binding. In addition, the British Deer Society (a charity) publishes detailed guidelines for the proper management of specific populations of deer and their habitat, stated to be the joint responsibility of landowner and deer stalker : the taking of trophy beasts alone is "unsporting".

Hunting on State-owned land is not subject to special rules : the public authority which owns the land is free to impose restrictions or prohibitions within the limits of its statutory powers. Certain public or quasi-public land-owning bodies, such as the Forestry Commission and the National Trust, prohibit hunting on their land without a special licence. It is Government policy to permit hunting on land where this has traditionally taken place, unless there are management reasons for discontinuing the sport.

Publicly-owned land may be leased for hunting purposes to private associations. By way of example, much of the foreshore in England and Wales belongs to the Crown as part of the Crown Estate, but is leased to wildfowling clubs affiliated to the British Association for Shooting and Conservation. The Association has negotiated authorisation for its members to enter Crown-owned foreshore for wildfowling, provided they hold an appropriate pass or club membership. However, any person shooting species other than legitimate wildfowl would be deemed to be a trespasser acting outside the limits of this authorisation.

The management of hunting on publicly-owned land is the responsibility of the landowner or hunting tenant.

- Natural areas in which hunting is prohibited

This is not a legal category under British legislation. Certain areas may be indirectly protected by section 9 of the Wildlife and Countryside Act, which protects animals listed in Schedule 5. It is prohibited intentionally to damage, destroy or obstruct access to a structure or place used by any such animal for shelter or protection or to disturb the animal in such a place. It follows that mink hunting on land adjacent to rivers which also hold otters (a species listed in Schedule 5) could lead to the commission of an offence under section 9 of the Act.

The management of game resources in "voluntary reserves" established by landowners or occupiers obviously varies according to the primary purpose for which the area is protected (game reserves, wildfowl breeding refuges, etc.). The contribution of such reserves to game management is usually positive but may be negative if predators are not adequately controlled. The British Association for Shooting and Conservation's Code of Conservation covers, *inter alia*, the establishment of reserves (sites which are or can become valuable wildlife areas) and refuges (areas in which shooting and other disturbance factors are strictly controlled).

III - SPECIES

Under the law of property, live wild animals belong to no-one unless reduced into possession by being tamed or kept in captivity[11]. An individual who has the right to take game or fish cannot therefore exercise rights of ownership over them until they are killed, captured or tamed. This is true even

---

[11]Section 4(4), Theft Act 1968.

for wild animals which belong to previously captive stock released by the landowner.

Under the law relating to hunting activities, rights to dead animals - of game and pest species - are linked to land ownership. In practice, the game usually belongs to the holder of the hunting rights on the land on which the game was taken. The courts decide on the ownership of illegally taken game, usually in favour of the landowner or holder of hunting rights of the land concerned.

Although protected species do not have a distinct legal status, the Wildlife and Countryside Act prohibits anyone other than registered individuals or those authorised under licences from possessing protected animals or birds (whether live or dead) or parts or derivatives thereof[12].

Species which may be hunted are listed under several laws, which is all the more confusing since definitions (e.g. of "game") vary from one law to another. Birds are listed under :

- section 2, Game Act 1831 (pheasant, partridge, grouse, moor game, black or heath game and ptarmigan;
- the Game Licences Act 1860 (snipe and woodcock);
- the Wildlife and Countryside Act (certain species of wildfowl).

The Wildlife and Countryside Act confers varying degrees of protection on all wild birds[13]. Birds listed under Schedule 1 are protected by special penalties and only three species (listed in Schedule 1 Part II) may be hunted. Schedule 2 Part 1 lists 19 species which may be lawfully killed or taken outside their respective close seasons.

Animals are listed under the Game Act 1831 (hare) and the Deer Acts. The Protection of Animals Act 1911 provides that dogs are only permitted to hunt or course wild quarry, such as fox, deer, hare, mink or coypu. Animals listed under Schedule 6 of the Wildlife and Countryside Act (badgers, bats, otters, pine martens, red squirrels and polecats) cannot be hunted as it is prohibited to cause bodily injury to such animals (section 11).

The release of wild species into the natural environment is regulated by the WCA, section 14(1) of which prohibits the release or escape into the wild of any animal which is :

---

[12]The WCA empowers the Department of the Environment, the Ministry of Agriculture, Fisheries and Food, the equivalent departments in Wales and Scotland and the national nature conservation bodies to issue national or regional licences for individuals or classes of people to undertake any actions that would otherwise be unlawful under the Act (section 16). Licences may be varied as circumstances change and usually have to be renewed every three years.

[13]Defined as birds of any kind which in a wild state are ordinarily resident in or visitors to Great Britain. This excludes poultry and game birds, but the latter are covered by section 5 which prohibits certain methods of killing and taking.

1 - not ordinarily resident in or a regular visitor to Great Britain; or

2 - a species listed under Schedule 9 Part I of the Act (43 non-native or recently naturalised species of animals and fish).

The release of certain other species may be made subject to licence. Under the Salmon and Freshwater Fisheries Act 1975, no fish or fish spawn may be introduced into an inland water without the written permission of the National Rivers Authority.

The introduction or reintroduction of species which have died out is not separately regulated. Such introductions may be made by the national nature conservation agencies and/or specialised organisations such as the Royal Society for the Protection of Birds[14]. Following the decline of wild raptor populations in the 1960s, falconers have successfully pursued a programme of captive breeding and made possible the re-release of species such as the red kite and the white-tailed eagle, both of which are now self-sufficient.

The release of wild species for the purposes of restocking or taking is lawful, subject to any licence requirements imposed under the WCA. By way of example, mallard eggs may be collected from the wild under general licence and lawfully possessed for incubation until the end of March (England and Wales) or 14 April (Scotland and Northern Ireland) : all ducklings reared should be released into the wild by 31 July.

Hunting associations publish comprehensive guidelines for such releases. The Code of Good Shooting Practice prepared by The British Association for Shooting and Conservation, the British Field Sports Society and the Game Conservancy Trust specifies that "no more birds shall be released in an area of woodland, game cover or pond than can be sustained without significantly damaging the environment, including farm crops, or leading to detriment in the health of the birds" and that "releasing must not cause harm, directly or indirectly, to wild game populations or other conserved species". The British Association for Shooting and Conservation's Flight Ponds Code of Practice recommends that no more than 250 birds should be released per acre of pond and that all such releases take place at least one month prior to the commencement of annual shooting in the area concerned.

Whilst in captivity, gamebirds are covered by the Protection of Animals Act 1911. Basic records must be kept in respect of any captive flock of over 250 birds and the authorities informed of any outbreaks of "notifiable diseases".

Legislation does not lay down health rules or monitoring obligations in respect of animals released into the wild. Once harvested, such animals are covered by the legal requirements relating to all livestock (meat hygiene, drug

---

[14]One example of a successful reintroduction is that of peregrine falcons, which were all but extinct ten years ago. The reintroduction of wolves in Scotland has recently been mooted, but is likely to prove controversial in practice.

residues from early medication etc.). In practice, individual game farmers and shoot managers obviously have a vested interest in the health of reared and released game, monitoring them from hatching to fully grown birds.

IV - HUNTING METHODS AND CONDUCT OF HUNTING

The system of hunting licences varies according to the field sport involved. Licences are available from the Post Office upon payment of a set fee and do not involve an examination[15].

A Game Licence is currently required to take or kill game species, pursuant to section 23 of the Game Act 1831 (England and Wales only) and/or section 4 of the Game Licences Act 1860, which also applies to Scotland[16]. Falconry for game birds requires a Game Licence, whilst the use of birds of prey to take wild birds is only permitted under a Quarry Licence. Hare coursing with any species of hounds or dogs other than greyhounds requires a licence.

Licences are not required for :

- hunting rabbits or hares on one's own or enclosed land;
- hare coursing with greyhounds;
- hunting deer with hounds or on enclosed land;
- fox hunting;
- mink hunting.

Employers of gamekeepers may obtain annual Gamekeepers Licences which authorise the gamekeeper to take or kill game on land where his employer has the right to kill game[17].

Shooters must also be in possession of the appropriate Firearms or Shotgun Certificate. The acquisition, possession or use of firearms as defined is subject to a Firearms Certificate[18], which is issued for a period of five years by the Chief Officer of Police for the area in which the applicant lives. Applicants must disclose any previous convictions, including those outside the UK. A Certificate is granted at the discretion of the Officer if he is satisfied that the applicant has good reason for acquiring the weapon and that there is no danger to public safety or the peace, and may be made subject to binding conditions. Firearms may be borrowed without a certificate in exceptional circumstances,

---

[15]On a voluntary basis, the British Deer Society organises Stalkers' Competence Tests to improve standards of deer stalking and the British Association for Shooting and Conservation has a system of Proficiency Awards.

[16]It is expected that the Game Licence requirement will be abolished under future legislation, but no further details were available at the time of completing this report.

[17]Section 7, Game Licences Act 1860.

[18]Section 1, Firearms Act 1968.

provided that the user is supervised at all times by a person legally entitled to use that firearm.
The control of shotguns is subject to less stringent conditions than those applicable to firearms. It is illegal to acquire, possess or use a shotgun, other than in a limited number of situations, without a valid Shotgun Certificate which should be granted by the Chief Officer of Police except in certain circumstances[19].

Fishing for salmon, trout, other freshwater fish and eels in England and Wales requires a licence from the National Rivers Authority[20]. A special licence is necessary to fish for salmon or sea trout and returns must be made of all fish caught.

The validity of licences varies : there are four colour-coded Game Licences which cover different periods of the year, up to a maximum of 12 months, to take account of the different open seasons for game birds. Licences are usually valid throughout the country. Firearm Certificates may be expressly restricted to areas where landowners have granted permission to shoot.

The cost of a licence varies but is generally low. A year's Game Licence costs £6. Firearms Certificates cost £56 for their grant and £46 for their renewal, whilst a Shotgun Certificate costs £43 (grant) and £18 (renewal). Licence proceeds are paid to central Government.

Foreign visitors must obtain Firearm or Shotgun Visitors' Permits, valid for 12 months, from the police before entering the United Kingdom. Applicants must have a resident UK sponsor and provide the police with proof of good character and entitlement to possess the firearm concerned (e.g. European Firearms Pass).

There is no registration system for hunting professionals, who include full or part-time gamekeepers and pest control specialists.

- Hunting Methods

Authorised hunting methods include shooting with legally-permitted firearms or shotguns, riding to hounds, falconry, coursing and certain forms of trapping or snaring. The choice of weapon and ammunition to shoot deer is governed by Schedule 2 of the Deer Act 1991 in England and Wales and the Deer (Firearms) (Scotland) Order 1985.

Prohibited hunting methods are laid down primarily by the Wildlife and Countryside Act but also by other legislation.

---

[19]Firearms Act 1968 as amended in 1988 and 1992.
[20]Sections 25 and 26, Salmon and Freshwater Fisheries Act 1985.

Wild birds, including game birds, are covered by section 5 of the WCA which prohibits certain types or uses of traps and snares, nets, birdlime and certain baits, weapons such as crossbows, explosives and certain guns and artificial lights and live decoys.

The use of lead shot for shooting wildfowl is not prohibited but it is Government policy to promote the voluntary replacement of lead for shooting wildfowl as from September 1995. The BASC Flight Ponds Code of Practice recommends that shooting should be avoided wherever lead shot may fall into a pond.

All wild animals come under section 11(1) of the WCA which prohibits the use of self-locking snares, bows, crossbows, explosives or decoys. As mentioned above, animals listed in Schedule 6 (badgers, bats, otters, pine martens, red squirrels and polecats) cannot be hunted as section 11(2)(a) prohibits the placing or use of any trap, snare, electrical device or poisonous substance calculated to cause bodily injury to such an animal[21]. The use of automatic or semi-automatic weapons, illumination or sighting devices for night shooting, artificial lights or dazzling devices, gas or smoke to kill or take Schedule 6 animals is also prohibited.

Badgers are also protected under the Protection of Badgers Act 1992. They may not be taken or killed in any way or their setts disturbed or interfered with except in specified circumstances under licence (section 2).

The Deer Act 1991 prohibits the use of traps, snares and poison and certain categories of weapons for deer hunting in England or Wales (section 4).

The use of agricultural chemicals in carcasses and other baits as a form of predator and pest control is illegal under the Protection of Animals Act 1911 and the Food and Environment Protection Act 1985.

The import and supply of lead weights for fishing is now prohibited under the Control of Pollution (Anglers' Lead Weights) Regulations 1986, whilst their use is increasingly regulated by local bye-laws.

There are no exceptions to the above prohibitions in favour of traditional forms of hunting.

- Controls on taking

British legislation lays down mandatory close days (or parts thereof) and seasons to promote natural resource management.

---

[21]It is a defence to the above offence to show that the article was intended for the lawful killing of a non-Schedule 6 animal, that reasonable precautions were taken to prevent injury to Schedule 6 animals and that the action was in the interests of nature conservation, public health, agriculture, forestry or fisheries.

Daily prohibitions apply to the night shooting of deer (section 3, Deer Act 1991) and the use of any firearm or gun at night for the purpose of killing game (section 5, Hares Act 1848). Occupiers may shoot hares at nights.

Close days include Sundays and Christmas Day, when it is prohibited to kill or take game or use dogs, guns, nets or other instruments for that purpose (section 3, Game Act 1831). The shooting of wildfowl on Sundays may be prohibited under section 2(3) WCA, but no such orders have been made. However, Sunday shooting is still prohibited in certain counties under bye-laws.

The following close seasons, corresponding to the breeding seasons of quarry species, are laid down by legislation :

(i) Game birds (Game Acts)

- Partridges : 1 February - 31 August
- Pheasants : 1 : 10 December - 11 August
- Black game : 10 December - 19 August

Falconers observe the same seasons as for game birds. They may take vermin at any time but in practice there is little flying after April. Falconry clubs operate a self-policing scheme in support of the raptor registration requirements issued by the Department of the Environment.

(ii) Wild Birds (Wildlife and Countryside Act)

- Snipe : 1 February - 11 August
- Capercaillie : 1 February - 30 September
- Woodcock : 1 February - 30 September
- Wild Duck and Geese Inland : 1 February - 31 August
- Foreshore : 20 February - 31 August.
- Coot : 1 February - 31 August
- Moorhen : 1 February - 31 August
- Golden Plover : 1 February - 31 August

The shooting of wildfowl may be suspended during severe winter weather by Statutory Order imposed by the Secretary of State for the Environment (section 2(6), WCA). The Order may cover the whole or a specified part of the UK for a period not exceeding 14 days.

(iii) Deer (Deer Act)

- Red stag, : 1 May - 31 July
- Red hind, sika hind : 1 March - 31 October
- Fallow doe, roe doe : 1 March - 31 October
- Roe buck : 1 November - 31 March

There is no mandatory close season for hares, but the National Coursing Club prohibits coursing from 11 March to 14 September to leave the hares undisturbed while breeding. Hares may not be offered for sale between the months of March to July inclusive (sections 2 and 3, Hares Preservation Act

1892). The Association of Masters of Harriers and Beagles discourages hare hunting from April to August.

The fox is regarded as vermin and has no close season. However, fox hunting with registered packs of hounds is time-limited on a voluntary basis under the rules of the Masters of Fox Hounds Association.

Legislation does not establish bag limits for any field sport.

Fishing seasons vary for salmon, trout and rainbow trout and by locality. The coarse fish season in England and Wales runs from 16 June to 14 March in rivers but is at the discretion of fishery managers in lakes, ponds and reservoirs. Rules for canal fishing also vary by locality.

- Management of predatory and pest species

Under a statutory Pest Control Notice served by the Ministry of Agriculture[22] on an occupier, pest and other species (excluding birds listed in Schedule 1 to the WCA) may be killed, even out of season, to prevent damage to crops, pasture, livestock and so on. Non-compliance with the notice may result in the Ministry destroying the pests at the occupier's expense.

Birds listed in Schedule 2 Part II of the WCA 1981[23] may be killed by an "authorised person"[24] at any time pursuant to general licences issued under section 16 for either the conservation of wild birds or the prevention of damage to agriculture. Control may only be by shooting, a cage trap or a net. A special licence must be obtained from Agriculture Departments if it is considered necessary to kill protected species or use prohibited methods.

Under section 4(3), an authorised person may kill or injure any wild bird except Schedule 1 birds if he can show it was necessary to preserve public health or public or air safety, to prevent the spread of disease or to prevent serious damage to livestock, crops, vegetables, fruit, growing timber, fisheries or feed for livestock. Wild birds may also be lawfully killed pursuant to an Order made under the Animal Health Act 1981[25].

Both the WCA and the Deer Act provide for the control of *mammals*. Section 10 of the WCA permits actions which would normally be unlawful

---

[22]Section 98, Agriculture Act 1947.

[23]Carrion crow, collared dove, certain gulls, jackdaw, jay, magpie, feral pigeon, rook, house sparrow, starling and wood pigeon.

[24]"Authorised persons" as defined by the WCA 1981 means :

(1) the owner or occupier of the relevant land, or persons authorised by him (this will include the holder of hunting, shooting, fishing or game rights);

(2) anyone authorised in writing by a local authority;

(3) in relation to wild birds, anyone authorised in writing by English Nature, the National Rivers Authority or local fisheries committees.

[25]Section 4(1).

under section 9 (protection of Schedule 5 animals), if the action is required by the Ministry of Agriculture :

- to kill, take or destroy specified birds, eggs or animals to prevent damage to crops (s.48, Agriculture Act 1947) ; or
- to prevent animal disease (Order made under the Animal Health Act 1981).

An authorised person may kill or injure a Schedule 5 animal if he shows it was necessary to prevent serious damage to livestock, crops, vegetables, fruit, growing timber, other forms of property or fisheries (section 10(4)). However, a section 16 licence must be obtained prior to such action if the authorised person is aware of the risk in advance. In most cases, licences are only granted if all preventive methods have failed.

Mammalian pests and predators may not be killed by the methods prohibited under section 11(1) of the Act (see above).

Section 7 of the Deer Act 1991 empowers an authorised person to shoot deer which are causing damage during the close season on cultivated land, pasture or enclosed woodland, if he has reason to believe that deer of that species are causing damage to crops, etc., that it is likely that further serious damage will be caused and that his action is necessary to prevent it.

Under the Protection of Badgers Act 1992, a licence is necessary to trap, kill or relocate a badger for the purpose of preventing damage or the spread of disease. The Ministry of Agriculture may designate Badger Control Areas in which badgers may be destroyed : their carcasses become the property of the Ministry[26]. Outside Control Areas, badger-removal operations require a licence unless undertaken by voluntary agreement with the occupier.

The occupier of any land has a continuing obligation to kill or take rabbits on his land or, where this is not reasonably practicable, to prevent damage being caused by them (section 1, Pests Act 1954, which designates almost all of Britain as a "rabbit clearance area"). Failure to do so may lead to prosecution or to the necessary work being done at the occupier's expense.

The use of poisons for pest control is subject to regulation under the Protection of Animals Act 1911 and the Animal (Cruel Poisons) Act 1962.

---

[26]Badger (Control Areas) Order 1977.

V - THE CRIMINAL LAW APPLICABLE TO HUNTING

- Activities which constitute an offence

"Poaching" is an umbrella term for the killing or taking of live wild animals by someone who does not hold the hunting rights to the land concerned. The civil tort of trespass to another's land is almost always a constituent element of a poaching offence. As mentioned above, the criminal offence of armed trespass is committed by a person who enters another's land without permission or reasonable excuse when carrying a firearm, shotgun or air weapon, whether loaded or not, even if s/he does not carry any ammunition.

Several laws prohibit poaching. Section 30 of the Game Act 1831 prohibits the entry or presence on land in the daytime in search or pursuit of game, woodcock, snipe or rabbits, and provides for higher penalties for "gang poaching" where five or more act together. It is prohibited by the Night Poaching Act 1828 to unlawfully take or destroy game or rabbits at night on any land, whether open or enclosed, or to enter land with any gun, net, engine or other instrument for such a purpose[27]. The Deer Act 1991 prohibits entry to land without the owner or occupier's consent in search or pursuit of deer with the intention of taking, killing or injuring it.

Section 2 of the Poaching Prevention Act 1862 provides that anyone found with game unlawfully obtained or a gun, part of a gun, cartridges or other ammunition, nets, traps, snares or other devices used for the killing or taking of game commits one or more of the following offences[28] :

- obtaining game unlawfully by trespass ;
- using a gun, net etc. for unlawfully killing or taking game ;
- aiding or abetting a poacher to commit either of the above offences.

The unlawful taking of dead game or fish constitutes an act of theft under the Theft Act 1968.

Many specific offences are created by the hunting or conservation laws described above, such as :

- killing, injuring, disturbing or possessing birds or animals protected under the Wildlife and Countryside Act ;
- killing or taking game or other quarry without the requisite licence ;
- killing or taking at prohibited times (Sundays, Christmas Day, at night) or during the close season ;
- use of prohibited weapons or killing methods ;

[27] Sections 1(a) and (b).

[28] Unless the defendant proves that he had a bona fide belief to go on the land together with reasonable grounds for that belief.

- use of firearms or shotguns without a valid certificate as appropriate or breach of any conditions attached to the certificate concerned.

Interference with or sabotage of field sports is now prohibited under sections 68 and 69 of the Criminal Justice and Public Order Act 1994. The civil torts of trespass to land and/or to goods also apply to such activities.

- Powers of enforcement

A poacher caught unlawfully taking or killing game may be arrested by "authorised persons"[29] if he refuses to give his full name and address and quit the land immediately : the offender should be brought before a magistrate within 12 hours at the most. Section 13 authorises certain gamekeepers to seize dogs, snares or other instruments for taking or killing game from anyone not possessing a game licence.

A poacher arrested in the presence of a police officer for day or night poaching offences may be searched and any game or rabbits, gun, cartridges or other ammunition, or net, snares or other devices used for killing or taking game or rabbits may be seized[30].

Criminal proceedings are instituted by the Crown Prosecution Service after consideration of a police report or by any injured party in the form of a private prosecution.

Penalties vary considerably according to the offence committed. They principally take the form of fines and/or a term of imprisonment (e.g. £5000 fine and/or six months' imprisonment for certain offences under the Wildlife and Countryside Act 1981 and the Protection of Badgers Act 1992).

Penalties also include the confiscation of weapons and/or game involved in hunting offences. Upon conviction of an offence under section 2 of the Poaching Prevention Act 1862, the court has discretion to direct that any game, gun or other article seized should be forfeited. The Deer Act 1991 provides for the confiscation of any vehicle, animal, weapon or other thing, including deer carcass(s).

Game licences automatically become null and void where the licence holder is convicted of any offence of day poaching under section 30 of the Game Act 1831 (section 7, Game Licences Act 1860). Persons convicted under the Deer Act 1991 may have their firearm or shotgun certificate cancelled.

Compensation for unlawful taking is not awarded by criminal courts in the United Kingdom. Courts impose fines at their discretion up to the maximum

---

[29]Defined as persons with game rights to the land concerned, occupiers of that land, gamekeepers or servants or wardens employed in a similar capacity in Royal forests or parks (section 31, Game Act 1831).

[30]Game Laws (Amendment) Act 1960.

level permitted under the relevant legislation: these are payable to the Government. Damages for the unlawful taking of dead game may only be obtained if the holder of game rights sues the offender in the civil courts.

Statistics on poaching are available from central Government, but much of the data is considered to be incomplete or unauthorised. Police records are also kept of reported poaching incidents.

VI - LIABILITY FOR DAMAGE AND INSURANCE

There is no system of compensation for damage caused by wild animals as, unlike livestock, they have no owner against whom claims can be made.

However, an agricultural tenant who suffers crop damage from wild animals and birds but cannot take control measures because his tenancy agreement prohibits him from shooting or taking certain species, including game, may claim compensation from his landlord under the Agricultural Holdings Act 1986. The landlord must be given written notice within a month of the damage becoming evident and have a chance to inspect the damage : a written notice of the claim is then sent to the landlord within a month of the expiry of the year in which the claim is made. Where shooting rights are held by others (shooting tenants etc.), the landlord is entitled to be indemnified by the third party against such claims. Claims may be settled by arbitration under the Act.

Agricultural tenants may not claim compensation for damage caused by rabbits and hares as they are authorised under the Ground Game Act 1880 to take and kill such animals to protect their crops.

There is no compensation fund either at State level or administered by hunters' associations.

Insurance against damage is entirely voluntary. Registered hunts all have third-party liability insurance cover. Insurance for public liability and personal injury is often covered by membership of sporting organisations (such as the British Association for Shooting and Conservation, the British Field Sports Society and the British Deer Society) or is formally advised. The joint Code of Good Shooting Practice recommends that it should be a condition of letting a day's shooting that all providers and guns are fully covered by third party insurance.

There is no formal system by which other users of nature contribute to preventing and remedying damage by wild animals.

La chasse en Suisse

Anne PETITPIERRE-SAUVAIN*

I - SOURCES ET ACTEURS DU DROIT DE LA CHASSE

- Les sources nationales

La législation sur la chasse est relativement ancienne au niveau fédéral puisque la première loi régissant la chasse remonte à 1875. La loi fédérale sur la chasse et la protection des mammifères et oiseaux sauvages (LChP) actuellement en vigueur remonte au 20 juin 1986.

Le but de cette législation n'était pas de régler de façon exhaustive l'exercice de la chasse mais avant tout de protéger une ressource naturelle (le gibier), considérée comme sérieusement menacée dans certaines régions.

- L'organisation administrative de la chasse

a) Implication de l'Etat dans cette organisation

L'Etat fédéral ou cantonal (voir ci-dessous ad *c*) intervient aux niveaux suivants :

1) pour octroyer les autorisations de chasser,

---

* Professeur à la Faculté de Droit de Genève.

2) pour déterminer les espèces pouvant être chassées et les périodes de protection,
3) pour déterminer les zones protégées et les districts francs de chasse,
4) pour prévenir et indemniser les dégâts causés par la faune sauvage,
5) pour assurer l'information, la formation et la recherche en matière de faune sauvage,
6) pour appliquer les dispositions pénales prévues par les législations fédérales et cantonales.

b) Administrations compétentes

Les cantons sont libres dans leur organisation administrative. Ils doivent prévoir un service compétent pour exercer les prérogatives que la loi fédérale leur réserve. Celle-ci n'a en effet pas mis fin aux régales cantonales en matière de chasse. La plupart des cantons ont également institué des commissions consultatives sur la chasse ou la faune. Les cantons doivent en outre désigner des gardes-chasse, en particulier dans le cadre des districts francs fédéraux (Ordonnance concernant les districts francs fédéraux (ODF) : art. 11 et ss). Dans le cadre de leurs compétences, certains cantons ont signé des accords ("concordats") sur l'exercice de la chasse. Ceux-ci renvoient généralement pour leur application aux autorités déterminées par le droit cantonal.

Au niveau fédéral, c'est l'Office fédéral de la protection de l'environnement, des forêts et du paysage (OFEFP) qui est chargé de l'application de la loi et qui exerce les compétences attribuées à l'autorité fédérale. Il peut en particulier octroyer des autorisations exceptionnelles ou des dérogations en matière de méthodes de chasse (art. 3 Ordonnance sur la chasse et la protection des mammifères et oiseaux sauvages (OChP)), de lâcher d'animaux appartenant à des espèces protégées menacées d'extinction (art. 8 OChP), de tirs ou de captures pour certains animaux (lynx, castors, loutres et aigles) causant des dégâts insupportables (art. 10 OChP) et autoriser des campagnes de marquage de mammifères et oiseaux protégés (art. 13 OChP). L'Office fédéral récolte également les informations qui lui permettront d'établir des données statistiques et soutient la recherche en matière de biologie de la faune sauvage et d'ornithologie.

Certaines décisions sont du ressort du Département fédéral de l'intérieur (Ministère) qui est l'autorité hiérarchiquement supérieure à l'OFEFP, par exemple le lâcher d'animaux autrefois présents en Suisse mais aujourd'hui disparus (art. 8, al. 3 OChP) ou le mode de régulation des populations de bouquetins (art. 4 al. 4 OChP), une espèce qui a dû être réintroduite en Suisse, après avoir été victime d'une chasse excessive.

c) Niveau de décisions

L'organisation et la réglementation de la chasse sont du ressort des cantons (art. 3 LChP) qui exercent ainsi leur droit régalien. Ils fixent les conditions de l'autorisation de chasser, déterminent le régime et le territoire de chasse et pourvoient à une surveillance efficace. Toutefois, l'autorisation de chasser est imposée par la loi fédérale, ainsi que la nécessité de passer un examen dont seules les modalités sont du ressort cantonal. Certains concordats intercantonaux imposent une autorisation spéciale pour des territoires de chasse particuliers[1].

Les espèces pouvant être chassées sont également déterminées par la loi fédérale. Toutefois les cantons peuvent prolonger les périodes de protection ou réduire la liste des espèces pouvant être chassées (art. 5 LChP). Pour les espèces protégées, les cantons peuvent décider de tirs destinés à sauvegarder des biotopes ou à maintenir la diversité des espèces, mais seulement avec l'approbation de l'autorité fédérale. Les cantons peuvent également délivrer des permis limités à certains gibiers[2].

L'importation, le transit ou l'exportation d'animaux protégés, le lâcher d'animaux d'espèces protégées, l'importation, dans le but de lâchers, d'animaux pouvant être chassés, ainsi que l'utilisation à titre exceptionnel de moyens et engins de chasse prohibés, nécessitent une autorisation fédérale alors que le canton est compétent pour autoriser la détention d'animaux protégés.

Enfin les réserves de sauvagines et d'oiseaux migrateurs d'importance internationale sont fixées par l'autorité fédérale, de même que les districts francs fédéraux et les réserves d'importance nationale. Les cantons peuvent en outre créer des réserves sur leur territoire.

Dans le cadre de leur compétence, les cantons doivent en outre soumettre certaines dispositions d'exécution à l'approbation de la Confédération. Tel est le cas pour la prolongation de la période de protection, la réduction de la liste des espèces pouvant être chassées, la protection des animaux contre les dérangements, la protection des jeunes animaux, de leur mère et des oiseaux adultes, ainsi que les mesures individuelles de protection concernant les

---

[1]Voir par ex. le Concordat du 22 mai 1978 concernant la chasse sur le lac de Neuchâtel conclu entre les cantons de Fribourg, Vaud et Neuchâtel (ce dernier exerçant, pour une portion du lac les droits que le canton de Berne lui a cédés). Le permis ainsi octroyé ne concerne que la chasse au canard colvert, à la sarcelle d'hiver, aux fuligules milouins et morillons, au grèbe huppé et à la foulque macroule.

[2]Voir par ex. l'Arrêté d'exécution de la loi fribourgeoise sur la chasse du 7.2.51 qui limite pour certains permis, le droit de chasse à la plaine (art. 6) et prévoit des permis spéciaux pour les carnassiers et le gibier d'eau (art. 7).

dommages causés par la faune sauvage (art. 25 al. 2 LChP). Les cantons sont libres, bien entendu, d'organiser l'exécution sur une base décentralisée pour les domaines qui sont de leur compétence et de déléguer des tâches aux communes.

- L'organisation des chasseurs

Il existe des associations de chasseurs, mais la loi ne leur attribue pas expressément un rôle dans la mise en oeuvre du droit. Cela n'exclut nullement une influence sensible notamment dans l'application du droit cantonal. Ces associations sont représentées en particulier dans les commissions consultatives cantonales.

- Les autres utilisateurs des ressources et milieux naturels

Les organisations de protection des animaux, de la nature et les agriculteurs, représentent des milieux intéressés qui sont consultés lorsque des modifications des règles sur la chasse sont envisagées ou mises en oeuvre sans que la loi leur réserve un rôle particulier. Ils sont souvent également présents dans les commissions consultatives cantonales.

Les milieux agricoles, toutefois, sont les principaux bénéficiaires des dispositions sur la prévention des dommages causés par la faune sauvage (art. 12 LChP) et l'indemnisation des dégâts causés par la faune sauvage (art. 13 LChP). C'est ainsi que les cantons peuvent ordonner ou autoriser des mesures destinées à protéger les animaux domestiques, les biens-fonds et les cultures contre les dégâts importants causés par des animaux protégés ou pouvant être chassés. Il peut s'agir de mesures individuelles concernant les espèces qui ne sont pas protégées ou d'autres mesures cantonales qui doivent être exécutées par des personnes titulaires d'une autorisation de chasser ou des organes de surveillance (art. 12 LChP).

II - LES TERRITOIRES DE CHASSE ET LES HABITATS

- Définition du droit de chasse

Le droit suisse n'opère pas de distinction entre "droit de chasse" et "droit de chasser". Il est généralement admis que l'objet des réglementations cantonales en cette matière est le "droit de pratiquer la chasse".

a) Liens entre le territoire de chasse et le droit de propriété

Le droit de chasse ne découle pas du droit de propriété. Il ne fait pas partie des prérogatives du propriétaire et lorsqu'il est lié à l'existence d'une réserve ou autre territoire de chasse, il s'agit d'un droit découlant d'un affermage de la régale du canton.

b) Titularité du droit de chasse

L'Etat cantonal est titulaire exclusif du droit. Il s'agit d'un monopole de nature fiscale qui peut être soit exercé par le canton lui-même, soit transféré aux particuliers moyennant finance. Un seul canton l'exerce directement en ce sens que la chasse est interdite aux particuliers sur le territoire du canton, le service de la faune se bornant à des abattages nécessaires à la régulation des populations de gibiers. Il s'agit du Canton de Genève. Les autres cantons ont recouru soit à des systèmes de réserves de chasse ou d'affermage, soit à un système de permis de chasse.

c) Taille minimale

Cette question ne se pose que dans les cantons qui ont adopté le système de l'affermage ou de la réserve de chasse. Il s'agit d'une minorité de cantons. Ils peuvent définir librement les surfaces affermées, comme ils peuvent créer des zones protégées.

d) Gestion des territoires

Ces territoires sont gérés par leur propriétaire, une intervention de l'Etat ne pouvant découler que de mesures de police prévues par la loi cantonale ou la loi fédérale. En particulier, les cantons pourront intervenir pour assurer la protection de certaines espèces (art. 7 LChP) ou effectuer des tirs d'animaux blessés et malades (art. 8 LChP). Ils déterminent la mesure dans laquelle les propriétaires sont tenus de permettre le libre accès des chasseurs à leurs fonds (art. 699 al. 2 CC). Les cantons ont parfois prévu des contributions au repeuplement des territoires de chasse[3].

---

[3]Par ex., le canton de Fribourg a créé une caisse destinée au paiement des dépenses "relevant du repeuplement en gibier de chasse" (ainsi qu'à l'indemnisation pour les dégâts causés par "le gibier non protégé" : art. 19 de la loi sur la chasse). Elle est alimentée notamment par les taxes prélevées sur les permis annuels.

e) Droits et obligations attachés au territoire de chasse

Des conditions particulières peuvent être fixées dans le cadre de la délimitation de la réserve ou du contrat d'affermage. En outre, ces territoires sont soumis aux limitations imposées directement ou indirectement par la loi fédérale et qui concernent essentiellement la protection des espèces pouvant ou ne pouvant pas être chassées.

1) Obligation de gestion des habitats

Une telle obligation ne résulte pas du droit fédéral, celui-ci étant essentiellement axé sur la gestion de la faune. Toutefois, dans leur réglementation de la chasse, et partant dans les conditions d'affermage ou de création de réserves de chasse, les cantons doivent tenir compte en particulier des exigences de la protection de la nature. Celles-ci résultent de la loi sur la protection de la nature et de ses ordonnances d'application. La protection des forêts doit également être prise en compte, en particulier "le traitement soutenu des forêts et la régénération naturelle par des essences en station" (art. 3 al. 1 LChP).

2) Plan de chasse

La loi fédérale définit des périodes de chasse et des périodes de protection. L'article 5 LChP énumère les espèces pouvant être chassées et les périodes pendant lesquelles chacune d'elles est protégée. Tel est le cas pour les cerfs, sangliers, daims, mouflons, chevreuils, chamois, lièvres, marmottes, renards, blaireaux, martres et fouines ainsi que pour une série d'oiseaux (perdrix, lagopèdes, coqs du tétras lyre, divers pigeons, faisans, grèbes et bécasses). Les canards sauvages sont l'objet d'une réglementation particulière, certains étant protégés, d'autres non. L'article 5 alinéa 3 LChP définit les espèces qui peuvent être chassées toute l'année.

La loi fédérale permet en outre aux cantons de prolonger les périodes de protection ou de réduire la liste des espèces pouvant être chassées. En revanche, ils ne peuvent écourter temporairement les périodes de protection que dans le but de réduire des populations trop importantes ou de conserver la diversité des espèces et avec l'assentiment préalable du Département fédéral de l'intérieur (art. 5 al. 4 et 5 LChP).

Ces limitations s'imposent à l'ensemble du territoire suisse quel que soit le système adopté par les cantons pour exercer leur régale. Des dispositions particulières peuvent être prises dans un but de protection des espèces, dans un but de sauvegarde des biotopes ou de maintien de la diversité des espèces, ainsi que pour assurer la régulation des populations de bouquetins (art. 7 LChP).

Les cantons sont en revanche chargés de la réglementation détaillée notamment des plans de chasse dans le cadre tracé par le droit fédéral. Ils déterminent le nombre d'animaux qui peuvent être abattus et assurent le contrôle des conditions posées à l'octroi du permis de chasse. Ils fixent également en termes d'abattage et de gestion de la faune, les conditions d'octroi d'un droit sur les territoires de chasse, pour les cantons qui ont adopté ce système.

Ils peuvent aussi limiter les jours[4] et les heures[5] de chasse. D'autres limitations résultent de la validité territoriale limitée de certains permis (notamment plaine, montagne et cours ou plans d'eau).

- La chasse sur le domaine de l'Etat est-elle soumise à des règles particulières ?

La loi ne prévoit pas de règles particulières relatives au domaine de l'Etat ou à celui des cantons. Ces derniers peuvent en revanche en prévoir.

- Espaces naturels où la chasse est interdite

a) Rôle des réserves dans la gestion des ressources cynégétiques

L'article 11 LChP prévoit l'établissement de zones protégées dans plusieurs buts :
- délimiter des réserves de sauvagines et d'oiseaux migrateurs d'importance internationale,
- délimiter des districts francs fédéraux ainsi que des réserves de sauvagines et d'oiseaux migrateurs d'importance nationale,
- permettre aux cantons d'établir d'autres districts francs et réserves d'oiseaux.

Dans ces réserves la chasse est interdite sauf des tirs occasionnels justifiés par la sauvegarde des biotopes, la conservation de la diversité des espèces, des raisons cynégétiques ou la prévention de dommages excessifs causés par le gibier.

Dans son message à l'appui de la loi de 1986, le Conseil fédéral (Gouvernement) rappelait qu'en 1875 déjà, l'introduction de zones protégées avait pour but de maintenir une population de gibier suffisante. En particulier, dans les régions de montagne, la chasse avait lieu de manière destructive et ce n'est que grâce à la création de ces réserves, jointe à la limitation des périodes de chasse, que l'on a pu maintenir ou reconstituer les

---

[4]Voir par ex., l'art. 10 de la loi fribourgeoise interdisant la chasse le dimanche, les jours légalement fériés, les mardis et vendredis des mois de septembre et octobre (pour la plaine seulement) ainsi qu'à d'autres jours fixés par un arrêté sur la chasse.
[5]*Ibid* pour les heures de chasse définies selon les lieux (plaine, montagne, lacs) et les types de gibiers (gibier d'eau, renard).

dernières populations de chamois, de marmottes et de bouquetins. Dans la nouvelle loi, l'objectif de garantir un gibier suffisant est devenu secondaire. Toutefois, la possibilité de créer des zones protégées cantonales peut répondre, de l'avis du Conseil fédéral, à la nécessité ou au voeu d'augmenter les effectifs d'animaux pouvant être chassés.

b) Régime de la chasse dans les espaces protégés

Aux termes de l'article 11 alinéa 5 LChP, la chasse est interdite dans les districts francs et les réserves d'oiseaux. Il est précisé que les organes cantonaux d'exécution peuvent y autoriser le tir d'animaux non protégés lorsque l'exige la sauvegarde des biotopes, la conservation de la diversité des espèces, des raisons cynégétiques ou la prévention de dommages excessifs causés par le gibier. Dans les districts francs fédéraux qui sont énumérés dans une annexe à l'ODF, la chasse est interdite sauf dans le cadre de mesures de régulation des populations (art 9 ODF) et dans le cadre de mesures restreintes, mentionnées dans l'inventaire relatif à chaque district franc (art. 2 al. 2 ODF).

Les mêmes dispositions sont prévues pour les réserves d'oiseaux d'eau et de migrateurs d'importance internationale et nationale (art. 5 ordonnance sur les réserves d'oiseaux d'eau et de migrateurs d'importance internationale et nationale : OROEM). En outre, lorsque des zones protégées sont ouvertes à la chasse, celle-ci doit y être pratiquée d'abord avec modération pendant une période de transition appropriée (art. 4 OROEM).

c) Protection des habitats dans les réserves de chasse

Si l'objectif de préserver les ressources cynégétiques est passé au second plan dans la loi de 1986, le rôle des zones protégées comme lieu de protection et de préservation de certains biotopes a été renforcé. Selon le Conseil fédéral "une conception moderne des districts francs doit aussi tenir compte des aspects suivants :

- les biotopes sont continuellement détruits par les multiples activités liées à la civilisation,
- les animaux sauvages dans les biotopes restant sont de plus en plus dérangés par le tourisme, le sport et une exploitation agricole et forestière intensive,
- la chasse exerce dans certaines régions une pression croissante sur certaines espèces animales" (Feuille fédérale 1983 II 1241).

Aussi les cantons pourront-ils créer des zones protégées au sens de l'article 11 LChP, non seulement dans le but d'augmenter les effectifs d'animaux, mais également pour protéger la nature, assurer l'éducation et la formation professionnelle et la recherche ou pour des raisons touristiques.

Dans les districts francs fédéraux et les réserves d'oiseaux d'eau et de migrateurs, il est non seulement interdit de déranger les animaux, de les traquer ou de les attirer hors du district franc, mais également de porter, de conserver ou d'utiliser des armes et des pièges, de camper librement, de pratiquer le ski en dehors de pistes et d'itinéraires balisés, de circuler sur les routes d'alpage et les routes forestières sauf à des fins agricoles et sylvicoles, enfin d'exercer des activités militaires avec de la munition (art. 5 ODF, art. 5 OROEM). En outre, dans l'accomplissement de leurs tâches, la Confédération et les cantons doivent veiller à ce que les buts visés par la protection des districts francs ne soient pas compromis par d'autres exploitations (que la chasse). Une attention particulière devra être accordée à la conservation des biotopes au sens de la loi sur la protection de la nature, notamment comme milieux vitaux des mammifères et des oiseaux sauvages indigènes et migrateurs. Il est imposé aux cantons de veiller à ce que ces biotopes bénéficient d'une exploitation agricole et sylvicole adaptée, qu'ils ne soient pas fragmentés et qu'ils bénéficient d'une offre suffisante en matière de pâture (art. 6 ODF, art. 6 OROEM). Des restrictions sont également imposées concernant les réunions sportives et d'autres manifestations collectives, et des interdictions de pénétrer avec des ailes delta et des parapentes peuvent être édictées par l'autorité cantonale d'entente avec les propriétaires fonciers (art. 5 ODF). Dans les réserves d'oiseaux d'eau et de migrateurs, des mesures peuvent également être prises concernant le développement et la protection des peuplements de poissons (art. 5 al. 1 litt. f OROEM).

Ces mesures n'excluent naturellement pas des interventions plus spécifiques fondées sur la législation relative à la protection de la nature et du paysage.

III - LES ESPECES

- Statut juridique des espèces sauvages

a) Au regard du droit des biens

Les espèces sauvages vivant dans leur milieu sont considérées comme des *res nullius*. Le Tribunal fédéral l'a expressément indiqué pour les poissons, qui ne deviennent un objet de propriété qu'une fois soumis à la maîtrise effective d'un possesseur, soit après appropriation au sens de l'article 718 CC (Arrêts du Tribunal fédéral vol. 90 (1964) II 422). La situation est, de l'avis unanime de la doctrine, la même pour les espèces terrestres et les oiseaux. En soi, la clôture, licite ou non, de l'habitat des espèces qui peuvent être soumises à une limitation de ce genre, ne devrait pas modifier cette qualification. Il n'est toutefois pas douteux que la mise en volière des oiseaux et l'élevage en bassin fermé des poissons constitue une appropriation. En revanche, les conséquences en termes d'appropriation, de la clôture d'espaces de chasse pour les mammifères, n'ont, semble-t-il, jamais été examinées.

b) Au regard de l'exercice de la chasse

La loi sur la chasse et la protection des mammifères distingue les espèces pouvant être chassées (art. 5 LChP), à l'intérieur desquelles on distingue les espèces qui peuvent être chassées toute l'année et celles qui bénéficient de périodes de protection, et les espèces protégées (art. 7 LChP, art. 4 OChP) qui ne peuvent pas être chassées, mais peuvent faire l'objet de tirs justifiés par des raisons écologiques.

Aucune espèce n'est définie comme "nuisible"[6] mais des mesures peuvent être prises pour empêcher la propagation d'animaux "qui ne font pas partie de l'ensemble des espèces indigènes ou qui causent d'importants dégâts" (art. 8 al. 2 OChP).

c) Les espèces chassables

Les espèces qui peuvent être chassées comme celles qui ne peuvent pas être chassées font l'objet d'une énumération exhaustive. En revanche, les espèces qui ne sont pas indigènes et ne peuvent pas être lâchées ne sont énumérées par l'OChP que de façon exemplaire. L'article 2 LChP précise que la loi concerne les animaux vivant en Suisse à l'état sauvage, soit les oiseaux, les carnivores, les artiodactyles, les lagomorphes, le castor, la marmotte et l'écureuil.

- Régimes juridiques de certaines opérations

a) Lâcher d'espèces sauvages dans la nature

Dans le domaine des lâchers d'espèces, la loi distingue trois catégories : les espèces pouvant être chassées, les espèces protégées et celles qui ne font

---

[6]En revanche, ce terme figure encore dans certains textes cantonaux. Ainsi, par exemple, la loi fribourgeoise autorise-t-elle l'octroi de permis spéciaux aux propriétaires victimes de dommages causés par de telles espèces. Ces autorisations sont limitées dans le temps et dans l'espace (propriété du titulaire, exclusion des forêts et pâturages) et ne peuvent impliquer l'usage de chiens (art. 24 de la loi sur la chasse du 7.2.51).

pas partie de l'ensemble des espèces indigènes ou qui causent d'importants dégâts.

1) Les animaux pouvant être chassés peuvent également être lâchés à condition "qu'existent des biotopes appropriés et la garantie d'une protection suffisante" (art. 6 LChP). Il appartient aux cantons de réglementer ces lâchers.

2) Une autorisation de la Confédération est nécessaire pour lâcher des animaux d'espèces protégées (art. 9 LChP). Ces espèces sont, soit des espèces protégées présentes en Suisse et menacées d'extinction, soit des espèces qui faisaient autrefois partie des espèces indigènes mais qui ont disparu. Les autorisations de lâcher sont données à condition qu'il existe des biotopes de grandeur suffisante, spécifiques à l'espèce, que leur protection soit assurée et que cela ne porte pas préjudice à la sauvegarde de la diversité des espèces et aux particularités génétiques, ni à l'agriculture et à la sylviculture (art. 8 al. 3 et 4 OChP).

3) Les animaux qui ne font pas partie de l'ensemble des espèces indigènes ou qui causent d'importants dégâts ne peuvent être lâchés (art. 6 LChP). L'article 8 alinéa 1 OChP donne une liste non exhaustive de ces animaux qui comprennent notamment divers lapins, le chien viverrin, le raton laveur, divers cerfs et perdrix ainsi que le mouflon, le daim, le ragondin et le tamias rayé.

b) Conditions juridiques à la réintroduction d'espèces disparues

L'article 8 OChP, rappelé ci-dessus ad *a)*, pose les trois conditions nécessaires pour qu'un lâcher d'animaux "qui faisaient autrefois partie de l'ensemble des espèces indigènes mais qu'on ne rencontre plus en Suisse" soit effectué :

- qu'il existe des biotopes de grandeur suffisante pour l'espèce,
- que leur protection soit assurée,
- que cela ne porte pas préjudice à la diversité des espèces aux particularités génétiques, à l'agriculture ou à la sylviculture.

c) Lâcher des espèces à des fins de repeuplement ou de tirs

L'article 6 LChP autorise les cantons à lâcher des animaux pouvant être chassés à condition qu'existent des biotopes appropriés et la garantie d'une protection suffisante. Selon le message du Conseil fédéral à l'appui de la loi, le lâcher d'animaux pouvant être chassés n'est efficace que là où il y a des biotopes adéquats, "sinon il ne sert à rien et nuit à la réputation des chasseurs" (Feuille fédérale 1983 II 1238). Les animaux lâchés doivent en outre être protégés afin qu'ils puissent s'acclimater convenablement et constituer des populations se prêtant à la chasse. Le projet prévoyait d'exclure expressément tout lâcher concernant le lapin de garenne, le raton laveur, le chien viverrin, le daim, le cerf Sika. Cette question a été renvoyée à l'ordonnance du Conseil fédéral qui les range dans les animaux qui ne font pas partie des espèces indigènes et peuvent causer d'important dégâts.

d) Règles sanitaires et règles de suivi

Pour les animaux pouvant être chassés, voir ci-dessus ad *c)*. Pour les animaux protégés, l'article 8 alinéa 5 OChP prévoit que celui qui veut lâcher des animaux doit les marquer et les annoncer au sens de l'article 13 de la même ordonnance. Cette disposition prévoit, de façon générale, la possibilité de campagnes de marquage à des buts scientifiques, de planification de la chasse ou de conservation de la diversité des espèces. Pour les mammifères ou oiseaux protégés, l'autorisation de l'Office fédéral doit être requise. En outre pour les lâchers d'animaux, un organe de coordination est désigné pour les projets et il doit être informé du marquage et des lâchers qui ont été effectués.

IV - LES MODES DE CHASSE ET L'EXERCICE DE LA CHASSE

- Le chasseur : le permis de chasser et la capacité de chasser

a) Permis de chasser

L'article 4 LChP exige des cantons qu'ils introduisent un permis de chasse à travers la nécessité d'une autorisation pour celui qui désire chasser. Cette autorisation n'est accordée qu'à celui qui prouve "lors d'un examen dont les modalités sont fixées par le canton, qu'il possède les connaissances nécessaires". Dans ces limites, les cantons sont libres d'organiser les modalités d'octroi du permis de chasse comme ils l'entendent. Le message du Conseil fédéral à l'appui de la loi indiquait néanmoins le contenu minimum des examens : "le candidat doit prouver notamment qu'il sait manier une arme de chasse et possède les connaissances nécessaires sur la chasse et le droit de la chasse. Il doit également connaître les mammifères et les oiseaux protégés pouvant être chassés et avoir des notions suffisantes d'écologie" (FF 1983 II 1235)[7].

---

[7]Dans le canton de Fribourg, par exemple, les conditions d'octroi du permis sont précisées dans un Règlement concernant l'aptitude pour chasseurs et un Règlement concernant les épreuves et les conditions de réussite de l'examen d'aptitude pour chasseurs qui

Les cantons peuvent en outre définir les cas d'exclusion du permis de chasse (condamnation pour délits de chasse ou toute autre condamnation pénale, insolvabilité, privation des droits civiques, etc...)

b) Catégories différentes de permis de chasse

L'article 4 alinéa 3 LChP permet aux cantons de prévoir, à côté des permis de chasse définis par l'article 4 alinéa 2 LChP, des autorisations limitées à quelques jours en faveur des personnes qui se préparent à passer l'examen de chasseur, ainsi que des "hôtes", soit des personnes qui ne sont pas domiciliées dans le canton. Il est également possible d'opérer une distinction entre les résidents et non-résidents du canton en fixant des émoluments plus élevés pour les non-résidents (ATF 95 I 502). En revanche, une distinction de ce type ne peut être imposée entre résidents d'un même canton en fonction, par exemple, de leur nationalité : le principe constitutionnel de l'égalité de traitement s'y oppose (ATF 114 Ia 8).

Des permis spéciaux peuvent être octroyés pour la chasse dans certaines régions[8] ou à certains gibiers[9]. Ils comportent généralement des épreuves supplémentaires.

c) Etendue et durée de validité du permis

Les cantons peuvent fixer librement la durée de validité du permis ainsi que les conditions d'affermage de certaines zones de chasse lorsqu'ils ont choisi ce système. Les permis sont octroyés le plus souvent annuellement, ou pour une saison de chasse définie en fonction des périodes de protection de l'article 5 LChP. A l'intérieur de ces périodes, des autorisations plus courtes, par exemple mensuelles, sont parfois prévues. Pour les autorisations

---

définissent les épreuves théoriques et pratiques que doit subir le candidat et l'obligent à consacrer au moins 50 heures à des activités "de protection de la faune et de la flore" (art. 11 du Règlement concernant les épreuves).

[8]Ainsi le Concordat sur la chasse sur le Lac de Neuchâtel prévoit-il l'octroi d'un permis spécial dont les modalités sont fixées par les lois cantonales. La loi fribourgeoise quant à elle distingue essentiellement la chasse en plaine et en montagne.

[9]Pour le canton de Fribourg, l'octroi d'un permis concernant le cerf, le bouquetin, le chamois, le chevreuil et la marmotte ainsi que le renard et le sanglier, avec une carabine à canon rayé (art. 13 al. 1(a) de l'arrêté de l'exécution de la loi) est limité à la montagne. En plaine seuls les cerfs et les sangliers peuvent être ainsi chassés (art. 14 de l'arrêté). D'autres restrictions s'appliquent aux carnassiers (art. 13 al 1(b) de l'arrêté). Les titulaires de ces permis sont soumis à des épreuves particulières de tir et d'identification des animaux (art. 16 du règlement concernant les épreuves).

exceptionnelles de l'article 4 alinéa 3 LChP, les périodes sont encore plus courtes.

d) Coût du permis et affectation des recettes

Pour les permis de chasse, les taxes sont en général fixées au début de la période de chasse ou pour une période annuelle. La loi fédérale n'impose aucune contrainte de coût, toutefois à l'occasion de l'examen de taxes différenciées entre les résidents et les non-résidents, le Tribunal fédéral a relevé que l'on ne pouvait fixer l'émolument dû par des non-résidents à un montant si élevé que seuls les chasseurs les plus fortunés pouvaient encore s'offrir une saison de chasse entière (ATF 95 I 502).

En cas d'affermage, le prix est librement fixé par les cantons. Les droits de chasse peuvent faire l'objet d'enchères publiques.

Les recettes ne doivent pas nécessairement être affectées à des tâches en relation avec la chasse. Bien que la "taxe" prélevée auprès de chasseurs ne soit pas un impôt mais qu'elle soit considérée comme un émolument, il n'est pas exigé, s'agissant d'une taxe de régale, qu'elle soit affectée entièrement à la couverture des frais relatifs à la chasse (ATF 114 Ia 12). Néanmoins les cantons les affectent souvent à des frais de repeuplement et d'indemnisation des dégâts causés par la faune.

e) Permis de chasse des étrangers

La doctrine a longtemps considéré que les cantons étaient libres d'ouvrir l'accès à la régale cantonale à leur bon vouloir. Compte tenu toutefois du principe constitutionnel de l'égalité de traitement des citoyens, des restrictions sont apportées à cette liberté. Si, comme indiqué ci-dessus ad *b)*, il est permis aux cantons d'opérer une distinction entre les résidents et les non-résidents, même si ces derniers sont originaires du canton, puisque, selon le Tribunal fédéral, les non-résidents "bénéficient en premier lieu de la faune de leur propre domicile"[10], il n'est plus compatible avec l'égalité de traitement d'opérer une distinction entre les résidents eux-mêmes selon leur origine (ATF 114 Ia 13). Le Tribunal fédéral a indiqué clairement que les distinctions devaient résulter de la nature territoriale du droit de chasse et non de la nationalité du chasseur (*ibid*). Comme on l'a vu, les non-résidents, en particulier les ressortissants étrangers, peuvent, soit être exclus, soit être astreints à un permis plus coûteux que les résidents, soit enfin être mis au

---

[10]Certains cantons refusent ainsi les résidents des cantons ayant interdit l'exercice de la chasse (cf art. 5 litt. l de la loi fribourgeoise). Pour l'instant seul le canton de Genève est visé.

bénéfice d'une autorisation de chasser limitée à quelques jours au sens de l'article 4 alinéa 3 LChP.

f) Professionnels de la chasse

Les cantons confient la surveillance de la chasse à des services qui comprennent généralement des professionnels de la chasse, en particulier des gardes-chasse. Ils sont chargés de l'application de la loi et des dispositions cantonales. Ils peuvent également être chargés de procéder à des tirs de régulation soit lorsqu'il s'agit d'animaux blessés et malades, en dehors des périodes d'ouverture de la chasse (art. 8 LChP), soit pour prévenir des dommages causés par la faune sauvage (art. 12 al. 2 LChP). Ces tâches sont confiées aux agents du service de la faune là où la chasse est interdite, comme c'est le cas dans le canton de Genève.

- Les modes de chasse

La loi fédérale ne donne pas une liste des modes de chasse autorisés, mais seulement une liste des méthodes de chasse interdites. Celle-ci est d'ailleurs une conséquence de la ratification de la Convention de Berne du 19 septembre 1979. La loi et l'ordonnance se limitent donc à une indication des engins de chasse prohibés et des moyens et engins interdits dans l'exercice de la chasse. Dans la première catégorie, on range essentiellement les pièges et les armes à feu dont la longueur du canon est inférieure à cinquante centimètres ou qui sont pliables ou dévissables (art. 1 OChP). Dans la deuxième catégorie, on range l'utilisation de collets, lacets de fil de fer gluaux, hameçons, pinces et pals pour la chasse au terrier, les appareils de reproduction du son, les sources lumineuses artificielles, miroirs, appareils d'éclairage, dispositifs de visée avec convertisseur d'image électronique et les silencieux ainsi que les explosifs, les soporifiques et les poisons, les gaz ou les fumées, les pals, l'utilisation d'animaux vivants comme appeaux, les armes semi-automatiques, celles pouvant tirer en rafales, les arbalètes, arcs, frondes, lances et pistolets à air comprimé. Enfin le tir à partir de bateaux à moteur d'une certaine puissance, de véhicules à moteur en marche, de téléphériques, de funiculaires, de télésièges et de téléski ainsi que de chemins de fer et d'aéronefs est interdit[11].

Les cantons peuvent interdire l'utilisation d'autres méthodes et engins de chasse. Ils peuvent en particulier interdire la chasse à courre ou limiter

[11] Dans le canton de Fribourg, il est interdit de déterrer le gibier sauf renards et blaireaux. Pour ces derniers, il faut toutefois obtenir l'accord du propriétaire du terrain (art. 11 litt. j de l'arrêté de l'exécution de la loi).

l'usage des chiens aux titulaires de permis spéciaux. Dans les régions de montagne, on interdit parfois la chasse à ski.

Il n'est pas prévu d'exception pour des méthodes de chasse traditionnelles. En revanche des autorisations peuvent être données aux membres de la police de la chasse ou à des chasseurs au bénéfice d'une formation spéciale pour qu'ils utilisent des moyens et engins de chasse prohibés lorsque cela s'avère nécessaire pour conserver des espèces animales ou des biotopes déterminés, pour prévenir les dégâts causés par la faune sauvage, lutter contre les épizooties ou retrouver des animaux blessés. Les cantons doivent dresser une liste des personnes autorisées. En outre, l'OFEFP peut autoriser l'utilisation de moyens d'engins de chasse prohibés en vue d'études scientifiques et d'actions de marquage (art. 3 OChP).

- La réglementation concernant les prélèvements

C'est par le biais de la fixation des périodes de protection que l'on intègre la préoccupation de gestion des ressources naturelles. L'article 5 alinéa 1 LChP fixe des périodes de chasse pour toutes les espèces pouvant être chassées, à l'exception du chien viverrin, du raton laveur et du chat haret ainsi que de la corneille noire, de la pie, du geai des chênes et du pigeon domestique retourné à l'état sauvage, qui peuvent être chassés toute l'année. Pour tenir compte des conditions locales, certains cantons ont fait usage de la faculté prévue à l'article 5 alinéa 4 LChP qui leur permet de prolonger les périodes de protection ou de réduire la liste des espèces pouvant être chassées. Ils sont d'ailleurs tenus de le faire lorsque ces espèces sont localement menacées. Lorsque des populations d'espèces pouvant être chassées deviennent trop importantes ou se développent au détriment d'autres, les cantons peuvent, avec l'assentiment du Département fédéral de l'intérieur, écourter temporairement les périodes de protection. Ils peuvent enfin fixer le nombre d'animaux pouvant être abattus pendant la période de chasse ou fixer un quota par chasseur.

Bien que les périodes de chasse soient fixées par la loi, celle-ci permet au gouvernement de modifier la liste des animaux dont la chasse est autorisée lorsque cela s'impose pour protéger des espèces menacées, ou de compléter cette liste avec des périodes de protection adéquates lorsque les populations des espèces protégées permettent qu'on les chasse à nouveau (art. 5 al. 6 LChP).

D'une façon générale, il faut conserver à l'esprit que la loi sur la chasse est une loi dont l'objectif principal est la protection des espèces et la conservation de leur biotope. L'article 1er LChP précise que la loi vise à la conservation de la diversité des espèces et celle des biotopes, des mammifères et oiseaux indigènes et migrateurs vivant à l'état sauvage, à la préservation des espèces animales menacées et à une exploitation équilibrée par la chasse des populations de gibier. En outre, elle doit permettre la réduction à une proportion supportable des dégâts causés par la faune sauvage aux forêts et aux cultures. Outre la limitation des périodes de chasse et des espèces pouvant être chassées, la loi vise cet objectif à travers une limitation stricte des lâchers, en particulier en ce qui concerne les espèces exotiques pouvant compromettre sérieusement l'équilibre biologique et réduire la diversité des espèces.

- Gestion des prédateurs d'espèces gibier et autres espèces dites "nuisibles"

La loi sur la chasse ne définit pas d'espèces nuisibles. Les espèces qui ne font pas partie des animaux définis à l'article 2 LChP, tels que les souris, rats, serpents, animaux domestiques pouvant s'attaquer au gibier peuvent faire l'objet de mesures de destruction dans les limites admises par la loi sur la protection des animaux. Les animaux domestiques devenus sauvages peuvent également être tués par les titulaires d'autorisations cantonales. Les prédateurs oiseaux ou carnivores visés par la loi sur la chasse appartiennent, soit à une catégorie pouvant être chassée conformément à l'article 5 LChP, soit aux animaux protégés. Dans ce cas, ils ne peuvent faire l'objet de chasse que s'il s'agit de mesures ordonnées ou autorisées par les cantons, le cas échéant avec l'accord de la Confédération, pour prévenir des dommages dus à la faune sauvage (art. 12 LChP). De telles mesures ne peuvent être exécutées que par des personnes titulaires d'une autorisation de chasser[12] ou des organes de surveillance. En outre, lorsque la population d'animaux d'une espèce protégée est trop nombreuse et qu'il en résulte d'importants dommages ou un grave danger, les cantons peuvent prendre des mesures pour la réduire, avec l'assentiment préalable du Département fédéral de l'intérieur (art. 12 al. 4 LChP).

Certains animaux sont considérés *a priori* comme des espèces pouvant être particulièrement nuisibles : il s'agit des animaux qui ne font pas partie de l'ensemble des espèces indigènes ou qui causent d'importants dégâts. Leur lâcher est interdit et, lorsqu'elles sont spontanément retournées à l'état

[12]Il peut s'agir, comme à Fribourg, d'une autorisation spéciale qui n'est délivrée qu'aux propriétaires, usufruitiers ou fermiers agissant sur leur terrain et à proximité de leurs bâtiments. Elle est réservée aux cas où des dommages appréciables ont été causés par les espèces énumérées par la loi. Pour les merles et étourneaux, l'autorisation est délivrée "pendant l'époque et aux endroits où ces oiseaux causent un dommage appréciable" (art. 24 de la loi).

sauvage, les cantons doivent prendre des mesures pour en empêcher la propagation et la multiplication (art. 8 OChP). On considère que ces espèces étrangères peuvent compromettre sérieusement l'équilibre biologique et réduire la diversité des espèces indigènes. Toutefois les mesures particulières qui peuvent être prises contre des espèces "nuisibles" le sont en fonction des dégâts importants causés à l'agriculture ou à la sylviculture et non selon l'identité ou la définition préalable de ces espèces.

IV - LE DROIT PENAL DE LA CHASSE

a) Les comportements incriminés

L'article 17 LChP décrit les délits de chasse et l'article 18 LChP les contraventions qui peuvent être punies des arrêts ou de l'amende jusqu'à Fr. 20.000.- Les cantons peuvent en outre réprimer, en tant que contraventions d'autres infractions au droit cantonal. Les comportements incriminés constituent des violations des interdictions relatives aux méthodes de chasse, aux périodes de chasse, aux espèces et aux zones protégées. En outre, la fabrication, l'importation ou la mise en vente de moyens et engins de chasse prohibés constituent des délits. Les captures ou les lâchers d'animaux en dehors des cas prévus par la loi sont également réprimés.

b) Poursuites

Les cantons organisent la poursuite et la répression des infractions. L'organisation judiciaire relève des compétences cantonales. Les gardes-chasse et les agents des services de la faune sont le plus souvent chargés de la constatation des faits.

Certaines infractions sont du ressort de l'Office vétérinaire fédéral lorsque les infractions sont en rapport avec l'importation, le transit ou l'exportation d'animaux. S'il y a simultanément infraction à la loi fédérale sur les douanes, l'enquête est menée par l'administration fédérale des douanes, qui décerne aussi le mandat de répression. Tel est le cas pour les actes qui constituent également des violations de la convention de Washington.

c) Sanctions

Les délits de chasse sont punis de l'emprisonnement jusqu'à un an ou de l'amende dans les limites prévues par le Code pénal (art. 17 LChP). Les contraventions sont punies des arrêts ou de l'amende jusqu'à Fr 20.000.(art. 18 LChP). La confiscation des objets valeur qui sont le produit ou le résultat d'une infraction ou qui ont servi à la commettre est prévue par le Code pénal de même que la confiscation des valeurs patrimoniales qui sont le résultat d'une infraction ou qui étaient destinées à décider ou à récompenser l'auteur d'une infraction. En outre, l'article 20 LChP prévoit la possibilité de retirer l'autorisation de chasser pour une année au minimum et dix ans au maximum lorsque le titulaire a tué ou blessé grièvement une personne au cours de la chasse, soit intentionnellement, soit par négligence. De même lorsqu'il a intentionnellement commis ou tenté de commettre l'un des délits visés à l'article 17 LChP qu'il soit auteur, instigateur ou complice. Dans ce cas, le retrait est valable pour toute la Suisse et le juge doit le communiquer à l'autorité fédérale qui le transmet à tous les cantons (art. 22 LChP). Des sanctions peuvent également être prévues pour des motifs de retrait de l'autorisation cantonale qui n'auront de portée que dans le canton concerné.

Des sanctions particulières sont également prévues pour les infractions qui constituent à la fois des infractions en rapport avec l'importation, le transit ou l'exportation d'animaux protégés ou pouvant être chassés et des infractions à la loi sur la protection des animaux, à la loi sur les douanes ou à celles sur le commerce des denrées alimentaires et de divers objets usuels ainsi qu'à la loi sur les épizooties (art. 21 al. 3 LChP).

d) Montant des dommages-intérêts à payer en cas de prélèvement illégal

Il appartient aux cantons de fixer de tels barèmes, qui sont souvent prévus. L'article 23 LChP précise que la réparation du dommage causé par un délit de chasse ou par une contravention s'effectue en faveur du locataire de la chasse dans les régions où la chasse est affermée et de la commune ou du canton dans les autres régions.

e) Statistiques

L'OFEFP doit être informé chaque année sur la population des espèces animales chassables et protégées les plus importantes, le nombre des animaux tués et péris ainsi que sur les animaux naturalisés qui leur ont été annoncés. Les cantons donneront en outre des indications sur le nombre des chasseurs, les engins et moyens de chasse prohibés qui ont été utilisés et les moyens affectés à la prévention et à l'indemnisation de dégâts dus au gibier. D'autres informations statistiques sont exigées lorsque la population d'une espèce augmente ou diminue fortement (art. 16 LChP). Ces éléments, ainsi que les informations rassemblées par le Centre suisse de documentation sur la recherche concernant la faune sauvage, et l'annonce des infractions ayant entraîné des retraits d'autorisation permettent de rassembler quelques indications sur le braconnage.

Les cantons imposent généralement aux chasseurs d'établir des statistiques du gibier abattu. De même, ils doivent signaler la capture d'animaux marqués dans un intérêt scientifique.

VI. - LA REPARATION DES DOMMAGES ET L'ASSURANCE

a) Système de réparation des dommages causés par la faune sauvage

Les dommages causés par la faune sauvage doivent en premier lieu faire l'objet de mesures de prévention (art. 12 LChP). Lorsque des mesures individuelles en vue de protéger du gibier, les animaux domestiques, les biens-fonds et les cultures, peuvent être prises conformément à l'article 12 alinéa 3 LChP, les dégâts ne feront pas l'objet d'une indemnisation particulière. L'article 9 OChP précise que des mesures individuelles de protection peuvent être prises contre le moineau friquet et le moineau domestique, ainsi que l'étourneau, la grive litorne et le merle noir.

Lorsque les mesures individuelles ne sont pas possibles, les dommages causés par le gibier à la forêt, aux cultures et aux animaux de rente sont indemnisés "de façon appropriée" (art. 13 al. 1 LChP).

1) Type de dommages indemnisés

Il s'agit des dommages causés par le gibier à la forêt, aux cultures et aux animaux de rente. L'indemnisation pourra prendre en compte le coût de mesures de prévention nécessaires.

2) Espèces pour lesquelles les dégâts sont indemnisés

Les cantons doivent régler l'indemnisation pour les dommages causés par le gibier.

La Confédération prend en charge 30 à 50 % des indemnités pour les dommages causés par le gibier dans les districts francs fédéraux. Elle indemnise en outre partiellement les cantons pour leur prise en charge de dommages causés par des espèces protégées. C'est ainsi qu'elle verse aux cantons, selon leur capacité financière, des indemnités de 30 à 50 % des frais d'indemnisation pour des dégâts causés par des lynx, des castors, des loutres et des aigles (art. 10 OChP).

b) Les systèmes de réparation

1) En ce qui concerne les dommages causés par la faune sauvage, les cantons sont libres de mettre en place le système le plus adéquat pour assurer

l'indemnisation indiquée ci-dessus sous *a)*. Ils peuvent constituer des fonds d'indemnisation ou conclure des assurances.

2) La réparation des dommages causés par la chasse elle-même incombe à celui qui pratique la chasse (art. 15 LChP).

Tous les titulaires d'une autorisation de chasser sont tenus de conclure une assurance responsabilité civile. Une action directe du lésé contre l'assureur est prévue par la loi (art. 16 LChP).

c) Participation des autres utilisateurs de la nature à la prévention et à la réparation des dommages

La loi ne prévoit pas de participation des autres utilisateurs de la nature. Certaines mesures de protection prévues par la loi à titre de mesures individuelles sont prises collectivement par les milieux directement touchés par les dommages causés par la faune sauvage ou par les organisations de chasseurs. Les commissions consultatives cantonales comprennent souvent des représentants des milieux protecteurs de la nature, ainsi que des milieux agricoles.

Des organisations de protection de la nature ont accepté, de façon ponctuelle, de prendre en charge les dommages causés par des espèces disparues récemment réintroduites. Il en est ainsi en particulier pour les lynx.

IV - ANNEXES

QUESTIONNAIRE*

I - SOURCES ET ACTEURS DU DROIT DE LA CHASSE

1. Les sources nationales
   - Y a-t-il un cadre juridique national général régissant le droit de la chasse ?
2. L'organisation administrative de la chasse
   - L'Etat est-il impliqué dans cette organisation ?
   - Quelles sont les administrations compétentes (rôle et fonction) ?
   - A quel niveau les décisions sont-elles prises (national, fédéral, régional, local) ?
3. L'organisation des chasseurs
   - Y a-t-il une organisation des chasseurs ?
   - Sous quelle forme ?
     - Les chasseurs ont-ils une place dans l'organisation générale de la chasse ? Laquelle ?
4. Les autres utilisateurs des ressources et milieux naturels ?
   - Terrains d'entente et conflits

II - LES TERRITOIRES DE CHASSE ET LES HABITATS

1. Définition du droit de chasse
   - Votre droit national connaît-il la distinction entre "droit de chasse" et "droit de chasser"?
   - Existe-t-il un lien entre le territoire de chasse et le droit de propriété,
   - A qui appartient le droit de chasse et/ou le droit de chasser (à l'Etat, aux collectivités locales, aux propriétaires privés, autres) ?

---

*Ce questionnaire a été adressé aux rapporteurs nationaux afin d'harmoniser la préparation de leurs rapports et de fournir aux rapporteurs de synthèse les éléments nécessaires à la préparation de leurs communications.

2. Quel est le régime juridique des territoires de chasse ?
- Le territoire de chasse doit-il avoir une taille minimale pour permettre l'exercice du droit de chasser ?
- Qui gère ces territoires ?
- Quelles sont les obligations et les droits qui s'attachent aux territoires de chasse ?
- Y a-t-il une obligation de gestion des habitats ?
- Y a-t-il un plan de chasse (obligatoire ou facultatif) et pour quelles espèces de gibier?

3. La chasse sur le domaine de l'Etat est-elle soumise à des règles particulières ?
- Lesquelles ?
- Qui gère le territoire de chasse ?
- Quelles sont les restrictions à l'exercice de la chasse attachées au territoire ?

4. Existe-t-il des espaces naturels où la chasse est interdite ?
- Quels rôles jouent ces réserves dans la gestion des ressources cynégétiques ?
- Quel est le régime de la chasse dans les espaces protégés ?
- Quelle est la protection des habitats dans les réserves de chasse ?

III - LES ESPECES

1. Quel est le statut juridique des espèces sauvages ?
Au regard du droit des biens (*res nullius, res propria, res communis, res publica*) ?
- Au regard de l'exercice de la chasse (espèces gibier, espèces protégées, espèces nuisibles) ?
- Y a-t-il des listes des espèces chassables ?

2. Quels sont les régimes juridiques des opérations suivantes ?
- Est-il possible de lâcher des espèces sauvages dans la nature ? Lesquelles ?
- Dans quelles conditions juridiques réalise-t-on des introductions, des réintroductions d'espèces disparues ?
- Peut-on lâcher des espèces sauvages à des fins de repeuplement ou de tir ? Dans quelles conditions juridiques ?
- Existe-t-il des règles sanitaires et des règles de suivi concernant les populations lâchées dans la nature ?

IV - LES MODES DE CHASSE ET L'EXERCICE DE LA CHASSE

1. Le chasseur : le permis de chasser et la capacité de chasser ?
   - Existe-t-il un permis de chasser (modalités de délivrance : examen ou autres)?
   - Existe-t-il différentes catégories de permis ?
   - Quelle est l'étendue et la durée de validité du permis ?
   - Combien coûte l'obtention d'un permis de chasser ? Quelle est l'affectation de ses recettes ?
   - Quel est le régime du permis de chasser des étrangers ?
   - Existe-t-il des professionnels de la chasse (gardes-chasse agréés, gardes piégeurs) ?
2. Les modes de chasse
   - Quels sont les modes de chasse autorisés (chasse à tir, à courre, au vol, sous terre, autres) ?
   - Quels sont les modes de chasse interdits ?
   - Y a-t-il des tolérances (chasses traditionnelles) ?
3. La règlementation concernant les prélèvements
   - Quels sont les modes de chasse qui intègrent la préoccupation de gestion des ressources naturelles ?
   - De quelles façons (limitation dans le temps, limitation des prélèvements, journaliers, saisonniers ou annuels, limitation obligatoire ou volontaire) ?
4. Comment s'effectue la gestion des prédateurs d'espèces gibier et autres espèces dites "nuisibles" ?

V - LE DROIT PENAL DE LA CHASSE

- Les comportements incriminés
- Qui constate ?
- Qui poursuit ?
- Quelles sont les sanctions (amendes, confiscation des armes, du gibier, retrait du permis de chasser, autres) ?
- Existe-t-il des barèmes afin de fixer le montant des dommages et intérêts à payer en cas de prélèvement illégal ? A qui sont versées ces indemnités (Etats, associations de chasseurs, autres) ?
- Existe-t-il des statistiques sur le braconnage ?

VI - LA REPARATION DES DOMMAGES ET L'ASSURANCE

- Existe-t-il un système de réparation des dommages causés par la faune sauvage ?
- Quels types de dommages sont indemnisés (agricoles, forestiers, collision) ?

- Quelles sont les espèces pour lesquelles les dégâts sont indemnisés ?
- Quels sont les systèmes de réparation mis en place (désignation du responsable) ?
- Quelles sont les conditions de financement des réparations (création d'un fonds d'indemnisation mis en place par l'Etat, les chasseurs, autres) ?
- Quels sont les impacts de ces systèmes de réparation sur la gestion des ressources cynégétiques et de leurs habitats ?
- Existe-t-il un système d'assurance contre les dégâts (fonds d'indemnisation, assurance obligatoire, autres) ?
- Dans quelle mesure les autres utilisateurs de la nature participent-ils à la prévention et à la réparation des dommages (participation financière, cultures à gibier, autres moyens) ?

FACE : Fédération des Associations de Chasseurs de l'Union Européenne

La Fédération des Associations de Chasseurs de l'Union Européenne fut fondée en septembre 1977 par les associations nationales de chasseurs des Etats membres de l'Union Européenne (l'UE, ex CEE, qui comptait alors 9 Etats membres, et à présent 15*).

Malgré sa dénomination formelle, la FACE admet en tant que membre des associations de chasseurs représentatives nationales provenant de tous les Etats membres du Conseil de l'Europe, à savoir bien au-delà des frontières de l'UE. Actuellement (début 1995), la FACE compte des membres dans 22 pays : les "Quinze" plus la Norvège, la Suisse, Malte, la Slovénie, la Hongrie, la République Tchèque et la Pologne. La FACE représente aujourd'hui, par le biais de ses membres, quelques 7 millions de chasseurs européens (chasseurs au petit gibier, au grand gibier, au gibier d'eau, fauconniers, veneurs, chasseurs à l'arc..., à savoir toutes les méthodes légales de prélèvement d'espèces de faune sauvage généralement classées comme "gibier").

La FACE a deux objectifs principaux :

- la défense et la représentation des intérêts collectifs de ses membres, au niveau des institutions européennes et internationales, en les informant au préalable de toute initiative ayant trait à la chasse, en présentant des preuves aux autorités et en contrôlant leurs activités afin de garantir que les préoccupations justifiées des chasseurs soient prises en compte - en d'autres termes, du "lobbying".
- la promotion de la chasse, conformément au principe de l'utilisation rationnelle et durable des ressources naturelles, en tant qu'instrument de développement rural, de conservation de la faune sauvage et de la

* Belgique, Danemark, Allemagne, Grèce, Espagne, France, Irlande, Italie, Luxembourg, Pays-Bas, Autriche, Portugal, Finlande, Suède, Grande-Bretagne.

biodiversité, et de protection, amélioration et restauration des habitats de la faune sauvage.

La FACE, association internationale, non gouvernementale, sans but lucratif, ayant son siège à Bruxelles, admet en tant que membres des personnes morales, à savoir des associations. Les membres candidats sont admis par l'Assemblée Générale, réunion annuelle des membres effectifs, qui a pour mission, entre autres, d'élire le Comité de Direction et de nommer le Secrétaire Général de la Fédération.

Ce Comité de Direction, qui compte un membre et un suppléant par pays, est l'organe de gestion de la FACE. Il élit parmi ses membres le Président, les Vice-Présidents et le Trésorier Général de la FACE. Au cours de ses réunions (normalement semestrielles), le Comité de Direction élabore les grandes lignes d'action, adopte des résolutions, des déclarations et des positions communes qui expriment l'opinion de la FACE sur divers thèmes d'actualité, constitue des Groupes de Travail *ad hoc* pour examiner des sujets spécifiques et contrôle leurs travaux.

Le Secrétaire Général, assisté de son équipe au siège de la FACE, la Maison Européenne de la Chasse et de la Nature à Bruxelles, est responsable de tous les actes de gestion journalière, de la coordination et de l'orientation des actions des membres, du système d'"avertisssement précoce" de la Fédération, et de la préparation et de l'exécution des décisions de l'Assemblée Générale et du Comité de Direction. Le Secrétariat de la FACE travaille en étroite collaboration avec tous ses membres nationaux.

La FACE est en contact permanent avec les institutions de l'UE, le Conseil de l'Europe et les Conventions internationales ainsi qu'avec les autres ONG internationales pour la conservation de la nature (UICN, Wetlands International, etc.). Active dès les tous premiers stades d'élaboration de propositions législatives, la FACE s'efforce de garantir que ces textes soient aussi réalistes que possible avant même qu'ils ne viennent à la connaissance du grand public.

Voici quelques exemples de l'importance de la FACE :

- elle est reconnue par la Commission Européenne - l'organe d'initiative et de gestion de l'UE - comme interlocuteur représentatif des chasseurs européens, et est consultée lors de l'élaboration et du contrôle de la législation relative à la faune sauvage de l'UE,
- elle fait fonction de Secrétariat pour l'Intergroupe "Chasse, Pêche & Environnement" du Parlement Européen,
- le Conseil de l'Europe accorde à la FACE le statut d'observateur aux réunions de son Comité Directeur pour la Protection de l'Environnement (CDPE) et du Comité Permanent de la Convention de Berne (T-PVS). La FACE fait également partie de certains Groupes d'Experts du T-PVS et

organise des réunions d'experts en matière de faune sauvage pour le Conseil de l'Europe et son Centre NATUROPA,

- la FACE est un membre fondateur d'Eurural, la confédération des organisations européennes qui soutiennent le développement rural.

La FACE, membre actif de l'UICN (Union Mondiale pour la Conservation de la Nature) depuis 1987, apporte de façons multiples sa contribution à la conservation de la vie sauvage :

- le Programme Timbre Européen pour la Conservation des Habitats, un projet de collaboration avec Wetlands International, ex-BIROE (Bureau International de Recherches sur les Oiseaux d'Eau et les Zones Humides) et Ducks Unlimited Inc., récolte des fonds en vue de la conservation et la gestion de zones humides sur le trajet migratoire du Paléarctique Occidental,
- le Diana Conservation Award, un projet de collaboration avec Diana Jagt-og Fiskerejser A/S, récompense d'un prix de 5.000 ECU chaque année les personnes privées, les organisations et les projets qui illustrent le principe de la conservation de la faune sauvage par la chasse durable,
- la promotion du développement et de l'utilisation de la grenaille non-toxique pour la chasse au gibier d'eau,
- la publication du Manuel sur la Chasse en Europe qui donne un aperçu complet de la législation internationale relative à la faune sauvage et comporte un chapitre étendu sur la dynamique de population et l'Utilisation Rationnelle,
- l'organisation de divers Séminaires/Ateliers réunissant scientifiques, gestionnaires de la faune sauvage, hommes politiques et hauts fonctionnaires pour étudier les relations qui existent entre la chasse, la conservation et le développement rural,
- la promotion de pratiques agricoles respectueuses de la faune sauvage dans le cadre général de la Politique Agricole Commune.

La FACE a contribué de manière décisive à toutes les initiatives entreprises par l'UE et le Conseil de l'Europe en matière de chasse :

- Directive de l'UE 91/477/CEE "relative au contrôle de l'acquisition et de la détention d'armes" : obstruction aux initiatives visant à classifier les armes à feu de manière extrêmement restrictive; introduction de la Carte Européenne d'Armes à Feu, destinée à faciliter les déplacements des chasseurs et tireurs avec leurs armes à feu sur l'ensemble du territoire communautaire,
- Directive de l'UE 92/43/CEE "concernant la conservation des habitats naturels ainsi que de la faune et de la flore sauvages" : liste réaliste des espèces protégées; mise en exergue de la conservation des espèces par le

biais de leurs habitats, plus efficace dans la plupart des cas qu'une protection stricte des spécimens,

- Directive de l'UE 92/45/CEE "sur les problèmes sanitaires relatifs à la mise à mort et à la mise sur le marché de gibier sauvage" : scission d'un projet de Règlement unique appliquant des dispositions identiques au gibier d'élevage et au gibier sauvage en deux Directives régissant chaque catégorie de manière spécifique et pragmatique, et exclusion du gibier sauvage du champ d'application de la Directive de l'UE 93/119/CE "sur la protection des animaux au moment de l'abattage ou de la mise à mort",
- Directive de l'UE 93/15/CEE "relative à l'harmonisation des dispositions concernant la mise sur le marché et le contrôle des explosifs à usage civil" : exclusion des voyages avec munitions du champ d'application de la Directive; ces voyages sont couverts par la Carte Européenne d'Armes à Feu,
- Résolutions du Parlement Européen A3-0002/94 "sur la protection et la conservation des espèces d'oiseaux sauvages dans l'Union Européenne" : amendement d'un projet visant à limiter la chasse aux oiseaux en un texte reconnaissant explicitement la valeur écologique et socio-économique de l'Utilisation Rationnelle et écartant la perte des habitats comme menace principale pour la conservation de la nature.
  (Bien que la FACE - venant tout juste d'être fondée - n'ait pas pu intervenir dans l'élaboration de la Directive "Oiseaux sauvages" de 1979, elle a joué un rôle-clé dans la modification ultérieure de cette Directive, par exemple lors de l'inclusion des Corvidés (Corneille, Pie, etc.) à la liste des "espèces chassables" figurant dans la Directive de l'UE 94/24/CE "modifiant l'Annexe II de la Directive 79/409/CEE relative à la conservation des oiseaux sauvages",
- La Résolution 882 (1987) du Conseil de l'Europe relative à l'importance de la chasse pour les régions rurales de l'Europe : reconnaissance du rôle d'une chasse responsable dans l'économie, dans la gestion de la faune sauvage et dans la conservation des habitats, et appel à une meilleure compréhension générale de la chasse et à un dialogue entre les différents groupes,
- La Communication COM (95) 189, fin de la Commission "utilisation rationnelle et conservation des zones humides": reconnaissance du rôle de la chasse au gibier d'eau (représentant une importante source potentielle de revenus pour les propriétaires des zones humides en Europe) et des associations cynégétiques en tant que force motrice de la conservation de ces zones.

Le Conseil international de la chasse et de la conservation de la nature : profil d'une organisation internationale de la chasse

Créé en 1930 à Paris à l'initiative d'un groupe de chasseurs français, le CIC compte aujourd'hui quelques 1500 adhérents dans le monde entier répartis sur tous les continents comprenant des membres individuels, des organisations de chasse nationales, des représentants d'Etat ou collectivités responsables de la chasse, des experts scientifiques, des utilisateurs et gestionnaires de la nature qui constituent ainsi "un forum ad hoc" pour tous les problèmes qui se rapportent à la chasse, à la protection des habitats de la faune et à la conservation de la nature.

Pour exprimer le caractère fortement régional des traditions cynégétiques au sein d'une organisation internationale, les membres du CIC d'un même pays constituent des délégations nationales avec leurs statuts et leur champ d'action propres. Pour chaque admission, le nouveau membre doit affirmer son adhésion aux "Principes Fondamentaux du C.I.C." qui expriment le respect d'une certaine éthique de la chasse et de la conservation de la faune.

Par ailleurs, les experts travaillent au sein des commissions en dehors de toute contingence locale, ce qui permet des échanges très fructueux au niveau international. L'importance du C.I.C. réside dans sa structure fédérative et dans ses Commissions et Groupes de Travail qui fonctionnent indépendamment des délégations nationales. Les Commissions du Grand Gibier, Petit Gibier, Gibier Tropical, Oiseaux Migrateurs, Expositions et Trophées, Cynégétique dans l'Art, Vènerie, Chasse Photographie... à l'occasion de leurs réunions, organisent des symposium qui montrent la nécessité d'une concertation interdisciplinaire et ébauchent une harmonisation des points de vue pour mieux promouvoir la gestion rationnelle de la faune sauvage au niveau mondial. Les résultats de ces colloques sont consignés et communiqués aux gestionnaires de la chasse dans chaque pays.

Le C.I.C. peut également initier, soutenir ou financer des recherches scientifiques pour des problèmes spécifiques.

Le C.I.C. représente les intérêts de la communauté cynégétique internationale en sa qualité d'observateur auprès de toutes les grandes organisations et conventions internationales pour la protection et la gestion de la faune sauvage et ses habitats.

Le C.I.C. constitue enfin une forme d'action, un carrefour de discussions et une Ecole pour la connaissance de la faune sauvage. Dans ce but, il développe un programme d'information et d'éducation en particulier auprès des jeunes qui ont la possibilité de participer à toutes les réunions et de profiter ainsi de l'expérience de leurs aînés.

Les ressources du C.I.C. proviennent des cotisations de ses membres, des associations et des établissements publics adhérents ainsi que des dons.

PRINCIPES FONDAMENTAUX
(Extraits des Statuts du C.I.C.)

• Face à un monde en constante expansion génératrice de besoins chaque jour plus considérables et plus impératifs,

• Compte tenu de l'évolution des moyens d'information et de transport qui permettent à l'homme de pénétrer dans des régions que leur éloignement et leur isolement protégeaient naturellement,

• Compte tenu du développement industriel, des transformations de l'Agriculture et de l'attrait croissant qu'exerce la Nature pour les citadins, l'espace rural et le gibier subissent une pression qui ne peut être tolérable que si les lois cynégétiques sont complétées par un ensemble de règles morales imposées par un souci profond de la conservation de la nature et de la vie sauvage.

LE CONSEIL INTERNATIONAL DE LA CHASSE ET DE LA CONSERVATION DU GIBIER :

- réaffirme solennellement les principes fondamentaux destinés à régir l'exercice de la chasse conçue comme une sage exploitation des ressources naturelles,

- estime que ces ressources constituent un capital qui doit être transmis intact aux générations suivantes : il nous appartient donc de le reconstituer s'il venait à être atteint et de n'en utiliser que le revenu.

La chasse répondait à son origine à des nécessités matérielles. Elle ne peut plus se concevoir qu'associée à l'action de conservation et de gestion raisonnable, basée sur la connaissance scientifique qui fait partie de l'idéal de l'homme moderne.

L'homme a la possibilité et la responsabilité de disposer de la vie animale.

Son action a des conséquences qui doivent être pleinement appréciées.

Les principes, les lois et les règles qui dirigent l'action du chasseur seront fondés sur une éthique très précise et doivent être parfaitement connus de lui, afin qu'il puisse peser ses responsabilités et les accepter avant même de chasser.

Bien conçue et sagement aménagée, la Chasse constitue un apport moral et matériel important. Elle crée aussi des contacts et des relations internationales susceptibles d'engendrer d'heureuses compréhensions mutuelles, facilités par une communauté des goûts et une communauté d'idées et d'éthique cynégétique.

Le chasseur doit connaître et mesurer les conséquences de son action indispensable au maintien et à la conservation des équilibres biologiques. Il sera le gardien actif de la Nature et de tous ses éléments. Il lui faut donc admettre une discipline sévère qui s'exerce, d'abord, envers lui-même.

Il doit :

- avoir le respect du gibier;
- s'interdire de chasser quand les conditions naturelles amoindrissent ou empêchent ses possibilités de survie;
- respecter les périodes de protection;
- et se refuser à tout acte contraire à l'esprit et à l'éthique de la chasse, même si les règlements et les coutumes locales l'autorisent.

NUL NE PEUT ETRE MEMBRE DU CONSEIL INTERNATIONAL DE LA CHASSE ET DE LA CONSERVATION DU GIBIER S'IL N'EST ANIME DE L'ESPRIT DE CES PRINCIPES.

L'appartenance au C.I.C. fait une obligation d'y souscrire et de les appliquer. C'est un devoir de les faire connaître et de donner l'exemple.

Le conseil international de la chasse et de la conservation du gibier, en conséquence, usera de tout son poids pour s'opposer à tous les actes contraires à la conscience cynégétique et à toute action tendant à nuire à la conservation de la nature sous tous ses aspects.

LISTE DES PARTICIPANTS

AJAS Mireille, Directeur de la Fédération Départementale des Chasseurs du Puy-de-Dôme
ALBANESE Ferdinando, Directeur de l'Environnement et des pouvoirs locaux, Conseil de l'Europe
ALLEMANN Rolande, Directeur de la Fédération Départementale des Chasseurs du Haut-Rhin
ALTEMANI Annabelle, étudiante DESS "Droit de l'Environnement et de l'Aménagement du Territoire"
AUBRY Séverine, étudiante DESS "Droit de l'Environnement et de l'Aménagement du Territoire"
BACKER Inge, Professeur à l'Université d'Oslo, Ministère de la Justice
BASTIE Pierre, Président de la Fédération Départementale des Chasseurs de l'Aude
BELIER Sandrine, étudiante DESS "Droit de l'Environnement et de l'Aménagement du Territoire"
BERNAD DANZBERGER Jorge, Avocat au barreau de Madrid
BERNARDS Vilnis, Nature Protection Division, Ministry of Environmental Protection and Regional Development, Latvia, Lettonie
BIKARD Pascale, étudiante DESS "Droit de l'Environnement et de l'Aménagement du Territoire"
BILLET Philippe, Maître de conférences, Institut de droit de l'environnement, Lyon
BLUNTZER Sylvie, étudiante DESS "Droit de l'Environnement et de l'Aménagement du Territoire"
BODIN Jacques, Président de la Fédération Interdépartementale des Chasseurs de Paris HSV
BODIN Marie France, Fédération Interdépartementale des Chasseurs de Paris HSV
BOJARSKI Jerzy, chargé des relations internationales à l'Association des chasseurs polonais, Varsovie
BOJIC BULTRINI Dubravka, doctorante, Université Robert Schuman, Strasbourg
BOUCKAERT Jan, Avocat, chargé de cours à l'Université de Gand (Belgique)
BOUTELET Marguerite, Maître de conférences, Faculté de Droit, Dijon
BOYER Sébastiaire, Avocat, Toulouse

BRARD Lionel, avocat, Président de France-Nature-Environnement
BRAUD Jean, Centre Régional de la Propriété Forestière
BRISEY MARTINEZ Laurence, juriste, Institut du Droit Local, Strasbourg
BURHENNE Wolfgang, Gouverneur exécutif du Conseil International du Droit de l'Environnement
BUSSY Claude, Directeur du Conseil Régional de la Chasse d'Aquitaine
CANS Chantal, Chef de la Mission Juridique, Ministère de l'Environnement
CARICHIOPULO Colette, Juriste, Ligue pour la Protection des Oiseaux, Rochefort
CHAISEMARTIN de Arnaud, avocat au Conseil d'Etat
CHAIX J. Sébastien, Objecteur, CRIDEAU Limoges
CHAMFORT J.Jacques, Garde-chef principal Office National de la Chasse, Gouhelans
CHAPUSOT André, Garde-chef, Office National de la Chasse
CHARBONNEAU Simon, Maître de Conférences, IUT Hygiène et Sécurité, Bordeaux I
CHARLEZ Annie, Chef de la mission juridique à l'Office National de la Chasse
CINOTTI Bruno, ONC
COLIN Georges, Député Honoraire
CONSIGLIO Carlo, Secrétaire de la Fédération Européenne contre la chasse
DAGORNE Dominique, juriste, Institut du Droit Local, Strasbourg
DAILLANT Pierre, Président de l'UNFDC
DAPVRIL Jean-Michel, Directeur de la Fédération des Chasseurs de Charentes-Maritimes
De COUNE Christian, Président de l'Association Internationale de la Fauconnerie
De GERUS Pascal, étudiant DESS "Droit de l'Enviornnement et de l'Aménagement du Territoire"
De GEVIGNEY Charles, Directeur de l'Institut Cynégétique, Fondation Maison-Chasse-Nature, Réserve Belval
De KLEMM Cyrille, Expert indépendant, Vice-Président de la SFDE
DEJEANT-PONS Maguelonne, Secrétariat de la Convention de Berne, Division de la Protection et de la gestion de l'environnement, Conseil de l'Europe
DENOIX de SAINT MARC Renaud, Vice-Président du Conseil d'Etat
DESPAX Michel, Professeur à l'Université de Toulouse
DOCQUIER Cécile, étudiante DESS "Droit de l'Environnement et de l'Aménagement du Territoire"
DUBOIS Sylvie, Chef cellule Forêt-Chasse-Pêche, DDAF Charentes-Maritimes
DUPERRON Gilles, Chargé de mission, Conseil Cynégétique Régional des Pays de Loire
DUROUSSEAU Michel, Directeur du Conservatoire des Sites Alsaciens
DYSSLI Bernard, chargé de recherche à l'IFARE
FABELOVA Milada, Chargée des Relations Extérieures à la Fédération des Chasseurs Tchèques
FANAL Hugues, Directeur de la Ligue Royale Belge pour la Protection des Oiseaux, Bruxelles
FARGE Hélène, Avocat
FAYARD-RIFFIOD Annick, CERPO, Université de Bourgogne

FELICIO Ana Maria, étudiante DESS "Droit de l'Environnement et de l'Aménagement du Territoire"
FERNANDEZ-GALIANO Eladio, Secrétariat de la Convention de Berne, Division de la Protection et de la Gestion de l'Environnement, Conseil de l'Europe
FRANCO Nicolas, Président CIC
FROMAGEAU Jérôme, Président de la section régionale Ile-de-France de la SFDE, Maître de conférences à Paris XII
GAJSKI Dragutin, Secrétaire général Hunting Association of Croatia
GALLEGO Conception, Directrice de la Fédération Départementale des Chasseurs des Pyrénées Orientales
GANGHOFFER Roland, Professeur à l'Université Robert Schuman de Strasbourg
GAS Jean Michel, Directeur de la Fédération Départementale des Chasseurs de l'Allier
GAUDRY Olivier, Technicien à la Fédération Départementale des Chasseurs de l'Oise
GAUTHIER Catherine, Chargée de mission à la Fédération Interdépartementale des Chasseurs, Paris H5V
GOBBO Serge, Directeur de la Fédération Départementale des Chasseurs de l'Isère
GORLANI Mario, Fondazione Antonio Bana, Bergamo
GRANDADAM Jean Luc, Garde national ONC, Gerstheim
GRAZIANI J.Jacques, Président de la Fédération Départementale des Chasseurs de Corse du Sud
GUERIN Véronique, Université de Rouen
GUINCHARD Christophe, Garde, Office National de la Chasse, Métabief
HATTE, Chargé contentieux chasse, Ministère de l'Environnement
HAVU Seppo, Directeur Général Ministère de l'Agriculture et de la Forêt, Helsinki
HERNANDEZ ZAKINE Carole, Adjoint au Chef de la Mission Conseil Juridique ONC
HROMAS J., Président de la Fédération des Chasseurs Tchèques
HUMBERT Geneviève, Ingénieur de Recherche, Muséum National d' Histoire Naturelle
HURON J. Pierre, Directeur de la Fédération Départementale des Chasseurs de l'Hérault
ITHIER Nathalie, étudiante DESS "Droit de l'Environnement et de l'Aménagement du Territoire"
JANEX, Chef du Service forestier, DDAF Le Puy en Velay
JEN Sandra, étudiante DESS "Droit de l'Environnement et de l'Aménagement du Territoire"
JURD Marc, Président de la Fédération Départementale des Chasseurs du Haut-Rhin
KIEFFER Claude, Président du Conservatoire des Sites Alsaciens
KISS Alexandre, Directeur de Recherche émérite au CNRS
KNIGHT Matthew, Society's Solicitor, British Field Sports Society, Royaume-Uni
LACEJ Fatmir, Forest and Pastures Research Institute, Department of Forest Protection and Hunting, Tirana, Albania
LAFITTE J. Jacques, S/Directeur Chasse-Faune-Flore, Ministère de l'Environnement
LAGIER Charles, avocat au barreau de Lyon

LAMBRECHTS Claude, Ingénieur de recherche CNRS, Secrétaire générale de la SFDE
LE GAL Marina, étudiante DESS "Droit de l'Environnement et de l'Aménagement du Territoire"
LEBERSORGER Mag. Dr. PETER, Secrétaire général, Zentralstelle Osterr. Landesjagdverbände
LECOCQ Yves, Secrétaire général de la FACE
LEON François, Directeur de la Fédération Départementale des Chasseurs de Seine et Marne
LETHIER Hervé, Conseiller Scientifique CIC
LITTMANN M.J., Professeur à l'Université Robert Schuman, Directeur du Centre du Droit de l'Environnement, Strasbourg
MAAS René, Garde-chef, Office National de la Chasse
MACHADO Paulo Alfonso Leme, Professeur à l'Université d'Etat Paulista Rio Claro - BRESIL
MALAFOSSE Jehan de, Professeur émérite à l'Université de Paris II
MALJEAN-DUBOIS Sandrine, Université d'Aix en Provence
MANSUY Véronique, étudiante DESS "Droit de l'Environnement et de l'Aménagement du Territoire"
MARRACCI Massimo, représentant de l'Association des Chasses Traditionnelles, Milan
MARTIN Gilles, Professeur à l'Université de Nice, Président de la SFDE
MARY Christian, Directeur de l'ONC, Paris
MASSON Gérard , T.T.F.E. Chasse-Forêt, DDAF Moselle
MATZ Audrey, étudiante DESS "Droit de l'Environnement et de l'Aménagement du Territoire"
MEKOUAR Ali, Bureau des affaires juridiques de la FAO
MELEN Paul, Directeur de l'UNFDC
MEYER Marc, avocat au barreau de Strasbourg
MICHEL Jean Marc, Directeur Régional de l'Environnement, Alsace
MINEUR L.C., Junior Legal Officer, Ministère de l'Agriculture, La Haye
MORAVCIK Juraj, Président Slovensky Polovnicky Zvaz, Slovénie
MOREAU Serge, Garde-chef principal, Office National de la Chasse
MOULIERE Yves, Président de la Fédération Départementale des Chasseurs de la Mayenne
MOUSSIERE Céline, étudiante DESS "Droit de l'Environnement et de l'Aménagement du Territoire"
MULLER-KAPP Matthias, Directeur de la Fédération Départementale de la Drôme
NAMIECH Norbert, étudiant DESS "Droit de l'Environnement et de l'Aménagement du Territoire"
NASTOV Aleksandar, Ministry of Urban Planning, Construction and Environment, Skopje, Ex-République Yougoslave de Macédoine
OLSZAK Norbert, Doyen de la Faculté de Droit, Université Robert Schuman, Strasbourg
OTTAVY Charles, Président de la Fédération des Chasseurs, Président de la commission des dossiers européens de l'Union des FDC

PAUL Claude, Directeur de la Fédération Départementale des Chasseurs de Moselle
PELE Chantal, étudiante DESS "Droit de l'Environnement et de l'Aménagement du Territoire"
PENTOUX Alexis, Directeur de la Fédération Départementale des Chasseurs de l'Aude
PETITPIERRE Anne, Professeur à l'Université de Genève
PHILIPPE Karen, étudiante DESS "Droit de l'Environnement et de l'Aménagement du Territoire"
PIETRI Jean-Paul, Conseiller au Tribunal Administratif de Nancy
POURCIEL Jacques, notaire
PRADO Luiz Régis, Professeur à l'Université de Maringa (Brésil)
PRIEUR Michel, Professeur à l'Université de Limoges, Président honoraire de la SFDE
RAYMOND Jean-Didier, Président du Tribunal Administratif, Strasbourg
RENARD Laurence, Centre du Droit de l'Environnement, Strasbourg
RENAUD Elise, étudiante, Dijon
REYMOND B., Directeur de la Fédération Départementale des Chasseurs de la Loire
RIBAUD J. Pierre, Chef de la Division de la Protection et de la Gestion de l'Environnement, Conseil de l'Europe
ROMI Raphaël, Professeur à l'Université de Nantes
ROSENSTIEHL Pierre, Communauté Urbaine de Strasbourg
ROUQUIER J. Marie, Fédération Départementale des Chasseurs de Haute-Garonne
RUHARD-LUX M. Odile, Avocat
RUVEN Gérard, Garde-chef principal, Office National de la Chasse
SAINTENY Guillaume, chargé de mission au Cabinet du Ministre de l'Environnement
SALIOU Catherine, étudiante DESS
SANMARTIN Lucia, étudiante DESS
SCHREURS Alain, étudiant DESS
SERVAT Jean, Administrateur général du CIC
SHINE Clare, Barrister
SOUTO MOURA José, Procureur général adjoint de la République, Portugal
SPIRIDONOV Geko, Ministère de l'Environnement, Sofia, Bulgarie
STEIGER Heinhard, Professeur à l'Université de Giessen, Allemagne
STROMBONI Mireille, Chargée de mission, Ministère de l'Environnement
TETAUD Gérard, Garde-chef principal, Office National de la Chasse
TOFFOLON Lionel, étudiant DESS
TOMASZEWSKI J., Président de l'Association des Chasseurs polonais
TROUVILLIEZ Jacques, Directeur de la recherche et du développement à l'ONC
TURCKHEIM Gilbert de, Président du Conseil d'Administration de l'ONC
UNTERMAIER Jean, Professeur à l'Université Jean Moulin, Lyon
VABOVERBEKE Daniel, Président de la Fédération des Chasseurs du Calvados
VALENTINI Georges, Technicien Supérieur de la Fédération Départementale des Chasseurs de Corse du Sud
VAN MEULEBEKE François, Administrateur-délégué au Président de la Fédération Européenne pour la Protection intégrale du loup, Bruxelles

VIARD Claudine, Maître de conférences, Université du Maine
VIGUIER Jacques, Professeur, Université Toulouse I
WEBERYD Håkan, Avocat Svenska Jägareförbundet
WOLFF Philippe, Responsable Chasse/Faune salubre, DDAF Strasbourg
WYGANOWKI Stefan; Président Adjoint de l'Association des Chasseurs Polonais.

TABLE DES MATIERES

Collection Logiques Juridiques
dirigée par Gérard MARCOU

HERZOG EVANS Martine, *La gestion du comportement du détenu. Essai de droit pénitentiaire*, 1998.
CISSE Abdoullah, *Musulmans, pouvoir et société*, 1998.
CLAVIER Jean-Pierre, *Les catégories de la propriété intellectuelle à l'épreuve des créations génétiques*, 1998.
JACQUOT Henri, MARCOU Gérard, *L'urbanisme transfrontalier droit et pratique*, 1998.
FABRE-GUILLEMANT Raphaële, *Les réformes administratives en France et en Grande-Bretagne : centres de responsabilité et agences d'exécution*, 1998.
ROUXEL Jean-Yves, *Le Saint-Siège sur lascène internationale*, 1998.
ORFILA Gérard, *La Nouvelle-Calédonie et le droit*, 1998.
MOQUET-ANGER Marie-Laure, *De l'hôpital à l'établissement public de santé*, 1998.
BEN LETAIF Mustapha, *L'Etat et les entreprises publiques en Tunisie*, 1998.
GROS Manuel, *Droit administratif*, 1998.
TEISSIER-ENSMINGER Anne, *Autos, panneaux, signaux*, 1998.
LE BRAZIDEC Gwénaël, *René Capitant, Carl Schmitt : crise et réforme du parlementarisme*, 1998.
PROUTIÈRE-MAULION Gwénaèle, *La politique communautaire de réduction de l'effort de pêche des Etats membres*, 1998.
BEURDELEY Laurent, *Politique agricole commune et fraudes aux dépenses agricoles de l'union européenne*, 1998.
DUBOURG-LAVROFF S. et DUPRAT J.P. (eds.), *Droits et libertés en Grande-Bretagne et en France*, 1999.
SAISON Johanne, *Le risque médical*, 1999.
DECRETON Séverine (éd.), *Service public et lien social*, 1999.
HUNOUT Patrick, *Droit du travail et culture sociale, l'exemple allemand*, 1999.

www.ingramcontent.com/pod-product-compliance
Lightning Source LLC
LaVergne TN
LVHW010647051026
849532LV00001B/208